U0676914

中国信息经济学会电子商务专业委员会 **推荐用书**

## 高等院校电子商务专业系列教材

# 电子商务案例分析 （第3版）

主编 司林胜 雷 兵 副主编 韩 江

重庆大学出版社

## 内容提要

本书系普通高等教育"十一五"国家级规划教材《电子商务案例分析》的修订版,设计了电子商务案例的分析模式和基于案例的商务应用,并将电子商务案例分为搜索引擎、网络门户、网络经纪、网络零售、社交电商、跨境电商、网上支付、网络娱乐等九大类,按照案例的基本情况与价值网络、商业模式、技术模式、经营模式、管理模式、资本模式等分析模型对典型案例进行了系统分析。本书注重建立案例分析的基本框架,系统分析了案例的电子商务模式,并建立了基于数字化教学资源的分享机制和基于师生互动的教学模式,设计了基于互联网和团队的练习以及基于网络创业的学习模式。

本书适用于大中专院校电子商务专业的案例分析教材,也可作为研究生、MBA、电子商务从业人员和创业者进行案例研究的参考用书。

**图书在版编目(CIP)数据**

电子商务案例分析 / 司林胜,雷兵主编. -- 3 版
. -- 重庆:重庆大学出版社,2023.4
高等院校电子商务专业系列教材
ISBN 978-7-5689-3294-3

Ⅰ.①电… Ⅱ.①司… ②雷… Ⅲ.①电子商务—案
例—高等学校—教材 Ⅳ.①F713.36

中国版本图书馆 CIP 数据核字(2022)第 082065 号

### 电子商务案例分析
#### (第 3 版)

主 编 司林胜 雷 兵
副主编 韩 江
策划编辑:马 宁 尚东亮

责任编辑:马 宁 尚东亮 版式设计:尚东亮
责任校对:王 倩 责任印制:张 策

\*

重庆大学出版社出版发行
出版人:饶帮华
社址:重庆市沙坪坝区大学城西路 21 号
邮编:401331
电话:(023) 88617190 88617185(中小学)
传真:(023) 88617186 88617166
网址:http://www.cqup.com.cn
邮箱:fxk@cqup.com.cn(营销中心)
全国新华书店经销
重庆巍承印务有限公司印刷

\*

开本:787mm×1092mm 1/16 印张:19.75 字数:471千
2004 年 9 月第 1 版 2023 年 4 月第 3 版 2023 年 4 月第 16 次印刷
印数:60 001—63 000
ISBN 978-7-5689-3294-3 定价:59.00 元

# 高等院校电子商务专业系列教材编委会

# 总　序

重庆大学出版社"高等院校电子商务专业系列教材"出版近20年来，受到了全国众多高校师生的广泛关注，并获得了较高的评价和支持。随着国内外电子商务实践发展和理论研究日新月异，以及高校电子商务专业教学改革的深入，促使我们必须把电子商务最新的理论、实践和教学成果尽可能地反映和充实到教材中来，对教材全面进行内容修订更新，增补新选题，以适应新的电子商务教学的迫切需要，做到与时俱进。为此，我们于2022年启动了本套教材第4版修订和增加新编教材的工作。

电子商务是通过互联网等信息网络销售商品或者提供服务的经营活动，是数字经济和实体经济的重要组成部分，是催生数字产业化、拉动产业数字化、推进治理数字化的重要引擎，是提升人民生活品质的重要方式，是推动国民经济和社会发展的重要力量。我国电子商务已深度融入生产生活各领域，在经济社会数字化转型方面发挥了举足轻重的作用。"十四五"时期，电子商务将充分发挥连通高效线上线下生活学习、生产消费、城乡经济、国内国际经济的独特优势，全面践行新发展理念，以新动能推动新发展，成为促进强大国内市场、推动更高水平对外开放、抢占国际竞争制高点、服务构建新发展格局的关键动力。

商务部发布的《中国电子商务报告2021》指出，2021年全国电子商务交易额达到42.3万亿元，同比增长19.6%；网上零售额达13.1万亿元，同比增长14.1%；实物商品网上零售额10.8万亿元，占社会消费品零售总额比重达24.5%；跨境电商进出口额达1.92万亿元，5年增长近10倍；电子商务相关产业吸纳及带动就业超过6700万人，国内已连续9年保持全球最大网络零售市场地位。中国互联网络信息中心（CNNIC）数据显示，截至2022年12月，国内网络购物用户规模达8.45亿，较2021年12月增长319万，占网民整体的79.2%。

2012年，在教育部《普通高等学校本科专业目录》中电子商务被调整为一级学科，目前该专业类下辖：电子商务、电子商务及法律、跨境电子商务3个专业。截止到2021年，全国共有634所高校开办电子商务本科专业，1476所职业院校开办电子商务专科专业，随着专业开设院校的逐步增加，每年的招生规模也在快速增长，为我国电子商务产业和相关产业发展奠定了坚实的基础。

重庆大学出版社20余年一直致力于高校电商教材的策划出版，得到了"全国高校电子商务专业建设协作组""中国信息经济学会电子商务专业委员会"和"教育部高等学校电子商务类专业教学指导委员会"的大力支持和帮助，于2004年率先推出国内首套"高等院校电子商务专业本科系列教材"，并于2012年修订推出了系列教材的第2版，2015年根据教育部

"电子商务类专业教学质量国家标准"修订推出了系列教材的第3版。本次2022年启动的第4次整体修订和增补,增加了新编教材5种,集中修订教材15种,电子商务教指委有10余名委员领衔教材主编,2023年即将形成一个约20个教材品种、比较科学完善的教材体系。这是特别值得庆贺的事。

我们希望此套教材的第4版修订和新编能为繁荣我国电子商务教育事业和专业教材市场、支持我国电子商务专业建设和提高电子商务专业人才培养质量发挥更好更大的作用。同时我们也希望得到同行学者、专家、教师和同学们更好更多的意见和建议,使我们能够不断地提高本套教材的质量。

在此,我谨代表全体编委和工作人员向本套教材的读者和支持者表示由衷的感谢!

总主编 李 琪

2023年3月3日

# 第3版前言

时隔近十年，《电子商务案例分析》第3版终于与读者见面了。十年来，中国的电子商务发展迅猛，2021年全国网上零售额13.1万亿元，比2012年增长9倍。电子商务模式和新兴企业层出不穷，出现了社交电商、跨境电商、直播电商等新模式，涌现出拼多多、美团、抖音等闻名全球的平台型企业。如此背景下进行再版，不应是对第2版内容的简单修补，而是重新进行模式划分、遴选案例并进行全新的案例分析。

与第2版相比，第3版仍然遵从基于"五大模式"（商业模式、技术模式、经营模式、管理模式和资本模式）的电子商务案例分析模型，但对部分细节进行了修订和完善，如结合IT、互联网等最新技术，重写了1.3节"电子商务的技术模式分析"，将技术模式的分析要点聚焦于网站开发技术、智能算法技术和商务应用技术三部分；对1.4节"电子商务的经营模式分析"、1.5节"电子商务的管理模式分析"和1.6节"电子商务的资本模式分析"的部分内容也进行了优化和修订。

第3版最大的变化是重新划分了电子商务模式，保留了第2版的搜索引擎、网络经纪、网上支付、网络娱乐4种模式，将新兴的直播电商归入网络娱乐模式；将网络销售模式修改为网络零售模式，使该模式的内涵更明确；将综合门户模式和垂直门户模式合并为网络门户模式，使分类的范围更适中；根据当前电子商务发展状况，新增了社交电商、跨境电商2种模式，体现了时代的特色。

在全新模式分类的基础上，第3版遴选了21个典型案例。虽然从数量上看比第2版减少较多，但本版更强调案例企业的分析广度和深度，相同模式的案例原则上只选择1个，目的是通过专业且细致的分析达到"举一反三"的效果，体现案例教学的根本目标。21个案例中有14个案例为新增案例，占三分之二。另外7个案例虽来自第2版，但考虑到十年来已发生了很大的变化，本版也重新搜集资料并完全重新进行了分析与撰写。在每个案例的标题上，本版增加了一个副标题，如针对7.2节"安克创新"这个案例，增加副标题"弘扬中国智造之美"，起到画龙点睛、突出重点的作用。

第3版由河南财经政法大学党委书记、校长司林胜教授、河南工业大学电子商务系主任雷兵教授担任主编，河南工业大学韩江副教授担任副主编。第1章由司林胜、雷兵编写；第2章由韩涛编写；第3章由韩江编写；第4章由韩江、石静娜编写；第5章由李震编写；第6章由石静娜编写；第7章由郭艳编写；第8章由李朝阳编写；第9章由王瑛、郭艳、李朝阳编写。司林胜、雷兵承担了全书的总撰、统稿和润色任务；李朝阳负责教材教学课件的制作。

本书编写过程中参考了国内外大量有关文献,检索了众多网站的资料;不少读者对本书第 1 版和第 2 版给予了充分的肯定,也提出了许多中肯的批评和建议。对这些,我们表示诚挚的谢意。

编　者

2022 年 12 月 12 日

# 目　录

# 第1章
## 电子商务案例分析概述

### 1.1  电子商务案例分析模型

互联网的飞速发展及其在商务活动中的广泛应用,使得电子商务理论研究和知识传播往往滞后于电子商务实践:一方面,新的电子商务模式和商务应用层出不穷,而电子商务理论的提炼和升华却需要一个过程,这制约着电子商务理论与实践的有机结合;另一方面,企业电子商务应用对电子商务人才的能力要求越来越高,而目前电子商务专业人才培养模式和教学体系还不够成熟,造成了电子商务人才培养与企业需求的脱节。因此,对广大电子商务学习者来讲,在掌握一定理论知识的基础上,通过对典型案例的分析和比较,可以达到举一反三的效果,从而有效提高自身的电子商务应用能力。

电子商务案例是指在电子商务实践中,某一种电子商务模式在一定情景内真实发生的典型应用。电子商务案例分析则要通过对各种商务模式的典型案例按照一定规范进行分析,系统把握电子商务模式的内涵、特点以及商务应用情况,并对其进行真实记录和客观叙述,以利于电子商务模式的推广和应用。

为便于学习者系统、科学地分析电子商务案例,本书提炼出基于商业模式、技术模式、经营模式、管理模式和资本模式的电子商务案例"五大模式"分析模型,如图1.1所示。

#### 1.1.1  电子商务模式定义

分析一个电子商务案例,首先要判断其电子商务模式,把握这种电子商务模式的特征和分类,进而了解其在企业电子商务活动中的应用,为进行案例分析奠定基础。

电子商务是企业利用互联网创建、管理并且扩展商业关系的活动过程,任何规模的企业在电子商务领域都有属于自己的机会。所谓电子商务模式,就是指企业在网络环境中基于一定技术能力或某种市场机会的商务运作方式,也就是针对特定的市场环境,企业如何利用互联网长远地获得竞争优势和比其竞争对手更多的利润。因此,定义案例的电子商务模式,就是界定其如何利用互联网长远地获利的模式。比如,在互联网发展初期,Google通过独创的 PageRank 技术改进了搜索引擎算法,为网民提供了优质的互联网"Portal"(入口),从而奠定了其在搜索引擎领域的领先地位;在电子商务发展初期,阿里巴巴构建了较为完善的电子商务生态系统,破解了网络环境下买卖双方交易"易匹配但难以实现"的难题,从而获得了电子商务市场的领先优势;在移动互联时代,抖音通过其极具特色的个性化推荐算法和便利的视频制作工具开辟了全民短视频消费市场。电子商务案例分析的根本目的是把握这些电子商务模式在企业电子商务活动中的具体应用。

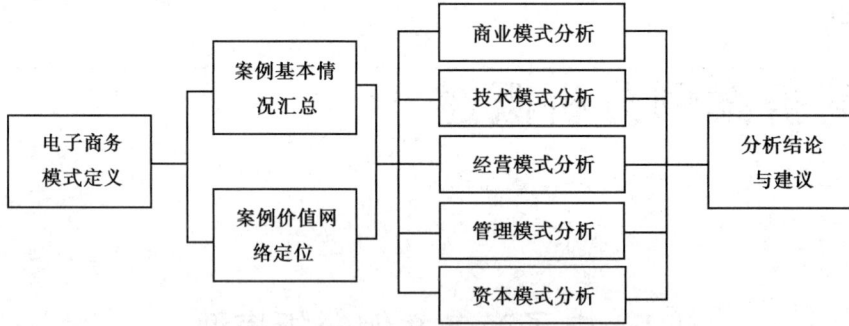

**图 1.1　电子商务案例"五大模式"分析模型**

电子商务模式可以从多个角度建立不同的分类框架,最简单的分类莫过于 B2B、B2C、C2C、C2B 等这样的分类,但各模式还可以再次细分。从互联网的商务应用和企业电子商务应用角度划分,我们将目前主流的电子商务模式总结为以下 8 种,相应地,电子商务案例也以此为标志进行分类,如表 1.1 所示。

**表 1.1　主流电子商务模式分类表**

| 商务模式 | 服务范围 | 本书分析案例 |
|---|---|---|
| 搜索引擎 | 收录来自互联网的各类网页,提供基于关键词的个性化、智能化信息查询服务 | 百度搜索引擎<br>Google 搜索引擎 |
| 网络门户 | 提供新闻、网络资源、互动社区等综合性互联网信息服务 | 新浪网<br>汽车之家 |
| 网络经纪 | 提供交易双方完成交易的机制及环境,即电子商务中介服务 | 阿里巴巴<br>携程旅行 |
| 网络零售 | 通过自建电子商务网站或入驻第三方电子商务平台,开展零售商品或服务的活动 | 京东<br>小米<br>三只松鼠 |
| 社交电商 | 通过社交媒体或手段开展商品或服务销售的活动 | 拼多多<br>云集<br>兴盛优选 |

| 商务模式 | 服务范围 | 本书分析案例 |
|---|---|---|
| 跨境电商 | 通过自建跨境电子商务网站或入驻第三方跨境电子商务平台,开展跨境销售商品或服务的活动 | 安克创新<br>SHEIN<br>敦煌网 |
| 网上支付 | 提供交易双方完成资金流转移的第三方支付平台,包括一整套资金流顺利转移的机制和环境 | 支付宝<br>微信支付<br>云闪付 |
| 网络娱乐 | 通过自主制作或取得其他娱乐项目制作商授权提供网络游戏、网络音乐、网络视频等网络娱乐服务 | 抖音<br>爱奇艺<br>哔哩哔哩 |

**(1)搜索引擎模式**

搜索引擎是为网络用户提供信息查询服务的计算机系统,也可以说是一类提供信息"检索"服务的网站。它根据一定的策略,运用特定的方法搜集互联网上的信息,并对信息进行组织和处理,将处理后的信息通过计算机网络显示给用户。它包括信息搜集、信息整理和用户查询三部分。

搜索引擎模式就是搜索引擎服务商凭借提供个性化、智能化的信息查询服务,吸引大量企业用户和消费者登录网站,以此为优势,通过竞价排名或固定排名等服务,吸引搜索引擎推广客户成为其付费客户,进行网站、产品、服务推广的互联网应用模式。

**(2)网络门户模式**

网络门户是指为网络客户或用户提供某类综合性的互联网产品或服务的电子商务应用系统,主要包括综合门户、行业门户和企业门户等。

网络门户模式就是门户网站凭借其提供的产品或服务,吸引大量目标用户或客户访问,并借此实现其商务价值的互联网应用模式。

**(3)网络经纪模式**

网络经纪是指通过虚拟的网络平台将买卖双方的供求信息聚集在一起的市场中介商,可以是商家对商家的、商家对消费者的、消费者对消费者的或消费者对商家的经纪商。

网络经纪模式就是指网络经纪商通过虚拟的网络平台将买卖双方的供求信息聚集在一起,协调其供求关系并从中收取费用(如交易费、会员费、广告费等)的互联网商业模式。

**(4)网络零售模式**

网络零售指买方与卖方以互联网为介质进行商品交易活动,也就是应用互联网进行信息的组织与传递过程,从而实现商品(有形或无形)所有权的转移与消费。买方和卖方通过电子商务达成信息流、资金流和物流的交易活动。

网络零售模式就是生产企业、零售企业或者个体商户利用互联网渠道实现商品销售,从而获取销售利润的一种互联网应用模式。

**（5）社交电商模式**

社交电商是基于人际关系网络，利用互联网社交工具从事商品交易或服务提供的经营活动，涵盖信息展示、支付结算以及快递物流等电子商务全过程，是新兴电子商务重要表现形式之一。

社交电商模式就是企业利用社交媒体工具进行人际口碑传播、关系营销和商品销售的一种互联网应用模式。

**（6）跨境电商模式**

跨境电子商务简称跨境电商，是指分属不同关境的交易主体，通过电子商务手段将传统进出口贸易中的展示、洽谈和成交环节电子化，并通过跨境电商物流及异地仓储送达商品，从而完成交易的一种国际商务活动。

跨境电商模式就是跨境电商经营主体借助互联网，将产品销往海外，或者从海外进口商品，从而实现商业价值的互联网应用模式。

**（7）网上支付模式**

网上支付又称网络支付，是指收款人或付款人通过计算机、移动终端等电子设备，依托公共网络信息系统远程发起支付指令，且付款人电子设备不与收款人特定专属设备交互，由支付机构为收付款人提供货币资金转移服务的活动。

网上支付模式是传统银行以互联网为平台开展的网上银行业务或网络服务提供商通过建立第三方支付平台、发行虚拟货币等形式开展的网上支付业务。

**（8）网络娱乐模式**

网络娱乐是指以互联网为依托，可以单人或多人同时参与的娱乐项目，如网络聊天、玩游戏、看电影、听音乐、看直播等使个人或他人身心愉悦的娱乐活动。

网络娱乐模式是指网络娱乐运营商通过自主制作或取得其他娱乐项目制作商授权运营网络游戏、网络音乐、网络视频等网络娱乐项目，或借助社交平台通过直播等功能与观众互动并进行产品营销，以出售娱乐项目、相关服务、内置广告、产品销售等方式获得收入的互联网运营模式。

### 1.1.2　案例基本情况汇总

对案例基本情况的汇总是进行电子商务案例分析重要的基础性工作，通过案例基本情况汇总，可以对所要分析的案例有比较全面、系统的了解，以掌握案例的背景资料，为后续电子商务模式分析奠定基础，因为任何成功的电子商务模式其实都有一定的发展背景。

收集电子商务案例的基本情况，首先要浏览公司网站，一方面，对网站的功能结构和所提供的产品和服务有总体了解，另一方面，要阅读网站公布的公司发展历程或大事记，以了解公司的发展背景；其次，对公司发展历程或大事记所记载的公司发展过程的重要阶段或者重要事件，通过互联网或其他媒体的文献进行追溯性调查，进一步深入了解公司发展背景和其电子商务模式的形成过程；再次，通过公司网站中的自我介绍等宣传材料、互联网等媒体中的专家分析和点评、用户评价和讨论等信息,进一步了解公司电子商务模式的内涵和本质;最后,如果具备条件,要对分析的案例进行公司实地调研,通过面对面访谈、现场观察等手段,进一步把握公司的基本情况和商务模式特征。特别需要强调的是,对于收集来的案例资料,无论是案例企业官方资料还是第三方资料,都要进行三角验证,即利用不同来源数据互证同一件事情或同一个问题,尽量保证资料的真实性。

对电子商务案例基本情况的汇总,一般应该包括案例所涉及公司或项目的成立时间、发展背景、创建者和投资主体、投资额、发展历程和重要事件、业务范围、产品或服务、行业地位和获得的荣誉等基本内容。

### 1.1.3　案例价值网络定位

电子商务案例分析要对案例进行由表及里的系统分析,这就需要在对电子商务案例的基本模式和功能结构进行科学定位的基础上,界定这种电子商务模式中所包含的各个主体,包括相关的电子商务公司、客户、供应商和合作伙伴等,把握主要的信息流、资金流和物流的特点,明确该电子商务模式对各主体的价值以及每个参与方所能获得的利益,这就构成了电子商务案例的价值网络。价值网络是指由各参与主体之间相互影响而形成的价值生成、分配、转移和使用的关系及其结构。一种电子商务模式中的各参与主体只有明确了自身在价值网络中的角色和价值,才能充分利用这种电子商务模式开展商务活动。一般的电子商务模式价值网络如图 1.2 所示。

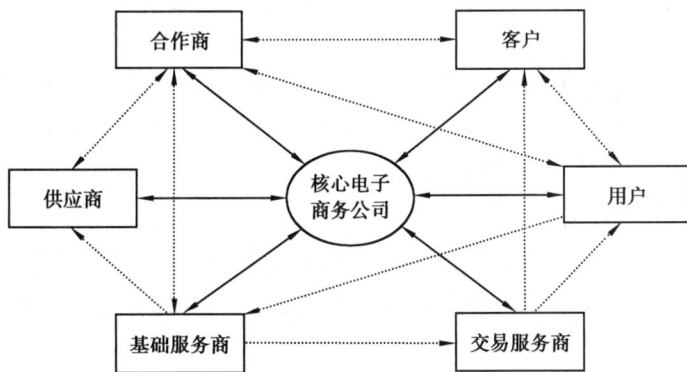

**图 1.2　电子商务模式价值网络示意图**

图 1.2 中实线箭头表示在价值网络中,各参与主体与核心电子商务公司直接相关的信息流、资金流、物流关系;虚线箭头表示在价值网络中,各参与主体间与核心电子商务公司间接相关的信息流、资金流、物流关系。由于价值网络分析强调参与主体之间的合作共赢、互利共生,因此无论是实线箭头还是虚线箭头,通常是双向的。

**(1)核心电子商务公司**

核心电子商务公司指的是电子商务模式的创立者和核心提供者,也就是电子商务案例分析的核心对象,比如,搜索引擎模式的百度或 Google 公司,网络门户模式的新浪网或汽车之家,网络经纪模式中的阿里巴巴或携程旅游,网络销售模式的京东商城、小米或三只松鼠,网络娱乐模式的抖音等。在电子商务模式的价值网络中,核心电子商务公司处于价值网络的核心地位,整个价值网络的主要活动都是围绕核心电子商务公司的电子商务模式展开的,其他各利益主体既是价值网络的有机组成部分,又为核心电子商务公司的价值网络活动提供基础设施、市场基础和服务支持等保障,同时,这些利益相关者在网络价值活动中实现自身的价值。

（2）供应商

供应商是电子商务模式价值网络的重要基础,也就是核心电子商务公司的"内容"提供者。这里的"内容",可以是多媒体信息,也可以是实物产品或原材料、半成品。

互联网飞速发展的基础就是其提供的海量信息和方便的信息搜寻系统,因此,不少网站也都经历过"内容为王"的竞争阶段,而大多成功的互联网商务应用模式无不建立在以内容吸引眼球的基础上。电子商务模式价值网络中的内容提供者是为网站提供诸如文字、动画、图片、游戏、音乐等内容的公司或个人,例如,米未传媒就是爱奇艺的内容供应商,它制作了《奇葩说》《奇葩大会》《饭局的诱惑》《乐队的夏天》等原创网络综艺节目,并通过爱奇艺平台播出;起点中文网的广大作者是网络文学商业化的专业内容提供者,而网络社区的发帖者、视频分享网站的视频上传者、博客的作者等互联网络文化的"草根",不仅是互联网内容的原创者,更代表了互联网内容提供者的发展方向,尤其是那些网络中的意见领袖。当然,这部分内容提供者也是电子商务价值网络中的用户。在不少门户类电子商务模式的价值创造活动中,就是凭借供应商提供的独特内容来吸引用户,进而建立广告、内容订阅等盈利模式的。

对于大多数电子商务模式而言,供应商是实物产品供应链的源头,即直接向销售终端提供产品及相应服务的企业及其分支机构,包括制造商、经销商和其他中间商。例如,京东商城销售了数以百万计的商品,这些商品的提供者就是京东商城的供应商;小米销售的手机等数码产品虽然以自行生产为主,但其原材料、半成品甚至成品加工均由第三方企业提供,这些企业都是小米的供应商;阿里巴巴旗下的淘宝或天猫平台采用交易经纪模式,平台上的产品提供者就是供应商,当然一部分供应商也是淘宝或天猫平台的卖家,即电子商务价值网络中的用户或客户。

（3）用户

用户是在电子商务模式价值网络活动中广泛使用互联网的公司和个人,用户至少包括三个层面:一是浏览互联网内容的个人和获取互联网商务信息的公司,这些用户可以被称为"浏览者";二是那些积极撰写由用户原创内容的忠诚用户,他们可以被称为"建设者";三是那些在互联网上花费比浏览者更多的时间,并且能从互联网内容中得到好处,但是,并不撰写由用户原创的内容,例如,网络游戏的玩家、网络视频的观众、网络音乐的听众等。尽管用户不能够给核心电子商务公司带来直接的收入,但是,他们能够给电子商务网站带来流量。因此,用户基础是电子商务模式成功的决定性因素,一种电子商务模式的运营商只有聚集了相当数量的用户,才能吸引客户参与到价值网络活动中,而只有用户数量达到临界值,这种电子商务模式才可能获得盈利。

（4）客户

在电子商务模式价值网络中,客户是能够为核心电子商务公司带来收入的主体,他们是公司产品和服务的"买者"或"卖者",利用电子商务平台发布广告的广告客户能够推动公司的广告收入;利用电子商务平台进行产品买卖的各类交易客户会为公司带来交易佣金;获得电子商务公司咨询、信息等专业服务的服务客户则为公司带来服务费;而那些付费用户也属于公司的客户范畴,将为公司带来订阅费或会员费。核心电子商务公司只有通过价值网络活动,满足客户需求,吸引更多客户加入,才能获得更多的现金流量。

（5）**基础服务商**

基础服务商为电子商务公司的商务运营提供了基础条件,包括电信网络和移动网络等网络运营商、电脑和手机等终端制造商、应用平台开发商等软件提供商等。对于一般的电子商务模式而言,网络运营商和终端制造商在整个价值网络活动中几乎是一个常数,不影响价值网络活动的进行。但是,随着移动通信技术的发展和手机上网用户的快速增长,移动商务越来越成为主流的电子商务模式之一,移动通信网络服务商、手机终端制造商、手机软件提供商等主体已经直接参与到移动商务价值网络活动中,成为移动商务模式成功的关键因素。

（6）**交易服务商**

电子商务的核心环节是交易,而安全、高效的交易要建立在健全的服务体系之上。在电子商务模式的价值网络中,交易服务商提供了金融、支付、信用、物流、管理等专业的服务。例如,支付宝、微信支付、银联支付提供了第三方支付服务,顺丰、圆通、中通、韵达等快递企业提供了实物商品的第三方配送服务。

（7）**合作商**

在电子商务模式的价值网络中,尽管各参与主体之间具有广泛的合作关系,但这里的合作商主要是指与核心电子商务公司具有联盟性质的各类资源,通过核心电子商务公司价值网络的运营,联盟者与核心公司进行利益分成,进而促进整个价值网络的增值。例如,Google AdSence、百度联盟等广告联盟的联盟客户,爱奇艺、抖音、哔哩哔哩等视频网站的资源合作伙伴等。

### 1.1.4　总结与建议

对案例的电子商务模式进行总结,并提出改进商务模式效果的建议,为进行电子商务项目设计提供借鉴。一般要总结案例的成功因素、存在的问题和面临的挑战、改进建议以及从整个产业发展出发,提出一些值得思考的问题,特别要注意的是,还要就传统企业如何利用这些电子商务模式开展商务活动,支撑传统商务提出建议。

# 1.2　电子商务的商业模式分析

影响一个电子商务项目绩效的首要因素是它的商业模式。电子商务的商业模式是电子商务项目运行的秩序,是指电子商务项目所担负的使命,提供的产品和服务、信息流、收入来源以及各利益主体在电子商务项目运作过程中的角色和相互关系的组织方式与体系结构。它具体体现了电子商务项目现在如何获利以及在未来长时间内的计划。电子商务的商业模式主要包括以下内涵。

### 1.2.1　使命与愿景

一种电子商务模式要想成功并持续获利,必须在商业模式上明确其使命与愿景。使命是组织或个体基于其价值观对社会和利益相关者应承担的责任,它揭示组织或个体存在的根本理由。电子商务模式的使命就是核心电子商务公司价值的社会定位,也就是在电子商务价值网络中,核心电子商务公司为利益相关者,尤其是用户和客户所提供的价值。这在本质上表现为这一电子商务模式的客户价值,即企业必须不断向客户提供对他们有价值的、竞争者又不能提供的产品或服务,才能保持竞争优势。换句话讲,比如,从创立之初,百度就将"让人们最便捷地获取信息,找到所求"作为自己的使命,始终如一地响应广大用户的需求,不断地为网民提供基于搜索引擎的各种产品和服务,依托超大流量的平台优势,百度的关键词广告为企业客户带来了巨大的推广价值。而阿里巴巴的战略目标就是为中小型制造商提供一个销售和采购的贸易平台,让全球的中小企业通过互联网寻求潜在贸易伙伴,并且彼此沟通和达成交易。"让天下没有难做的生意"就成为阿里巴巴的使命。

愿景是对企业未来乐观而又充满希望的陈述,是企业为之奋斗的意愿,是"愿望"和"远景"的结合体。比如,阿里巴巴的愿景就是"让客户相会、工作和生活在阿里巴巴"。

从以上分析可见,对电子商务案例愿景与使命的分析需要回答以下问题:

①公司所运营的电子商务模式的核心价值,即公司的使命是什么? 与竞争对手相比,有何优势?

②电子商务能够使公司向客户提供哪些独特的产品或服务,或者使公司的产品或服务具有哪些独特的客户价值?

### 1.2.2　目标市场

一种电子商务模式的目标市场一般指在市场的某一领域或地域内,基于这种商务模式价值网络所针对的用户和客户,即核心电子商务公司向哪一范围提供价值服务。企业电子商务模式的目标市场定位是提升网站流量,吸引客户的重要步骤。

电子商务模式的目标市场的业务领域几乎可以覆盖所有的行业,从实体商品的推广到数字化产品的销售与配送,都有电子商务的机会。尽管互联网打破了地理界线,但是,电子商务还是具有一定的地域性特征,公司需要决定向世界上哪个地方提供服务或销售产品。目标用户则可以是广大个人或家庭用户,即通常所谓的网民,也可以是企业客户。对目标用户的界定,一方面要从地域范围界定,即判定用户的地理特征;另一方面还要从用户的性别、年龄、职业、受教育程度、生活方式、收入水平等人口学特征来划分;而目标客户既有广大的广告客户,也有覆盖范围越来越广泛的"网商",目标客户的特征一般要考察其规模、业务范围、所有制性质等。

进行电子商务案例的目标市场分析,需要回答以下几个问题:

①所分析案例的电子商务模式所涉及的业务领域和地域特征是什么？

②所分析案例的网站的用户和客户范围是哪些？有什么特征？

③对传统企业而言，电子商务能够使公司接触到哪些范围的客户？是面向全球的客户还是一定地理范围的客户？是面向商家还是面向消费者？这些客户具有什么特征？

### 1.2.3 产品或服务

当决定了目标市场后，公司必须决定向这些目标市场提供什么产品或服务。这里的产品或服务有两个层面的含义，一个层面是核心电子商务公司为用户提供的产品或服务，另一个层面是基于用户基础，核心电子商务公司为客户提供的产品或服务。例如，搜索引擎为用户提供的是信息搜索服务，而为广告客户提供的则是关键字竞价排名等广告服务；一家定位于大学生的互联网公司则必须决定要满足他们多少需求，它可以在基本的连接服务、聊天室、电影、音乐、游戏、网上教学、考研答疑等方面来选择要提供的服务内容，这些有针对性产品和服务能够大大提高网站的黏性，提升网站的人气，在此基础上，公司可以为定位于大学生用品的公司提供广告服务。

产品策略是电子商务公司市场开拓模式的核心，是电子商务公司针对目标用户和目标客户所提供的产品或服务的组合。传统公司的产品策略分析方法同样适用于电子商务公司的产品策略分析，它们都遵循产品和服务以顾客为中心的理念，但是，在传统公司的产品策略中，往往在差异化策略的基础上，在产品线的深度和广度上实行不同的产品组合策略，较少涉及公司核心产品或服务以外的领域。而电子商务公司的产品策略往往基于互联网的无限虚拟空间，追求对用户和客户的全方位服务，致力于构建以公司为核心的电子商务生态系统，以获得更强的竞争优势，例如，阿里巴巴就一直在努力创建电子商务生态系统，希望形成一个中小企业共荣共生的生态链，而且这个共生的生态圈是阿里巴巴与其会员企业一同形成的，也就是成为所有企业的"托商所"，商人需要的阿里巴巴都有，使无数的中小交易者由此能够面对全球市场，无数的中小生意由此也能够成为现实。这一电子商务生态系统将覆盖资金、技术、客户、物流、营销、人才等商务活动的所有层面。

按照迈克尔·波特的竞争优势理论，电子商务核心公司在产品和服务的选择上采取差异化、低成本或目标集聚战略是获得竞争优势的最基本的模式。

**(1)产品或服务的差别化竞争战略**

产品或服务的差别化战略主要表现在以下几个方面。

①产品或服务特征。公司可以通过提供具有竞争者产品或服务所不具有的特征的产品或服务来增加差别化。拥有独有的特征是最普通的产品或服务差别化形式，使用互联网能够使公司为客户提供更好的产品或服务特征。例如，戴尔公司通过网络直销的形式，为客户提供个性化的电脑产品；淘宝网则以符合中国人交易习惯的方式操作网上交易，真正为中国人上网购物及交易提供了一个优秀的免费电子商务平台，凭借其特有的"没有淘不到的宝贝，没有卖不出去的宝贝"的客户价值，使全球个人网上交易巨头 eBay 始终在中国无法立足，而淘宝网则成为阿里巴巴打造全球最大电子商务生态系统的主要基础。

②产品或服务上市时间。公司率先将产品或服务投向市场，往往因其是市场上唯一的，

自然而然就使其具有差别性了,进而可以获得快速发展,甚至丰厚的利润。电子商务的应用,可以使企业在产品的开发与设计、推广与分销等方面大大缩短周期,取得产品的市场先机,从而战胜竞争对手。例如,网景公司曾经在线分发自己的浏览器软件,使它很快就在市场上占据了主导地位。对于核心电子商务公司来讲,其创新商业模式的推出时机往往决定了其市场地位和市场价值,微博的先行者 Twitter 用了 3 年时间达到 10 亿美元的估值,社会化网络的开拓者 Facebook 用 2 年时间达到了 10 亿美元的估值,而团购网站的鼻祖 Groupon 则仅用了年半时间就创下了 13.5 亿美元估值的纪录,且仅半年就实现了盈利。

③客户服务差别化。电子商务可以帮助公司更好地实施以客户为中心的发展战略。一方面,利用电子商务所提供的电子化服务,公司可以通过向出现故障的产品提供服务的快慢来差别化,大大提高公司对顾客投诉的反应速度,能够有针对性地为顾客提供更周到的服务;另一方面,由于信息更加容易获取,公司可以为客户提供大量的商品选择机会,从而使客户有更多的选择余地。

④产品组合。不少公司提供了产品或服务的多种组合,使自己的产品或服务与竞争对手具有明显的差异性。例如,亚马逊书店可以在网上提供几千万种图书,而且很容易根据顾客的需求进行多种组合,这与传统的线下书店形成了明显的差别化。

⑤品牌形象。公司可以通过互联网来建立或强化自己的品牌形象,使客户感到他们的产品是差别化的,进而建立和保持客户的忠诚度,使谁拥有了客户,谁就拥有了未来。

**(2)低成本竞争战略**

低成本战略是一种先发制人的战略,这意味着一家公司提供的产品或服务比其竞争者让客户花费更少的金钱。这种成本的降低表现在生产和销售成本的降低上:一方面,公司通过电子商务方式与供应商和客户联系,大大提高订货和销货效率,使订货、配送、库存、销售等成本大幅度降低;另一方面,通过互联网,企业可以为客户提供更加优质的服务,甚至可以让客户通过互联网进行自我服务,大大减少了客户服务成本。其实,电子商务在减少公司的产品或服务成本的同时,也可以大大降低客户的交易成本。

低成本意味着低价格,较低的产品或服务价格是吸引用户的重要手段,互联网的外部性使用户真正体会到了"免费午餐"的价值,同时,不少电子商务模式就是通过免费策略聚集了大量人气,从而建立了成功的用户基础。淘宝网的免费交易、迅雷的免费资源下载、京东商城的低价商品供应等都是非常成功的商业模式。

**(3)目标集聚战略**

目标集聚战略是一种具有自我约束能力的战略。当公司的实力不足以在产业内更广泛的范围内竞争时,公司可以利用互联网以更高的效率、更好的效果为某一特定的战略对象服务,往往能在该范围内超过竞争对手。在电子商务领域,凭借目标集聚战略获得竞争优势和取得成功的商务模式比比皆是,大多数垂直门户网站都将目标聚焦于特定的行业或地域。例如,在竞争异常激烈的保险经纪行业中,有的保险经纪人利用互联网专门为频繁接触互联网而社交范围比较窄的研究人员、开发人员提供保险服务,取得了良好的经营业绩。

进行电子商务案例的产品或服务分析时,需要回答以下几个问题:

①案例的核心电子商务公司为用户和客户分别提供了哪些功能(产品或服务)？采取了哪些差异化战略？哪些产品或服务对公司的电子商务模式起着关键作用？

②对传统企业来讲,电子商务是否改变了原有的产品或服务？

③公司对提供的产品或服务是如何根据目标市场进行细分的？

### 1.2.4 盈利模式

电子商务案例分析的一个极为重要的部分是确定盈利模式。电子商务项目的盈利模式指的是核心电子商务公司的盈利空间、收入来源和定价策略。

**(1)盈利空间**

不同电子商务模式的盈利能力是有差别的,而盈利能力在很大程度上取决于其盈利空间。电子商务模式的盈利空间是指在电子商务模式价值网络中,相对于供应商、用户、客户、基础服务商、交易服务商、合作商等利益相关者和竞争对手、潜在进入者、互补者、替代者而言,核心电子商务公司本身的地位。公司的盈利空间取决于来自这些主体的竞争压力。如果竞争带来的压力小则公司的盈利空间是具有吸引力的。比如,定位于服务广大中小企业的阿里巴巴网络经纪模式在构建了电子商务生态系统后,就使其利益相关者的讨价还价能力逐步削弱,而阿里巴巴的盈利空间则越来越大。因此,电子商务模式的盈利空间受到其客户价值定位、目标市场、产品和服务特点等因素影响,同时也影响着公司对商业模式的定位。

**(2)收入模式**

在传统商品市场中,很多公司直接从其销售的产品中获得收益,或者从其提供的服务中获得收入。但是,在电子商务市场中,由于电子商务模式价值网络中用户和客户的不统一性等特性,使公司利用互联网从事电子商务的收入模式变得更加复杂。例如,从事网络经纪电子商务模式的公司的收入来源至少有交易费、信息和建议费、服务费和佣金、广告和发布费等。而一个采取直销模式的公司的收入则主要来自对客户的直接销售,也可以来自广告、客户信息的销售和产品放置费,还可以通过削减直接向客户提供服务的成本或减少配送环节来增加利润。就我们对电子商务模式的分类而言,目前,基础的电子商务收入模式主要有以下几种,如表 1.2 所示。

**表 1.2　基础的电子商务收入模式**

| 收入模式 | 定　义 | 收入来源 | 适用电子商务模式 |
|---|---|---|---|
| 广告费 | 通过网络广告服务获得收入 | 广告客户 | 搜索引擎、网络门户、网络经纪、网络销售、社交电商、跨境电商、网络娱乐 |
| 交易佣金 | 根据交易规模收取交易费用 | 交易客户 | 网络经纪、网上支付、网络娱乐 |
| 销售收入 | 通过销售产品获得收入 | 目标消费者 | 网络销售、社交电商、跨境电商 |
| 服务费 | 通过提供服务获得收入 | 服务客户 | 网络门户、网络经纪、网上支付、网络娱乐 |

续表

| 收入模式 | 定 义 | 收入来源 | 适用电子商务模式 |
|---|---|---|---|
| 订阅费 | 通过提供内容订阅获得收入 | 目标读者 | 网络门户、网络娱乐 |
| 会员费 | 通过为注册会员提供内容和服务获得定期注册费 | 付费用户 | 网络经纪、网络娱乐 |
| 合作分成 | 通过联盟等合作方式获得分成收入 | 合作商 | 搜索引擎、网络门户、网络经纪、网络娱乐 |

1) 广告费模式

广告费模式就是核心电子商务公司或网站所有者利用互联网络媒体向广告客户提供产品、服务、品牌、网站等宣传推广，并收取广告费的收入模式，以及网络广告模式。网络广告从制作形式来看，有图形广告、文字广告和视频广告等；从展现形式来看，有 Banner 广告、插播广告、植入广告、RSS 广告、黄页广告、邮件广告、分类广告、富媒体广告、信息流广告等。

网络广告是最广泛和最有生命力的互联网商务应用，几乎所有的电子商务模式都利用广告费模式获得收入。搜索引擎作为互联网用户上网第一入口，不仅得到中小企业广告主的青睐，近年来，也得到品牌广告主的进一步认可，搜索引擎运营商通过提供关键字广告、竞价排名、品牌推广广告和网站联盟等广告获得丰厚的收入；网络门户凭借其提供的新闻、搜索引擎、聊天室、免费邮箱、影音资讯、电子商务、网络社区、网络游戏、免费网页空间等服务，聚集了大量的网上浏览者，拥有大量的网站流量，对广大品牌广告主具有很大的吸引力，广告费收入就成为其主要收入模式了；网络社区集中了具有共同兴趣的访问者，针对特定领域和兴趣需求的目标广告受众，提供具有较强针对性的网络广告，成为网络社区主要的收入来源之一；网络娱乐等平台提供了很多网络工具和软件，帮助用户更好地应用网络。而移动客户端 App 的广泛应用，使越来越多的广告植入 App 中，如微信、微博、网易新闻、豆瓣等 App 都通过植入广告获得收入；网络经纪、网络娱乐等平台也凭借其特有的优势，将广告作为重要的收入来源。

网络广告的计费方式多种多样，既有按显示次数和访客行为的计费模式，也有按照广告效果和显示时间的计费模式；而收费标准既有固定收费模式，也有竞价模式，搜索引擎的关键字竞价排名就是竞价模式广告计费的代表。

2) 交易佣金模式

佣金是指在交易过程中第三方或中介根据交易规模收取的费用。网络经纪、网络支付、网络娱乐等电子商务模式都提供了交易中介服务，搭建了买卖双方交易的平台，根据所提供的中介服务向买方或卖方收取交易佣金或手续费。比如，携程网通过机票、酒店预订服务，从客户订票费和酒店盈利中提取佣金；而美国 Priceline 网站所经营的反向拍卖经纪模式，为买主提供了拍卖服务，由潜在买主对某项商品提出报价，卖主提出投标价，拍卖经纪商的佣金就是买主和卖主报价之间的差价，这种交易佣金实际上来自买主。

3）销售收入模式

销售收入是企业或个人销售产品所取得的收入,在互联网环境中,销售收入模式是企业通过自建电子商务平台进行产品批发、零售服务,从而取得收入的模式。

4）服务费模式

服务费是客户因接受服务而支付给核心电子商务公司的费用。在这种收入模式中,客户只为他们确实使用的那些服务付费,费用的多少取决于客户使用这些服务的频繁程度、时间长短和流量大小,当然,拥有大量客户是取得服务费的基础。收取服务费是被大多数电子商务模式广泛采用的收入模式,初步总结起来主要有以下一些服务费模式。

①技术服务。技术服务是核心电子商务公司对其拥有的核心技术,通过授权使用等方式供其他公司使用,从中收取技术服务费。例如,Google 向全球 100 多家大公司和网站授权使用 Google 网页搜索技术,按照搜索的次数来收取授权使用费,其他拥有搜索引擎技术的公司也以这种方式获得收入。

②租赁服务。租赁服务是核心电子商务公司对其拥有的虚拟网络空间按照一定的功能划分,向客户或用户提供租赁服务,获得租金收入。例如,阿里巴巴利用其大流量的网络经纪平台提供旺铺租用服务,按年或月收取服务费;京东商城提供店中店服务,对在其网站上出租的店中店按分类和配置推广资源收取固定租金;而网易等提供邮箱服务的门户网站通过提供 VIP 邮箱服务,根据邮箱容量大小收取邮箱服务费,也属于租赁性质。

③咨询服务。网络门户尤其是行业垂直门户网站凭借其专业化和深度信息优势,为企业客户提供咨询服务,获得可观的咨询服务费。例如,艺恩作为一家专业的影视娱乐行业平台,拥有较为完整的实时票房数据、品牌广告投放数据、艺人流量及商业价值数据,该平台通过商务智能分析技术,为行业客户提供品牌营销、数字娱乐及媒体娱乐解决方案。

④娱乐服务。提供网络游戏、网络音乐、网络视频等娱乐服务的网络娱乐网站,通过提供收费娱乐服务获得收入,已经越来越成为这类电子商务模式的主要收入来源。例如,尽管盛大网络的休闲游戏是免费的,但是,玩家们还是愿意购买游戏预付卡,从而获得进入游戏的账号和密码来玩更具吸引力的游戏。

⑤管理服务。随着企业信息化整体水平的提高,管理信息化也越来越成为广大中小企业的现实需求,但是,中小企业由于技术、人员、资金等局限,不大可能引入大型的管理软件系统,这样,就出现了基于互联网的管理外包服务。例如,阿里巴巴的钉钉就通过为中小企业提供管理外部服务增加了收入渠道。

⑥支付服务。支付是电子商务交易的重要基础条件,随着网上交易规模的扩大,网上支付的需求也越来越大,专业的支付服务就成为电子商务的一种重要收入来源。例如,各商业银行提供的网上银行支付业务、支付宝等第三方支付业务、Q 币等虚拟货币支付业务都是极具潜力的收入模式。

⑦品牌推广。随着互联网商务应用的进一步推广,企业越来越重视网络品牌建设,不少网站纷纷推出品牌推广服务,企业在网络品牌推广方面的投入也越来越大。新浪网的大客户品牌宣传方案、百度的品牌专区、微信的社群品牌计划、天猫的品牌官方旗舰店、抖音的"明星+品牌"模式等都是非常成功的品牌推广服务。

⑧其他服务。除以上主要的服务费收入模式外,还有一些收费服务也具有很强的吸引力,例如,网络游戏商在提供免费游戏的同时出售游戏道具;一些门户网站、网络社区、分类信息网站提供彩信等无线服务。

5)订阅费模式

互联网具有内容优势,不少电子商务模式具有内容经营商性质,收取内容订阅费就是主要的收入来源。所谓订阅费就是核心电子商务公司按照一定周期或内容量定期或定量收取的固定费用,用户只有缴纳订阅费才能获得定量的内容服务。例如,起点中文网的 VIP 阅读按照每章节定价;不少垂直门户提供了专业出版物,供用户订阅。

6)会员费模式

尽管互联网在起步阶段提供了大量的免费午餐,用户可以免费获得不少内容和服务,但是,"天下没有免费的午餐"才是商业的本质。随着互联网商务应用的进一步推广,不少互联网服务以会员注册费的模式收取服务费用,使会员费模式成为一种比较成功的收入模式。

7)合作分成模式

在电子商务模式价值网络中,合作商对核心电子商务企业的价值越来越大,合作分成甚至成为核心电子商务公司的重要收入来源。例如,百度联盟、Google 联盟等广告联盟模式不仅使这些联盟平台获得源源不断的广告收入,而且使众多加入联盟平台的中、小站点也通过合作分成模式获得可观的收入,天涯社区就于 2007 年上半年加入 Google AdSense,在一定时间内获得了稳定的广告分成收入;而作为社交网站的代表,Facebook 与应用平台开发商的分成,使其盈利模式变得更加明朗。

**(3)定价模式**

从向客户提供的产品或服务中获取收入非常重要的一个环节是对所提供的产品或服务正确地定价。在电子商务市场中,大多数产品和服务是以知识为基础的,以知识为基础的产品一般具有高固定成本低可变成本的特点,因而产品或服务的定价具有较大的特殊性,企业定价的目标不单单在于单位产品的利润率水平,而更加重视产品市场占有率的提高和市场规模的扩大。而且这类产品还具有能够锁定消费者的特点,使许多消费者面临着较高的转移成本,使已经在竞争中占有优势的公司不断拉大与其竞争者的距离。例如,一个已经注册为 1688 诚信通会员的企业获得了比较系统的 1688 商业服务,并通过 1688 建立了广泛业务关系,如果决定转而使用其他 B2B 交易平台,他就必须放弃那些已经获得的服务,并重新学习使用新的平台,这种很重要的转移成本往往使企业不会做出转换交易平台的决定。

在具体的定价过程中,企业可以根据其提供的产品或服务性质和客户特点,采取不同的定价策略。

1)明码标价

在电子商务定价策略中,最常使用的定价策略就是固定价格策略,即明码标价,如在淘宝网店中广泛采用的一口价定价模式。

2)一对一议价

对于个性化的产品或服务,则可以采取一对一议价的定价策略,克服了明码标价的缺点,如不少垂直网站所提供的咨询服务主要采用议价定价模式。

3）拍卖定价和反向拍卖定价

拍卖定价和反向拍卖定价策略则是在电子商务市场中比较普遍的价格形成机制。前者由卖主向众多买主征求出价，并将一种产品或服务卖给出价最高的一个购买者，如 eBay 的网上拍卖是拍卖定价模式的代表。后者是买主对产品或服务出价，然后由卖主提出投标价，一般投标报价低者能够和买主达成交易，不少企业对原材料的网上招标（电子采购）就采用这种定价模式。

4）集体竞价

集体竞价就是卖主对产品或服务提出初始报价，在一定期限内，根据提出购买需求的买主数量大小，给予一定幅度的价格折扣，竞价期限到期时的价格就是最终的价格，集体竞价实际上就是大量买主对卖主的集体谈判。目前非常流行的拼多多就是采用集体竞价的价格形成机制。

5）竞价排名

在搜索引擎广告中，竞价排名是非常重要的一种广告定价模式。搜索引擎对某一关键词搜索结果的排列是有一定顺序的，对于广告主，在购买关键词时，可以自行报价，根据广告主对关键词的出价高低，搜索引擎对其网站的搜索结果进行排名，出价越高则排名越靠前。这种定价模式实际上是搜索引擎服务商对搜索结果排列顺序和广告主关键词报价的一种自动匹配。

6）免费模式

免费定价策略是互联网商务模式的一种重要经营策略。这种策略的本质是企业为了获得更高的市场占有率或建立用户基础。一般来讲，有三种免费策略：一是免费向用户提供产品或服务，建立用户基础后，向广告客户收取网站上的广告费用，免费是为了提高流量；二是对同一客户或用户赠送现有产品或服务，后续对较高版本或更全面的产品或服务收费，网络游戏、网络出版物等往往采用这种免费定价策略；三是赠送一种产品或服务，而对相关产品或服务收费。

对于传统企业来说，在利用电子商务来创建、管理和扩展商业关系过程中，可能很难计算其直接的收入和利润。但是，仍然可以分析其盈利模式。这种电子商务模式的盈利模式在很大程度上表现为电子商务对公司价值链结构的改变：基本活动中的信息处理部分，如商品信息发布、客户沟通、供应和分销商订单处理乃至支付都可以通过电子商务在网上完成，带来大量的成本节约，产生了电子商务的收益递增利润；基本活动中的采购、进货、发货、销售等环节的物流活动，则可以通过第二方物流加以完成或通过信息化水平的提高而提高效率，将大大减少企业的经营成本，因而产生经营成本降低收益；辅助活动中的人力资源管理和技术开发中的部分活动也都可以通过电子商务方式在网上完成，这将使企业的管理成本大幅度下降，产生管理成本降低收益。

进行电子商务案例的盈利模式分析需要回答如下问题：

①从案例的客户价值定位看，其盈利能力或盈利空间怎么样？

②案例的网站从哪些客户获得哪些收入？

③在公司的收入来源中，哪些对公司的利润水平具有关键性的影响？

④哪些因素影响公司的收入?

⑤公司收入来源的定价模式有什么特点?

⑥对传统企业来讲,公司原有的收入来源有哪些途径?电子商务使公司收入来源产生了哪些变化?公司实施电子商务后有哪些新的收入来源?

### 1.2.5 核心能力

核心能力是相对稀缺的资源和有特色的服务能力,它能够创造长期的竞争优势。核心能力是公司的集体智慧,特别是那种把多种技能、技术和流程集成在一起以适应快速变化的环境的能力。

电子商务具有快速的实现周期,对信息和联盟也具有很强的依赖性,而且要坚持不懈地改革商务活动的方式,因此,它需要有一种能综合考虑以上所有因素的分析工具,将公司的技术平台和业务能力进行集成。经过集成后的公司的核心能力应该包括以下几个方面。

(1)资源

公司需要有形的、无形的资源以及人力资源来支持向客户提供价值的一系列关键活动。有形资源包括厂房、设备以及现金储备。而对于从事电子商务的公司来讲,有形资源主要表现为公司的网络基础设施以及电子商务的软硬件建设水平。无形资源包括专利权、商誉、品牌、交易秘密、与客户和供应商的关系、雇员间的关系以及不同形式存在于公司内部的知识。例如,含有重要客户统计数据的数据库以及市场研究发现的内容。对于从事电子商务的公司来讲,这类资源往往包括公司自行设计的软件、访问者或客户的登录信息、品牌和客户群。人力资源是公司员工具有的知识和技能,是公司知识资源的载体,在知识经济时代的作用显得更加突出。

(2)竞争力

竞争力是公司将其资源转化为客户价值和利润的能力,它需要使用或整合公司的多种资源。根据哈默(G. M. Hamel)和普拉哈拉德(C. K. Prahalad)的观点,当公司遇到客户价值、竞争者差别化和扩展能力三个目标的时候,公司的约束力就是公司的核心能力。客户价值目标要求公司充分利用其核心能力加强其向客户提供的价值。如果公司在多个领域使用其竞争力,那么这种竞争力是可扩展的。例如,本田公司设计优良发动机的能力使它不仅能够向汽车,而且能够向便携电力发动机、除草机等提供发动机。

(3)竞争优势

公司的竞争优势来源于公司所拥有的核心能力。其他公司获得或模仿这些能力的难易程度决定了这些优势保持的难易程度。那些难以取得或模仿的核心能力往往是由于拥有这种优势的公司在发展进程中处于领先或者这些核心能力的形成需要较长的时间,模仿者难以短期内获得。

进行电子商务案例的核心能力分析需要把握以下几个问题:

①公司拥有的核心能力是什么?

②公司实施电子商务需要哪些新的能力?

③电子商务对公司已有的能力有哪些影响？

④公司的这些能力有哪些是其他公司难以模仿的？

⑤公司如何才能保持它的竞争优势？

⑥公司在形成和保持这些竞争优势的过程中采用了哪些营销策略？

# 1.3　电子商务的技术模式分析

所有的电子商务项目,都需要合理规划其技术模式。技术模式是电子商务模式价值网络的架构基础和商业模式的实现条件,也就是支撑电子商务商业模式实现和电子商务价值网络正常运营以及发生意外时能保护系统、恢复系统的硬件、软件和商务支持系统。随着信息技术和互联网技术的发展,电子商务技术的进步可谓日新月异,核心电子商务公司的技术模式选择必须围绕其商业模式,构建科学的技术体系。例如,百度之所以实现了其"让人们最便捷地获取信息,找到所求"的客户价值,同时找到了自身的盈利模式,就是因为其在"中文分词"方面具有其他搜索引擎所不具有的关键技术和优势,而且,在此基础上构建了百度搜索推广服务管理平台,并且不断创新。抖音受到网民青睐,一个原因是能够给他们"美好感",这种"美好感"通过全屏高清呈现、背景音乐营造、精致滤镜特效和便捷易用的拍摄体验得以实现;另一个原因是生产大量优质"爆款"内容,这些内容为抖音带来了巨大的流量。抖音之所以能做到这两点,主要是源于个性化推荐、深度学习等智能算法的技术创新。天猫网络零售平台的"双十一"等促销活动已成为入驻商家完成销售目标的重要渠道,然而,在同一时点实现巨量交易并非易事,甚至是世界级难题。阿里巴巴为此投入了大量的人力、物力和财力资源,组建阿里云团队,研发了飞天云操作系统,解决了海量用户高并发带来的问题。2019 年"双十一"期间,阿里云系统实现了一秒钟 54.4 万笔订单的处理量,这为全球范围内的商业促销活动得以实现提供了坚实的技术基础。携程旅行网作为旅游服务企业的龙头,在初创阶段,要为会员提供快捷灵活、优质优惠、体贴周到又充满个性化的旅行服务,其技术模式就要以呼叫中心为核心来构建。因此,面向电子商务价值网络基于商业模式实现的电子商务技术模式体系一般应该包括以下几个方面。

## 1.3.1　网站开发技术

网站开发技术是核心电子商务公司为保证价值网络的正常运营,自建或委托第三方公司建设电子商务系统所使用的技术。网站开发技术主要分为前端和后端两部分。前端是指用户请求到达网站应用服务器之前经历的环节,通常不包含网站业务逻辑,不处理动态内容。后端是指部署在后台服务器端的应用程序,它为前端提供各种业务支持。

大型网站的技术挑战主要来自庞大的用户群体、高并发的访问和海量的数据,任何简单的业务一旦需要处理数以 PB 计的数据和面对数以亿计的用户,问题就会变得很棘手。电子商务公司在发展初期,网站访问量并不大,后端应用程序、数据库、文件等资源通常在一台服务器上,结构非常简单。随着业务的发展,越来越多的用户访问导致性能越来越差,越来越多的数据导致存储空间不足,这时单一服务器就不能满足需求,需要将应用和数据分离。下面简要介绍大型网站需要用到的前端和后端技术。

（1）前端技术

前端的基本技术包括 HTML、JavaScript 等。HTML 的全称为 Hyper Text Markup Language（超文本标记语言），是一种标记语言。它包括一系列标签，通过这些标签可以将网络上的文档格式统一，使分散的 Internet 资源连接为一个逻辑整体。HTML 文本是由 HTML 命令组成的描述性文本，HTML 命令可以说明文字、图形、动画、声音、表格、链接等。JavaScript 是一种具有函数优先的轻量级、解释型或即时编译型的编程语言，主要用于 Web 前端开发，具有嵌入动态文本、对浏览器事件做出响应、读写 HTML 元素、检测访客的浏览器信息、控制Cookies 等功能。

前端的优化技术包括浏览器加载、网站视图模型图片服务、CDN 服务等，主要手段有浏览器访问优化、使用反向代理、CDN 等。浏览器访问优化的方式包括减少 HTTP 请求、使用浏览器缓存、文件压缩、减少 Cookie 传输等。反向代理的工作原理是，当接受客户端的网络访问连接请求时，有策略地转发给网络中实际工作的业务服务器处理，并将处理结果返回给客户端。内容分发网络（Content Distribute Network，CDN）的本质仍然是一个缓存，而且将数据缓存在离用户最近的地方，使用户以最快速度获取数据。CDN 能够缓存的一般是静态资源，如图片、文件、CSS、Script 脚本、静态网页等，这些文件访问频度很高，使用 CDN 可极大改善网页的打开速度。

随着移动终端的普及，移动端开发已成为网站前端开发的重要形式。移动端开发技术主要包括 Native App、Web App 和 Hybrid App 三种。Native App 指的是原生应用程序，一般依托于移动端操作系统，有很强的交互性，可拓展性强。比如基于 iOS、Android 等操作系统的 App。原生应用程序使用相应平台支持的开发工具和语言，如 iOS 平台支持 Xcode 和 Objective-C 而 Android 平台支持 Eclipse 和 Java。原生应用程序最大的缺点就是不支持动态化更新。Web App 就是借助前端 HTML5 技术实现的在浏览器里面跑的 App，简单来说就是一个 Web 网站。因为是在浏览器里面运行，所以天然支持跨平台，版本更新也很方便。但是，Web App 较难实现比较复杂的功能，如访问手机摄像头、通信录等。Hybrid App 是介于 Native 和 Web 之间的开发模式，一般称作混合开发。简单来说 Hybrid App 就是套壳 App，整个 App 是原生的，也需要下载安装到移动终端，但是 App 里面的页面既可以是 Web 的，又可以是原生的。

在前端技术中，除了满足必要的业务需求外，用户体验也非常重要。用户体验是指用户在使用一个产品或系统之前、使用期间和使用之后的全部感受，包括情感、信仰、喜好、认知印象、生理和心理反应、行为和成就等各个方面。用户体验可分为感观体验、交互体验、情感体验等类型。在网站建设中，涉及的用户体验技术包括用户界面设计、交互设计、虚拟现实（增强现实）、人工智能等。

（2）后端技术

在大型网站中，后端通常可分为应用层、服务层、存储层等。应用层是处理网站主要业务逻辑的地方；服务层提供基础服务，供应用层调用，完成网站业务；存储层提供数据、文件的持久化存储访问与管理服务。

后端的基本技术主要是服务器端应用程序开发和数据库技术。服务器端应用程序开发的语言环境可以是 Java、PHP、ASP 等,通常的数据库管理系统有 DB2、Oracle、MySQL、SQL Server 等。

后端的优化技术较为复杂。在应用层,包括页面渲染、负载均衡、动态页面静态化、业务拆分等技术。页面渲染是将分别开发维护的动态内容和静态页面模板集成起来,组合成最终显示给用户的完整页面;负载均衡是指将多台应用服务器组成一个集群,通过负载均衡技术将用户请求分发到不同的服务器上,以应对大量用户同时访问时产生的高并发负载压力。动态页面静态化是对于访问量特别大而更新又不很频繁的动态页面,可以将其静态化,即生成一个静态页面,利用静态页面的优化手段加速用户访问,如反向代理、CDN、浏览器缓存等;业务拆分的目的是将复杂而庞大的业务拆分开来,形成多个规模较小的产品,独立开发、部署、维护,除了降低系统耦合度,也便于数据库业务分库。在服务层,包括分布式消息、分布式服务、分布式缓存、分布式配置等技术。分布式消息是利用消息队列机制,实现业务和业务、业务和服务之间的异步消息发送及低耦合的业务关系;分布式服务的目的是提供高性能、低耦合、易复用、易管理的分布式服务,在网站实现面向服务架构(SOA);分布式缓存则通过可伸缩的服务器集群提供大规模热点数据的缓存服务,是网站性能优化的重要手段;分布式配置在系统运行期提供配置动态推送服务,将配置修改实时推送到应用系统,无需重启服务器。在存储层,包括分布式文件、关系数据库、NoSQL 数据库、数据同步等技术。分布式文件的产生缘于网站在线业务需要存储的文件大部分都是图片、网页、视频等比较小的文件,但是这些文件的数量非常庞大,而且通常都在持续增加,需要伸缩性设计比较好的分布式文件系统。大部分网站的主要业务是基于关系数据库开发的,但是关系数据库对集群伸缩性的支持表较差,通过在应用程序的数据访问层增加数据库访问的路由功能,根据业务配置将数据库访问路由到不同的物理数据库上,可实现关系数据库的分布式访问。NoSQL 在内存管理、数据模型、集群分布式管理等方面各有优势。拥有多个数据中心的网站必须在多个数据中心之间进行数据同步,以保证每个数据中心都拥有完整的数据。

### 1.3.2  智能算法技术

智能算法技术是核心电子商务公司为保证价值网络中的客户获得满意的产品或服务而提供的技术保障。智能算法技术是大数据的产物,核心电子商务公司通过智能算法技术实现基于大数据的精准营销。一般情况下,大数据主要来自消费者的在线购买、网络点击、社交媒体、智能设备连接和地理位置等信息。大数据营销主要是指营销人员运用智能算法等技术和分析方法,将不同类型或来源的数据进行挖掘、组合和分析,发现隐藏其中的模式,例如不同客户群体的用户画像、沟通交互方式,以及这些形式是如何影响消费者的购买决策;并在此基础之上,公司有针对性地开展营销活动,以迎合顾客的个人喜好,为顾客创造更大的价值。智能算法技术主要包括用户画像、消费者行为预测及个性化推荐系统等机器学习技术。

### （1）用户画像

用户画像可以被简单理解成海量数据的标签，根据用户的属性、行为和观点的差异，将他们区分为不同的类型，然后从每种类型中抽取出典型特征，赋予名字、照片、一些人口统计学要素、场景等描述，形成了一个人物原型（Personas）。用户画像主要有三个特征。一是标签化。用户画像的实质就是标签化的用户全貌，通过用户数据的收集处理，最终提炼出用户标签进而生成用户画像。二是时效性。用户数据中的动态属性随着用户的行为变化而变化，提炼的用户标签存在着滞后性问题，由此生成的用户画像时间越久价值越低。三是动态性。随着用户数据的不断更新和变化，相应的用户特征和提炼的用户标签也在不断发生改变，因此构建的用户画像需要不断地更新迭代才能更加精准地表示用户特征。用户画像的构建流程包括数据收集、特征抽取、标签表示三个步骤。在用户画像研究中主要通过社会调查、网络数据采集和平台数据库采集三种方法来获取用户数据。特征抽取是在收集用户数据的基础上对其进行整理和分类，并通过一定的数据挖掘方法从中抽取用户特征，进一步提炼得到用户标签并构建用户画像的过程。画像表示是以各种直观、明了的可视化图形将构建的用户画像呈现出来的一个过程，表示方法多种多样。例如，将用户标签构成一个标签云，标签占比大小代表用户特征显著性水平；或者通过人物图片结合用户标签的形式表示用户画像；或者借助各种统计图形，如直方图、雷达图的形式等来表示用户画像。

### （2）消费者行为预测

消费者行为预测是基于消费者大数据，对其消费能力、消费水平和消费结构进行预测分析，揭示不同消费群体的消费特点和需求差异，判断消费者的购买习惯、消费倾向、消费嗜好等有何变化，研究消费者购买什么、购买多少、何时购买、何处购买、由谁购买、如何购买等购买行为及其变化。消费者行为预测用到的智能算法技术包括机器学习、文本挖掘和自然语言处理等。机器学习作为人工智能的一个重要分支，用来描述计算机在没有明确编程情况下的学习能力，其目的是设计允许计算机根据经验数据进化行为的算法，其最明显的特征是自动发现知识并做出智能决策。文本挖掘是指从数据中提取有价值信息（模式）的一组技术，包括聚类分析、分类、回归和关联规则学习。自然语言处理是一种广义的计算机科学方法，旨在解释、识别和理解自然语言，强调人与机器之间的相互作用，主要用在文本分析过程中。

### （3）个性化推荐系统

个性化推荐系统是一种极具潜力的解决信息超载的服务技术，它利用用户的偏好信息自动地向用户推荐符合其兴趣特点的对象。与搜索引擎相比，个性化推荐系统输出的结果更符合用户需求，同时系统自动运行，使得用户寻找信息的成本大大降低。亚马逊、淘宝、拼多多等电子商务平台，都在不同程度上采用了个性化推荐系统。这些网站的推荐系统能够根据用户的历史购买记录，以及浏览、检索和评论行为等，分析用户的兴趣并向其主动推荐商品，实现在线导购功能；高质量的推荐系统能够增强用户的购物体验，提高对网站的忠诚度。同时，电子商务推荐系统提供的个性化服务能够挖掘用户潜在兴趣，有效地提高商品的交叉销售能力。

### 1.3.3　商务应用技术

商务应用技术是核心电子商务公司为保证客户价值获取而建立的技术保障,它主要针对采用第三方平台开展电子商务应用的核心电子商务公司,为了用好平台规则而构建的技术,这也是一种核心能力。商务应用技术主要包括视觉传达设计、搜索引擎优化、关键词竞价、商务数据分析等。

#### （1）视觉传达设计

视觉传达设计是通过视觉来向人们传达各种信息,设计师是信息的发送者,传达对象是信息的接受者。视觉传达设计的主要要素包括文字、插图以及标志。在电子商务应用中,商品详情页设计是一类重要的视觉传达设计。商品详情页设计的目标是创造一个舒适合宜的购物旅程,让客户无障碍地浏览各类信息,很容易就能找到所需要的商品,并且获得足够好的服务与体验,同时随时提供最有效的工具以帮助客户顺利进入预订购买环节。

#### （2）搜索引擎优化

搜索引擎优化是让核心电子商务公司的网站更容易被搜索引擎收录,并且在用户通过搜索引擎进行检索时在检索结果中获得好的位置,从而达到推广网站的目的。搜索引擎优化能够确保企业网站与搜索引擎有效连接,同时可以提升网站在所选关键词下的搜索结果页中的排名。搜索引擎优化又被细分为网站内容优化、关键词优化、外部链接优化、内部链接优化、代码优化、图片优化、搜索引擎登录等。通过这些方法,企业不需要向搜索引擎提供商付费,就能使搜索引擎将企业的网站链接收录在搜索结果页中自然搜索区域靠前的位置。

#### （3）关键词竞价

关键词广告是网络广告的重要形式,关键词广告通常采用竞价拍卖方式。目前主流搜索引擎平台,比如 Google 主要采用广义第二价格拍卖机制（Generalized Second Price,GSP）,在这种机制下,处于第 $i$ 位广告位置的广告商支付给搜索引擎公司的价格等于处于第（$i$+1）位广告位置的广告商的竞价加上搜索引擎公司规定的最小增量。作为核心电子商务公司,成功运作关键词广告的要素包括:广告商,试图吸引用户通过点击特定的链接而进入指定网址的组织或者个人;广告内容,能充分体现广告商的产品或服务的一系列具有相关关键词、标题、描述性说明的超级链接;搜索引擎,搜索引擎处于用户和广告商之间的位置,他们通过技术手段使得用户的查询需求与广告商的链接相匹配;广告商竞价,广告商根据自身对相关的关键词的价值判断给出他们的竞价价格,以期获得理想的位置排名;搜索引擎匹配过程,搜索引擎采用特有的算法和技术手段确保广告商的广告内容与用户的目标关键词匹配;匹配结果显示,搜索引擎匹配过程完成全部与用户所查询的关键词相关的广告内容搜索后,按照一定的拍卖竞价排名机制对相关广告链接进行排序,并按照该排位顺序把所有链接显示在搜索引擎的指定广告栏中;搜索引擎追踪过程,在这个过程中,搜索引擎收集广告商的广告内容及竞价、匹配用户的查询与广告链接、统计用户点击广告链接的数据并且根据一定的支付规则对广告商进行收费;用户,通过搜索引擎对相关关键词进行查询并且真正点击广告商链接的查询者。

### (4)商务数据分析

商务数据分析本质上就是大数据营销,即利用消费者大数据围绕客户旅程开展精准营销。客户旅程是指客户首次接触直至下单并享受产品或服务期间与企业互动的全过程,可分为动机、搜索、评估、客户选择、客户满意和分享等阶段。在日常业务分析中,用到的分析工具以描述性统计为主,较为复杂的分析也会用到机器学习等智能算法。在电子商务应用中,商务数据分析的内容包括消费者流量分析、商品分析、会员分析、营销分析、订单分析及竞品分析等。

进行电子商务案例的技术模式分析,需要进行以下几个方面的分析:

①公司电子商务应用的总体技术架构是什么?

②公司的网站开发技术、智能算法技术、商务应用技术各有什么特色? 这些技术是如何构成一个系统来支撑公司电子商务商业模式实现和保证价值网络运用的?

③公司技术模式的各层面技术系统中,影响其商业模式实现和获得竞争优势的主要技术特色是什么?

# 1.4 电子商务的经营模式分析

电子商务的经营模式是核心电子商务公司面向价值网络各利益相关者,以市场的观点对整个商务活动进行规划、设计和实施的整体策略结构。它包括如何让用户和客户知晓并认同企业的电子商务商业模式和如何实现公司的电子商务商业模式,以满足用户和客户的需求。

经营模式与商业模式是密切相连的,电子商务商业模式具体体现了电子商务项目现在如何获利以及在未来长时间内的计划,注重对整体环节的设计和具体路径的选择。经营模式则主要是考虑如何展开具体的商务活动,实现商业模式的各环节设想,促进预期经济目标的达成。这不仅包括选择各环节具体的合作者、协作方式和分成方法,经营的工具、手段和方式、方法,还包括公司的市场开拓、广告宣传等事宜。经营模式将商业模式主体化、动态化、丰富化、灵活化、具体化。由于电子商务项目的特殊性,其经营模式往往在传统的4P(产品、价格、渠道、促销)营销策略基础上,综合了4C(消费者、成本、便利、沟通)、4R(与顾客建立关联、反应、关系、回报)、4S(满意、服务、速度、诚意)等现代营销观念,形成了更加多样化、综合化的经营体系。一般来讲,电子商务经营模式涉及以下几个方面的经营模式和策略。

## 1.4.1 供应链管理

供应链是由涉及生产和交付一种产品或服务的企业的设施、职能和活动组成的序列。这个序列从生产原材料的基本供应商开始,扩展到到达最终顾客的所有途径。设施包括仓库、工厂、加工中心、配送中心、零售店和办公室。职能和活动包括预测、采购、库存管理、信息管理、质量保证、进度安排、生产、配送、运输和客户服务。供应链管理是对一个企业内部的各种企业职能和供应链进行战略性协同,目的是整合供应和需求管理。在电子商务环境下,从事实物交易的电子商务公司通常属于虚拟企业,它们针对某种市场机会的快速反应,通过互联网技术将拥有相关资源的若干独立企业集结起来,以及时地开发、设计、生产、销售多样化、用户化的产品或服务。因此,供应链是核心电子商务公司的生命线,将供应商、生产商和最终消费者以一个网络的形式链接起来,这对创造和交付产品或服务是最基本的要求。供应链管理的目标是尽可能有效和高效地使供应与需求相匹配,在实践中主要考虑的问题包括采购管理、库存管理、物流管理等。

**(1)采购管理**

采购是从要素市场获取资源的过程,采购管理是对采购过程的管理活动,包括制订采购计划、对采购进行组织、指挥、协调和控制,目的是调配企业资源,保证企业的物资供应。公司的采购活动是一个循环过程,采购循环始于组织内部关于物料、设备补给及其他物品向外部供应商的采购请求,止于采购部门被通知货物已收到并符合要求。采购循环的主要步骤包括采购部门收到正式请求、采购部门选择供应商、采购部门向供应商订货、监督订单、接收订货等。

在供应链环境中,采购模式主要有集中采购、分散采购和准时化采购三种模式。集中采购是指企业在核心管理层建立专门的采购机构,统一组织企业所需物品的采购业务,以组建内部采购部门的方式来统一其分布于世界各地的分支机构的采购业务,减少采购渠道,通过批量采购获得价格优惠。集中采购体现了经营主体的权利、利益、意志、品质和制度,有利于稳定本企业与供应商之间的关系,是经营主体降低进货及物流成本,赢得市场,控制节奏,保护产权、技术和商业秘密,提高效益,取得最大利益的战略手段。分散采购是集中采购的完善和补充,有利于采购环节与存货、供料等环节的协调配合,有利于增强基层工作者的责任心,使基层工作富有弹性和成效。与集中采购相对应,分散采购是由企业下属各单位(如子公司、分厂、车间或分店)实施的满足自身生产经营需要的采购。准时化采购是由准时化生产(Just In Time,JIT)管理思想演变而来的。它的基本思想是:把合适的数量、合适质量的物品、在合适的时间供应到合适的地点,最好地满足用户需要。JIT采购可以大大减少在制品的库存,减少零部件、原材料的库存,缩短原材料供应周期。在原材料的供应过程中实施JIT采购,能有效地推动供应链的整体优化。JIT采购的基本思想是与供应商签订在需要时提供所需数量的零部件、原材料的协议。这就意味着可以一天一次、一天两次,甚至每小时好几次地供货。JIT采购的最终目标是为每种物资和几种物资建立单一可靠的供应渠道。

**(2)库存管理**

库存是供应链的主要成分,库存管理对供应链管理非常重要,如库存在供应链中的区位、库存通过供应链的速度以及处理库存需求变异性的影响等。库存是指为使生产正常而不间断地进行或为了及时满足客户的订货需求,必须在各个生产阶段或流通环节之间设置必要的物品储备。供应链中存在库存是因为供给与需求之间不匹配。库存影响供应链持有的资产、所发生的成本以及提供的响应性。高水平的库存提高了响应性,但是也会使供应链在面对降价和降低边际利润的需要时变得脆弱。高水平的库存会降低产量和运输成本,因为规模经济得到了改善,然而这种做法却增加了库存持有成本。低水平的库存会提高库存周转率,但如果客户没有找到他们想买的产品也会引起失售。因此,库存管理是在各种因素间寻求平衡、不断优化的过程。亚马逊将畅销书储存在很多个区域性仓库,这样距离消费者很近,具有较高的响应性;将较滞销书储存在少数几个仓库以降低库存成本,以牺牲响应性为代价;而最滞销书没有库存,当消费者需要时,就从出版商或经销商调货。亚马逊按书的销售情况改变库存的形式、地理位置及数量,以维持响应性和效率的恰当平衡。

供应链管理者为创造响应更快、更有效的供应链而必须作出库存决策。周转库存是指用于满足在供应商两次送货之间所发生的需求的平均库存。周转库存是大批量物料的生产、运输或采购的结果。公司大批量生产或采购的目的是在生产、运输、采购进程中能够利用规模经济的优势。然而,随着批量的增大,持有库存的成本也会增加。安全库存是为防止需求超出预期而持有的存货,目的是应对不确定性。由于需求不确定,可能超过预期,因此公司需要持有安全库存来满足超出预期的需求。选择安全库存就意味着要作出取舍,要在库存积压所带来的成本与库存短缺所损失的销量之间作出权衡。季节性库存是为应对可预测的季节性需求波动而建立的。公司采用季节性库存,即指在淡季建立库存,为无法生产全部需求产品的旺季做准备。

### (3)物流管理

物流是供应链的组成部分,涉及物品、服务、现金和信息的正向和逆向流动。物流管理涉及内部和外部运输、物料处理、仓储、库存、订单处理和配送、第三方物流和反向物流(从消费者返回的物品)的管理。

电子商务企业通常采用第三方物流配送商品。第三方物流是对物流管理职能的外包,可能是部分也可能是全部物流职能的外包。供应链管理职业委员会对第三方物流的法定定义为"一个仅仅负责为顾客在日常业务过程中接收、储存或运送产品,但并不获得产品所有权的实体。"这可能涉及部分或全部物流职能。例如,有些公司只是将货物的发运交由第三方物流公司来负责,另一些公司可能将仓储和配送进行外包,甚至有公司将自己大部分供应链的管理交给第三方公司。公司将仓储和配送这样的业务交给专业公司,这种做法的潜在好处是,利用专业公司的专业知识、发展良好的信息系统,以及获取更加合适的运载率的能力,这对公司而言可以更集中于核心业务。

### 1.4.2　市场开拓

电子商务项目的市场开拓模式是针对目标用户和目标客户所开展的系统的市场推广策略组合,目的是让用户和客户知晓并认同企业的电子商务商业模式。主要有以下几个方面的策略:

### (1)渠道策略

营销渠道是为了满足消费者需要而存在的,它使消费者能够方便地购买到所需要的产品。在现实中,成千上万个消费者的生活都会受到营销渠道的影响,他们需要通过营销渠道来方便快捷地获得各种各样的产品。对于企业来说,营销渠道在企业营销中占有重要的地位,它成为企业获得竞争优势的重要工具。为了使营销渠道能够充分地发挥作用,企业应该加强对营销渠道的管理。

在传统营销渠道中,中间商是渠道中的重要组成部分,这些中间商能解决生产与消费中的空间分离、时间分离、所有权分离、供需数量和货色供需的矛盾,降低社会交易总次数,从而提高交换效率,节约交易费用。但随着互联网的发展和网络营销渠道的兴起,传统中间商的地位正在受到严重挑战。在互联网环境下,网络营销渠道主要有网络直接营销渠道和网络间接营销渠道两种类型。

①网络直接营销渠道。网络直接营销渠道是指生产企业通过互联网直接将产品销售给消费者的营销渠道。网络直销渠道与传统的直销渠道一样,都没有营销中间商介入,商品直接从生产企业转移给顾客或使用者。例如,戴尔公司的计算机销售就是采用的典型的网络直接营销渠道模式,顾客直接在该公司网站查看,选择自己需要的电脑类型,并进行订购,戴尔公司随后会送货上门,收取货款,开出发票。电脑的很多售后服务和技术支持也都通过公司网站进行。在网络直接营销渠道中,虽然不使用批发商、零售商等中间商分销产品,但需要许多为直销渠道提供服务的辅助商,如提供货物运输配送服务的专业物流配送公司、提供货款网上结算服务的网上银行,以及提供产品信息发布与网站建设的服务商等。

②网络间接营销渠道。网络间接营销渠道是指生产企业通过网络中间商把产品销售给顾客的营销渠道。与传统间接营销渠道不同的是,基于互联网的新型网络间接营销渠道只有新型网络中间商这一中间环节,而传统间接营销渠道有多个中间环节,如一级批发商、二级批发商、零售商。例如,目前淘宝、天猫上的网店,大都是直接从生产企业进货,然后直接销售给最终顾客,中间只经过网店这一个环节。其他做得比较好的还有如京东商城、拼多多等大型网络商城、书店。网络间接营销渠道一般适于小批量商品及生活用品的交易,可以满足顾客追求低价和一站式购物的各种需求。

网络营销渠道设计与管理和传统营销渠道类似,也要经过设计营销渠道、确定组织模式、选择和激励渠道成员、对渠道运行进行控制、管理渠道冲突、定期对渠道进行评估和调整等过程。

(2)**流量策略**

随着互联网与移动互联网的高速发展,新媒体行业也迅速崛起,随之带来了一个无论是工作场合还是社交场合都经常出现的词——流量。实际上,流量一词最早是一个物理概念,它是指水在管子里流动和汽车在高速公路上行驶的一个量。当这个词运用于互联网领域时,最基本的意思是指网站流量,即网站的访问量,它用来描述访问一个网站的用户数量以及用户所浏览的页面数量等指标。当消费者点击和访问一个网站,消费者和网站就形成了一个点对点的通信,这个时候就产生了数据交换,数据交换就形成了数据流。一方面,当消费者和这个网站互动的复杂性越来越高,消费者和网站之间交换的数据流量就越大,流量也就越大。比如消费者不是单纯地浏览了文字,而且还点开图片甚至视频。从另外一个方面来说,随着登录和点击网站的人越来越多,和这个网站交换的数据流也就越来越大,在这种情况下,流量也会越来越大。

与"消费者流量"相关的术语"注意力经济",是指企业最大限度地吸引用户或消费者的注意力,通过培养潜在的消费群体,以期获得最大未来商业利益的一种特殊的经济模式。注意力经济理论认为,当今社会是一个信息极大丰富甚至泛滥的社会,而互联网的出现,加快了这一进程,信息非但不是稀缺资源,相反是过剩的。而相对于过剩的信息,只有一种资源是稀缺的,那就是人们的注意力。所谓注意力,从心理学上看,就是指人们关注一个主题、一个事件、一种行为和多种信息的持久程度。在信息过剩的社会,吸引人们的注意力往往会形成一种商业价值。因此,注意力往往又会成为一种经济资源,形成注意力经济。

在互联网出现之前,所有流量都是线下的,而流量分配的手段极为传统,比如广告、品牌以及商圈旺铺等。为此,企业竞相争夺广告时段、塑造品牌影响力以及高价购买旺铺,这实质上就是流量的争夺。伴随着互联网经济逐步走向成熟,流量之争愈演愈烈,从门户到社交网络,从 PC 到移动端,从浏览器到 App,从线上到线下,从文字到视频等,不一而足。

### (3)价格与促销策略

电子商务公司的价格策略具有与传统企业不同的特点,电子商务公司的产品和服务以信息产品为主,而信息产品的成本结构往往具有高固定成本低可变成本的特点,因而,其定价就不能简单地以产品成本为基础,必须以顾客接受的成本定价,也就是根据顾客价值,而不是以生产成本来为信息产品定价。由于人们对某种信息产品的评价差别很大,以价值为基础的定价自然会引起差别定价。因此,电子商务公司常用的价格策略就是免费价格策略和按使用次数或频率付费等。例如,早期淘宝网的免费策略就使其成为竞争对手难以模仿和超越的市场开拓策略之一。

## 1.4.3　服务与客户关系管理

电子商务的机遇需要靠优质的服务去把握,客户的选择标准将会集中于服务,电子化交易呼唤人性化服务,服务是维护客户忠诚的基本条件,服务是增强员工凝聚力的重要因素。这样,就要求服务要快速响应客户,满足客户的个性化需求;设计独特的网站,努力成为一流的客户服务提供者。

客户关系管理可以帮助解决以客户为中心的经营管理问题,使企业准确把握和快速响应客户的个性化需求,并让客户满意、忠诚,以保留客户,扩大市场。从客户满意出发,其功能基本包括客户数据管理、客户价值管理、客户服务管理、客户沟通管理四个方面。

在电子商务服务和客户管理中,关键是要增强客户的体验,在交易规则制订、物流和支付等交易服务等方面方便客户。同时,尽可能提供客户认同和接受的增值服务,提高客户体验的满意度。

进行电子商务案例的经营模式分析,需要进行以下几个方面的分析:

①公司的供应链具有什么样的结构? 其在采购管理、库存管理、物流管理有哪些特点?

②公司采用何种策略和方式推广自身的商业模式,以扩大客户规模? 其在渠道策略、流量策略、价格与促销策略方面有哪些特点?

③公司的服务与客户关系管理有什么特征? 它与市场开拓如何互动?

# 1.5　电子商务的管理模式分析

电子商务的管理模式是在电子商务运营过程中,从组织上提供的为保证系统正常运行和发生意外时能保护系统、恢复系统的法律、标准、规章、制度、机构、人员和信息系统等结构体系,它能对系统的运行进行跟踪监测、反馈控制、预测和决策。

## 1.5.1　组织与人力资源管理

一种科学的电子商务模式的实现,必须有科学的组织和人力资源管理。电子商务管理模式的组织管理分析,就是分析公司的组织结构特点、组织形式、组织文化对电子商务商业模式的保证程度。在电子商务组织中,应该说并没有完全排斥传统的组织结构形式,如直线制、职能制、直线—职能制和事业部制组织结构等。但是,电子商务环境下企业组织结构呈现柔性化、扁平化、网络化、虚拟化的趋势,新的经营方式和组织方式不断涌现,因此出现了团队型、网络型、虚拟企业等组织形态。团队型组织就是以自我管理团队(Self-Managed Team,SMT)作为基本的构成单位的组织结构形式。所谓自我管理团队,是以响应特定的客户需求为目的,掌握必要的资源和能力,在组织平台的支持下,实施自主管理的单元。团队型组织可快速回应快速变化的环境,由不同专长的团队根据组织的需要,在短期间内连结完成任务,随着不同的需求弹性组合,团队型组织以松散、分散的方式管理。韩都衣舍的小组制就是团队型组织结构。网络型组织是一种只有很精干的中心机构,以契约关系的建立和维持为基础,依靠外部机构进行制造、销售或其他重要业务经营活动的组织结构形式。网络型组织是由多个独立的个人、部门和企业为了共同的任务而组成的联合体,它的运行不靠传统的层级控制,而是在定义成员角色和各自任务的基础上通过密集的多边联系、互利和交互式的合作来完成共同追求的目标。虚拟企业是指针对某种市场机会的快速反应,通过互联网技术将拥有相关资源的若干独立企业集结起来,以及时地开发、设计、生产、销售多样化、用户化的产品或服务而形成的一种网络化的动态的战略联盟。

人力资源管理就是指在企业电子商务运作中对人力资源的取得、开发、利用和保持等方面进行计划、组织、指挥和控制,其直接目标就是保证人本管理思想在企业得以实现,终极目标就是实现企业的电子商务发展战略。企业电子商务人力资源管理的实施,要进行适应网络经济要求的职务分析、电子化招聘(网上招聘)、电子化培训与在线学习、电子化沟通、电子化考评等工作。同时,还要建立用工制度,虚拟员工的行为规范、评估制度、薪酬制度等企业电子商务人力资源管理的相关制度。

## 1.5.2　流程与信息管理

对电子商务来说,业务流程的设计与管理是商业关系创新与业务价值创造的关键所在,因为关系创新与价值创造只有通过流程来实现,流程是电子商务竞争优势的基础。电子商务流程是指电子商务中的流程,除了在线交易流程之外,还包括与在线业务相关的其他流程。广义的电子商务流程不仅是前台的业务流程,还包括后台的业务流程。在电子商务环境下,业务流程充分考虑交易过程中的客户需要,变得更精简、更高效和更灵活,更多提供客户的个性化服务选择与互动交流需要。

在电子商务环境下,企业的大部分商务活动在网络平台上进行,且涉及顾客、销售商、供应商、银行金融系统、信息公司或证券公司、政府机构、配送中心,以及相关部门的各类人员等。企业要想更好地参与电子商务活动,应该建立一个高效、安全的基于网络的信息管理系统。传统的信息管理系统侧重于信息的收集和整理,其目的在于帮助企业合理地管理好数据,实现企业内部的高效运作。而电子商务环境下的信息管理系统则更侧重企业信息流的正确流动和对业务活动的支持。电子商务中的企业信息管理系统,不仅要集成企业内部资源信息和应用 Internet 提供的企业外部环境信息,而且更重要的是建立基于电子商务平台上的企业产品、资源、服务管理系统,从而提高企业电子商务业务的核心竞争能力。

### 1.5.3　风险管理

风险是可测定的不确定性以及由此带来的意外损失,风险存在于整个项目的寿命周期中。风险管理就是人们对项目寿命周期中潜在的意外损失进行计划、识别、分析、应对、跟踪和控制的过程,它是对项目目标的主动控制。企业电子商务项目寿命周期中面临着许多不确定性,会带来巨大的项目风险,有必要进行风险管理。

企业电子商务的风险有来源于项目管理的风险,也有来自软硬件及系统运行的安全性风险,还有比较突出的信用风险。电子商务中的信用问题愈来愈重要,信用问题已经成为阻碍在线购物的关键因素。目前我国面向电子商务的信用模式主要有中介人模式、担保人模式、网站经营模式和委托授权模式四种模式。

电子商务的风险管理模式就是在企业电子商务运营过程中,企业为了衡量各环节的潜在风险,设置一定的预警、控制及补救机制,以科学控制电子商务项目风险,包括建立各种风险预警机制、安全管理制度与方案、信用机制与信用模式等。

进行电子商务案例的管理模式分析? 需要从以下几个方面进行:

①电子商务公司采用何种形式? 其组织文化和人力资源管理具有什么特点?

②电子商务公司的业务流程具有什么特点? 是否适应电子商务的要求?

③电子商务公司得有哪些信息管理系统? 是否适应电子商务的要求?

④电子商务公司具有哪些方面的管理制度和奖惩制度来保证电子商务活动的正常进行?

⑤电子商务项目实施过程中存在哪些风险? 应采取何种安全技术和系统安全管理制度?

## 1.6　电子商务的资本模式分析

电子商务的资本模式是指从电子商务资本的进入、运作到退出的整个结构。电子商务公司的资本模式主要有风险投资型资本模式和传统投资型资本模式两种。

### 1.6.1 风险投资型资本模式

风险投资是由职业金融家的风险投资公司、跨国公司或投资银行设立的风险投资基金投入新兴的、迅速发展的、有巨大竞争潜力的企业中的一种权益资本。在这种投资方式下,投资人为融资人提供长期股权投资和增值服务,培育企业快速成长,数年后再通过上市、兼并或其他股权转让方式撤出投资,取得高额投资回报。

风险投资型电子商务资本模式是指风险投资对电子商务公司的直接投资,或已经建立电子商务网站的电子商务公司吸引风险投资的介入。这种风险投资一般在电子商务公司创业阶段就进入,因而也被称为创业投资。大部分电子商务服务平台在其发展过程中,风险投资发挥了重要作用。例如,阿里巴巴在 1999 年和 2000 年分别从高盛和软银获得 500 万美元和 2 000 万美元,是其商业模式得以成功推广的关键所在。

核心电子商务公司发展中接受风险投资的大致历程如图 1.3 所示。

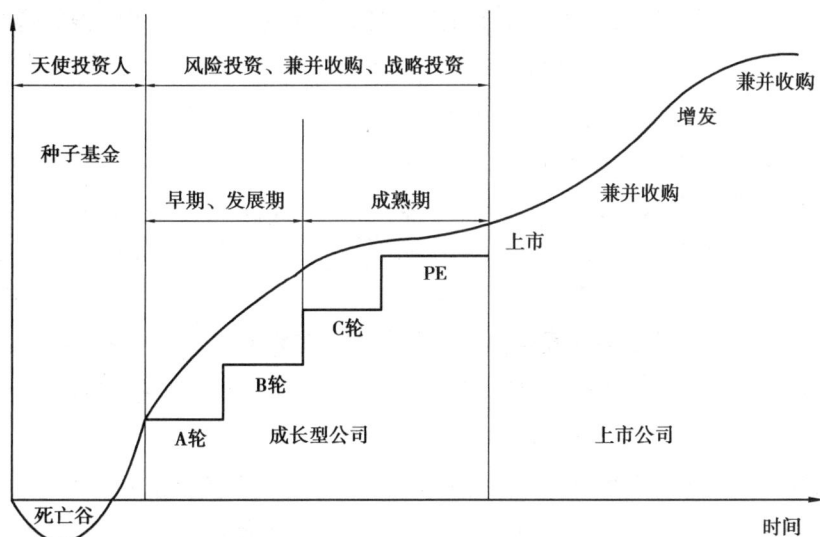

**图 1.3　核心电子商务公司发展中接受风险投资的历程**

在创业初期,核心电子商务公司获得的第一笔风险投资称为种子基金。"种子"是指在一个项目、企业还在构思萌芽阶段时,仅有一个想法但没有具体的产品;种子基金就是将基金资产投资于这一阶段的公司,当企业成长起来后,种子基金就会退出转向投资其他企业。种子基金的投资人通常称为天使投资人。当开发出产品并推向市场后,核心电子商务公司处于成长期。随着市场份额、业务规模的扩大,核心电子商务公司需要多次获得风险投资,通常称为 A 轮、B 轮、C 轮等。PE(Private Equity)即私募股权投资,主要对已经形成一定规模的并产生稳定现金流的成熟企业的风险投资。IPO(Initial Public Offering)即首次公开募股,是指企业透过证券交易所首次公开向投资者增发股票,以期募集用于企业发展资金的过程。通常,上市公司的股份是根据向相应证券会出具的招股书中约定的条款通过经纪商或做市商进行销售。上市后的核心电子商务公司为了进一步扩大业务规模、提升公司竞争力,还可能发生增发股票、兼并收购等行为。兼并并购是电子商务公司竞争中的一种手段,并购者希望通过并购迅速发展自己,以捆绑的方式提高公司的知名度,而且通过并购吸引其他公司的大量人才,最终目的在于吸引更多的投资,为下一步的发展奠定基础。而被并购的公司往往缺乏进一步的资金支持。这种电子商务的资本运作方式是电子商务的发展趋势和走向成熟的重要步骤。

### 1.6.2　传统投资型电子商务资本模式

传统投资型电子商务资本模式是指传统企业通过各种形式进入电子商务领域,将资本引入电子商务公司或互联网服务公司。

我国传统投资型电子商务资本模式主要有以下几种形式。

**(1)传统企业建立网站,实现企业上网**

随着互联网的飞速发展和我国企业上网、政府上网工程的实施,许多传统企业尤其是国有企业,纷纷建立自己的网站,实现了企业上网、在网上发布信息、进行广告宣传或业务洽谈,已经形成了电子商务的雏形。但是,这类企业网站总的来讲投资少,没有形成规模,网站的整体水平不高,未能充分开展电子商务活动。

**(2)传统企业直接投资电子商务**

这类电子商务资本模式主要指一些实力比较雄厚的大企业,投资开发自己的网站,并且实现在线交易。这类网站基本具备了企业电子商务的功能,其显著特征是实现了网上订购,但是,网上支付和电子账户等功能还未能实现。

**(3)政府或企业投资专业电子商务网站与网上商品交易市场**

这类网站往往是针对某一行业,由政府或实力雄厚的企业投资组建,而向某一行业提供电子商务交易平台和面向更多行业的网上交易平台。

**(4)传统企业和电子商务网站间的资本联合,实现传统企业与电子商务的结合**

这种电子商务资本运作模式有两种情况:一是一些虚拟网站参股传统企业组建电子商务网站;二是传统企业收购虚拟网站,从而进军电子商务。例如,国美电器于2010年11月宣布收购库巴购物网80%股权,并推出全新电子商务平台与网络营销策略,标志着国美电器正式开始实施电子商务战略。

进行电子商务案例的资本模式分析,需要从以下几个方面来考虑。

①公司电子商务网站的资本来源属于风险投资还是传统的产业资本? 主要有哪些来源渠道?

②公司电子商务网站的资本来源如果是风险投资,其投资主体是哪些? 其投资运作进入哪个阶段? 具有哪些特点?

③如果公司电子商务业务属于传统投资型资本模式,是采取何种投资形式? 其运作过程具有什么特点?

④公司每一次融资的背景是什么? 达到了什么目标?

□ 基于互联网和团队的练习

**(1)电子商务模式及其发展问题分析**

对电子商务从业者和电子商务学习者来讲,需要对互联网行业及其各种商务应用模式保持持续的关注和敏感性,在学习各种成功案例经验和分析失败案例教训的同时,还要关注整个产业的发展动态和各种专业的评论。提供这些信息的重要来源有艾瑞网、易观网等网站。艾瑞网是国内首家新经济门户站点,融合互联网行业资源,为网络营销和网站运营从业人士提供丰富的产业资讯、数据、报告、专家观点、行业数据库等服务;易观网提供IT、通信、互联网等业界资讯、数据分析、报告、观察家观点等内容。请登录艾瑞网、易观网,选择一些研究报告,阅读并列出其关键信息,在此基础上,写出一份这些信息如何影响电子商务模式及其发展的说明或报告。

当你完成了这份作业,再进一步搜索其他讨论电子商务及互联网发展的网站,同样写出一份说明,将你的收获简要地记下来,并收录网站的地址。同时,希望在今后的学习和工作中持续阅读这些网站的信息,以保持对互联网及其商务应用以及电子商务模式发展趋势的把握。

**(2)电子商务模式价值网络案例分析**

针对本章中电子商务模式的价值网络知识,希望您能够进一步理解价值网络,这是进行电子商务案例分析的基础,也是认识电子商务模式的关键。请选择 1~2 个电子商务公司,通过研读其公司网站和网络资料,找出其涉及的利益相关者,并画出其价值网络图,分析各利益主体之间的关系。

## 本章参考文献:

[1] 李琪.电子商务概论[M].北京:高等教育出版社,2005.

[2] 阿兰·奥佛尔,克里斯托福·得希.电子商务教程与案例:互联网商务模式与战略[M].北京:清华大学出版社,2005.

[3] 迈克尔·波特.竞争战略[M].北京:华夏出版社,1997.

[4] 雷兵,司林胜.电子商务案例分析教程[M]. 2 版.北京:电子工业出版社,2016.

[5] 李智慧.大型网站技术架构:核心原理与案例分析[M].北京:电子工业出版社,2013.

[6] 杨扬,刘圣,李宜威,等.大数据营销:综述与展望[J].系统工程理论与实践,2020,40(08):2150-2158.

[7] 宋美琦,陈烨,张瑞.用户画像研究述评[J].情报科学,2019,37(04):171-177.

[8] 李凯,邓智文,严建援.搜索引擎营销研究综述及展望[J].外国经济与管理,2014,36(10):13-21.

[9] 欧海鹰,吕廷杰.在线关键词广告研究综述:新的研究方向[J].管理评论,2011,23(04):54-63.

［10］威廉·史蒂文森.运营管理［M］. 13 版.北京:机械工业出版社,2019.

［11］桂曙光.创业之初你不可不知的融资知识［M］.北京:机械工业出版社,2011.

［12］吴清烈.电子商务管理［M］.北京:机械工业出版社,2009.

［13］苏尼尔·乔普拉,彼得·迈因德尔.供应链管理［M］. 6 版.北京:中国人民大学出版社,2017.

# 第 2 章
# 搜索引擎模式案例分析

## 2.1　搜索引擎概述

### 2.1.1　搜索引擎定义

搜索引擎是为网络用户提供信息查询服务的计算机系统,也可以说是一类提供信息"检索"服务的网站,它根据一定的策略、运用特定的方法搜集互联网上的信息,并对信息进行组织和处理,将处理后的信息通过计算机网络显示给用户。它包括信息搜集、信息整理和用户查询三部分。

搜索引擎模式就是搜索引擎服务商凭借提供个性化、智能化的信息查询服务,吸引大量企业用户和消费者登录网站,以此为优势,通过竞价排名或固定排名等服务,吸引搜索引擎推广客户成为其付费客户,进行网站、产品、服务推广的互联网应用模式。

最早的搜索引擎是 1990 年由加拿大麦吉尔大学的三名学生(Alan Emtage、Peter Deutsch、Bill Wheelan)发明的 Archie(Archie FAQ),Archie 是第一个自动索引互联网上匿名FTP 网站文件的程序,还不是真正的搜索引擎。1994 年 4 月,斯坦福大学的两名博士生,美籍华人杨致远和 David Filo 共同创办了 Yahoo!,Yahoo! 是由人工选择、整理互联网上的优秀网站并简要描述,分类放置到不同目录下,用户必须通过一层一层的点击来查找自己想找的网站,这其实就是网站分类目录。在此后的一段时期内,以雅虎为代表的网站分类目录查询非常流行。

网站分类目录比较适用于互联网信息不是特别多的情况,随着互联网信息的几何式增长,网站分类目录就显得力不从心了,这时就出现了真正意义上的搜索引擎,即全文索引搜索引擎。全文索引搜索引擎通过计算机程序搜索互联网上的所有超级链接,把超级链接所链接的页面放入索引数据库,按照一定方法对将要输出的结果排序。

然而,由于全文索引搜索引擎的工作方式和互联网的快速发展,使其搜索的结果让人越来越不满意,搜索结果多而杂,这时就出现了旅游搜索、大学搜索、新闻搜索、图书搜索、图片搜索等专业化、行业化的搜索,也称为垂直搜索。目前,由于综合搜索引擎市场已经被几大搜索引擎垄断,垂直搜索引擎得到了蓬勃发展,同时,几大综合搜索引擎也在综合搜索的基础上不断地发展垂直搜索。

### 2.1.2  搜索引擎分类

谈到搜索引擎,人们首先想到的是百度和 Google,那么到底有哪些类型的搜索引擎,需要从不同的角度进行划分。

**(1)按工作原理划分**

从工作原理来分,搜索引擎可以分为全文检索搜索引擎、分类目录式搜索引擎和元搜索引擎。

1)全文检索搜索引擎

全文检索搜索引擎是纯技术搜索引擎,如 Google、百度、搜狗搜索、360 搜索等,其原理是通过机器手(Spider 程序)到各个网站收集、存储信息,并建立索引数据库供用户查询。

2)分类目录式搜索引擎

分类目录式搜索引擎并不采集网站的任何信息,而是利用各网站向"搜索引擎"提交网站信息时填写的关键词和网站描述等资料,经过人工审核编辑后,如果符合网站登录的条件,则输入数据库以供查询。

3)元搜索引擎

元搜索引擎是一种调用其他独立搜索引擎的引擎,元搜索引擎在接受用户查询请求时,同时在其他多个引擎上进行搜索,并将结果返回给用户。元搜索引擎都是整合其他搜索引擎的内容,没有独立知识产权的网络资源收录库,这成为元搜索引擎的短板,导致大量的元搜索引擎昙花一现。中国较早的元搜索引擎有比比猫、佐意综合搜索等,但是它们都已经停止运营了。

**(2)按搜索引擎结果的来源划分**

从搜索引擎结果的来源来分,即相对于搜索引擎服务商对搜索结果的"产权"来划分,可以分为独立搜索引擎和第三方搜索引擎。

1)独立搜索引擎

独立搜索引擎就是搜索引擎服务商所提供的搜索结果来源于自身的数据库,前述全文检索搜索引擎和分类目录式搜索引擎就属于独立搜索引擎。

2)第三方搜索引擎

第三方搜索引擎是对独立搜索引擎搜索结果的整合(上述元搜索引擎就属于这一类),或提供独立搜索引擎的快速入口平台,搜网全能搜就是典型的代表之一。

**(3)按商务应用划分**

从商务应用来分,搜索引擎可以分为综合搜索门户和垂直搜索引擎。

1）综合搜索门户

综合搜索门户是以百度、Google 为首的以综合信息搜索为主的独立搜索系统。

2）垂直搜索引擎

垂直搜索引擎是相对综合搜索引擎的信息量大、查询不准确、深度不够等提出来的新的搜索引擎模式，它是 2006 年后逐渐兴起的一类搜索引擎。垂直搜索引擎具有明确的市场定位和提供更加具有针对性的、满足用户需求的内容和服务，可以按行业建立搜索平台，也可以按区域建立搜索平台，也可以按用户需求的产品和服务种类建立搜索平台。垂直搜索引擎专注于特定的搜索领域和搜索需求，在特定的搜索领域有更好的用户体验。

**（4）按搜索信息的范围划分**

按搜索引擎搜索信息的范围，搜索引擎可以分为内部搜索引擎和公共搜索引擎。

1）内部搜索引擎

内部搜索引擎是指属于某一个网站且只检索自己网站上的信息的搜索引擎，这类搜索引擎不能独立存在，必须依附于某一个网站，用户利用这类搜索引擎检索出的信息都是其所依附的网站的内部信息。目前，大的门户网站、论坛、博客平台、SNS 网站在其内部提供这样的内部搜索引擎，供用户检索自己网站上的信息。

2）公共搜索引擎

公共搜索引擎是指收录互联网上其他网站的页面供用户检索的搜索引擎，这类搜索引擎独立存在，定期在互联网上抓取其他网站的页面供用户检索，用户利用这类搜索引擎检索出的信息都是互联网上其他网站的信息。这类搜索引擎有百度、Google、搜狗搜索、360 搜索等。

**（5）按搜索终端的类型划分**

搜索终端的类型指用户使用搜索引擎时的入口接入设备类型，目前主要有计算机和移动设备两类，移动设备主要是手机和平板电脑。按这个标准，搜索引擎可以分为传统搜索引擎和移动搜索引擎。

1）传统搜索引擎

传统搜索引擎是指以计算机为接入口的搜索引擎，其入口通常是一个网址，通过浏览器访问。这种形式在多年前已经得到普及，根据 CNNIC 的报告，截至 2021 年 6 月，传统搜索引擎用户规模已超过 7.95 亿。目前在传统搜索引擎领域领先的是 Google 和百度。

2）移动搜索引擎

移动搜索引擎是指以手机、平板电脑等移动设备为接入口的搜索引擎，其入口通常是移动操作系统上的 App。随着以手机和平板电脑为代表的移动设备技术的不断发展和功能的增加，利用移动设备（尤其是手机）上网已经成为获取信息的主流方式。在这种形式下，移动搜索也得到了普及，根据 CNNIC 的报告，截至 2021 年 6 月，手机搜索引擎用户规模已超过 7.9 亿，用户数略微低于传统搜索引擎的 7.95 亿，但其增长率高于传统搜索引擎，其用户规模很快就会超过传统搜索引擎。目前在移动搜索领域领先的依然是 Google 和百度。

常用的搜索引擎如表 2.1 所示。

表 2.1　常用搜索引擎

| 序号 | 网站名称 | 网址 | 类型 |
|---|---|---|---|
| 1 | Google | www.google.com | 综合搜索门户、全文检索搜索引擎、独立搜索引擎 |
| 2 | 百度 | www.baidu.com | 综合搜索门户、全文检索搜索引擎、独立搜索引擎 |
| 3 | 搜狗搜索 | www.sogou.com | 综合搜索门户、全文检索搜索引擎、独立搜索引擎 |
| 4 | 360 搜索 | www.so.com | 综合搜索门户、全文检索搜索引擎、独立搜索引擎 |
| 5 | Bing 搜索 | cn.bing.com | 综合搜索门户、全文检索搜索引擎、独立搜索引擎 |
| 6 | 去哪儿旅游搜索 | www.qunar.com | 全文检索搜索引擎、独立搜索引擎、垂直搜索引擎 |
| 7 | 360 网址导航 | hao.360.com | 分类目录式搜索引擎、独立搜索引擎、综合搜索门户 |
| 8 | hao123 网址导航 | www.hao123.com | 分类目录式搜索引擎、独立搜索引擎、综合搜索门户 |

### 2.1.3　搜索引擎的特征

#### （1）用户数量较多

据 CNNIC 统计，截至 2021 年 6 月，中国搜索引擎的使用率为 78.7%，用户规模超过 7.95 亿，在各互联网应用中排在前列。与 2020 年 12 月相比，搜索引擎的用户增长了 2 567 万，增长率为 3.3%。

#### （2）信息量较大

搜索引擎的目标就是让网民找到自己想要查找的信息，而不同的网民在不同的时候想要查找的信息是不同的，为此，搜索引擎必须尽可能多地收录互联网上的网页信息，并将这些信息放在数据库中，供用户查询。目前，常用的搜索引擎都能够收录大量的页面供用户查询。

#### （3）查找信息快速

对于网民来说，最重要的不是信息的获取，而是如何快速地筛选出自己需要的信息。搜索引擎在某种程度上解决了信息获取和快速信息筛选的问题。一方面，搜索引擎帮助用户找到想要的资料；另一方面，搜索引擎又通过自身的算法，努力使与用户搜索请求更相关的内容出现在搜索结果靠前的位置，从而可以使用户快速地找到自己需要的信息。

#### （4）搜索引擎服务模式多样

由于综合搜索引擎的信息量大，信息的深度和专业性不够，所以 2006 年以后涌现出了大批量的专注于特定的搜索领域和搜索需求的垂直搜索引擎，这类搜索引擎的最大特点就是能够最大限度地满足特定用户的特定需求，针对某一特定领域，专业性非常强，而且对某一特定领域信息的搜索深度非常深。

## 2.2　案例 1——百度：技术为王

### 2.2.1　基本情况

百度的发展分为两个阶段，2010 年以前以搜索引擎为主，之后逐渐向人工智能发展。百度在搜索引擎发展到顶峰的时候没有及时成功转向，因而没有抓住移动互联网的时机而失去了在手机端的巨大市场，逐渐落后于腾讯和阿里巴巴等企业。百度需要寻找一个全新的发展方向，在移动互联网方面取得胜利的腾讯和阿里巴巴继续商业模式的发展和资本运作，有着优秀技术基因的百度则选择了沉下心来搞技术研发。百度选择了 21 世纪三大尖端技术（基因工程、纳米科学、人工智能）之一的人工智能，因为李彦宏是学计算机专业的，并且百度搜索引擎也是基于计算机的，在百度搜索引擎数据库里面收集了海量的数据，而人工智能恰恰是基于计算机和大数据的。

由于百度较早地切入人工智能领域，而且百度有着优秀的技术基因，创始人李彦宏技术出身，重视技术，百度技术和研发能力较强，并且百度曾经错失移动互联网的发展，对新方向有着足够的重视和决心。这使得百度已经从一家搜索引擎公司成长为具有强大互联网基础的领先 AI 公司，是全球四大 AI 公司之一，能够提供 AI 芯片、软件架构和应用程序等全套 AI 技术。近些年，百度在中国人工智能专利申请和授权方面排名第一。

**（1）以搜索引擎为主阶段**

百度搜索引擎（www.baidu.com）属于综合搜索门户，也是全文检索搜索引擎，是目前全球最大的中文搜索引擎，由李彦宏与徐勇 2000 年 1 月创立于北京中关村。2000 年 5 月，百度首次为门户网站——硅谷动力提供搜索技术服务，之后迅速占领中国搜索引擎市场，成为最主要的搜索技术提供商；2001 年 8 月，百度发布搜索引擎 Beta 版，从后台服务转向独立提供搜索服务，并且在中国首创了竞价排名商业模式，2001 年 10 月 22 日正式发布百度搜索引擎；2005 年 8 月 5 日，百度在美国纳斯达克上市，上市当日即成为该年度全球资本市场上最为耀眼的新星；2008 年 1 月，百度日本公司正式运营，国际化战略全面启动；2009 年，百度推出全新的框计算技术概念，并基于此理念推出百度开放平台，同年 4 月，百度正式推出搜索推广专业版，即凤巢推广系统。2011 年 6 月，百度推出移动框计算技术概念，并基于此理念推出百度移动开放平台。

**（2）向人工智发展阶段**

2010 年开始百度开始向人工智能方向发展，在搜索引擎的基础上，百度推出了语音、图像、知识图谱、自然语言处理等人工智能技术；近些年，百度在深度学习、对话式人工智能操作系统、自动驾驶、AI 芯片等前沿领域取得了较大的成果，逐渐成长为一家拥有强大互联网基础的领先 AI 公司。近些年，百度以技术创新为主，在创新投入、研发布局、人才引进方面均走在国际前列。2020 年，百度研发投入位于中国大型科技互联网公司前列，其核心研发费用占收入比例达 21.4%。百度全球 AI 专利申请量已超过 1 万件，其中中国专利 9 000 多件，位列中国第一,并在深度学习技术、智能语音、自然语言处理、自动驾驶、知识图谱、智能推荐等多个领域排名国内第一。

### (3)价值链

#### 1)搜索业务价值链

百度搜索业务的价值网络以百度搜索引擎为核心,涉及搜索用户、推广客户以及联盟客户,它们之间的关系如图2.1所示。百度为搜索用户提供搜索服务,搜索用户免费使用搜索服务,当搜索用户数量达到一定程度时,百度就开始为推广客户提供推广服务,推广客户需要付费才能使用百度的推广服务。另外,百度利用自己的优势可以把众多中小网站(联盟成员)联合起来,在联盟成员的网站上为推广客户有偿提供广告服务,百度将获得的收入按一定比例给联盟成员分成。

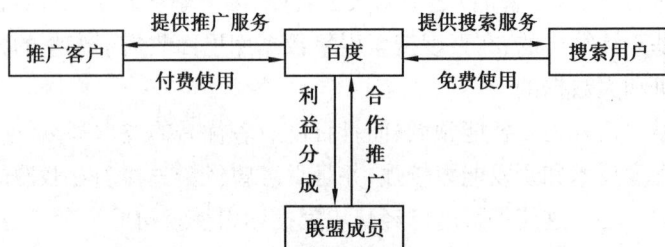

**图2.1　百度搜索引擎价值网络**

#### 2)百度智能云价值链

百度智能云的价值网络以百度智能云为核心,涉及百度大脑、算力需求者、城市、汽车厂商以及智能服务需求企业,它们之间的关系如图2.2所示。百度智能云将百度大脑集成进来作为自己的基础支撑,百度大脑以百度智能云为平台对外提供服务。百度智能云给合作城市提供智慧城市和智慧交通服务,合作城市付费使用这些服务,目前这些城市有北京、重

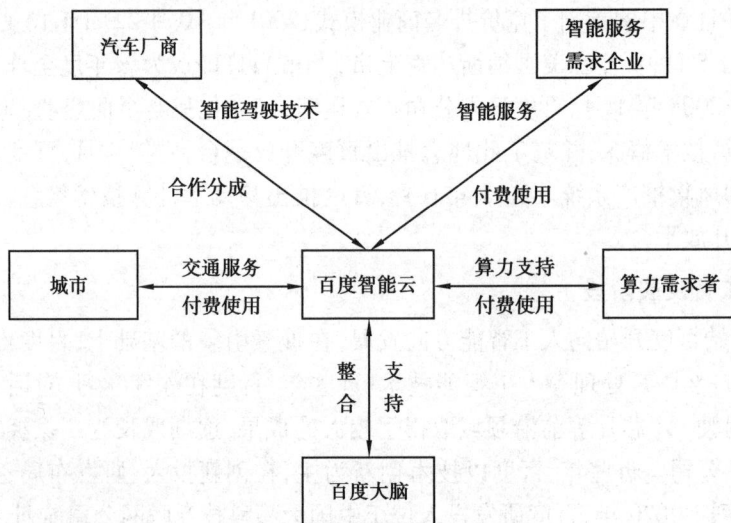

**图2.2　百度智能云价值网络**

庆、苏州等。算力需求者指传统的百度云用户,他们需要付费租用百度智能云的存储空间、软件和运算能力,百度智能云给他们提供算力支持。百度与汽车厂商合作,通过百度智能云为汽车厂商提供智能驾驶技术,汽车厂商利用智能驾驶技术生产智能汽车,通过智能汽车销售获得盈利,目前与百度合作的汽车厂商有 60 多家。智能服务需求企业是指需要使用人工智能技术或服务的各行各业的企业,目前百度能够为各行各业的企业提供智能客服、智能办公等智能服务,能够为金融企业、能源企业、医院、制造企业等提供人工智能技术。

### 2.2.2 商业模式

**(1)使命与愿景**

创立之初,百度的使命是让人们最便捷地获取信息,找到所求。成立以来,百度秉承“以用户为导向”的理念,不断坚持技术创新,致力于为用户提供“简单,可依赖”的互联网搜索产品及服务。在此基础上,百度以不断推进和催熟中国电子商务市场为目标,创新性地推出了基于搜索的营销推广服务,并成为最受企业青睐的互联网营销推广平台。

2017 年 5 月百度发布新使命:用科技让复杂的世界更简单。核心价值观是:简单可依赖。百度的愿景是:成为最懂用户,并能帮助人们成长的全球顶级高科技公司。百度一直秉承着“科技为更好”的社会责任理念,坚持运用创新技术,聚焦于解决社会问题,履行企业公民的社会责任,为帮助全球用户创造更加美好的生活而不断努力。百度“AI 寻人”项目与民政部进行合作,借助跨年龄人脸识别技术,已帮助 12 000 多名走失者与家人团聚。百度“共益计划”已收到超过 300 家公益组织机构的入驻申请,帮助 200 多家在百度上进行了免费推广,涵盖了教育、环保、医疗、扶贫等广阔的社会议题。

**(2)目标市场**

1)搜索引擎业务目标市场

百度搜索引擎的目标用户主要包括两类,一是需要搜索信息的普通网民,二是需要在搜索引擎上做推广的企业。

①需要搜索信息的普通网民。百度是全球最大的中文搜索引擎,其用户主要集中在中国,根据 CNNIC 统计,截至 2021 年 6 月,中国搜索引擎用户规模达到 7.95 亿,根据百度财报,2021 年 3 月,百度 App 月活跃用户数达 5.58 亿,日登录用户占比超 70%。

②需要在搜索引擎上做推广的企业。由于百度有庞大的免费搜索用户群体,因此,百度搜索引擎就具有了很高的广告价值,以至于许多在中国开设业务的企业在百度投放搜索推广广告。但是,在百度庞大的客户群体中,中小企业是主体,大型企业所占比重较小,而大型企业和中小企业在搜索引擎广告投放规模上存在很大的差别,百度需要努力提高其大型企业客户的数量。

2)百度智能云目标市场

通过昆仑 AI 芯片和 10 大数据中心为各行各业需要算力支持的用户提供算力服务,通过人工智能为社会提供百度 AI 寻人、百度 AI 垃圾分类等公益服务。以人工智能为基础,以百度智能云为接入平台向各个城市提供智慧城市和智能交通服务,向相关行业提供智能客服、智能办公等服务,与相关行业合作构建智慧能源、智慧金融、智慧医疗、智能汽车、智能制造等服务。

**(3)产品或服务**

1)搜索引擎服务

①免费搜索服务。百度向用户提供免费的中文互联网搜索服务,使用户能够在网上找到自己需要的信息,包括网页搜索、音乐搜索、新闻搜索、地图搜索、图片搜索、视频搜索等。

②搜索推广服务。百度为其客户提供基于点击付费广告(Pay Per Click,PPC)的搜索推广服务。百度基于PPC的搜索推广服务使得客户可以针对关键字搜索结果中的优先展示位置进行出价。百度搜索推广服务允许客户使用文本链接和图形链接。

③百度联盟服务。百度联盟包括许多第三方网页内容和软件供应商。百度联盟的成员可以显示内容与其匹配的百度客户的促销链接,一些百度联盟成员的网站还包括百度搜索框和工具条。百度为这些联盟成员的用户提供高质量和相关的搜索,作为回报,百度获得增加流量带来的收益。当百度客户的促销链接显示在百度联盟成员的网站上时,百度与联盟网站分享点击带来的收益。

④百度开放平台服务。2009年,李彦宏提出了框计算技术概念,2010年百度基于该概念推出了开放平台服务。框计算能够为用户提供基于互联网的一站式服务,是一种最简单可依赖的互联网需求交互模式,用户只要在框中输入服务需求,系统就能明确识别这种需求,并将该需求分配给最优良的应用或内容资源提供商处理,最终返回给用户相匹配的结果。"框"是用户需求的输入端口,可以收集和分析用户的需求。"计算"实现对用户需求的精准识别分析,对用户需求资源的对接整合、匹配与调度。百度开放平台服务一端针对用户,一端针对信息和应用提供者,该平台可以识别用户的需求,允许信息和应用提供者向该平台提交自己的信息和应用,然后将用户的需求与信息或应用提供者提供的信息或应用相匹配,从而为用户提供更好的服务,为提供者提供信息或应用的发布平台。

2)百度智能云

百度智能云于2015年正式对外开放运营,是基于百度多年技术沉淀打造的智能云计算品牌,致力于为客户提供全球领先的人工智能、大数据和云计算服务。凭借先进的技术和丰富的解决方案,全面赋能各行业,加速产业智能化。

百度智能云为金融、城市、医疗、客服与营销、能源、制造、电信、文娱、交通等众多领域领军企业提供服务,包括中国联通、国家电网、南方电网、浦发银行、成都高新减灾研究所、央视网、携程、四川航空等诸多客户。

百度智能云作为中国AI的先行者,在深度学习、自然语言处理、语音技术和视觉技术等核心AI技术领域优势明显,百度大脑、飞桨深度学习平台则是AI产业基础设施。

**(4)盈利模式**

1)搜索引擎服务盈利模式

①收入模式。2020年,百度的总营业收入是1 070亿元,与2019年基本持平。具体来说,百度的收入来自以下几个方面。

A. 搜索推广收入。以竞价排名为主的网络营销是百度最重要的收入来源。百度在2009 年第四季度完成了搜索营销经典版(竞价排名)到搜索营销专业版(凤巢系统)的全面切换。在原竞价排名的机制下,百度将普通的搜索结果和竞价排名的搜索结果排列在一起,仅在相关搜索结果的右下角以"推广"二字标出。启用凤巢系统之后,百度在普通搜索结果的最上方和最下方分别开辟了两个广告区域,以较深的底色,并在右上角标注"推广链接"字样等方式与普通的搜索结果内容进行显著区分,并且每个区域的推广链接一般不会超过三条,三条以后的推广会展示在页面的右侧。

B. 品牌专区收入。百度品牌专区是在网页搜索结果最上方为著名品牌量身定制的资讯发布平台,是为提升网民搜索体验而整合文字、图片、视频等多种展现结果的创新搜索模式。在品牌展示区上,企业官网的丰富资讯以精选和更为直接的方式展现在网民面前,众多网民也得以更便捷地了解品牌官网信息,更方便地获取所需企业资讯。

C. 百度联盟收入。百度联盟一直致力于帮助合作伙伴挖掘专业流量的推广价值,帮助推广客户推介最有价值的投放通路,是国内最具实力的互联网联盟体系之一。目前,百度联盟已成功拓展和运营了搜索推广合作、网盟推广合作、知道内容合作、百度 TV 等业务。

D. 品牌关联广告收入。百度品牌关联广告是以主题关联或受众关联整合广告资源,贯穿百度网页、贴吧、知道、新闻各个频道的新型广告形式。品牌关联广告上线于 2008 年第二季度,在消费电子类、IT 类、通信服务类、快消类等行业投放最为显著。奥运会期间,关联广告凭借其新颖的广告形式、大展现量、超值的售卖策略吸引了如汇源、仁和、康师傅、移动、肯德基等一些重点大客户的投放。关联广告的售卖方式及广告形式都很灵活,能够满足不同广告主的多种需求,售卖方式是按照天或月以关键词和目录进行售卖。各频道广告形式都不尽相同,如贴吧的标签、知道的 flash 翻页、新闻的图文画中画、网页的擎天柱及图片的图文并茂,结合各频道特点做到精准定向投放。

E. 百度开放平台收入。百度开放平台可以通过对数据或应用直接收费、在数据或应用中植入广告、免费应用捐赠等方式获得收入,收入的 70%分给数据或应用的提供者,收入的30%归百度所有。其中,免费应用捐赠是指从数据或应用中获益的用户通过适当的方式以捐赠的形式付费给开发者,不强制收费。

②定价模式。百度搜索采用固定付费、展现量付费和点击付费模式相结合的定价模式,其中,品牌关联广告按天或月固定付费,搜索营销和百度联盟按点击次数付费,品牌专区则按日均展现量总和、品牌知名度、行业特征等商业因素制订。

2)百度智能云盈利模式

通过在百度智能云出租算力收取服务费用,向相关行业提供智能客服、智能办公等服务收取服务费用,通过与相关行业合作构建智慧能源、智慧金融、智慧医疗、智能汽车、智能制造等服务盈利分成。

**(5)核心能力**

百度的核心竞争力体系遵循的是楔形布局。楔子要打到墙里,尖端是否锐利很重要,但楔子的破坏性有多强,究竟能在墙面挤压出多大的空间,其中端、后端的沉稳与厚重才是关键。在搜索业务方面,百度这个楔子的前端是搜索技术,中端和后端分别是围绕尖端搜索技术搭建的搜索平台和用户搜索体验。在人工智能业务方面,百度这个楔子的前端是集成百度人工智能技术的百度大脑,中端是以百度大脑为支撑的百度智能云平台,后端是围绕尖端人工智能技术搭建的人工智能应用。正是依赖这样一种"楔形竞争力",凭借从技术到平台、到用户体验和应用的全方位渗透,目前,百度在中文搜索领域所占的市场份额遥遥领先其他竞争对手,在人工智能领域的技术和应用也排在中国第一、世界前列,并一直保持迅猛的上升势头。

### 2.2.3 技术模式

#### (1)基础服务技术

百度每日承载数亿次点击访问,这需要庞大的支持检索及索引存储的运算集群,而运算集群中,服务器上的存储技术是至关重要的,为此百度研发了闪存(Flash Memory)技术用以代替硬盘。与当前广泛采用的普通硬盘存储相比,百度配备的基于闪存的存储卡,可使得单台存储设备的内部读写性能提升 100 倍,响应速度提升 3 倍,整机性能提升 1 倍,而能耗大大低于普通的硬盘存储。此外,由于闪存内部不存在机械设计,传统硬盘所惧怕的震动、尘埃侵入、高能耗等问题也迎刃而解。闪存(Flash Memory)技术的实施极大地提高了百度的服务能力和检索速度,同时也降低了能耗,网民和百度都能从中受益。

#### (2)搜索用户服务技术

1)超链分析技术

超链分析技术是新一代搜索引擎的关键技术,已为世界各大搜索引擎普遍采用,百度总裁李彦宏就是超链分析专利的唯一持有人。超链分析就是通过分析链接网站的多少来评价被链接的网站质量,这保证了用户在百度搜索时,越受用户欢迎的内容排名越靠前。

2)中文分词技术

查询处理与分词是中文搜索引擎必不可少的工作,而百度在"中文分词"方面具有其他搜索引擎所不具有的关键技术和优势。百度有一个很庞大的词库,其中包含了很多的人名、地名、公司名等,再加上正向最大匹配、反向最大匹配、双向最大匹配、最短路径方法等技术,能很好地满足用户的搜索要求。

3)P4P 技术

百度使用的 P4P 拍卖系统使客户能够对关键字搜索结果中的优先展示位置进行出价,并且能够在百度及其联盟站点自动传递相关的、定位的促销链接。百度的智能排名系统会考虑一个关键词的质量因素以及对关键词的出价因素。关键词质量因素取决于关键词的相关性,关键词相关性的确定基于过去的搜索和点击结果分析,到客户网站的链接根据复杂的排名指标来排名。

4)框计算技术

百度框计算技术的实现过程如下:首先,用户的任意一个需求被提交到"框"里;然后,"框计算"经过一系列复杂的需求分析,包括语义分析、行为分析、智能人机交互和海量计算技术,将用户的需求分发给"框计算"后台单个或多个对应的数据或应用所响应;第三,"框计算"背后的资源平台是开放的,框计算平台提供了大量即插即用的接口,各种数据和应用可以主动与框计算平台对接,使自己有机会来响应框收集到的需求;最后,用户"即搜即得、即搜即用"地获得精准、可靠、稳定的信息或应用需求结果。在整个实现过程中,有两个方面的技术是很重要的,一个是需求分析技术,包括语义分析、行为分析、智能人机交互和海量计算技术,百度通过这些技术获得准确的用户需求;一个是分发技术,百度通过分发技术将用户的需求匹配到最接近用户需求的数据或应用,这些数据或应用会被直接展示在搜索结果页面供用户使用。

(3)百度智能云

1)平台架构

百度智能云新业务架构分为三层:第一是底层百度大脑,包括基础层、感知层、认知层和安全,是百度核心技术引擎;第二是中间平台,包括通用的基础云平台、AI 中台、知识中台,以及针对场景的平台和其他关键组件;第三是在基础层和平台的支持下,上层的智能应用和解决方案将为各行各业赋能。在此基础上,百度智能云打造了一体化的安全体系,全面覆盖从 AI 模型安全到行业生态安全的方方面面,为产业智能化发展保驾护航。目前百度拥有涵盖北京、保定、苏州、南京、广州、阳泉、西安、武汉、香港等 10 多个地区的数据中心。

2)百度大脑

百度大脑是百度 AI 技术多年积累和业务实践的集大成者。百度大脑由基础层、感知层、认知层以及 AI 安全组成。基础层为大数据、飞桨深度学习平台以及算力的支撑;感知层包括语音、视觉以及 AR、VR 等能力;认知层主要包括自然语言处理和知识图谱,此外还有 AI 安全技术进行保驾护航。

3)AI 芯片

百度自研昆仑系列通用 AI 芯片,为平台提供算力支撑。该芯片是中国第一款云端全功能 AI(人工智能)芯片,也是业内设计算力最高的 AI 芯片。它的运算能力比最新基于 FPGA 的 AI 加速器,性能提升了近 30 倍。

4)飞桨深度学习平台

飞桨以百度多年的深度学习技术研究和业务应用为基础,是中国首个开源开放、技术领先、功能完备的产业级深度学习平台,集深度学习核心训练和推理框架、基础模型库、端到端开发套件和丰富的工具组件于一体。

## 2.2.4 经营模式

### (1)本土化的产品策略

百度最初的经营模式是给各门户网站提供搜索引擎技术,凭借其超链分析技术和中文分词技术迅速扩大影响,从 2000 年 5 月起,先后为硅谷动力、搜狐、新浪、263、Tom 等知名中文网站提供全面的搜索技术服务,当时国内 80% 的主流门户网站都是百度的客户。随着百度市场影响力的扩大,2001 年 8 月,百度发布了 Baidu.com 搜索引擎 Beta 版,从后台服务转向独立提供搜索服务,并且在中国首创了竞价排名商业模式;2009 年,百度推出全新的框计算技术概念,并基于此理念推出百度开放平台,同年4月,又正式推出搜索推广专业版,即凤巢推广系统。百度在中国搜索引擎市场的快速发展与其本土化的产品策略是密不可分的,其搜索引擎技术最适合中国网民的搜索习惯,竞价排名推广模式迎合了中国广大中小企业网络推广的需求,而百度提供的基于在线社区的百度贴吧、百度知道、百度百科、百度空间和Baidu Hi即时信息服务等产品和百度文库等网络聚合服务很好地满足了中国网民社交、沟通、获取知识等现实需求,借此聚合了大量基础用户。

**(2)以渠道代理为主的分销策略**

早期的百度,将客户分销重点放在了渠道代理上,在全国发展渠道代理商。在渠道建设上,百度采用的是区域独家总代理制度,即在每一个地区内,所有的客户从新开户到后续服务都由独家总代运营的当地营销服务中心来全权负责,以更好地服务本地客户。目前,百度已经在全国发展了几十家渠道代理商。渠道的快速成长也让百度看到了潜在的危机,2005年后百度连续收购了多家渠道代理商成为其全资子公司,并通过他们开展直销业务。

**(3)主题鲜明的促销模式**

百度的推广客户主要集中在中小企业,2010年,百度服务的中小企业数量就超过40万家,同比增长了30%。针对中小企业的实际和地方政府对发展中小企业的需求,百度每年都有针对中小企业推广,开展主题鲜明的全国推广活动——"百度营销中国行",以主题讲演、经验分享、现场演示等多种形式,将以搜索推广、网盟推广为核心的诸多营销工具推荐给广大客户,并为普及网络营销知识,破解中小企业发展难题提供了针对性的辅导和帮助,使中小企业能够顺畅地实现自身的变革与转型,提升竞争力,促进地区经济繁荣和经济发展方式转型。比如,2010年"百度营销中国行"的主题是"框广天地·搜赢未来";2011年"百度营销中国行"的主题是"搜赢天下·智引未来",这次推广活动横跨中国150个城市,向约10万家不同行业、不同地区的企业传授搜索营销等新兴营销方式。

在每年的"百度营销中国行"活动中,百度总裁李彦宏都要亲自奔赴全国主要城市发表演讲,同时和各地政府、企业家、媒体、互联网从业者等交流和沟通,以扩大百度在当地的影响和建立良好的互动关系。

**(4)合作共赢的竞争模式**

尽管百度在中国市场占有绝对优势,但也面临着不小的竞争压力,既有来自Google等同类搜索产品和服务的竞争,也有来自阿里巴巴等其他服务于中小企业推广的网站的竞争。面对来自多方面的竞争,百度从三个方面开展了合作共赢的经营模式。一是加大投入推广百度联盟,2010年通过提高网盟推广的分成比例有效提高了站长收益。二是积极与地方传统媒体合作,建立地方性综合门户网站,以扩大其在互联网媒体领域的影响,获得与综合门户的竞争能力。比如,百度与河南商报推出的郑州地区流量最大、影响力最广的地方门户网站——河南一百度,旨在全面服务郑州市民生活,打造郑州人最温暖的网上家园。三是基于框计算的理念推出开放平台服务,企业或个人提供的各种数据或应用都可以通过该平台提供的开放接口提交上来,通过平台提供的分发程序与用户的需求匹配,供相应的用户使用。百度允许数据或应用的提供者通过直接向用户收费、在数据或应用中植入广告、免费应用捐赠等方式获得收入,用户可以得到收入的 70%,百度还通过百度应用成长基金向用户提供资金资助。百度通过这种方式可以吸引大量的各个领域的合作伙伴加入,形成开放、创新、共赢的生态圈,以提高与阿里巴巴等电子商务生态系统的对抗能力。

### (5)成立百度内容安全中心,强化信息安全综合治理

鉴于前期百度搜索引擎出现的信息违规情况,百度成立百度内容安全中心,强化对信息安全的治理。百度通过技术干预、自主巡查以及第三方帮助反馈完成有害信息的处理,这些信息包括淫秽色情类、毒品类、赌博类、诈骗类、侵权类等 11 类。除了加强自主巡查以外,在技术方面,百度利用人工智能技术清理有害图片、文字、视频、音频等,百度也在全产品范围内开放了多种渠道,以接入来自个人、企业、政府职能部门等第三方帮助的反馈。

经过努力取得了很好的效果,仅在 2019 年,百度通过全方位手段打击清理百度全产品线的有害信息共达 531.5 亿余条,打击医疗变体词总量达到 4.6 亿个,拒绝不合规广告总量达到 32.77 亿条。

### (6)整合智能云,发力新基建

国家"新基建"政策提出后,各地政府纷纷响应,推出相应的指导方案。在新基建的浪潮中,以百度为代表的国内科技企业正在凭借完备的技术布局和扎实的技术底蕴,发挥重要作用。2020 年 6 月 11 日,百度 AI 新基建版图亮相。百度正在依托包括百度大脑、飞桨、智能云、芯片、数据中心等在内的新型 AI 技术基础设施,推动智能交通、智慧城市、智慧金融、智慧能源、智慧医疗、工业互联网和智能制造等领域实现产业智能化升级,目标是发展成为中国新基建 AI 服务最大提供商。

## 2.2.5 管理模式

### (1)创新管理

百度一直奉行简单、可依赖及平等的企业文化。在百度,只要高管的办公室门是开着的,任何人都可以进去和他们讨论任何问题,一有想法,就马上去做。就是这种管理文化,保证了百度技术创新的效率,目前,百度每天都有超过 30 项技术和产品更新上线。所以,管理的创新可以营造更有效率的工作环境,自然也有利于提升技术创新效率,更好地为网民服务。

### (2)放权管理

作为中国知识型企业的代表,百度的管理正在发生一些微妙的转变。这家处在互联网高度竞争潮流中的公司正面临处处充满的不确定性,其组织与管理正偏离传统高度集中的决策模式而转向放权管理。管理层努力尝试放权、高度自制,树立成果导向的标准,从而让第一线的员工拥有更多的自主性。这也使得百度始终能够根据用户需求和市场环境的变化进行调整,具有极强的学习能力和适应能力。例如,2017 年 1 月,百度任命前微软全球执行副总裁陆奇为百度集团总裁和首席运营官,负责产品、技术、销售、营销运营。李彦宏将所有业务放权给陆奇,之前向李彦宏汇报的总裁、副总裁全部改为向陆奇汇报。

（3）**多元化人才发现机制**

百度也如同其他高速发展的知识型公司一样，正在经历一些公司在爆发式增长期都要经历的人才问题。百度在引入人才上一直非常积极，它在人才引进时把岗位分为两类，一类是通用类的技能职位，例如市场、公关、会计等等岗位，这些岗位的人才引进就是从其他企业挖人。还有一类是掌握企业核心能力的职位，例如技术、产品等职位，这些职位的人才就是靠内生，从内部培养、提拔。百度的人力资源部门也一直在致力于制定一系列内部培训政策，计划从内部提拔起一批中坚力量。

在发现人才方面，百度有五大法则：一是多角度面试。百度引进任何人才，都会安排多个同事对候选人进行多角度评估，然后根据汇总结果进行最终决策。一般情况下，对于中层以上的职位，百度会安排8个人左右进行面试，对于高管岗位，则至少安排4人进行面试。二是背景调查。这是管理规范的企业普遍使用的——通过候选人的直接上级或同事，多方面了解其德与才是否符合百度的要求。三是降级录用。这是百度与很多企业不同的地方，一般情况下，别的企业的副总到百度以后只能担任总监职位；别的企业的总监到百度只能担任高级经理的职位。四是证明自己。任何人来到百度，只有用实践结果证明能力以后才能获得提升。很多公司为了让员工出去谈业务的时候有个好的身份，随便给员工某个很好听的职务名称。而百度对于给某人什么样的职务头衔十分苛刻和慎重。五是循序渐进。职位不但代表着权力，更代表着责任。百度在实践中锻炼和培养人才，不断给予其新的职责，根据其履行的情况检验其能力，职位由低到高，职责由小到大，循序渐进地培养人才。

（4）**ESG 管理**

百度于2020年制定了 ESG 管理制度（即百度环境、社会与管治制度），该制度把环境、社会与管治（ESG）因素融入公司管理及业务活动，目的是以可持续的方式经营和管理业务，从而实现可持续发展。

为了落实 ESG 管理制度，百度成立了"环境、社会及管治委员会"（简称"ESG 委员会"）。该委员会由公司法务、财务、人力资源等领域的高级管理人员组成，负责统筹管理 ESG 相关事宜，为公司董事会提供可持续发展建议，并结合各利益相关方与国际社会所关切的议题，制定 ESG 工作目标及行动路径。

ESG 委员会下设 ESG 工作组，负责 ESG 相关事宜的具体沟通、落地与执行。在 ESG 委员会的指导下，ESG 工作组联动公司各业务线及职能部门，合力推动 ESG 工作的落实，并持续建立和优化相关风险管理机制，确保与各利益相关方的紧密沟通与合作，致力于改善百度的环境、社会及管治问题，提升公司价值与竞争力。

### 2.2.6 资本模式

百度在发展过程中，其资本运营大致有三种模式：风险投资、上市、收购。

（1）**风险投资**

百度于1999年获得 Draper Fisher Jurvetson ePlanet Ventures 的120万美元投资，2000年获得 IDG Technology Venture Investment 的1 000万美元投资，2004年获得 Integrity Capital、

Penisula Capital、Google、chinavalue、Venture TDF China Equity、BridgerManagement、Draper Fisher Jurvetson ePlanet Ventures 和 IDG Technology Venture Investment 等 8 个投资人共 1 000 万美元的投资。风险投资的加入,使百度及时解决了快速发展的资金瓶颈。2021 年 3 月,百度昆仑芯片业务完成了独立融资协议的签署,投后估值约 130 亿元人民币。领投方为 CPE 源峰,跟投方为 IDG 资本、君联资本、元禾璞华。

**(2)上市**

2005 年 8 月 5 日,百度在纳斯达克(Nasdaq)上市,一举打破首日涨幅最高等多项纪录,并成为首家进入纳斯达克分股的中国公司,成为 2005 年全球资本市场上最为引人注目的上市公司,百度由此进入一个崭新的发展阶段,并于 2011 年 3 月市值超过腾讯成为中国互联网企业市值第一。2021 年 3 月,百度在香港联交所第 2 次上市。

**(3)收购**

近些年,为了迅速扩张势力范围并巩固中文搜索服务的地位,百度多次耗费巨资将涉及各类互联网服务的多个公司收购。2004 年 8 月,百度为了稳固和扩大在中文搜索市场的份额并为上市做准备,收购了 hao123 网址导航网站;2006 年 6 月,百度为了打造"客户端+在线 MP3 搜索下载"模式,收购了音乐客户端千千静听;2006 年 7 月,百度收购了三大共享软件发布平台之一的天空下载;2010 年 12 月,百度战略投资家具消费类电子商务平台齐家网;2011 年 3 月,百度投资了房产信息服务提供商安居客;2011 年 6 月百度又宣布向去哪儿网战略投资 3.06 亿美元,并成为去哪儿网第一大机构股东,占股 60%,从而深度涉足垂直搜索市场。2013 年收购 91 无线和糯米,2016 年百度宣布成立 200 亿元百度资本,在对外投资方面形成了更为全面的布局。2020 年 7 亿定增入股掌阅科技,携手共建数字阅读生态。2021 年初,百度正式宣布与吉利合作组建智能汽车公司,向智能汽车领域发展。2021 年 3 月,百度昆仑芯片业务完成独立融资。

### 2.2.7　结论和建议

**(1)成功的因素**

1)起步较早,业务定位准确

百度的成功首先在于百度的业务定位准确并且起步较早,不管是 2000 年前的搜索引擎业务,还是 2010 年左右的人工智能业务,百度都是第一时间反应,先研究技术,获取技术专利,保证技术的先进性,对外提供技术服务,在此基础上再研究商业化,对外提供商业化的服务。目前来看,其搜索引擎无论是技术还是商业化都是成功的,其人工智能在技术上是成功的,在商业化方面,已经取得了一定的进展,对公司业绩有一定的提振,但还需要进一步的发展。

2)强大的技术实力

百度的成功还在于其对技术的追求及其在技术上的先进性,百度前期的核心能力在于其先进、强大的搜索技术,后期的核心能力在于其先进的人工智能技术。百度以技术起家,一直以来十分重视技术,在百度建立之初就拥有先进的搜索技术,并凭借这些技术为其他企业提供技术服务,之后凭借搜索技术优势组建百度搜索引擎,很快成为中国第一大搜索引擎,并占领大部分市场份额。2010年百度开始向人工智能方向发展,成立人工智能研究院,投入大量研发费用。经过10年的发展,百度研究院已经拥有七大实验室、聚集数十位世界顶级AI科学家,百度AI专利申请量位列中国第一。同时,百度在深度学习技术、智能语音、自然语言处理、自动驾驶、知识图谱、智能推荐等多个领域排名国内第一。

**（2）面临的挑战**

1）搜索引擎口碑欠佳

百度非常专注于技术,但是前些年却疏于管理,导致搜索业务出现问题,口碑较差。百度搜索业务的争议主要表现在两个方面:一是对广告主资质和广告内容怠于履行审查义务,收费的垃圾广告或者虚假广告泛滥,导致搜索引擎用户不满;二是竞价排名消费不透明,导致广告商质疑其点击欺诈。近些年百度已经采取了一些措施,成立了百度内容安全中心来强化对信息安全的治理,尽管取得了不错的成效,但是其搜索引擎的口碑仍然没有彻底扭转,要想彻底扭转口碑还需要进一步的努力。

2）业务增长乏力

近几年百度的营业收入增长缓慢,百度搜索引擎的市场占有率和利润率没有提高,公司市值严重缩水,在移动应用领域也没有明显的发展,整体表现出一种颓势。造成这种情况的原因:一是搜索引擎业务本身达到了行业天花板,很难增长,百度搜索引擎本身口碑和效果也欠佳;二是百度在移动应用领域反应和发展较慢,很多业务被腾讯和阿里巴巴抢占;三是在人工智能技术领域投入太多的财力和人力,其商业化需要过程,暂时没有产生明显的经济效益。

3）人工智能技术的商业化

2010年以后,百度在人工智能领域的发展十分迅猛,目前百度在该领域世界领先、中国第一。但是这种发展主要体现在人工智能技术上,也就是人工智能技术的研发上,属于烧钱阶段,在商业化方面才刚刚开始。由目前情况来看,人工智能的应用应该是一块大蛋糕,尤其是在国家提出"新基建"战略以后,甚至不比腾讯和阿里前几年抢去的其他领域小,百度如何在刚刚兴起的"新基建"和人工智能商业化的浪潮中抢占更多的市场份额,还有待百度进一步研究。

## 2.3 案例2——Google:创新第一

### 2.3.1 基本情况

Google作为全球著名的搜索引擎技术开发商和高效的广告宣传媒介,被公认为全球规模最大的搜索引擎,它提供了简单易用的免费服务,用户可以在瞬间得到相关的搜索结果。Google属于全文索引搜索引擎,也是综合性的搜索引擎。Google的发展分为两个阶段,2015年以前可以称为Google时代,Google没有母公司,公司所有业务都在Google名下。2015年以后可以称为 Alphabet 时代,2015 年 Google 重组为新控股公司 Alphabet,并采用新运营架构。

（1）Google 时代

Google(www.google.cn)搜索项目是由两名斯坦福大学的理学博士生拉里·佩奇(Larry Page)和谢尔盖·布林(Sergey Brin)在 1996 年建立的,他们开发了一个对网站之间的关系做精确分析的搜寻引擎。拉里·佩奇和谢尔盖·布林深信"从其他高相关网站得到最多链接的网页一定是最相关的网页",并把这一点作为他们研究的一部分进行测试,这为他们的搜寻引擎打下了基础。1998 年 9 月,拉里·佩奇和谢尔盖·布林用从家人、朋友和投资者募集来的 100 万美元在位于加利福尼亚州 Menlo Park 的朋友的车库里以私有股份公司的形式创立了 Google 公司。当时,Google 每天已经有 1 万次搜索。1999 年 2 月,Google 搬到了加利福尼亚州的帕罗奥多大学街,每天处理的搜索已经达到 50 万次,同年 6 月,Google 就得到 Sequoia Capital 和 Kleiner Perkins Caufield & Byers 两家风险投资基金的 2 500 万美元注资。2000 年 9 月,Google 在其网站增加简体及繁体两种中文版本,开始为全球中文用户提供搜索服务。2001 年 3 月,当时担任 Novell 首席执行官和董事会主席的埃里克·施密特加入 Google 担任董事会主席,同年 8 月,他接替 28 岁的拉里·佩奇,成为 Google 的 CEO,从此 Google 开始了一个新的时代。2004 年 8 月,Google 在纳斯达克(Nasdaq)上市。2006 年,Google 正式启用中国大陆版 Google 专用域名"Google.cn",并确定 Google 的中文名字为"谷歌",Google 正式进入中国。2010 年 3 月,Google 宣布将搜索服务由中国内地转至香港,并于 4 月将名称"谷歌"废弃使用,改回"Google 中国"。2007 年 11 月谷歌宣布开发基于 Linux 平台的开源手机操作系统并命名为 Android。2012 年 10 月 Google 超越微软,成为全球市值第二大科技公司。2014 年 1 月,谷歌与通用汽车、本田、奥迪、现代和 Nvidia 联合成立"开放汽车联盟",将谷歌开源系统 Android 应用于汽车领域,2014 年 10 月,谷歌进军远程医疗领域。

（2）Alphabet 时代

2015 年,Google 将企业架构重组为 Alphabet,原 X 实验室、自动驾驶、医疗科技、光缆宽带等非核心项目剥离成独立公司,和 Google 同级,作为 Alphabet 的子公司,新的 Google 公司保留搜索引擎、广告、Android 等核心业务,由 Sundar Pichai 担任 Google 新 CEO。2018 年 Google 在上海与复旦大学签署两年期合作协议,宣布成立复旦大学-谷歌科技创新实验室,建立战略合作关系。2019 年 12 月,Google 创始人拉里·佩奇和谢尔盖·布林卸任 Google 母公司 Alphabet 的 CEO,但仍然留在董事会,并共同控制着约 51.3% 的投票权,由 Sundar Pichai 担任 Alphabet 的新 CEO。2020 年 7 月,Google 位列福布斯 2020 全球品牌价值 100 强第 2 位。2021 年,Alphabet 市值为 1.55 万亿美元,2020 年,谷歌的总收入为 1 825 亿美元,较 2019 年增长 13%,较 2016 年增长翻倍,净收入超过 403 亿美元。

（3）价值链

1）搜索业务价值链

Google 搜索业务的价值网络以 Google 搜索引擎为核心,涉及搜索用户、广告主以及联盟客户,它们之间的关系如图 2.3 所示。Google 为搜索用户提供搜索服务,搜索用户免费使用搜索服务,当搜索用户数量达到一定程度时,Google 就开始为广告主提供 AdWords 推广服务,广告主需要付费才能使用该服务。另外,Google 利用自己的优势可以把众多中小网站(联盟客户)联合起来,在联盟客户的网站上为推广客户有偿提供广告服务,Google 将获得的收入按一定比例给联盟客户分成。

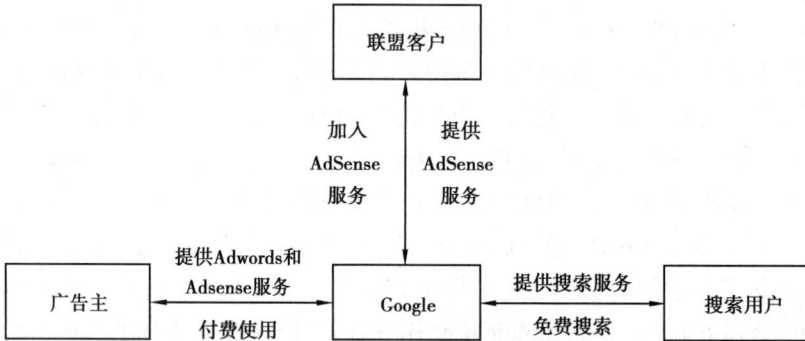

图 2.3　Google 搜索服务价值网络

2)YouTube 价值链

YouTube 的价值网络以 YouTube 为核心,涉及视频观看者、视频提供者和广告主,它们之间的关系如图 2.4 所示。视频提供者在 YouTube 上分享视频,YouTube 给予视频提供者一定的创作激励。YouTube 为视频观看者提供视频观看服务,视频观看者付费(付费会员)或免费(普通会员)观看视频。当 YouTube 上的视频数量、视频观看者数量和网站流量达到一定程度,YouTube 就开始为广告主提供广告服务,广告主需要付费使用该服务。

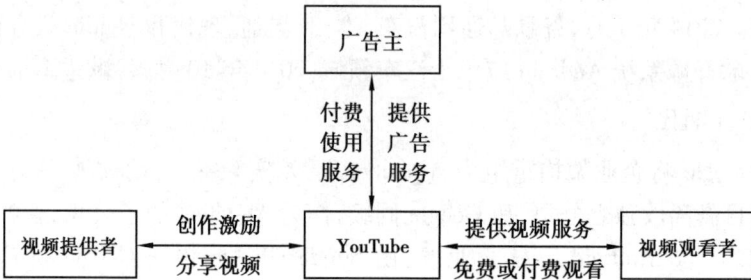

图 2.4　YouTube 价值网络

3)Google Cloud 价值链

Google Cloud 的价值网络以 Google Cloud 为核心,涉及云存储用户、云生产套件用户,它们之间的关系如图 2.5 所示。Google Cloud 向云存储用户提供云存储服务,云存储用户付费使用该服务。Google Cloud 向云生产套件用户提供云生产套件服务,云生产套件用户付费使用该服务。

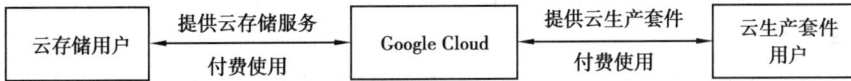

**图 2.5　Google Cloud 价值网络**

4）Android 和 Google Play 价值链

Android 和 Google Play 的价值网络以 Android 为核心，涉及手机生产商、手机用户、Google Play、App 开发者，它们之间的关系如图 2.6 所示。Android 为手机生产商提供开源的手机操作系统，手机生产商免费使用 Android 操作系统。手机生产商为手机用户提供安卓手机，手机用户付钱购买手机。Android 为 Google Play 提供操作系统平台，Google Play 为 Android 提供应用程序商店。Google Play 为 App 开发者提供 App 分发服务，App 开发者为 Google Play 提供 App。Google Play 为手机用户提供 App，手机用户免费或付费使用 App。当手机用户付费购买 App 时，App 开发者和 Google Play 按比例分成，其中的大部分分给 App 开发者。

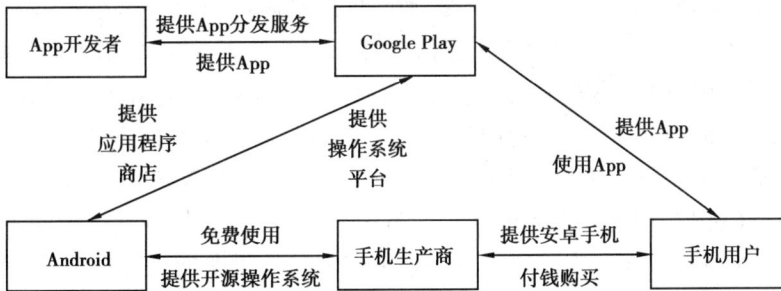

**图 2.6　Android 和 Google Play 价值网络**

## 2.3.2　商业模式

（1）愿景与使命

Google 的使命是整合全球信息，使人人皆可访问并从中受益。Google 要为互联网使用者提供网上最好的查询服务，促进全球信息的交流。为了实现这个目标，Google 开发出了世界上最大的搜索引擎，一直在孜孜不倦地追求服务创新和技术创新，突破现有技术的限制，随时随地为人们提供快速准确而又简单易用的搜索服务。

（2）**目标用户**

1）搜索引擎业务目标用户

Google 搜索引擎的目标用户包括搜索信息的普通网民和开展搜索引擎营销的企业（即搜索广告主）。Google 的普通网民用户主要是最广大的全球网民，联合国国际电信联盟（ITU）在网上公布的最新数据显示，2021 年 1 月全球网民数量达到了 46.6 亿，全球互联网普及率为 59.5%；搜索广告主是指在 Google 搜索引擎付费投放搜索引擎竞价广告的企业，这些企业向 Google 付费购买 Google 的关键词竞价服务，从而能够实现对自己网站的推广。第一类用户是 Google 的基础,直接影响到其第二类客户,第二类客户直接影响到 Google 的收入。

2)其他业务目标用户

谷歌地图的目标用户包括使用地图导航服务的普通网民和在谷歌地图中投放广告的广告主。Google Cloud 的目标用户包括租用云存储空间和使用云生产套件的企业和个人。YouTube 的目标用户包括视频提供者、视频观看者和广告主。Android 是市场占有率最高的开放源代码的手机操作系统,其一级用户是各个手机制造商,二级用户是 Android 手机的使用者。Chrome 的目标用户为网页浏览器使用者。Google Play 的目标用户为手机 App 开发者和 Android 手机 App 使用者。Gmail 的目标用户为使用电子邮件的个人和企业。

**(3)产品和服务**

Google 的产品和服务包括互联网及相关业务、硬件产品业务。

1)互联网及相关业务

Google 的互联网及相关业务包括谷歌搜索、谷歌广告、谷歌地图、Google Cloud、YouTube、Android、Chrome、Google Play、Gmail、Chrome OS 等。上述服务的核心是谷歌搜索服务,它是 Google 给搜索信息的普通网民提供的服务,Google 提供搜索服务的策略是:以综合网页搜索服务为核心,扩展其他垂直搜索服务。其主要搜索服务包括网页搜索、图片搜索、视频搜索、音乐搜索、地图搜索、购物搜索、博客搜索、大学搜索、生活搜索、图书搜索、学术搜索等。目前,Google 还在不停地进行服务创新,为用户提供更好的网络服务。围绕搜索服务,Google 给广告主提供的服务主要是谷歌广告服务,包括 AdWords 关键词竞价广告服务和 AdSense 服务,其中以 AdWords 服务为主。Google AdWords 是一种通过使用 Google 关键字广告或者 Google 遍布全球的内容联盟网络来推广网站的付费网络推广方式,其广告形式包括文字、图片及视频。Google AdSense 可以让具有一定访问量规模的网站发布商为他们的网站展示与网站内容相关的 Google 广告,并将网站流量转化为收入。谷歌地图提供地图和导航服务,包括详细的卫星照片、室内地图、语音搜索和公交线路。Google Cloud 是 Google 提供的云计算服务,其以 IaaS 层面的 Google Storage 和 PaaS 层面的 App Engine 为平台支撑,以 Google Docs 云办公、Gmail 和一系列搜索云应用、Google Drive 云存储等为"拳头",加上整合的 Android 端平台和面向未来的云操作系统 Chrome OS。YouTube 是全球最大的视频平台,让用户下载、观看及分享影片或短片;Android(即安卓)是一种基于 Linux 内核的自由及开放源代码的移动操作系统,主要使用于智能手机和平板电脑等移动设备;Chrome 是一款由 Google 公司开发的网页浏览器;Google Play 是运行 Android 操作系统设备的官方应用程序商店,允许用户浏览、下载和使用 Android SDK 开发并通过 Google 发布的应用程序;Gmail 是 Google 提供的免费网络邮件服务;Chrome OS 是一款 Google 开发的基于 Linux 的 PC 机开源操作系统。

2)硬件产品业务

Google 的硬件产品业务包括 Chromebook 笔记本、Nexus 手机、谷歌自动驾驶汽车、Chromecast 等。Nexus 手机是谷歌公司研发的以原生 Android 为操作系统的智能手机。谷歌自动驾驶汽车是谷歌公司的 Google X 实验室研发中的全自动驾驶汽车,不需要驾驶者就能启动、行驶以及停止。Chromecast 是一款小型"接收器"设备,可以插入电视机背面的 HDMI

接口,把电脑或其他设备上的流媒体内容无线传送到电视上。

（4）赢利模式

Google 的收入主要来自搜索广告、YouTube 广告和 Google Cloud,其中搜索广告占 Google 绝大部分的收入,YouTube 广告和 Google Cloud 的收入增长速度较快,其他收入占比很低。

1）搜索广告

搜索广告主要针对需要借助搜索引擎做网络营销的企业,它们可以购买 Google 的关键字广告,从而实现公司的搜索引擎营销。2001 年 6 月,Google 发布了 AdWords 关键词广告服务,其核心内容是:Google 在搜索结果页面附近投放广告,广告商按点击量付费。这一革命性的服务彻底改变了 Google 的商业模式,也改变了 Google 的增长轨迹。Google AdWords 给 Google 带来了质的飞跃,使得广告收入一举成为 Google 的核心收入,而技术收入则退居次要位置。2003 年 3 月,Google 又推出了 AdSense,对已有的网络广告产品 AdWords 进行延伸。AdSense 的思路是:把 AdWords 方案向博客及其他任何商业网站延伸,然后再和这些网站共享网络广告收入。这使得各网站投放的广告更有针对性,点击率也就相应增长。目前,Google 的绝大多数收入来源于 AdWords 和 AdSense 这两项广告业务。

2）YouTube 广告

YouTube 的绝大部分收入来源于广告,少量收入来源于 Premium 会员和 TV 服务。YouTube 是全球最大的视频平台,拥有众多的用户、海量的内容和巨大的访问量,使用 YouTube 广告向潜在客户宣传产品或服务是众多企业的选择。其向企业提供的广告形式包括不可跳过视频广告、可跳过视频广告、6 秒短视频广告、展示广告、网红直播推广。不可跳过视频广告长度一般为十几秒,用户不能跳过或提前结束,放置在用户要观看的视频的前面、中间或后面,按点击次数收费。可跳过视频广告允许用户在观看广告视频 5 秒后跳过广告,放置在用户要观看的视频的前面、中间或后面。6 秒短视频广告长度一般为 6 秒,用户不能跳过或提前结束。展示广告会显示在视频的右侧和视频建议列表的上方,对于活跃用户,此广告可能会显示在播放器下方,这种广告形式只适用于桌面端。网红推广由网红采用在线直播的形式推荐产品或服务。Premium 会员就是收费会员,他们可以享受去广告、后台播放、内容下载及观看原创内容等服务。TV 服务就是针对美国用户提供的订阅会员服务,订阅会员可在 YouTube 平台观看美国付费电视节目。

3）Google Cloud

Google Cloud 包括谷歌云平台和协作工具,谷歌云平台建设了大规模的数据中心,以此提供强大的计算和存储能力,协作工具由一系列云生产套件（云办公）组成,以此对外提供服务。Google Cloud 主要通过对外提供存储服务、云生产套件服务等获得收入,其 2020 年的收入超过 130 亿美元,而这个数据在 2017 年只有 40 亿美元,近三年增速都在 40% 以上,是谷歌增长最快的业务。但是 Google Cloud 占谷歌总营收的比例比较低,而且截至 2020 年其一直处于亏损状态,相比亚马逊 AWS 和微软 Azure 来说还有一定的差距。

（5）**核心能力**

1）搜索服务和技术创新

Google 在发展过程中一直不停地推出各种创新性的搜索服务,并针对这些搜索服务开发了新的搜索技术,使其始终保持在搜索技术领域的优势,也使得其他搜索引擎厂商只能跟在 Google 后面,模仿其服务。Google 不仅提供对常规的网页的综合性搜索,还创新性地提供不少垂直搜索服务。

2）针对不同用户的个性化策略

Google 提供 Gmail、Google 工具栏、Google 文件等服务,这些服务可以让用户提供自己的兴趣爱好等个人信息,Google 利用这些信息,可以为用户提供个性化的搜索结果。

3）品牌优势

Google 已经形成了自己强大的搜索品牌,它具有心理上的统治地位,当用户尝试使用其他的搜索引擎时,就会觉得缺少了些什么,特别是用户的搜索查询目的性不明确的时候,仍会选择使用 Google 搜索,即使已经对其他地方的搜索结果感到满意。

### 2.3.3 技术模式

（1）**基础技术**

Google 基础技术分为分布式基础设施、分布式大规模数据处理、分布式数据库技术、数据中心优化技术四类。分布式基础设施包括 GFS,Chubby 和 Protocol Buffer,分布式大规模数据处理包括 MapReduce 和 Sawzall,分布式数据库技术包括 BigTable 和数据库 Sharding,数据中心优化技术包括数据中心高温化、12V 电池和服务器整合。

1）分布式基础设施

GFS（即 Google File System,谷歌文件系统）是 Google 为了存储海量搜索数据而设计的可扩展的分布式文件系统,用于大型和分布式的应用,可以为海量数据访问提供总体性能较高的服务。GFS 基于廉价的商用计算机集群来构建分布式文件系统,它在保证性能的同时降低了 Google 的硬件成本。Chubby 是 Google 设计的提供粗粒度锁服务的基于松耦合分布式系统的文件系统,通过使用 Chubby 的锁服务,可以确保用户数据操作过程中的一致性。为了使系统具有更大的灵活性,这种锁只是一种建议性的锁而不是强制性的锁。Protocol Buffer 是 Google 设计的一种独立于语言和平台的数据交换格式,通过 Java、C#、Python 等多种编程语言都可以实现。因为它采用二进制格式,所以比使用 XML 进行数据交换速度快,它主要用于分布式应用之间的数据通信或者异构环境下的数据交换,也可以用于网络传输、配置文件、数据存储等。

2）分布式大规模数据处理

MapReduce 是 Google 设计的面向大规模数据集并行运算的编程模型,Google 设计它主要是为了解决其搜索引擎中大规模网页数据的并行化处理,因为它可以解决很多大规模数据的计算问题,Google 进一步将其广泛应用于很多大规模数据处理场合。它提供了一整套机制来解决大规模并行计算问题,包括基于集群的高性能并行计算平台、并行计算与运行软件框架、并行程序设计模型与方法。Sawzall 是 Google 设计的构建在 MapReduce 之上的专门用来进行数据分析的编程语言，其语法类似于 Java，主要用于对大规模分布式数据进行筛选和聚合等高级数据处理操作。

3）分布式数据库技术

BigTable 是 Google 为其内部海量的结构化数据开发的分布式结构化数据存储系统，它借鉴了关系数据模型的特性，支持部分关系数据模型。它可以可靠地将海量数据部署到大量服务器上，同时提供高性能、可伸缩的数据存储服务。Sharding 是 Google 为了解决数据库过大造成的性能问题而设计的一种数据库分片技术，其基本思想就是把一个数据库切分成多个部分放到不同的数据库上，从而缓解单一数据库的性能问题。

**（2）搜索相关技术**

1）PageRank 技术

PageRank（网页级别）技术是 Google 的两位创始人发明的技术，它是一种由搜索引擎根据网页之间相互的超链接关系计算网页级别的技术，Google 用它对网页的相关性和重要性做出评价。PageRank 技术并不是简单地计算直接链接的数量，而是把从 A 页面到 B 页面的链接解释为 A 页面给 B 页面的投票，根据 A 页面和 B 页面的级别来决定 B 页面新的级别。一个页面的 PageRank 是由链向它的页面的数量和重要性经过递归算法计算得到的。Google 技术使用网上反馈的综合信息来确定某个网页的重要性，搜索结果没有人工干预或操纵，这使 Google 成为一个广受用户信赖、不受付费排名影响的信息来源。

2）超文本匹配分析技术

Google 的超文本匹配分析技术不但扫描基于网页的文本内容，而且分析网页的全部内容、字体、分区以及每个文字精确位置等因素，同时 Google 还分析相邻网页的内容，以此来确保返回与用户查询最相关的结果。

3）多媒体搜索技术

Google 在占领文本搜索技术市场制高点的基础上，还开发了地图搜索技术、视频搜索技术等多媒体搜索技术，提供了 Google 地图、Google 视频搜索等服务。

4）广告相关性投放实现技术

Google 爬虫对广告显示页进行抓取，首先对网页进行降噪处理，通过信息块之间的关联找到正文所在的信息块，剔除导航、广告、版权信息等无用信息块。得到正文块后，对正文进行分词处理，得到关键词序列。最后利用已经通过机器学习技术获得的每个分类在特征空间上的聚类中心进行计算，得出该网页属于某个分类的概率。对于高出一定分类阈值的网页投放相关分类下的广告。

5）作弊点击分析技术

Google 并不是单纯地使用编程技巧，如检查 IP 是否重复来判断作弊点击，而是把所有的点击及页面访问历史信息都记录了下来，保存到一个设计良好的点击流数据仓库中。对数据仓库中的数据进行数据挖掘得到由多个因素参与的计算模型，最后给出一次点击成为作弊点击的概率，通过当前阈值来过滤作弊点击。这些参与因素包括整体点显比、单 IP 点显比、时间段因素、时间差因素（网页的显示和点击广告间的时间差，以及广告打开和关闭的时间差)等。

### （3）人工智能（AI）技术

2014 年 Google 收购了 AI 公司 DeepMind，DeepMind 开发的人工智能系统 AlphaGo 曾击败世界围棋冠军，这一品牌效应帮助谷歌吸引到了最顶尖的 AI 人才，从而大大提升了谷歌在 AI 领域的研发能力，这使得 Google 在同全球其他科技企业的 AI 争夺战中拥有了战略优势。在 2017 年谷歌 I/O 大会上，Google 发布了 Google.AI，把自己所有的 AI 相关事务集合到 Google.AI 上，同时发布了最新的机器学习算法 AutoML，它能够帮助开发者构建自己的机器学习神经网络，能够帮助机器学习如何学习。目前，Google 已经将包括深度学习在内的人工智能方法引入到生物、医疗、化学等各个学术领域，已经应用于搜索、自动驾驶、智能家居、医疗诊断、DNA 测序、细胞生物学、Google Assistant、人工智能绘图工具 AutoDraw、虚拟现实等应用领域。

### 2.3.4 经营模式

经过二十余年的发展，Google 已经发展成为全球数一数二的企业，这与其独特的经营模式是分不开的。同时，Google 的经营策略和成功模式的魅力正受到越来越多的企业效仿和借鉴。

### （1）基于本土化的全球化经营战略

Google 的使命是整合全球信息，其目标用户是全球网民，因此，Google 一开始就确立了其全球化的经营战略，面向全球众多国家提供服务，开发出数十种语言的版本，其员工遍布全球，全球业务收入与日俱增。在全球化过程中，Google 高度重视互利合作并且广泛建立合作关系，从而构建了覆盖全球的价值网络。

### （2）以用户为中心的口碑经营策略

Google 能够成为全球领先的著名互联网品牌，有多方面的因素，但最重要的一点是Google 始终以提供最佳的用户体验为其中心任务。无论是用户研究、统计分析，还是使用测试等都积极让用户参与。虽然很多企业都主张客户利益优先，但是它们最终难以抗拒各种诱惑，往往会牺牲客户的少量利益来增加股东价值。而 Google 的一贯态度是：如果所做的更改不会给网站访问者带来好的体验，则将坚定不移地予以拒绝。Google 的网站设计就充分体现了以用户体验为中心的理念，其网页界面清楚易用、加载速度快，而且绝对不出售搜索结果中的排名位置，以不影响用户的体验。

正是因为始终秉承以用户为中心的理念，Google 在网民中树立了良好的口碑，并借此提升了品牌的知名度和美誉度，这种口碑营销策略产生了很好的效果，不但使 Google 的用户数量和市场份额大幅增加，而且也使"Google"成为网络搜索引擎的代名词。即时没有做过一次电视广告，没有粘贴过一张海报，也没有做过任何网络广告链接，Google 还是赢得了互联网上最忠诚的用户群体，用户数量不断增长，市场份额不断扩大，巨大的用户市场为其带来了巨大的商业价值。

**（3）多维度的销售渠道**

Google 在线广告在中国、韩国、新加坡、南美等国家和地区有三种销售模式：在线、直销和渠道代理。在美国、英国等发达国家有两种销售模式：在线和直销。在线模式是客户主动注册成为 Google 的用户，然后充值续费，自己管理自己的账户和广告。直销是针对大客户，由大客户部直接负责这些大客户的业务。渠道代理是 Google 在中国、韩国、新加坡、南美等国家和地区采用的模式，Google 在全国不同地区招收渠道代理商，由渠道代理商针对遍布全国的中小企业开展业务，这是在发展中国家快速发展业务比较好的一种方式。Google 对渠道代理商的选择和考核都有严格的标准，以此来保证渠道代理商的质量。

## 2.3.5 管理模式

**（1）组织架构**

谷歌的组织架构可以分为两个阶段，2015 年以前谷歌的所有业务都属于谷歌公司，2015 年谷歌重组为新控股公司 Alphabet。

促使谷歌进行组织架构重组的原因有两个，一是随着谷歌的发展，其业务开始向互联网之外的领域拓展，包括生物与生命科学、智能家居、人工智能、投资、秘密实验室等，这导致谷歌公司的业务变得庞杂，大量相关性不高的业务放在一起管理，使得谷歌公司的管理难度加大，同时不利于新业务的继续拓展。二是为了遏制谷歌在高科技行业统治地位，2014 年 11 月欧洲议会发起一项动议案，要求拆分谷歌，将谷歌的搜索引擎业务和其他服务分开，这项动议案获得了欧洲议会两个主要政党的支持。

鉴于以上两个方面的影响，谷歌在 2015 年将所有业务归类成立子公司，同时成立新控股公司 Alphabet，Alphabet 为整个集团的控股公司。Google 为 Alphabet 的子公司，Google 的业务包括互联网及相关业务、硬件产品业务、虚拟现实产品业务。除了 Google，Alphabet 的其他投资业务包括生物科技公司 Calico、智能家居公司 Nest、生命科学公司 Verily、人工智能公司 DeepMind、风投公司 Google Ventures、投资基金 Google Capital、Access and Energy、Google X 等。

**（2）"小团队"式的组织管理**

Google 一直寻求自由与纪律的完美结合，在组织架构设置上，采用的是一种小团队管理模式，也就是将有智慧有激情的员工针对关键问题分成几个人的小团队，组成扁平化的组织，以海量的计算资源和数据作为支持，同时允许工程师抽出 20% 的时间，根据兴趣自己确定研究方向。Google 维系小团队管理的秘密武器就是 70/20/10 模式，即 70% 精力做搜索，20% 做相关的开发，其余的 10% 做一些从来没有推出的全新产品的研发。

Google 的小团队管理的优势在于，一是能够让 Google 员工增加尝试的机会，不断尝试尽量多的新生事物；二是改进员工的工作氛围，让小组有决策权，在开发过程中让他们觉得自己拥有决定方向的自主权；三是能够降低团队内部的协调成本。

### （3）"创新、民主"的文化管理

Google 是以研发人员为中心的公司。因此，Google 倡导并鼓励一种创新、民主的企业文化。从工程师的观念创新落实到产品设计营销，最后延伸到管理，这在每一个环节都有体现。Google 拥有文化委员会，在督导文化推广的同时，也倡导一些活动主题，由员工来组织相应的活动，比如社区活动、环保活动和资助残疾人活动等。员工拥有更多的主动权，参与的兴趣也会更加浓厚。Google 的老板与员工之间没有强烈的职位等级观念，其更倡导民主的工作氛围，员工可以随时表达自己的想法甚至提出与管理层不同的想法。

### （4）"充分自由度"的工作时间管理

Google 的员工所享受的工作时间的自由度是很大的，Google 充分相信员工，把工作时间的掌控权交给员工，由员工根据自己的喜好自由安排时间。员工可以选择在自己喜欢工作的任何时间里工作，可以凌晨工作或者晚上工作而白天休息，也可以连续工作几十个小时后再好好地休息。此外，Google 给每位工程师 20%的自由支配时间，让他们将这些时间用于做自己喜欢的事情，寻找新的创意，开创新的项目。很多员工利用这些时间将自己创新的想法变成现实产品，事实上，Google 推出的很多产品都是员工用 20%的个人时间设计完成的，这些产品却都非常成功。Google 非常鼓励这种创新，而且会根据员工的发明、创造以及给公司带来的回报对员工进行各样的奖励。

### （5）"注重绩效"的人力资源管理

Google 一直秉承"只雇佣最聪明的人"的人才选用宗旨，相信只有"最聪明的人"才能在这个全新的互联网领域不断创新。因此，Google 非常重视人才的引进和晋升。

公司创办初期，Google 的两位创始人会参与所有应聘人员的面试，后因公司规模不断壮大而放弃，但即使到了今天 Google 两位创始人仍然会审查招聘委员会每周的工作情况，并对一些应聘者的资格提出意见。Google 最终获得工作职位的应聘者平均需要通过 6 次面试，人力资源部、岗位需求部门，甚至跨部门或跨区域的人员都会参与面试，每个面试者都要写下评语，每个人的评语都可能影响应聘者的录取。这样做有三个目的：第一是确保最终进入 Google 的员工真正适合跨部门、跨区域的工作；第二是考察面试人员的协作能力；第三是考察应聘者是否符合公司的文化。Google 非常鼓励内部员工推荐应聘者，如果员工推荐的人才最终被 Google 录用，公司会对员工进行奖励。

Google 员工的晋升强调民主和自由。在每年一到两次的晋升机会中，如果员工觉得自己合适，就可以在系统中提出申请，不必非要等主管提拔才行，只要同事认可并顺利通过审核就可以实现。

对这些"最聪明的人"，Google 具有非常完善的、基于团队的考核机制，员工每个季度都有自己明确的工作目标，而且因为公司有自己的网络管理平台，比如，工程师每周的项目做到了什么程度，这对所有员工都是透明的，这为员工的绩效考核提供了很好的管理工具。Google 的考核分不同的等级，对排在末位的员工有相应的帮助措施。Google 特别重视排名最靠后 5%的员工，公司将集中找出原因发现问题，帮助其建立信心并赶上来，但也不排除会将一些人淘汰出局。而最好的 5% ~ 10% 的员工,每年都会得到充分的奖励和荣誉。Google 的人才流失率一直低于行业水平,这也从一个侧面证明了 Google 在绩效管理工作上的创新是卓有成效的。

### 2.3.6 资本模式

Google 在发展过程中,其资本运营大致有四种模式:创始人投资、吸收风险投资、上市融资、收购。

**(1)创始人投资**

1998 年 9 月,拉里·佩奇和谢尔盖·布林投资 100 万美元在加利福尼亚州创立了 Google 公司,开始了其创业生涯。

**(2)吸收风险投资**

Google 的规模不断扩大,使很多风险投资机构在 Google 身上看到了希望。1999 年 6 月,硅谷最有名的两家风险投资公司克莱那·巴金斯(Kleiner Perkins Caufield & Buyers)和美洲杉(Sequoia Capital)同意向 Google 投资 2 500 万美元,两家公司各自拥有 Google 约 11% ~ 14% 的股份,Google 两位创始人分别持有 16.5% 和 16.4% 的股份。这次融资是在 Google 的规模不断扩大的基础上完成的,正好满足了 Google 规模不断扩大在资金方面的需要,从而为 Google 后来的发展奠定了基础。作为 Google 的首位外部投资者,公司创始人之一的 Andy Bechtosheim 还在 1998 年投资了 20 万美元购买 Google 的股票。其他的投资者还包括创始人的母校斯坦福大学、网景创始人、eBay 创立者以及 Google 的竞争者雅虎等。

**(3)上市融资**

2003 年 10 月,Google 开始讨论 IPO(Initial Public Offerings,首次公开募股),2004 年 8 月,Google 在纳斯达克(Nasdaq)上市,首次公开募股的 19 605 052 股被以每份 85 美元的价值出售,其中,14 142 135 股被 Google 筹得,5 462 917 股卖给其他股东,销售总额接近 16 亿 7 000万元,其中大约 12 亿元在 Google 里。

**(4)收购**

Google 在快速扩张过程中,其收购的步伐也紧锣密鼓,从 2001 年起,有近 40 家公司被 Google 收购,比较重要的收购主要有:2005 年,Google 收购了 Android 智能手机平台,向手机厂商免费提供 Android 软件,通过 Android 市场份额的增长,提高谷歌移动搜索的实力;2006 年 10 月,Google 以 16 亿美元收购了世界上最大的视频分享网站 YouTube;2007 年 4 月,Google 以 31 亿美元收购了世界上最大的网络广告公司 DoubleClick,以巩固其在网络广告市场的领先地位;2010 年 8 月,Google 以接近 2 亿美元收购了社交游戏开发公司 Slide,以强化其有一定社会化元素的服务(例如 Gmail、Google Docs、Blogger、Picasa 和 YouTube 等);2010 年 8 月,Google 以 1 亿美元收购了视觉搜索引擎网站 Like.com,以强化其视觉搜索技术,为进一步发展其购物搜索服务提供技术支持;2011 年 8 月,Google 以每股 40 美元(总价约 125 亿美元)的现金收购摩托罗拉移动,以获得更多移动领域的专利,增强整个 Android 生态系统;

2012 年 5 月 Google 以 125 亿美元收购摩托罗拉移动;2013 年 6 月 11 日,Google 收购导航软件公司 Waze;2014 年 Google 以 6 亿美元收购了英国人工智能公司 DeepMind;2018 年 Google 入股京东,与京东展开战略合作。

### 2.3.7　结论与建议

#### (1) Google 与百度的比较

Google 与百度的共同点是为广大网民提供搜索服务,从而吸引大量网民使用其搜索服务,在此基础上,推出关键词广告,从而获得收入。但是,Google 与百度不同的是,Google 已经充分实施了其全球化战略,而且比较成功,其在全球的市场份额在 80% 以上,而百度的全球化战略并且未取得明显的效果,其在全球的市场份额很低。从目前的情况来看,与 Google 相比,百度在中国占有绝对优势,而在世界范围内,百度与 Google 相比,还存在很大的差距。

百度的优势表现在四个方面:一是百度对中国人上网习惯、中国市场行情和文化习惯的理解比 Google 更深入;二是百度在中文搜索技术(例如中文分词)方面比 Google 有优势;三是百度对中国的法律理解比 Google 更透彻,并能够遵守;四是百度在中国已经形成一家独大的局面,而 Google 已经退出了中国大陆。

Google 的优势表现在三个方面:一是 Google 在服务和技术创新方面要强于百度;二是 Google 能够做到以用户为中心,而百度做不到,百度的商业气味太浓,所以 Google 的口碑明显优于百度;三是 Google 已经实现全球化,成为全球最大搜索引擎,而百度还没有实现全球化,Google 在全球的市场份额与百度相比占有绝对优势。

#### (2) Google 成功的因素

1) 起步较早、策略得当

Google 筹备于 1996 年,成立于 1998 年,这在搜索引擎行业属于起步较早的企业,Google 抓住这个机遇,以用户为中心,为用户提供人性化的搜索服务,迅速在美国发展起来,成为美国第一大搜索引擎,而后 Google 又立足美国,采用"国际化+本土化"的经营策略,向全球其他国家扩展,最终成为全球最大搜索引擎。

2) 强大的技术实力

Google 两位创始人都是技术出身,他们在成立 Google 公司前就在研究搜索技术,Google 公司在创立之初就拥有自己的核心技术,Google 公司在成立之后依然很重视技术,一直致力于技术的创新,包括搜索技术创新、服务器技术创新、软件技术创新等。

3) 服务的不断创新

Google 从成立以来,一直以用户为中心,围绕用户的需求开发出许多新的搜索服务,以满足用户的搜索需求,例如地图搜索、购物搜索、图书搜索、学术搜索、无线搜索等,目前,Google 的搜索服务已经形成了以综合网页搜索为核心,其他垂直搜索高速发展的局面。

#### (3) Google 面临的挑战

正式成立以后,Google 凭借其优势,迅速发展成为全球最大的搜索引擎。但是,Google

在发展成为全球最大搜索引擎的同时,也面临不少的挑战。

1)其他搜索引擎的竞争

2020 年,Google 在全球仍然保持主导地位,Google 搜索在全球的市场份额超过 80%,但是,它也面临着 Bing、百度、Yahoo、Yandex、Ask 和 DuckDuckGo 等其他搜索引擎激烈的竞争,在美国有微软(Bing)与 Yahoo 的合作带来的巨大压力,在日本面临 Yahoo 的激烈竞争,在其他国家都存在该国家本土搜索引擎的竞争。

2)其他网站的竞争

从商务模式角度来看,搜索引擎只是一种互联网的商务应用模式,不同种类的网站可以为企业提供不同的网络营销形式,搜索引擎提供的关键词竞价排名也是众多网络营销形式的一种。其他种类网站的流行和发展,会吸引大量的用户,使得这种网站提供的网络营销形式更有价值,从而使得很多企业在做网络营销时会选择这种网站,造成投向其他网站(包括搜索引擎)的费用减少。例如亚马逊和社交网站 Facebook,其广告业务的增长十分迅速,而且有超过三分之一的广告商认为 Facebook 的广告平台比 Google 要更加有吸引力,这就会造成大量的企业将大量的资金投向 Facebook,而减少在 Google 的投放。

3)反垄断调查

最近 10 年,Google 利用其在 Android、搜索引擎和 Chrome 等产品的市场主导地位开展了一系列不公平竞争行为,这些行为包括:在搜索引擎中挪用内容、在搜索引擎的搜索结果中持有偏见、Android 系统中的独家协议和市场歧视、数字广告中的独家协议、谷歌地图的掠夺性定价等。Google 这些滥用市场力量的行为已经引起一些政府部门的注意,一些国际机构甚至已经认定谷歌的行为违反了反垄断法并对其处以巨额罚款。

2017 年 6 月,欧盟委员会对 Google 处以 24.2 亿欧元的罚款,因为 Google 进入购物比价市场后,利用其在搜索领域的主导地位操纵搜索结果,不公平地把客户引向自己的购物比较服务谷歌购物(Google Shopping),这一行为被认为违反了欧盟竞争监管规定。2018 年 7 月,欧盟委员会对 Google 处以 43.4 亿欧元的罚款,因为 Google 涉嫌在 Android 系统中捆绑安装 Chrome 浏览器、Gmail、谷歌地图和谷歌搜索等谷歌自己的应用,这些行为被认为 Google 滥用 Android 系统市场支配地位。2019 年 3 月,欧盟委员会对 Google 处以 14.9 亿欧元的罚款,因为 Google 涉嫌滥用其市场主导地位,在与第三方网站的 AdSense 业务合同中规定了一些限制性条款,阻止谷歌的竞争对手在这些网站上投放搜索广告。

4)侵权处罚

Google 在很多国家都遇到了侵权处罚,在法国,Google 曾经因为扫描图书并将其摘要放到网络上的行为违反了版权保护法,被判向法国出版商支付 30 万欧元赔偿金和利息,并停止侵权行为;在德国,曾经因为未经许可盗用摄影和漫画作品,Google 图片搜索功能被判侵犯他人版权;在英国,Google 推出的产品"街景"曾经因为触犯隐私而遭投诉。在美国,旧金山地方法院因 Google 秘密跟踪用户上网习惯而对 Google 开出了高达 2 250 万美元的罚单。

□ 基于互联网和团队的练习

①登录百度和 Google 搜索引擎了解其基本产品和服务,并利用互联网收集他们的相关资料,根据这些资料对百度和 Google 搜索引擎进行全面的比较分析,撰写一篇分析报告,在各小组间进行交流。

②建立一个小组,制作一个网站或选择一个企业的网站,分别针对百度和 Google 搜索引擎进行 SEO 优化。

③选择一个企业的网站,为其在百度和 Google 搜索引擎中做关键词竞价推广方案。

④按照本书第 1 章的分析模型,参照本书对 Google 和百度的分析,对移动搜索引擎神马搜索进行案例分析。

⑤利用互联网收集 Google、亚马逊、Facebook 的相关资料,根据这些资料对他们的在线广告模式进行对比分析。

□ 基于网上创业的学习

利用搜索引擎的创业主要体现在两个方面,一是学习 SEO(Search Engine Optimization,搜索引擎优化)技术,为需要在搜索引擎中做推广的网站做搜索引擎优化,从而获得收入。SEO 是很重要的一种利用搜索引擎推广网站的方式,要想从这方面创业,必须学习 SEO 技术。二是自己运营网站,当用户规模达到一定程度的时候,加入搜索引擎联盟(例如:百度的百度联盟、Google 的 AdSense),从搜索引擎联盟获得分成。要想在这方面创业,必须学习网站规划设计、网站开发、网站运营、网站推广等相关技术。

## 本章参考文献:

[1] 雷兵,司林胜.电子商务案例分析教程[M]. 2 版.北京:电子工业出版社,2016.

[2] 百度百科.搜索引擎[EB/OL].[2021-08-10].

[3] 新浪爱问.搜索引擎的定义[EB/OL].[2021-08-10].

[4] 匿名. 网吧:搜索引擎的下一个"宠儿"[EB/OL].[2008-03-21].

[5] 比特网企业博客. 网络推广"不差钱"[EB/OL].[2009-05-06].

[6] 罗耀宗.Google:Google 成功的七堂课[M].北京:电子工业出版社,2005.

[7] 张远昌.搜主义:Google 持续成长的秘密[M].北京:清华大学出版社,2005.

[8] 张金良.Google 的赢利法则:简单创富[M].北京:地震出版社,2005.

[9] Taylor. Google 品牌战略[M]. 王甜甜,译.北京:中信出版社,2007.

[10] 丹尼尔·伊克比亚.Google 是如何控制世界的[M]. 李军,译.上海:东方出版社,2005.

[11] 陆军. Google 是怎样管理员工的[J].中国乡镇企业,2008(07):46-47.

[12] 中国互联网信息中心.第 47 次中国互联网络发展状况统计报告[R/OL].[2021-02-03].

[13] 石滨.搜索服务的价值来源及商业模式分析[J].企业经济,2006(08):101-103.

[14] 王秀峰,柯青.搜索引擎的商业行为分析与思考[J].情报科学,2005(07):1114-1118.

[15] 蒋湘辉.谁是最快公司的典范-IT业绩厂商业绩解读之Google篇[N].每周电脑报,2008,(04).

[16] Nicholas G Carr. Google的成功魔法[J].经理人,2008(02):81-83.

[17] 王会.Google:舞好创新的双刃剑[J].商务周刊,2008(18):40-41.

[18] 亚宇.谁也挡不住的Google[J].市场营销导刊,2006(02):70-71.

[19] 郑德俊.Google搜索引擎的经营策略[J].中国信息导报,2004(03):50-52.

[20] 张锐.微软雅虎合作之门开启之后谷歌遭遇挑战[N].中国经济时报,2009-7-30.

[21] 陈哲,张涛.Google一群聪明人如何管理另一群聪明的人[J].中国新时代,2008(07):94-96.

[22] 赵正.搜索:新营销价值[J].东方企业文化,2008(10):62-63.

[23] 谭国锋."搜索营销"的奥秘[J].企业科技与发展,2008(23):23.

[24] 方英.搜索引擎营销模式及其商业价值分析[J].商业时代,2009(03):32-33.

[25] 张春雷.发掘搜索引擎营销的新价值[J].现代广告,2006(07):61-62.

[26] 张松平.如何发挥搜索引擎的网络营销价值[J].集团经济研究,2007(01):128-129.

[27] 陈广胜.网络经济时代搜索引擎营销探索[J].科技信息,2007(19):14-15.

[28] 陈立新,王妍峰,孟宪卿.网络营销的主要工具——搜索引擎登录与排名[J].商业现代化,2005(04):122.

[29] 徐逸.企业网站的营销价值[J].今日南国,2009(04):94-95.

[30] 欧阳锋,周卫军,赵红丹.搜索引擎商业模式的综合评价研究[J].企业研究,2009(03):21-25.

[31] 李彦宏.李彦宏:有机管理[J].北大商业评论,2010(07):52-61.

[32] 百度百科.google[EB/OL].[2021-08-10].

[33] 匿名.谷歌退出中国引申出的选择题[EB/OL].[2010-03-30].

[34] 百度百科.百度信息安全综合治理报告[R/OL].[2021-06-26].

[35] 冯海超.云计算五年,谷歌在哪里?[EB/OL].[2012-08-10].

[36] 匿名.YouTube广告‖一次性让你了解个够[EB/OL].[2019-07-20].

[37] 匿名.反垄断系列:谷歌是如何一步步成为巨无霸公司的?[EB/OL].[2021-06-11].

[38] 匿名.Google的十个核心技术[EB/OL].[2012-12-06].

[39] 百度.关于百度[EB/OL].[2021-06-26].

[40] 百度ESG官方网站.

[41] 一鸣.一张图看百度AI新基建版图布局[EB/OL].[2020-06-18].

［42］每日科技资迅.百度 AI 的核心技术都是啥？百度吴甜是这样向浙大校友介绍的［EB/OL］.［2020-07-08］.

［43］百度百科.百度智能云［EB/OL］.［2021-08-10］.

［44］百度百科.飞桨［EB/OL］.［2021-08-10］.

［45］百度百科.百度昆仑［EB/OL］.［2021-08-10］.

［46］中国投资咨询网.百度巨变:李彦宏放权 马东敏重回管理层［EB/OL］.［2017-01-20］.

# 第 3 章
## 网络门户模式案例分析

## 3.1 网络门户模式概述

### 3.1.1 网络门户的定义

门户网站的概念最早起源于互联网商业中的 ICP（Internet Content Provider，即互联网内容提供商）。早期的门户网站是指将网络上庞大的各种信息资源加以分类、整理并提供搜索引擎，让不同的使用者能够快速查询信息的网站。如新浪网、网易、搜狐网等门户网站在发展起步阶段借鉴了雅虎的发展模式，即门户网站是综合的 ICP，以搜索引擎为基础，为用户提供平台服务。后来由于市场竞争日益激烈，门户网站不得不快速地拓展各种新的业务类型，希望通过门类众多的业务来吸引和留驻互联网用户，以至于目前门户网站的业务包罗万象，成为网络世界的"百货商场"或"网络超市"。同时，随着行业和企业电子商务应用的不断普及与深化，越来越多的行业门户和企业门户不断建立，大大丰富了网络门户的内涵和功能。

从狭义角度来看，网络门户是指提供各种综合性信息服务的网站，即综合门户网站，如新浪网、搜狐网、网易等。从广义角度来看，除综合门户网站外，还包含了行业门户，企业门户、政府门户、音乐门户、游戏门户等组织性和专业性的门户。根据网络门户类型及功能特点，我们认为网络门户是指为网络客户或用户提供某类综合性的互联网产品或服务的电子商务应用系统，主要包括综合门户、行业门户和企业门户等。而网络门户模式就是门户网站凭借其提供的产品或服务，吸引大量目标用户或客户访问，并借此实现其商务价值的互联网应用模式。

### 3.1.2 网络门户的特征

#### （1）受众多样化

由于不同目标访问人群的需求不同，作为访问的入口，为满足不同客户的访问需求，网络门户不断进行产品与服务的创新。如行业门户包括上下游的供应商、分销商、采购商、物流商等类型企业。

### （2）资源整合化

门户网站在发展过程中，为不断创新服务模式，满足访问客户需求，一是对内部资源进行整合，通过门户网站提供服务，如企业门户将企业的 SCM、ERP、SCM 等信息资源进行整合，向客户与访问者提供服务；二是在自身内部资源难以满足需求时，通过联合外部资源提供商，以整合内外部资源向客户提供多样化服务，如综合门户的各种外部内容服务提供商等。

### （3）功能拓展化

网络门户最初主要是提供信息或资讯服务，随着电子商务应用的普及与深化，网络门户除传统信息服务提供外，越来越注重与目标客户的互动性功能以及电子商务功能的提供，如综合门户和行业的互动社区，行业门户的电子交易等。

## 3.1.3　网络门户的分类

根据网络门户网站的访问客户群体，主要分为综合门户、行业门户和企业门户三类。

### （1）综合门户模式

综合门户是提供新闻、资讯、电子信箱、网络资源、娱乐、互动社区等综合性互联网信息服务的综合性网站。综合门户可分为全国性与区域性综合门户网站两大类，其中，全国性综合门户网站的目标用户面向全国网民，根据设立主体又可分为网络媒体型和传统媒体型两大类。网络媒体型综合门户如腾讯网、新浪网、网易、搜狐网等，传统媒体型综合门户如人民网、新华网、光明网、中青在线、国际在线等。区域性综合门户网站根据办网主体不同分为传统媒体主办的区域综合门户、商业网站主办的区域综合门户和传统媒体与商业网站合作共建的区域综合门户三种类型。传统媒体创办的区域综合门户是由传统媒体（报纸、电视、电台、杂志）创办，如东方网、南方网、北方网、华龙网、大洋网、大河网等。商业网站创办的区域门户主要是指新浪网、搜狐网等商业网站创办的地方频道。

综合门户模式就是综合门户网站凭借其提供的综合性互联网信息和服务，吸引大量网民用户访问，以此为优势，利用互联网络媒体向广告客户提供产品、服务、品牌、网站等宣传推广为主的互联网应用模式。

### （2）行业门户模式

行业门户是指专注于某一业务领域，为该领域内的组织和个体提供专业、权威的信息资讯的专业化、细分化的网络平台或网络信息服务提供者。与综合门户网站相比，行业门户网站更专注于某一业务领域，例如汽车、房地产、IT、招聘、旅游等，这些网站都是各自行业的权威和专家，可以为特定用户提供更专业和深入的行业知识。行业门户的主流分类标准就是按其专注的行业进行分类，例如汽车行业门户（汽车之家、易车网）、房地产行业门户（搜房网、安居客）、IT 行业门户（太平洋电脑网、天极网）、招聘行业门户（前程无忧、中华英才网）、旅游行业门户（携程、艺龙）等。

行业门户模式就是行业门户运营商凭借提供专业、权威的信息咨询服务,吸引大量对该领域信息感兴趣的用户和企业登录其网站,以此为优势,通过提供会员服务或网络广告等服务,吸引企业成为其付费会员或在其网站上投入网络广告的互联网应用模式。

**(3)企业门户模式**

企业门户是指企业在互联网上构建的对外信息发布以及服务提供的门户网站。企业门户网站目前处在一个不断进化和发展的过程中,可以在功能上把企业门户网站划分为品牌传播型、电子商务型、销售促进型及客户服务型等。品牌传播型企业门户着重展示企业 CI、传播品牌文化、提高品牌知名度,如上海大众汽车有限公司官方网站。对于产品品牌众多的企业,很多企业还单独建立各个品牌的独立网站,以便市场营销策略与网站宣传统一。电子商务型企业门户通过门户网站开展渠道分销、终端客户销售、合作伙伴管理、网上采购、实时在线服务、物流管理、售后服务管理等,以实现公司对供应链的有效管理,如四川长虹电器股份有限公司官方网站。销售促进型企业门户是指企业通过门户网站实现网上销售,交易的对象可以是企业,也可以是个人消费者,如联想集团网站。销售促进型企业门户可以为企业开辟新的销售渠道,扩大市场,同时还可以接触最直接的消费者,获得第一手的产品市场反馈,有利于市场决策。客户服务型企业门户是主要是为客户提供各种服务,包括营销、技术支持、售后服务、社会公共关系处理等,如中国移动网站。客户服务型企业门户涵盖的内容多,信息量大,访问群体广,信息更新需要多个部门共同完成,有利于客户对企业的全面了解,获取更好的服务。当然,也有一些大型集团型企业的门户涵盖了上述多种功能。

企业门户模式是指企业通过门户网站,集成各种应用系统、数据资源和互联网资源,为客户、员工和合作伙伴提供个性化应用界面,统一管理供应链和客户关系的电子商务应用模式。

## 3.2 案例 1——新浪网:网络媒体的变迁

### 3.2.1 基本情况

新浪网作为中国最具影响力的商业网络媒体之一,由四通利方信息技术有限公司与华渊资讯公司在 1998 年合并成立。新浪网通过 Sina.com(门户),Sina mobile(移动门户和移动应用程序)和 Weibo(社交媒体微博)组成的数字媒体网络,帮助广大用户通过电脑和移动设备获得专业媒体和用户自生成的多媒体内容(User Generated Content,简称 UGC)并与友人进行兴趣分享。新浪网通过上述主营业务及其他业务线向广大用户提供一系列网络媒体和社交网络服务,为企业和品牌广告客户创立与其目标客户联系和沟通的丰富渠道。2000 年 4 月,新浪网在美国纳斯达克上市,成为国内首家在纳斯达克上市的门户网站,作为旗下子公司的新浪微博于 2014 年 4 月在纳斯达克上市。2021 年 3 月,新浪网宣布完成私有化,从纳斯达克退市。

新浪网的价值网络以新浪门户和新浪微博为主要平台,以服务内容消费用户和内容生产用户的需求为核心,通过联合游戏开发商、媒体网站、电子商务平台等外部合作资源,为内容服务用户及大中小企业等提供品牌传播及产品展示宣传服务,其价值网络如图3.1所示。

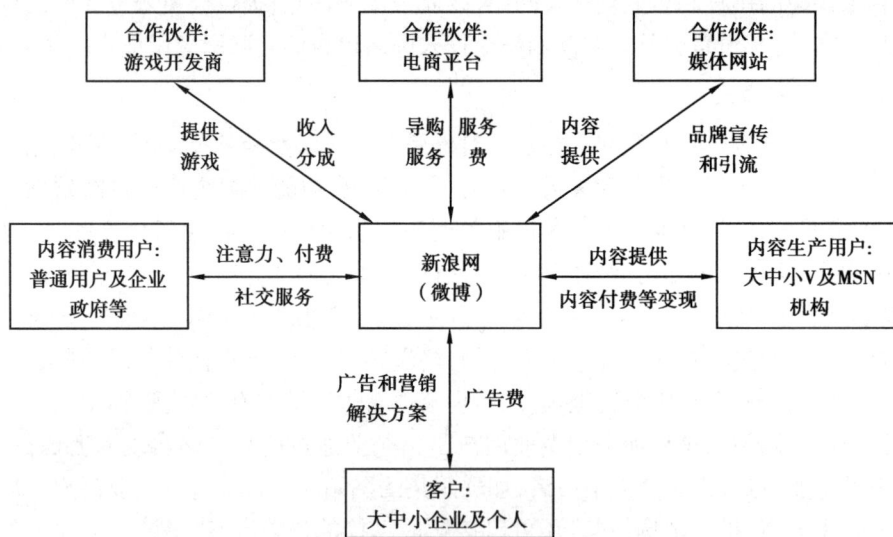

图3.1　新浪网的价值网络

### 3.2.2　商业模式

**(1)使命与愿景**

新浪的企业使命是:强调永续经营,善尽企业社会责任,以客为尊并求不断地创新。新浪网的发展愿景是成为全球领先的在线媒体及增值服务提供商,通过提供全面、及时的信息内容,高效、方便的网络工具,多元化的功能使其成为全球华人的全功能网上生活社区。

**(2)产品与服务**

目前,新浪通过门户、微博和其他业务提供产品和服务。

1)门户(Sina.com 和 Sina Mobile)

新浪门户是一个在线媒体资源,可为用户提供专业的数字内容,并为客户提供在线品牌广告和营销解决方案。Sina.com(新浪网)的网络由四个致力于全球华人社区的目的地网站组成,包括中国大陆(www.sina.com.cn)、中国台湾(www.sina.com.tw)、中国香港(www.sina.com.hk)以及北美的海外华人(www.sina.com)。每个目标站点都包含中文新闻和内容,这些新闻和内容被组织成基于兴趣的频道。这些站点通过网站搜索和目录服务提供广泛的社区和通信服务以及 Web 导航功能。Sina Mobile(新浪移动)是新浪通过 Sina News(新浪新闻)、Sina Finance(新浪财经)、Sina Sports(新浪体育)、Sina Entertainment(新浪娱乐)和 Sina Blog(新浪博客)等移动应用程序以及移动门户网站 Sina.cn 为移动用户量身定制新闻信息、娱乐内容和专业媒体内容的智能媒体平台。

2)微博(Weibo)

微博是新浪 2009 年 8 月上线的基于用户关系的社交媒体平台,用户可以通过 PC、手机等多种移动终端接入,以文字、图片、视频等多媒体形式,实现信息的即时分享、传播互动。

微博基于公开平台架构,提供简单、前所未有的方式使用户能够公开实时发表内容,通过裂变式传播,让用户与他人互动并与世界紧密相连。作为继门户、搜索之后的互联网新入口,微博改变了信息传播的方式,实现了信息的即时分享。2019 年 9 月,新浪微博推出社交类手机应用绿洲,与微博不同的是,绿洲定位为图片和视频社交,采用以时间线排序的信息机制。绿洲重于内容生活化,注重衣食住行等方面的分享。

新浪其他所提供产品和服务主要包括邮箱服务、博客、论坛、网络游戏和移动支付等。

### (3)目标市场

1)门户

新浪网的主要目标用户是网络信息的浏览者(网民)与广告商(企业)。新浪网民的特征以中高端用户为核心,网民普遍具有高收入、高职位、高学历的特点。数据显示,新浪网民集中覆盖在经济发展较好的区域。新浪主要的广告和赞助客户包括谋求在全球拓展品牌,进行全球营销和公关活动的财富 1000 强公司,锁定特定地域和人群的大中型企业,以及市场主要在当地的小型企业。

2)微博

微博服务于广泛的用户,包括普通人、名人和其他公众人物,以及媒体、企业、政府机构、慈善机构和其他组织。除用户外,微博的生态系统还包括客户和平台合作伙伴。

①客户:微博为广告和营销客户提供向用户推广他们的品牌、产品和服务的服务。特别是向大型公司和中小型企业的客户提供广泛的广告和营销解决方案,包括社交展示广告和促销性营销产品。微博通过本地推广营销产品使客户可以根据用户的社会兴趣图谱来吸引目标受众。

②平台合作伙伴:微博吸引了许多平台合作伙伴,包括拥有媒体权利的组织、MCN(Multi-Channel Network,多频道网络业态)、自媒体和应用开发者。微博的平台合作伙伴为微博贡献了大量内容,并将产品和应用程序与微博平台集成在一起,丰富了用户的体验,同时增加了获利的机会。

### (4)盈利模式

新浪的大部分收入来自在线广告和营销服务,少部分来自其他收费服务。包括提供展示广告格式的品牌广告服务,以及 Sina Portal(新浪门户)和微博上提供基于效果的在线营销解决方案,例如促销供稿。

1)门户的盈利模式

新浪网的收入来源可分成广告收入和非广告收入两大类,以广告收入为主。

①广告收入。新浪网主要通过大量的各类免费咨讯、热点新闻、服务去吸引大量的浏览者,形成固定的用户群,从而保持较高的点击率和知名度,然后吸引企业在新浪网站投放广告。新浪门户的广告覆盖网站上所有页面、所有模块,类型主要分为强制性弹出窗口广告、背投式广告、按钮广告、旗帜广告、网上视频广告等。

②非广告收入。非广告收入包括在线支付服务、在线贷款便利化服务和移动增值服务等。

2)微博的盈利模式

新浪微博收入可分为基于用户端的变现、基于客户端的变现和基于平台合作伙伴端的变现三类。

①广告和营销收入。为客户提供营销解决方案收取广告和营销费用是新浪微博最主要的收入来源。新浪微博根据客户的不同需求，形成了包括信息流、视频类、曝光类、话题类、搜索类、程序化、创新类、聚宝盆等多种新浪微博营销产品，企业和组织通过新浪微博的广告和营销服务，可更加广泛和精准地接触其受众，从而更好地宣传推广其品牌、产品和服务。2014年新浪微博的广告和营销收入为1.48亿美元，而2020年达到14.9亿美元。

②VIP会员费和服务费。一方面，对于普通用户和企业政府等机构用户，新浪微博主要采取免费为主付费为辅的收费模式。付费主要包括VIP会员费，VIP会员具有新浪微博所有新功能的优先使用权，新浪微博不断丰富的功能体验是用户购买VIP的重要因素，VIP会员费只占其收入的很小一部分。另一方面，对于大中小V及MCN机构等内容生产用户，新浪微博通过为其提供了电商导购、内容付费、视频广告等多种变现途径，而在此过程中收取一定比例的费用作为平台服务费。

③利润分成和服务费。新浪微博针对不同的合作伙伴进行了多元化的变现方式。针对游戏开发商，采用新浪微博与开发者进行利润分成的模式；针对B2C或者C2C的电子商务平台，新浪微博扮演综合商场的角色，采取按固定时间段或一次性收取平台服务费的方式获取收益；针对媒体网站，新浪微博平台帮助媒体网站在微博上分享他们的内容，扩大他们的影响力，同时媒体网站也经常链接或引用新浪微博上的内容作为新闻来源。对待这些合作伙伴，新浪微博采取免费策略，互惠互利。截至2020年，新浪微博已经拥有逾700万平台合作伙伴。

（5）核心能力

新浪的核心能力在于其二十余年来一直耕织网络媒体领域，在媒体资源方面，除了自身原创内容外，积极整合外部媒体资源，通过强大的媒体资源奠定了新浪网络媒体的品牌影响力；另外，新浪建立了全面的网络编辑体系，通过准确、全面、客观、深入的新闻报道，奠定了新浪网络媒体的公信力。

### 3.2.3 技术模式

#### （1）全面的网络编辑体系

新浪新闻坚持"快速、全面、准确、客观"的编辑方针，在国内网站中首先实行24小时滚动新闻制度，保证了新浪网在历次突发事件、重大新闻出现时都有迅速和突出的表现。

在制作上的流程化以及在版面及时间衔接上讲求连贯性和一致性，造就了新浪新闻转载媒体多、全、快的三个特征。新浪新闻的更新速度快，许多因素来自流程的执行，新浪每一个频道的发布流程中，包括了各网站每时更新、报纸的每日更新、杂志每月更新的准确时间，媒体更新表详之又详。此外，新闻产品发布的标准化及规模化，可以降低新闻产品的制作成本。新浪对于编辑的管理，主要通过流程来实现，通过将一些内容的基本因素流程化、制度化,并根据实际情况安排作业排序,提高了工作的效率与正确性。

新浪建立了一套比较全面的编辑操作和规范体系,包括发布规范、原创规范、行为规范、流程规范、信息安全规范和其他类规范(包括相关的嘉宾聊天、功过通报规范,手机短信发布规范等),共41类具体规范,3 000多个案例。

**(2)网络广告管理系统**

2013年底,新浪推出了互联网全媒体覆盖广告平台——"龙渊",以期突破互联网传统广告模式,能够最大覆盖广告目标人群,提高广告采购效率,并通过大数据洞察投放减少广告损耗。新浪覆盖广告平台"龙渊"依托新浪网与新浪微博的用户优势,实现跨屏、跨产品线混平台优质展示广告,按独立用户控频投放。"跨屏"包括电脑屏幕及移动终端屏幕;"跨产品线"是指视频、门户、微博、移动端等四大产品线;投放系统基于"UserID + CookieID +用户行为日志"等多重定位的技术进行用户区分,进而针对个体用户做频次优化投放。同时新浪覆盖广告平台全面接受第三方监测,确保推广效果可被监控。与传统网络广告投放相比,新浪覆盖广告平台在无须制定广告排期的情况下,只需要确定覆盖的目标人群以及频次和预算、推广期即可完成投放。

**(3)新浪网的系统架构**

1)门户系统架构

在新浪网(门户)系统架构的发展历程中,经历了无统一开发规范、各业务部分的系统环境多样化、安全管理难度大、系统稳定性差、技术复用率低等技术管理方面的问题。经过不断探索与总结,新浪最终通过一个技术团队统一的架构底层的信息基础架构,各个业务部门则可以继续在此底层基础架构的平台上开发自己个性化的应用。作为新浪网总体规划的技术团队,只负责给应用该业务平台的部门一些规格、性能以及开发商的建议。新浪采用了ChinaCache开发的CDN(Content Delivery Network,即内容分发网络)系统,以保证网站的访问速度。ChinaCache在全国分布了四十多个点,同时采用基于动态DNS分配的全球服务器负载均衡技术,很好地实现了不同地区用户访问量的负载均衡,优化了网络性能,从而提高访问效率。新浪大多数产品都运行在CDN、动态应用平台、分布式数据库平台、虚拟化服务器平台等平台之上,通过平台上资源共享和统一调度,避免了很多重复建设,大大降低了软硬件采购成本,提高了资产利用率。新浪网动态应用平台是一个托管网站应用程序的大型系统平台,托管了近千个项目的程序和数据库等服务,每日总访问量达到数十亿PV。全部系统采用分布式架构,可以通过增加服务器实现平台性能扩展,而无须修改应用程序代码。而平台通过一定程度的技术封装,使开发人员仍然像使用单台服务器一样简单。平台主要功能由5大系统和4小系统构成,5大系统为程序运行环境(Web前端)、静态内容加速(Cache前端)、数据库集群、Memcached集群、VFS存储系统,4小系统为服务监控系统、文件和程序发布系统、网站内容编辑管理系统、线上测试调试系统。

2)微博系统架构

新浪微博最早采用LAMP(Linux+ Apache+ MySQL+PHP)架构,随着访问用户的逐渐增加,系统不堪重负。新浪微博的架构在较短时间内几经重构,最后形成三个层次架构。最下层是基础服务层,提供数据库、缓存、存储、搜索等数据服务,以及其他一些基础技术服务,这些服务支撑了新浪微博的海量数据和高并发访问,是整个系统的技术基础。中间层是平台服务和应用服务层,新浪微博的核心服务是微博、关系和用户,它们是新浪微博业务大厦的支柱。这些服务被分割为独立的服务模块,通过依赖调用和共享基础数据构成新浪微博的业务基础。最上层是 API 和新浪微博的业务层,各种客户端(包括 Web 网站)和第三方应用,通过调用 API 集成到新浪微博的系统,共同组成一个生态系统。这些被分层和分割后的业务模块与基础技术模块分布式部署,每个模块都部署在一组独立的服务器集群上,通过远程调用的方式进行依赖访问。新浪微博在早期还使用过一种叫作 MPSS(MultiPort Single Server,单服务器多端口)的分布式集群部署方案,在集群中的多台服务器上,每台都部署多个服务,每个服务使用不同的端口对外提供服务,通过这种方式使得有限的服务器可以部署更多的服务实例,改善服务的负载均衡和可用性。

### 3.2.4　经营模式

新浪网从成立以来,走了一条以媒体业务为核心的多元化经营之路,经历了从新闻媒体模式,到超媒体模式,以及向开放平台模式转变的不断演进过程。

**(1)以新闻媒体模式为核心,构建核心竞争力**

在成立之初,新浪以新闻为突破口,缔造了全新的网络新闻传媒模式,通过与国内外众多内容供应商(通讯社、电视台、报纸、杂志和各大网站)达成的版权合作关系,依托其在线内容频道,及时全面地报道了国内外突发新闻、体坛赛事、娱乐时尚、财经及 IT 产业资讯,并一度成为数以百万计中国互联网用户生活中不可或缺的部分。

在新浪新闻所取得的成绩,构建了整个新浪网站的内在核心竞争力之后,通过建立强势的新闻频道以吸引用户了解其他更多的经营性产品,通过即时、海量的新闻内容优势,培养网友的阅读习惯,同时推出邮箱、短信等延伸服务,和吸引企业网络广告投放。

在 Web1.0 时代,新浪通过对传统媒体的内容整合,加上快速、准确、及时、权威的新闻报道,成为门户时代的领导者,缔造了中国主流强势的互联网媒体,并成为"内容+广告"的门户盈利模式的缔造者和集大成者。

**(2)不断创新和丰富产品线,打造超媒体平台**

随着 Web2.0 时代的到来,用户自媒体的需求越来越强烈,加之互联网的入口越来越多,新浪的"内容+广告"模式逐步发展为"内容+产品+广告"三维模式,着力把新浪打造为一个功能更强大、用户体验更丰富的多元化超媒体平台,并期望通过其内容与产品最大程度地黏住用户。

从 2003 年开始,新浪不断创新和丰富其产品线,尝试进入其他领域,比如 2003 年运营网游《天堂》,2004 年收购 IM 聊天工具 UC,2005 年发布自己的搜索产品爱问(iAsk)和新浪博客,2009 年内测 SNS 产品新浪朋友等等,这些新的产品与应用服务有失败的,也有取得一定成绩的,但没有一款产品和服务让新浪得到颠覆性的改变,只有强悍的门户新闻业务,带来它的主要的广告收入。可以说,在这个阶段,新浪打造"多"媒体化的超媒体平台的策略是不够成功的,仍然面临着成长的瓶颈,比如新浪的用户很难沉淀下来,将直接影响到其网络广告模式的持续增长。

**(3)抢抓时机推出微博业务,强化优势而突围**

随着互联网从内容为王进入应用为王的时代,新浪的媒体优势在不断弱化。而微博的出现,为新浪提供了机遇,在国内的各大网站还在因政策监管问题畏首畏尾时,新浪微博在2009 年 8 月上线,新浪微博强化了用户审核和内容监督的同时,在基础功能之上添加微音乐、微团等一系列其他功能,为用户提供了更多个性化的选择。同时,新浪微博主要围绕产品开发与优化、服务对象需求识别、用户导入三方面获得竞争优势,顺利突围。

1)产品开发与优化

从 2009 年 8 月开始内测以后,新浪微博进行了一系列的产品开发与优化,逐渐形成了一款为大众提供娱乐休闲生活服务的信息分享和交流平台,包括了发布、转发、关注、评论、搜索、私信基本功能。为了满足用户需求,新浪微博在设计和优化过程中遵循四个基本原则:一是内容向所有人公开,即门槛低,每条不能超过 140 个字符;二是实时传播,用户发布一条信息,他的所有粉丝能同步看到,还可以一键转发给自己的粉丝,实现裂变传播;三是社交中的互动与交流,即用户可以与新浪微博上的任何人进行互动与交流;四是广泛的覆盖面,用户可以通过互联网、客户端等多种手段,随时随地地发布信息和接受信息。

2)服务对象需求

第一,为了吸引用户(普通用户,名人、意见领袖和其他公众人物,大企业和中小企业,政府机构和其他组织等)入驻平台,新浪微博对这些用户免费开放,并满足不同用户以不同方式使用新浪微博的需要。如普通用户使用新浪微博表达自己的想法和感受,随时了解本地和世界新闻和事件;企业使用新浪微博创造品牌认知度、与潜在和现有客户互动、推出新产品和服务、发布公开声明,并管理客户关系。第二,将广告和营销客户作为营收的主要来源对象。新浪微博为客户(包括大公司、中小型企业和个人等)提供了定制化的广告和营销解决方案。第三,将平台合作伙伴作为重要的参与主体。新浪微博吸引了媒体机构、游戏开发者等平台合作伙伴,平台合作伙伴在为新浪微博贡献内容的同时,也可以将新浪微博平台的大量用户引流到自己平台上。

3)用户导入

新浪微博在启动时,为占领市场,将用户导入作为最核心的工作。当时新浪微博采用邀请明星、企业高管、媒体人士等名人入驻,并进行实名认证,认证通过后会在用户名后加上字母 V,彰显身份,以名人效应拉动,实现早期用户的增长。早期的大 V 的进驻,不仅提升了新浪微博平台的知名度与影响力,也让用户之间的交流变得更加亲切、直接。

**(4)回归社交媒体初心,精细化运营实现蝶变**

2012 年新浪微博在成功突围以后,由于对发展战略准备不足,新浪微博出现了定位不清、内容真空、垃圾账号过多、急于变现等问题,导致了用户体验的下降。与此同时,微信的上线也对新浪微博形成了跨界打击。经过 2013 年的沉寂,新浪微博清醒地认识了真实的自己,通过回归社交媒体定位和实施精细化运营得以再次蝶变。

1）回归社交媒体初心

2014 年 3 月,新浪微博更名为"微博",淡化"新浪"色彩,凸显其作为一家社交媒体平台的独立性。2014 年 4 月,新浪微博以上市为契机,对自身发展历程和问题进行了全面梳理和分析,逐渐认清了社交媒体的定位,而且只做社交媒体,不做社交通讯。

2）垂直下沉,开展精细化运营

一是启动中小 V 自媒体商业化计划,通过广告分成、付费订阅和粉丝打赏等多种变现手段,来鼓励和扶持中小 V 为微博提供高质量的内容;同时,通过扶持专业的 MCN 机构,以帮助新浪微博以孵化和签约的方式去聚合更多的大中小 V,强化了大中小 V 的变现能力。二是采取垃圾粉丝清理计划,还原账号真实价值。通过大数据识别和用户举报的方式,对刷粉行为进行治理,保障新浪微博的健康生态。三是平台的精细化运营,新浪微博基于数据分析和算法优化识别用户感兴趣的内容,并向用户进行定向推荐,并通过构建秒拍、小咖秀、一直播、随手拍、微博故事和酷燃等多元化视频矩阵以满足用户不同的需求,提升用户体验。

### 3.2.5 管理模式

**（1）组织机构**

2012 年以前,新浪采取以终端和职能划分的网状的业务和组织架构,然而,随着新浪微博的发展,新浪的门户业务和微博业务产生了相互争夺客户的现象,阻碍了微博业务的发展效率。在 2013 年新浪打破了以职能线划分的组织架构,取而代之的是以门户和微博两大业务部门为重心的组织架构,将微博业务的产品技术和运营事务独立出来,同时包含移动和PC 端业务,有助于提升微博业务的自主权,提高微博业务发展效率,也避免了微博、门户业务打架。微博开放平台作为独立部门产生,彰显了新浪微博向"平台"方向发展的战略规划。新浪的组织结构如图 3.2 所示。

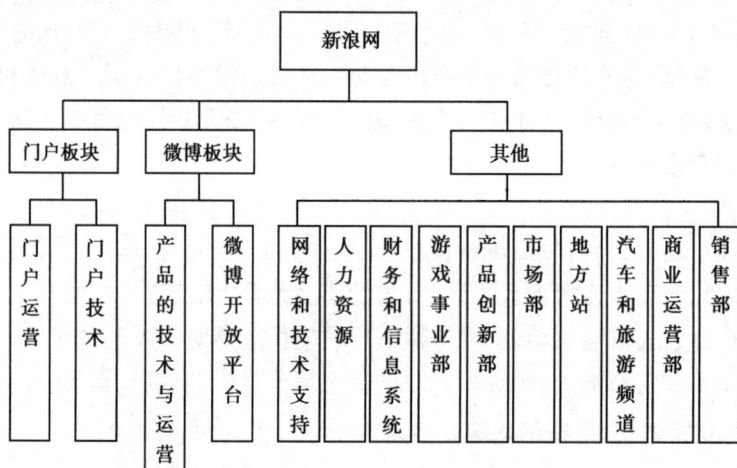

图 3.2 新浪网组织结构

（2）**企业文化**

新浪的企业文化包括四个核心价值观："以客为尊,突破创新,回馈社会,永续经营"。其中,以客为尊,要求员工把外部客户(包括代理商、供应商)视为最重要的资源,而新浪也把自己的员工(内部客户)视为最重要的资产;突破创新,要求新浪不断在技术上进行创新,树立创新突破不断进取的意识;回馈社会,是新浪期望营造一个有特色的企业商业发展模式,既要实现商业盈利,也要肩负起应尽的社会职责;永续经营体现了新浪力求在专业领域里精耕细作,避免昙花一现,急功近利的短视观念。

（3）**品牌管理**

在发展的 20 余年中,新浪网品牌管理系统也经历了几度演变,其品牌宣言经历了创立之初的"世界在你眼中"、创业之中的"你的网上新世界",发展阶段的"奔腾不息"和领先地位的"一切由你开始"。创立之初创业者的踌躇满志和一句"世界在你眼中"表达了新浪做中国最好的"门户网站"的理想;而"你的网上新世界",维系了新浪做大做好的理想,又多了些"新"的元素;在随后的时间,进入了"奔腾不息"持续发展时期,提供全面丰富的网络服务、增值服务是新浪的目标;目前"一切由你开始",这句响亮、亲切而又充满人文关怀的新浪新口号,迎来新浪品牌管理历史的新纪元,新浪也启动品牌再造工程。

品牌再造工程体现了新浪在企业文化、管理模式、沟通模式、品牌形象,以及产品设计、开发等的各方面理念的转变。"一切由你开始!"——更加关注用户的使用体验,更加尊重客户和合作伙伴,更加尊重员工的价值。围绕着"一切由你开始"企业宣言的推出,新浪致力打造全新的 ICP 商业模式(Interactive Commercial Platform),即互动商业平台。同时围绕新的商业模式,新浪还提出了 6P 的策略,即新浪将以更加人性化的管理(Personality),提倡共同参与(Participation),最大限度地实施合作伙伴(Partnership)关系;通过不断提供用户个性化的服务(Personalization),不断追求效益最大化(Performance);成为互联网及相关产业的行业先锋( Pilot)。

（4）**人力资源管理**

1）重视诚信、规范甄选

诚信是一种工作态度,也是一种优良品质,新浪网将诚信作为招聘中关注的重点,新浪对应聘者简历的真实性、面试过程中的表述,都会做相关的核实与调查。根据公司职业行为准则,在做年度审计时,会评估员工与公司是否存在利益冲突、是否有违反职业道德的行为,是否以身作则执行公司的各项政策和流程等。在一些细节问题上,也能考察出公司管理者是否以身作则。晋升时,除了考察本人的业绩档案,新浪也会考虑到个人是否有违纪记录等。

2）培训机会

新浪建立了指导人制度,以帮助新员工尽快适应新浪。部门领导为每一位新员工指派一位资深员工为其指导人,为其答疑解惑,在工作生活等方面进行帮助和指导。另外,新浪还拥有完善的在职培训制度,定期根据员工的培训需求制订相应的培训计划。

3)"学习能力"重于"工作经验"

新浪认为良好的学习能力重于工作经验。新浪网认为只要把业务模式清楚地告诉员工,如果员工有很好的学习能力的话,就可以成为非常优秀的员工。另外,作为跨行业的集团化企业,新浪在招聘中需要各行各业的人才,作为媒体平台,新浪有医学、幼教、英语、房地产、汽车、体育等各类人才,只要你喜欢互联网,认同它的未来发展空间,都有希望在新浪找到用武之地。

4)绩效管理

新浪对每名员工设置了包括五个关键业务指标、两个管理或行为指标(对于管理者是管理指标,对于一线员工则是行为指标)的绩效指标考核体系。在绩效考核上实行考核结果强制分布,对于超标的员工,将获得丰厚的奖励和评奖评选机会;对于不达标的员工,新浪则帮助他们提出绩效改进计划,包括公司提供什么样的资源支持,在什么期限内改进等。如果有两次不达标,员工就会被淘汰掉。另外,新浪将整个绩效考核过程通过 e-HR 系统来管理和操作,使得员工能够有效地把日常工作计划和绩效管理结合起来,有力地提升了绩效管理的效率。

### 3.2.6　资本模式

从早年位列三大门户网站之一,到后来依靠微博在移动互联网时代占据一席之地。回顾新浪的发展史,就是一部资本运作史。

#### (1)合并组建

在 1998 年底,新浪网由当时国内流量最大之一的四通利方(利方在线)网站和在北美及台湾拥有广大用户群的华渊资讯网站合并而成。合并后总价值超过 5 000 万美元,其中,四通利方占股 60%,华渊资讯占股 40%。合并集双方之长,补对方之短,结合中国及北美的华人力量,目标是创办全球最大的华文网站。

#### (2)上市前融资

在成立后不久,新浪开始了引进风险投资,并筹划尽早美国上市。1999 年 2 月,新浪网便获得了包括高盛银行在内的海外风险投资 2 500 万美元;1999 年 11 月,新浪网完成了以戴尔电脑作为主投资的 6 000 万美元的融资。经过几轮的引进风险投资之后,新浪股权变得相对分散,国外风险投资机构的持股比例占 80% 以上,并且形成了资本而非创业者主导的董事会格局,这些也导致了后来新浪网高层管理团队不稳定以及管理者收购(Management Buy-Outs,MBO)的情况。

#### (3)上市

2000 年 4 月,新浪网在信息产业部不允许外资进入 ICP 的政策下,采用合同绑定内资公司的方式(后称新浪模式)在纳斯达克(Nasdaq)上市,但由于大市在跌以及国内法律对国内互联网上市进行了控制等原因,只融资了 6 800 万美元。新浪上市后的华登投资公司持股13.3%、四通公司持股 10%、戴尔公司持股 6.4%、新浪创始人王志东持股 6.3%,另外还有软银、香港的盈科、美国的高盛等股东。几年间,新浪股权变动极为频繁,董事及管理层持股从

50.3%下降至 7.1%。2001 年 6 月,新浪网的创始人王志东辞去了 CEO、总裁、董事会董事等重要职位,从新浪离职。

### (4)上市后收购

上市后,为快速拓展其业务领域,丰富产品线,新浪展开了一系列收购行动。2001 年 9 月新浪购入阳光卫视 29% 股份,支付 800 万美元以及 460 万股股票;2003 年 1 月新浪以 2 080万美元并购国内移动增值服务商广州讯龙;2004 年新浪以 1.25 亿美元收购移动增值服务提供商 Crillion。这些并购对新浪来说至关重要,使新浪的无线业务收入增长了近一倍,无线服务内容大幅度扩充。2003 年 12 月收购了上海财富之旅酒店预订网。2004 年 7 月以 3 600 万美元收购时通信平台朗玛 UC 等等。

### (5)盛大收购

鉴于新浪的股权分散,2005 年 2 月,盛大网络通过二级市场交易购买了新浪 19.5% 股份。为了防止盛大对新浪的控制权,新浪管理层抛出股东购股权计划(毒丸计划),该计划规定盛大只能再购买不超过 0.5% 的新浪股票,否则,其他股东将有权以半价增持公司股票,以此稀释盛大所持有的股份。也就是说,如果盛大还想获得新浪的控制权,那么就必须付出更多的钱,大大地增加了自己的成本。最终,盛大选择维持原有的 19.5% 的股份,放弃对新浪股份的进一步收购。

### (6)管理层(MBO)收购

为改善由于长期股权分散,致使管理层决策经常受到外部资本的干预和对发展路线的质疑,丧失许多市场机会的局面。2009 年 9 月,以新浪第五任 CEO 曹国伟为首的新浪管理层,通过一家名为“新浪投资控股”的公司(该公司为新浪管理层直接控制)以约 1.8 亿美元的价格,购入新浪 9.42% 股份,完成了中国互联网首例管理者收购(Management Buy-Outs,MBO),以曹国伟为首的新浪管理层首次取得实际控制权,此举有效改变了新浪股权分散的历史问题,加强了管理层对公司的控制权。MBO 收购完成后,新浪的现金储备得到提升,有利于进一步改善新浪公司的财务状况。管理层成为新浪公司第一大股东,有利于进一步提升公司的治理,同时由长期负责公司运作的管理层成为公司大股东,有利于新浪的长期发展,以及公司发展战略的统一和稳定。

### (7)阿里巴巴战略投资

2013 年,阿里巴巴通过其全资子公司,以 5.86 亿美元购入新浪微博的优先股和普通股,占微博公司全稀释摊薄后总股份的约 18%。另外,新浪授予阿里巴巴一项期权,允许阿里巴巴未来按事先约定的定价方式,将其在微博公司的全稀释摊薄后的股份比例提高至 30%。

阿里巴巴集团投资新浪微博,双方可在用户账户互通、数据交换、在线支付、网络营销等领域进行深入合作,并探索基于数亿用户的新浪微博与阿里巴巴电子商务平台有效互动的社会化电子商务模式。对阿里巴巴而言,新浪微博庞大的用户群体可以补足阿里巴巴一直缺失的社交和移动互联网方面短板,帮助阿里巴巴在未来的竞争中占据优势地位;此外,新浪微博进入阿里巴巴生态系统之后,阿里巴巴能够掌握和了解消费者的消费行为数据,并且进行很好的数据化运营。对新浪而言,新浪微博面临拥有庞大用户量却无法套现的境况。

在社交化电商平台趋势到来时,两者的"联姻",是对自身短板的审视和弥补。

### (8)新浪微博上市

引入阿里巴巴成为股东和战略合作者,新浪微博在财务上已经实现了独立核算,业务上随着商业化进展及与阿里的战略合作,商业化形式逐渐多样化。尽管有很多利好消息,信息不对称导致这些利好并没有体现在新浪的股价上。如何将微博的业务数据更加清晰明了以及系统地传达给投资者,如何获得更好的发展平台和进一步的融资能力成为微博管理层和新浪管理层最关心的问题。分拆上市成为微博解决这些问题的首选。

2014年4月17日,微博从新浪网独立分拆后以发行价每股17美元在纳斯达克上市,上市前公司将"新浪微博"的标识换为了"微博",成为了国内首个上市的社交媒体公司。微博上市后,新浪网、阿里巴巴和其他股东分别持有58%、32%和10%的股份。成功登陆纳斯达克,不仅证明了微博的独特价值,也将进一步巩固微博在社交媒体领域的领导地位。其在传播和营销领域的独特优势,有望使微博保持长期的领先地位,也让外界对微博的升值空间有充足信心

### (9)私有化退市

2021年3月,新浪正式宣布完成私有化,从美国纳斯达克退市,改名为"新浪集团控股有限公司",成为一家由新浪董事长曹国伟和新浪管理层共同控制的私人企业。私有化完成后,以曹国伟为代表的新浪管理层将拥有新浪100%的控制权。

新浪私有化退市主要有两大原因。一是理顺新浪"不甚合理的资本架构",根据2020年底的市值显示,作为母公司的新浪市值28亿左右,而作为子公司的微博市值达到了115亿,母公司和子公司形成了不甚合理的资本架构,在母公司市值被低估的情况下,通过私有化退市,可理顺新浪的资本架构;二是为新浪集团未来更加多元化的发展提供了更多的灵活性,新浪作为微博的母公司,主要营收是微博贡献的,因此,新浪网需要谋求更多元的发展。私有化后,管理团队对公司有更多的控制权,可以大胆调整战略,进行更多尝试、转型。

## 3.2.7 结论与建议

### (1)新浪经历了我国网络媒体变革二十年

自接入国际互联网以来,我国的网络媒体大体经历了三个发展阶段(表3.1)。在Web1.0时代,我国网络媒体地位得以奠定,网络媒体以门户网站和新闻网站为主;随着Web2.0技术全面应用与推广,中国互联网进入快速发展阶段,造就了自媒体的局面,博客、播客、SNS、WIKI等成为网络媒体传播新方式,互联网上网人数爆发式增长;2010年开始,我国网络媒体在互联网技术迭代更新的赋能下,造就了社会化媒体和媒体社会化的局面,形成"两微一端(微博、微信和新闻客户端)"的全新传播格局,网络媒体在新闻信息传播、网络舆情引导、社会公共事务等方面发挥更加重要的作用,进入媒体融合发展的新时期。

表 3.1　我国网络媒体发展阶段及特点

| 发展阶段 | 时　间 | 阶段特点 | 新浪媒体平台 |
|---|---|---|---|
| Web1.0 时代<br>萌芽发展 | 1998—2004 年 | (1) 以门户网站、新闻网站为主要传播渠道<br>(2) 新浪网、腾讯等商业网站相继成立 | 新浪门户网站 |
| Web2.0 时代<br>快速发展 | 2005—2010 年 | (1) 以博客、播客、SNS、WIKI 为主要传播渠道<br>(2) 2005 年博客元年<br>(3) 2008 年上网人数跃居世界第一<br>(4) 2009 年新浪微博推出 | 新浪博客 |
| Web3.0 时代<br>融合发展 | 2011 年至今 | (1) 形成"两微一端"的传播格局<br>(2) 2011 年腾讯微信推出<br>(3) 2014 年为媒体战略融合元年<br>(4) 2016 为移动直播元年 | 新浪微博 |

在我国网络媒体发展的三个阶段中,新浪在每一阶段发展中都扮演了重要角色,推进了我国商业媒体的发展。同时新浪和媒体之间,新浪微博和媒体之间的合作形态也在逐步发生变化。在门户时代,新浪门户和媒体之间更多是品牌合作的模式,媒体通过互联网更多地扩大自己的品牌影响力,从而带动线下的发行。在新浪博客时代,媒体一方面通过自己拍摄的博客发布内容,同时也通过博客平台、媒体的生产者和自媒体进行传播。新浪微博时代,微博和媒体的合作变得更加的多样化,移动互联网的覆盖更广,传播速度更快,媒体通过微博可以影响更多的受众,媒体也可以方便和受众联系,这使微博具备更完整的媒介形态。微博和传统媒体已经构筑起一套从信息的采集到编辑、发布、传播、商业化的完整体系。例如在马航失联等重大事件中,微博成为媒体主要的传播渠道。

另外,媒体在积极拥抱互联网的过程中,其传播发生了三个变化:一是信息的生产从延时到实时;二是信息从单向传播到交互式多向传播;三是在社交网络时代,媒体的传播正在通过自己的用户群和自己的粉丝群进行二次和三次甚至更多维度传播。

**(2)新浪面临用户流量消失和流量竞争双重压力**

1)用户流量红利消失

目前,我国网络用户每天上网时间也已接近触顶,中国移动互联网用户流量红利逐渐消失,各大互联网平台都要面临流量困境。对于手机移动端已经超越 98% 的新浪微博而言,用户流量红利的消失,使得新浪微博陷入流量困局,而随之带来的问题就是获客成本高,原来基于用户流量红利的运营模式难以为继等。另外,微博等社交媒体的兴起,使得粉丝有了更便利的交流工具,并逐渐聚集在一起,演变成一个个体系完整、管理严谨的粉丝团。近年来,粉丝们抱团取暖,层层组织力量建立应援队伍,花钱为"爱豆"打榜、刷好评,攻击抹黑他人等等一系列操作,形成了畸形的"饭圈"文化。而在这一纷繁嘈杂的场景衍生出诸多问题,给社会带来很多负面影响,引起社会舆论的批评。因此,以微博为代表的社交平台需要承担起应有的管理责任和社会责任,改变旧有的流量变现模式,对"饭圈"的恶劣行为及时制止,引导粉丝树立健康心态,培养积极向上的生活习惯,鼓励粉丝团之间良性有序竞争,共同为社会做出更有意义的价值贡献。

2)今日头条和抖音的流量竞争压力

今日头条的快速崛起和抖音的横空出世,也给新浪微博带来了前所未有的压力。今日头条通过个性化新闻推荐引擎,为用户精准推荐所喜好的新闻,大大提升用户体验。截止到2020年12月,今日头条的月活跃用户近4亿,而新浪微博的月活跃用户为5.2亿,但是今日头条的用户增速明显快于新浪微博。另外,今日头条"微头条"上线,吸引了众多明星/企业家入驻。通过一系列运作,今日头条直接攻入新浪微博擅长的粉丝经济腹地,与新浪微博开始正面竞争。抖音作为可以拍短视频的创意短视频社交软件,发展势头迅猛,截至2020年12月,抖音短视频的日活跃用户突破6亿,超过了新浪微博。尽管新浪微博已经在短视频领域布局,形成了自己的微博故事、秒拍、小咖秀等构成的视频矩阵,但是这些短视频矩阵与抖音在用户活跃度上相差太大,新浪微博始终未形成一个杀手级的独立短视频产品。今日头条以及抖音等新媒体的快速崛起,促使行业竞争进一步加剧。在用户端,这两个产品对于用户时间的抢夺使得新浪微博留住用户的成本上升;在客户端,这两个产品也在大量抢夺新浪微博客户资源。

**(3)新浪私有化退市后的发展建议**

新浪二十余年的发展充满了曲折,曾经因综合门户、博客、微博的推出,成就新浪当时的辉煌。但是,随着移动互联网时代的快速到来,加上今日头条、抖音、腾讯等巨头的纷纷崛起,新浪在与同行业的比拼中,似乎缺乏了持续性的核心竞争力。

在发展过程中,新浪曾经拥有着不少的发展机遇,但却因不同的原因错失了弯道超车的机会。从某种程度上,与股权结构松散、管理层战略思路与执行效率等因素有着一定的联系性。减少决策层面上的阻力,提升决策的效率,将会为新浪的改革扫清更多的障碍。因此,新浪选择私有化退市,有利于更好解决新浪的股权结构分散问题,进一步提升核心管理层的权力集中度,这将会对未来新浪业务结构、业务板块的改革带来影响。

新浪私有化之后,新浪集团依然是微博上市公司的控股股东。从未来发展来看,新浪门户可进一步执行移动战略,可以将新浪移动为主体的原新浪门户业务与微博业务进行更紧密的整合,而原有新浪的一些垂直业务,如新浪财经、新浪金融以及新浪体育等,更加独立地发展;另外,根据新发展战略进行组织和业务架构调整后,新浪可借助国内资本市场进行上市融资,以推进其新发展战略和目标达成。

# 3.3 案例2——汽车之家:从垂直媒体到数据平台

## 3.3.1 基本情况

汽车之家成立于2005年,是国内最早的将互联网与汽车产业深入捆绑的汽车服务平台,成立初期以垂直互联网介入汽车行业,迅速成为国内规模最大的汽车垂直网络媒体,并逐渐发展为"车媒体+车电商"的1.0模式;2016年以"数据+技术"打造车金融、车内容、车生活以及车交易的数据平台 2.0 模式,以便为用户和客户之间创造更有效的连接;2019 年以来,汽车之家致力于通过产品服务、数据技术、生态资源为用户和客户赋能,建立以数据和技术为核心的智能汽车生态圈,迈向智能化的 3.0 时代。汽车之家于 2013 年 12 月在美国纽交所挂牌上市,2021 年 3 月在香港挂牌上市。

汽车之家作为上游参与者与下游消费者之间的桥梁,一方面,平台通过提供各类汽车相关服务吸引汽车消费者并积累用户数据;另一方面,与上游供应商(包括汽车制造商、经销商、二手车车源及金融、保险及其他售后市场产品及服务提供商)建立合作关系,并通过作为汽车广告、线索、新车及二手车交易、金融与保险及数据产品等的重要分销渠道,从中赢利,它们之间的价值网络如图 3.3 所示。

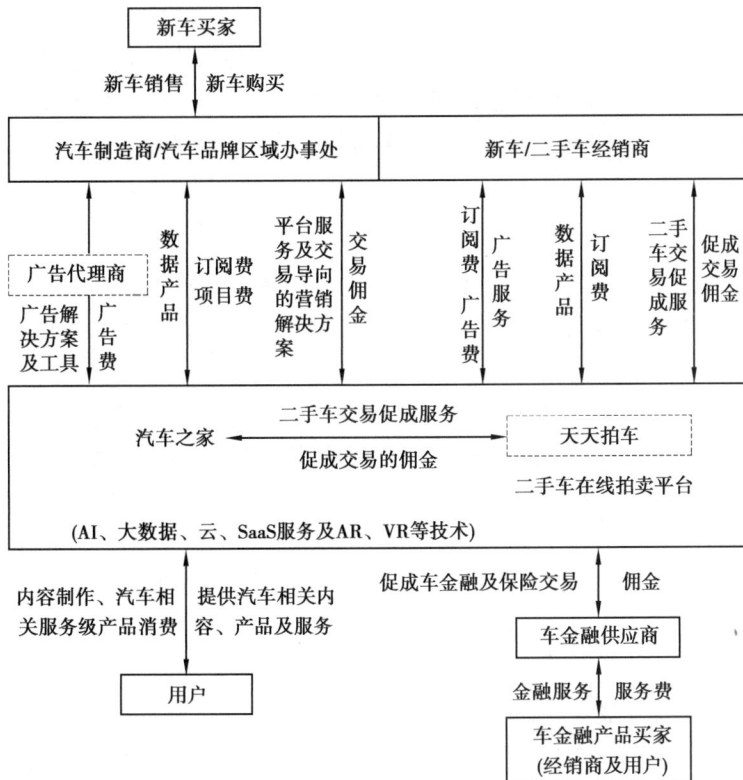

图 3.3　汽车之家价值网络

### 3.3.2　商业模式

**(1)愿景与使命**

汽车之家的使命是为消费者提供优质的汽车消费和汽车生活服务,助力中国汽车产业蓬勃发展;愿景是成为全球最大的汽车消费和服务平台。

**(2)目标市场**

汽车之家的目标市场分为客户(汽车行业厂商)和用户(汽车买家)两大类。

1）用户（汽车买家）

汽车之家买家基本覆盖了所有年龄层的上网人群,其中 26—38 岁的用户占据汽车之家用户的绝大多数份额,他们是现行汽车消费市场的主要目标群;21—25 岁的发展中用户为汽车消费市场的潜在人群,占据了汽车之家受众比例的第二大份额,这两部分人群正与中国汽车消费市场最重要的目标人群相吻合。同时,汽车用户在消费中呈现新的特点,他们的娱乐精神和付费意愿更强,购车意愿强烈,认知阶段更早,购买决策周期缩短,在获取信息渠道上呈现线上化、碎片化及多样化的特征,并且在汽车产品上有显著的多样化需求,对于二手车和用汽车金融呈现出积极拥抱的态度。面对消费者呈现出的新特点和新需求,汽车之家也在不断创新营销方式,打造"看—选—买—用—玩"全链条汽车生活服务。

2）客户（汽车行业厂商）

围绕实现全生命周期汽车生态系统的布局,汽车之家的核心客户为汽车制造商和经销商,其他客户还包括广告代理商、车金融服务及售后服务供应商等。汽车之家通过人工智能、大数据和 SaaS 服务,帮助汽车制造商、经销商等合作伙伴,实现生产、经营、决策全流程数字服务。

**（3）产品和服务**

经过十余年的发展,汽车之家的产品与服务从单一的"广告+线索"转变为"广告+线索+数据+金融+交易"的五大类型,概括起来可分为媒体服务、线索服务和在线营销服务三大类。

1）向汽车制造商提供媒体服务

凭借庞大且增长迅速的用户群及其用户大数据,汽车之家为广告商提供广告解决方案及工具。媒体服务的广告商主要包括汽车制造商及汽车品牌区域办事处。汽车制造商等广告商通常利用汽车之家的广告服务进行品牌推广、新车型发布及促销。另外,凭借汽车之家庞大的用户群及大量的论坛发帖数据,汽车之家向汽车制造商提供客户调查和售后反馈渠道,便于用户与汽车制造商代表进行互动。在 2020 年,总计有 92 家汽车制造商使用了汽车之家的媒体服务。

2）向经销商提供线索服务

汽车之家的线索服务主要为经销商提供服务,使经销商能够创建自己的在线商店、罗列价格及推广信息、提供经销商联系方式、刊登广告及管理客户关系,帮助经销商接触潜在客户及向网上消费者推广汽车并获得销售线索。汽车之家在 2020 年向 24 517 家经销商提供销售线索服务。买家可以根据地理位置、品牌、销量等来寻找合适的经销商。线索服务可具体分为来自经销商的订阅服务,授予个别经销商的广告服务,以及二手车信息展示服务;

①经销商订阅服务。通过汽车之家的经销商信息系统的网页界面,经销商可在汽车之家平台上中创建线上店铺,并上传及管理汽车库存、价格及促销信息。潜在买车人士可在线上与经销商订阅用户互动或拨打平台所示电话号码咨询更多详细信息及安排试驾。经销商订阅用户可追踪汽车之家平台上客户的所有互动消息,分析销售线索数目并评估营销活动的效益。

②向个人经销商提供广告服务。除汽车制造商或集团经销商所组织的大型品牌促销广

告活动外,个人经销商可利用汽车之家的广告服务进一步提高地方社群的知名度、应对地方市场状况以及推广地方活动。

③二手车信息展示等服务。汽车之家专注于新车业务,在 2011 年 10 月汽车之家推出的"二手车之家(Che168.com)"则是专注于二手车信息及内容发布。利用该平台,二手车经销商以及个人车主都可以挂卖二手车。同时,汽车之家不断开发并加强二手车网站及移动应用程序的功能,并开始在指定城市提供广告服务、经销商订阅服务、销售线索生产及其他平台服务。

3)在线营销及其他服务

汽车之家的在线营销及其他业务包括数据产品、新车及二手车交易服务以及车金融业务。汽车之家的数据产品利用智能大数据分析能力及海量累积用户数据为汽车制造商及经销商提供贯穿价值链不同阶段的端到端数据驱动产品及解决方案。汽车之家促成新车及二手车交易,并为新车及二手车买方及卖方提供其他基于平台的服务。透过车金融业务,汽车之家为合作金融机构提供服务,当中涉及促成向客户及独立汽车卖方销售其贷款及保险产品。

①数据产品。从 2017 年开始,汽车之家利用 AI、大数据、云计算及其他技术持续开发并向汽车制造商及经销商提供创新数据产品。透过为客户提供差异化的价值及基于数据驱动的端到端软件即服务解决方案,优化了数据及智能推荐并巩固了整个生态系统。汽车之家为平台上的汽车制造商及经销商提供的数据产品及解决方案主要包括智能研发、智能新车上市、智能转化、智能活动、分析工具及基于大数据编制的定制数据报告等。比如智能新车上市产品以基于大数据的全面推出计划引起广泛用户关注,告知汽车制造商何时何地推出新产品、针对何种潜在买方群体、采取何种竞争及卖点策略,以及推出时使用哪些创意内容。推出后,汽车制造商继续受益于智能转化及智能活动产品,以保持其新近推出产品及其他成熟产品的高度市场热情。智能展厅是基于场景的智能营销平台,融合 AR、VR、大数据及语音识别技术以实现全景购车、智能推送通知及智能导购功能。

②二手车交易。汽车之家的二手车交易是通过其控股的天天拍车开展,天天拍车透过提供广泛的汽车相关服务(例如销售线索、用户简介生成、提供车金融产品及评估工具)将二手车买卖双方连接起来,并帮助促成交易。同时透过融合天天拍车的线下汽车检测、所有权转让服务及基于在线服务的其他辅助性服务为用户提供全面的汽车相关服务。

③新车交易。2014 年,汽车之家推出在线交易平台车商城。车商城为用户提供范围广泛的在线交易平台,以供阅览汽车相关信息、购买由汽车制造商提供的优惠券以获取折扣,以及进行购买以完成交易。

④车金融服务。2017 年以来,随着与平安集团的业务合作与融合,汽车之家一直在开发车金融业务,以透过提供全面的基于在线的金融服务解决国内服务不足的车金融市场问题。汽车之家逐渐将重心由销售线索转向交易促成,并通过有针对性的和多元化的车金融服务促进成功交易。

(4)**赢利模式**

汽车之家的收入来源包括媒体服务、线索服务以及在线营销及其他收入。

1）媒体服务收入

媒体服务包括品牌推广、新车发布以及销售推广等营销解决方案；汽车之家庞大且活跃的汽车消费者用户群为汽车制造商的营销信息提供了广泛的传播渠道。

2）线索服务收入

线索服务包括来自经销商的订阅服务，授予个别经销广告商的推广服务，以及二手车信息展示服务等。

3）在线营销及其他服务

在线营销及其他服务包括数据产品、交易平台（新车交易平台车商城、二手车交易平台天天拍车）、车金融及其他业务。

2020年媒体服务、线索服务、在线营销及其他业务占收入比分别为 39.9%、36.9%、23.2%，同比增速分别为-5.4%、-2.3%、34.4%。随着汽车之家全产业链服务生态系统的不断完善，近年来占营收比较高的传统媒体服务以及线索服务业务基本企稳，在线营销及其他新业务释放业绩增量。在定价政策及收益模式上，针对向汽车制造商提供的媒体服务，主要使用按天收费的定价模式为线上广告服务定价；针对向经销商提供的线索服务，是根据经销商订阅服务的订阅版本（标准版、豪华版等）、城市等级（一线、二线等）及订阅周期长短（半年、每年等）收取不同的订阅费，及主要按天收费基准向个人经销商广告商及二手车信息展示服务收取广告费；针对在线营销及其他服务，汽车之家基于每个产品所提供的服务范围为数据产品定价，汽车交易及汽车金融服务是按每个成交或每条销售线索基准收取佣金，收取佣金的标准是参考市场上可比产品或服务价格标准以及汽车之家在其中的服务价值。

**（5）核心能力**

1）具有强大网络效应、全面的全生命周期汽车生态系统

得益于在行业的领先地位，汽车之家已将自身从内容导向型的垂直媒体业务逐渐转变为数据驱动的汽车生态系统，当中涵盖汽车生命周期的所有阶段并连接各种用户场景。近年来，汽车之家的生态系统通过连接汽车业内的重要各方（包括用户、汽车制造商、经销商、车金融供应商及售后服务供应商）产生了强大的网络效应。汽车制造商、经销商及其他业内参与者利用汽车之家平台可接触庞大的用户群，由于汽车之家不断完善向参与者提供服务的生态系统，因此用户群不断增长且相当忠诚。用户可在平台上发现其感兴趣的车型、阅读各种专业用户生成的各种留言、联系经销商并购买由金融机构合作伙伴融资及承保的汽车。在汽车使用后，用户或会重新访问平台以获取与车辆保养、维修及最终转售有关的信息、关系及服务。强大的网络效应，也成了汽车之家的核心优势所在。

2）围绕 AI、大数据、云计算及 SaaS 功能的先进数据分析及技术

汽车之家技术基础设施奉行以用户为主的战略且已开发了一个由 ABC（AI、大数据、云计算）技术驱动的强大的可扩展智能平台。在算法方面的深厚行业知识及丰富的市场洞察力使汽车之家拥有较强的 AI 实力。汽车之家开发了并且在不断优化基于 AI 的用户智能引擎，该引擎可以透过分析贯穿整个内容生成系统的多种来源的大量数据从而迅速收集用户行为信息。同样地，图片处理和视频处理技术使汽车之家能够提供实用的功能，如从照片识别车型。从汽车生命周期的各个阶段积累了大量优质、专门及基于场景的数据见解，基于这

些见解,能够继续训练、迭代及优化算法和模型,尤其是围绕的用户智能引擎及智慧销售和营销工具的算法和模型。汽车之家已经建立了市场领先的大数据平台,拥有 110PB+平台数据量、350TB+日增数据量及 350K+日任务量。在强大的数据处理实力及定制化的数据分析模型的支持下,汽车之家开发出一系列"先觉先行先知"模块,如星云图及热力学图,其可使汽车制造商能够实时见证不断演变的市场格局。独有的 UVN-B 模型及用户评审系统进一步帮助行业客户进行用户分析,包括实时情报、内容及产品推荐以及针对性营销,以紧密迎合用户需求。

### 3.3.3 技术模式

**(1)UVN:用户分群模型**

在市场竞争激烈、产品迭代频繁的当前,汽车厂商前所未有地重视用户,"用户画像"成为各项研究不可或缺的一部分。由于传统的所谓"用户画像"并不能实现描绘用户特征、了解用户偏好、获取用户购车诉求的目的。汽车之家利用大数据技术,创新应用用户社会学人口属性,基于用户的特征(U)、价值(V)、需求(N),首创了 UVN(用户分群)模型,将用户细分 9 大类、近 50 000 个细分群体,并在此基础上进行再次聚类、形成战略分群。通过 UVN 模型,可以实现快速洞悉目标用户群体的人群分布构成、特征描述,为汽车市场研究、产品研发等业务提供用户分析的解决方案,并实现与新车上市、营销传播等业务中用户运营的无缝衔接。基于 UVN 模型的用户分群,贯穿于汽车产品生命周期各阶段,并在各项业务中发挥重要作用,成为汽车大数据分析的基础。

**(2)数据技术驱动:AskBob 智能购车**

2019 年 9 月,依托于行业首创的汽车智能决策引擎 AskBob,汽车之家通过打造智能购车报告,为用户提供一站式购车参考服务。

AskBob 是汽车之家着力推进的人工智能技术服务应用,以汽车之家大数据和云平台体系作为底层支撑,以汽车知识图谱和 UVN 模型为依托,构建的包含智能推荐、智能搜索功能的智能化产品。基于 AskBob 创新应用,"智能购车报告"从单车导购入手,围绕用户看车、买车过程中面对海量信息筛选、决策难的痛点,基于汽车之家大数据及智能推荐算法,首创购车推荐指数,匹配不同用户特点和需求,对车辆展开定制化评价及个性化推荐,同时对单车系车型选购提供一站式大数据参考与决策服务。

### 3.3.4 经营模式

经过多年经营,汽车之家拥有了中国相对比较大、比较全的汽车消费口碑库,积累了大量的用户行为数据(看车、买车、用车、车生活、二手车以及汽车后市场等)。2016 年 10 月,汽车之家推出"4+1"(4 个圈+1 个核心)发展战略,即建设"车媒体、车电商、车金融、车生活"4 个圈,1 个核心是从基于内容的垂直领域公司转型升级为基于数据技术的"汽车"公司。同时,汽车之家围绕着"车内容+车交易""车口碑+车数据"和"车金融+车生活"3 组经营策略来推进其经营战略实现。其具体经营策略体现在内容运营、数据中台和用户运营三个方面。

（1）**内容运营**

汽车之家提供全面、独立及交互式的内容以产生强大的用户流量、维持用户参与度和忠诚度，进而产生品牌意识及购买意向。内容包括汽车之家内部编辑团队创作的原创内容、专业创作内容和用户创作内容等。

1）原创内容

汽车之家的测评写手通过试驾新发布车型取得一手经验、采用公认标准衡量汽车的综合性能的 AH-100 汽车评价系统，由总部的编辑团队及各地的销售办事处与汽车制造商、经销商及其他行业参与者紧密合作，创作出汽车相关的文章。

2）专业创作内容

汽车之家创建了一个公开内容平台，邀请汽车领域的 KOL（Key Opinion Leader，关键意见领袖）和网红博主通过汽车测评、行业趋势、保养技巧、照片、视频短片、直播及其他方式分享其优质分析和见解。

3）用户创作内容

汽车之家平台拥有一个公开且充满活力的汽车消费者社区，成员从首次买家到资深的汽车发烧友。用户利用讨论区分享驾驶、使用及保养技巧等各个主题的经验。截至 2020 年底，拥有约 1.4 亿名注册用户，移动端日活跃用户数达到 4 200 万。

同时，汽车之家所生产的内容覆盖用户看车、买车、用车、车生活、二手车以及汽车后市场的全场景全产业链。在内容分层上，汽车之家以用户为核心，把内容以不同的形式与载体，分别提供给不同年龄段、不同知识结构、不同消费偏好的用户。另外，汽车之家利用用户行为分析，对用户进行画像，对内容进行智能分发，提升内容运营的效率。

（2）**数据中台**

1）汽车消费口碑库

用户在早期关注产品库，中后期则会沉淀在论坛里。于是，通过用户行为分析和用户生产内容分析，最终可以汇集出一个汽车消费口碑库。消费口碑库对用户决策有较大影响力度，是汽车之家商业价值的基础。

2）汽车产品库

除了 2C 端用户数据，汽车之家还拥有全国主机厂、经销商的数据以及体量极大的汽车产品库，根据艾瑞的资料，截至 2020 年底，汽车之家拥有国内最全面之一的汽车车型库，拥有约 55 100 款车型配置，囊括了国内自 2005 年来发布的绝大多数乘用车型，改变了主机厂认为汽车之家只是一个广告平台的基本认知。

3）商业云平台

在 2B 端，汽车之家推出了商业云平台，包括主机厂云、经销商云、二手车云、零配件云等，帮助主机厂和经销商提升销售和经营效率。

（3）**用户运营**

1）用户分层

在论坛中，汽车之家把用户分为普通用户和头部用户。比如汽车之家有负责回答普通用户问题的答主，规模大概有几千人；分别是超级试驾员、论坛红人、旅行达人、VIP 会员等。

这些头部会员渐渐地成长为 KOL，为整个论坛的活跃度，做出积极的贡献。同时，也打通了 KOL、潜在消费者、汽车厂商整个信息链条，形成良性互动。

2）C 端运营

汽车之家开发了各种交互式工具组合，通过交互式工具，能够根据每个用户的浏览记录及其他数据为用户生成定制化的选购报告以促进潜在购买。用户可以使用车型对比工具来选择多款车型，而对比工具会立刻生成按各种参数及其他资料比较车型的报告。汽车之家的"七步买车工具"为用户购买过程的每一步提供帮助，从确定购买意向、浏览及选车到参观经销商店铺及提车。

3）B 端运营

汽车之家对 B 端客户也进行了需求细分，包括品牌传播、新车发布、销量提升、活动管理等多种类型，分别提供不同的营销策略和解决方案。

### 3.3.5 管理模式

企业组织变革与企业文化价值观的塑造是企业的软实力，也是管理优化演进的重要方向。自 2016 年以来，汽车之家持续推进组织变革、企业文化价值观塑造以及人才培养和激励，以期对组织进行持续赋能，帮助组织维持活力、走得更远。

**（1）组织变革：推行 PMO 机制和大中台模式**

1）PMO 机制

PMO（Project Management Office，项目管理中心）机制由董事长陆敏在平安担任战略发展中心主任时提出并推行，主要是为了保证跨部门项目的顺利推进与协同。面对"4+1"全新战略，在通往 2.0 平台化的战略演进道路上，汽车之家原有的重资产业务模式不再与之匹配，BU（事业部）各自为战带来的资源不通、信息孤岛、数据孤岛等现象将成为战略落地中的最大障碍，大刀阔斧的"自我革命"势在必行——引入 PMO 机制。PMO 机制形成后，每推进一件事情，相关部门和资源都放在一起，制定详细的规划、行动方案和实施细节，每个人和部门发挥各自的优势。任何部门和个人都可以拒绝执行，但必须提出自己的解决方案。

2）搭建"大中台、小前台"组织架构，打破数据壁垒

前台、中台、后台，是根据面向客户和市场距离做出的组织分类，具体来说"前台"是指直接接触市场和客户的组织单元，前台的核心职能是销售。"小前台"成形后，汽车之家开始着手搭建"大中台"组织架构，所谓"大中台"即把企业可复用的共享 IT 模块和共享业务模块等集成到一个平台上，一方面拉通和强化共享模块之间的协同，另一方面为前台提供最大化可复用的共享企业资源。"大中台"组织架构的目的是打破资源不通、信息孤岛、数据孤岛的壁垒，实现创新驱动，为前台高效赋能。汽车之家以产品、技术为主要抓手，用一年半完成了底层数据打通，形成了资讯中心、用户产品中心、商业运营中心、智能数据中心四中台部门。通过中台战略实施，在精细化管理、提升人效的同时，形成了产品和技术的大中台优势，保证了公司对市场、客户的快速反应和创新探索。

**（2）人力资源管理：升级绩效体系，激活员工潜能**

1）升级绩效体系

"4+1"战略转型过程中，汽车之家也开始用精细化运营的思维去进行组织管理。在队

伍转型、员工激励、目标达成的过程中,洞察不同职责、不同级别、不同项目的员工特性,分类、分层、分事打造全员绩效体系,为企业目标达成提供有力保障。以销售绩效体系为例,2018年以后,国内新车市场首次出现增速放缓,市场格局由卖方市场转为买方市场,主机厂获客成本逐年升高,传统传播的营销模式开始无法满足主机厂的需求,商业产品创新、营销模式创新、推广体系创新快速成为汽车之家在B端服务的发力点,这对销售队伍的能力模型也提出了新的挑战。数字化营销时代,销售人员不仅需要掌握智能化时代的复合型商业产品,更要深度了解产品和服务价值,同时要具备极强的营销意识主动出击。即要求销售队伍从"提供产品服务型"向"定制化客户价值型"的转型。而为了实现这一目标,汽车之家将销售队伍与中后台进行分类管理,独立建立绩效考核与激励体系,全面升级《销售人员管理办法》。匹配销售职业发展体系,汽车之家为销售岗位建立了单独的职级序列,形成销售人员清晰的职业发展通道,并将组织绩效目标分解到销售个人,形成透明的考核标准,为销售队伍提供更有活力的职业发展机制。

2)激活员工潜能

同时,实现销售薪酬与职级挂钩、与绩效达成挂钩,使销售薪酬成为支持业绩目标实现的高效工具,有效激发销售人员狼性,推动销售队伍成功转型。为了鼓励公司内跨部门的横向合作与创新,汽车之家特别设立了针对公司重大战略项目以及创新项目的奖励计划,支持公司战略级项目的创新与突破。经过三年的迭代升级,汽车之家的绩效考核体系从基础的绩效考核变革为完整、系统、严谨的绩效管理体系,形成了匹配企业战略发展的健康绩效导向,让"想干事、能干事"的团队和员工拥有更多资源和动力,激发组织活力。

3)孵化T字型人才

T字型就是既要有咨询公司的宽视野,还要有垂直的、能落地的专业度。平安进入后,汽车之家团队成员具有多重背景。如何在多重文化的交融与碰撞中迸发出更强的创造力、向心力和执行力,成为汽车之家变革得以成功的关键因素。为此,汽车之家组建了"之家大学"。"之家大学"以"助力员工成长提升胜任力、加强专业技能提高生产力、促进上下同欲、提高协同力、支持公司战略提高执行力"为使命,"上得厅堂,下得厨房"是之家大学的校训。"上得厅堂"是指战略层面要非常清晰、懂得制定战略、善于思考战略;"下得厨房"是指要培养一支勤于动手做事,并把细节做到极致,能够系统化作战的人才队伍。2018年以来,"之家大学"上线移动端,课程体系、教材体系、师资体系以及教务体系更加完善。设立管理学院、互联网学院、市场营销学院、金融学院与大学运营中心组成的"4+1"架构,包含12个系别,打造课程400+,邀请企业内外专家组成的强大讲师阵营,参与培训的员工超4万人次。以2018年数据为例,与2016年相比,2018年公司人均产能提高56.4%,人力成本ROI提高62.9%。与此同时,新一代高管团队成长为公司的中流砥柱,行业变革迎来一支强大的新生力量。

**(3)核心价值观:创新突破、协作共赢、狼性拼搏、敏捷执行**

汽车之家的企业文化是在2007年建立的,其核心价值观主要体现在原则、选择和行动三个方面。其原则是把消费者的利益放在第一位;选择是做成正确的事情而不是容易的事情;行动是先做好60分,再去做100分。2018年1月,汽车之家发布了全新文化价值观,即"创新突破、协作共赢、狼性拼搏、敏捷执行"。

新的文化价值观确立只是第一步,为了做好内宣、让文化价值观深入组织的细枝末节,汽车之家形成了"高管—中管—全员"的逐层渗透模式,高管研讨文化价值观以坚定企业信仰,中层干部研讨文化价值观以保证战略落地,鼓励员工将文化价值观与业务场景、工作场景深度结合,让每一位"家人"都能成为企业文化的布道师。每个季度,汽车之家都会进行"文化达人"评选,展示员工优秀事迹,激励全员奋进。此外,HR 还结合线上线下多种方式进行文化价值观的立体宣贯和氛围营造,OA 专栏、公众号的内容建设打造出了员工的线上文化家园,而各办公区文化可视物标识的建设,更让文化无处不在。

剖析汽车之家的企业文化和价值观可以发现,其均以目标为导向,为责任而生,为战略而存,企业文化和价值观正日益成为汽车之家的信念护城河。

### 3.3.6　资本模式

汽车之家的资本运作大体可分为"1.0 媒体""2.0 平台""3.0 智能"三个阶段。

**(1)"1.0 媒体"阶段(2008—2015 年)**

1)原始投资

汽车之家和泡泡网都是北京泡泡信息技术有限公司旗下网站,公司最初并没有吸引风险投资,而是依靠自身积累滚动发展。泡泡网良好的盈利状况很好地支持起初期暂时还不能盈利的汽车之家,让汽车之家可以继续扩大在用户数量、用户体验和网站品质方面的优势。

2)澳洲电讯收购

澳洲电讯是澳大利亚领先的电信和信息服务提供商,2008 年 6 月,澳洲电讯以 7600 万美元收购皓辰传媒和泡泡网两家公司各 55% 股份,皓辰传媒拥有 IT168 和 Che168 两家网站,而泡泡网则拥有 PCPOP 和汽车之家两家网站。此次收购完成后,皓辰传媒及泡泡网两家公司实现法律意义上的合并。随后上述公司被整合成为澳信传媒(后改名盛拓传媒)。2012 年,澳洲电讯追加 3700 万美元将其持股比例提高至 71.5%。

3)纽交所上市

2013 年汽车之家收购 Autohome Media,整合广告业务,同年赴美上市,融资额达 1.3 亿美元。

**(2)"2.0 平台"阶段(2016—2018 年)**

这一阶段汽车之家通过业务横纵扩张以及外部收购投资,逐步完成由媒体到平台的转型。

1)平安战略投资

2016 年,平安集团全资附属公司云晨资本以 16 亿美元收购汽车之家约 47.4% 的发行股份,同年汽车之家推出"4+1"战略转型方案。平安战略投资汽车之家的动因有二。一是整合汽车金融业务及车后市场服务,建立汽车生态圈。在收购事件发生前中国平安已深入汽车产业链的各个领域。中国平安只需将汽车之家和已有的汽车后市场领域的资源整合在一起,就可以为车主提供从买车、挑车、贷款买车交易、用车买保险、日常使用、安全驾驶保养等完善一条链的服务,再产生二手车业务的需要,从而形成一个汽车行业循环的产业链。另外,中国平安可以将自身拥有的线下代理人团队以及客户流量和数据,与汽车之家的大数据和电商平台结合,实现两者业务的结合,为汽车金融服务打下了扎实的基础。二是利用大数据实现精准营销服务。汽车之家基于过去客户访问数据的不断积累的基础上,建立了自己的数据库,它可以覆盖整个汽车产业链,利用这些数据对消费者偏好的研究分析结果可以使厂家、经销商等多方受益。中国平安收购汽车之家后可以利用汽车之家的数据获取消费者的个性化属性、消费属性以及最后分析形成的购车属性,对客户的购车偏好进行分析和预测,不仅有助于汽车的研发和生产,还可以帮助汽车销售和完善相关的汽车车后市场服务。借助互联网大数据精准了解客户需求,进一步挖掘和共享数据信息,可以推动中国平安以及汽车之家将客户细分化、产品定制化,增加客户黏性,实现"以客户为中心"的精准营销、个性化服务。澳洲电讯出售汽车之家股权主要原因是其主营业务有下滑,需要出手其他业务,以便在 2016 年 8 月前发布新的财年年报前,以现金的形式回报股东。作为汽车之家大股东的澳洲电讯一直是隐藏在幕后,虽说在董事会占据一半名额,但从外界看这是一个典型的财务投资,不干涉企业运营。

2)外部收购上海天合和天天拍车

2017 年,汽车之家以 2 110 万元收购上海天合的全部股权后获得保险经纪业务从业资格;2018 年 6 月汽车之家向天天拍车(二手车竞拍平台)首次投资 1 亿美元,正式进军二手车市场。

**(3)"3.0 智能"阶段**(2019 年至今)

这一阶段汽车之家持续整合平台生态,扩展海外市场,并赴香港二次上市。

1)控股天天拍车

2020 年 10 月,汽车之家向天天拍车追加投资 1.68 亿美元,并获得天天拍车的控制权。汽车之家将联合天天拍车,打通上游车源供给端,通过交易业务切入金融业务,共同布局完整的二手车交易 C2B2C 生态圈,打造中国最大的二手车平台。

2)海外扩张

汽车之家的海外业务从 2019 年启动,经过市场调研和数据分析,从市场体量和市场进入可行性两个维度综合考虑,最终决定进入英德两国市场。2020 年 4 月,汽车之家正式在英国和德国推出了海外业务平台(YesAuto),产品定位为一站式线上汽车平台,YesAuto 以线上汽车交易及内容平台作为切入点打入英德两国市场,将在线上寻求租车、全款或贷款购车信息的 C 端用户与经销商、主机厂、第三方金融机构等 B 端用户的线上商品和服务方案进行实时连接。

3)港股上市

2021 年 3 月 15 日,汽车之家在香港交易所挂牌上市,融资超过 900 港元。汽车之家选择在香港进行二次上市,除了对冲美股市场中中概股的不确定风险、多元化股东结构以外,通过二次上市,汽车之家可获得较为可观的融资,以进一步增强汽车之家在包括数据产品、汽车后市场、海外拓展等新业务领域的落地速度,推动汽车之家新业务增长,实现战略转型及商业价值最大化。

### 3.3.7　结论与建议

**（1）汽车之家生态平台价值**

汽车之家由垂直媒体转型大数据生态平台服务，是面向汽车行业市场发展、技术进步的选择。其打造的生态平台，希望通过数据和技术赋能消费者和客户，覆盖车内容、车交易、车金融、车生活等围绕汽车服务的所有场景，使其成为汽车领域中连接消费者与主机厂、经销商以及汽车后市场的全生命周期的生态平台。而生态平台的价值主要体现在三个方面：需求端的用户积累、全面且精准的车型数据积累，以及更深刻的场景理解。

在需求端的用户积累上，在线上营销中，客户最看重的就是流量转化率。而随着移动端各种平台流量爆发，商家面临的普遍问题是精准流量的获取越来越难。与精准流量相比，泛流量虽然展示量大、传播性广，适合品牌推广和建设，但商家难以识别有效用户做精准营销，反而不利于销售转化。因此，对于更看重转化的汽车行业客户来说，汽车之家有着天然的平台优势。汽车之家通过为主机厂和经销商带来精准流量，提高商家的销售转化率，进而有效提高商家营销活动中的 ROI。

在数据积累上，汽车之家也是汽车行业数据最大最全的平台，这可以帮助主机厂和经销商实现千人千面的精准推荐，完成更精准的获客。

在汽车之家对业务场景的理解上，也可以更好地赋能主机厂和经销商完成线上营销。由于汽车属于高价、低频的商品，相比小额、高频的零售商品，交易链条更长，交易环节更复杂，对专业性的要求更高。因此由专业平台提供数据、产品以及运营方面的支持服务就显得更为重要，汽车之家对业务场景深刻理解是其优势的具体体现之一。汽车之家有线上车展的实战经验，对线上运营的每个细节都有较严格的标准，追求给用户带来的沉浸式体验。在疫情中，汽车之家通过 3D、VR 等方式解决了用户看车的问题；同时汽车之家积极布局汽车直播业务，并依托技术和精细化运营，实现了主持人、主机厂、经销商的高度互动。

**（2）汽车之家面临的挑战**

在中国平安入主汽车之家后的 2017 年，汽车之家公司高层进行了"大换血"，创业团队逐渐离开，市值从 35 亿美元增长到 110 亿美元，创造了业内财富"神话"。然而，在一路高歌猛进下，汽车之家也遭遇大量质疑声。平台内容质量下降导致用户流失、服务费用连续上涨引发经销商集体抗议、其他汽车媒体平台竞品开始崛起并不断抢占市场等等，再加上近年来国内汽车行业大环境迈入"寒冬"，汽车之家面临着"内忧外患"的局面。

1）内忧不断：业务压力、经销商抵制与用户流失

汽车之家的主要营收来自汽车企业和经销商的广告营销费用，但自 2020 年来，汽车之家主营业务收入开始下滑，同时还面临成本上涨的压力，致使主营业务营收增长更为困难。由于汽车之家平台服务费连续上涨，线索质低价高，经销商客户们平台体验不佳，联名抵制汽车之家，众多经销商对于平台也产生不满而终止合作。汽车之家关于"泄露用户信息"的投诉屡见不鲜，有用户表示被人恶意冒用手机号询价骚扰，经常收到 4S 店的电话，给用户带来不良体验，导致用户流失严重，除此之外，汽车之家媒体广告的过量投放导致用户质疑其

商业化严重,造成负面影响。主营业务营收困难,平台服务费连续上涨导致经销商联名抵制以及泄露用户信息与商业化严重导致用户流失这些内部因素对汽车之家的营收利润下降有着主要影响,主要原因还是在于自身的发展不够严谨,牺牲用户体验带来的营收利润注定不会长久。

2)外患不止:车市寒冬、竞争激烈

受到宏观经济的影响,国内汽车销量不断出现下滑,再加上 2020 年疫情对汽车行业的冲击,汽车市场局面不容乐观。虽然汽车之家所拥有的的汽车垂直流量,是吸引以汽车经销商为代表的广告主们投放合作的核心因素。然而近几年,随着互联网技术的发展,懂车帝、易车号、有车以后等由互联网平台或大型汽车网站衍生出来的汽车媒体平台也获得大量关注,致使汽车之家获取流量和客户变得愈发困难。另外,汽车之家上有各种测评文章、视频,还有"车家号"等内容,这些大量的内容让汽车之家的内容生态圈看起来丰富多彩。但随着各大二手车电商广告加大投入、汽车之家自身线上销售业务加速,平台中的广告内容在成批量地增加,汽车之家的内容建设正面临肉眼可见的负面影响。从目前来看,汽车之家对于广告收入的依赖仍然巨大,后期若是遭遇广告价格下降、客户减少,汽车之家的整体营收表现必将受到重大影响。广告内容与商业价值之间的矛盾正完全地体现在汽车之家上,如何稳住内容质量稳住用户,这对汽车之家来说正成为一个巨大的考验;如何避免"长江后浪推前浪",正成为汽车之家需要仔细思考的问题。

**(3)汽车之家的发展建议**

1)增强内容服务、改善用户体验以壮大用户群及提高用户参与度

一是提升客户、用户的沟通效率,让他快速地找到所需;二是帮助用户提升决策效率,不再举棋不定;三是提升销售中的用户体验,甚至让其能够主动"享受"销售过程。

2)加强对汽车制造商及经销商的赋能

汽车之家在原有车内容、车交易、车金融和车生活的平台架构的基础上,逐步转型升级为专注于人工智能 AI、大数据及云技术(统称 ABC)开发全套智能产品和解决方案,通过提供跨产业链的端对端数据驱动产品和解决方案,加快构建一个连接汽车行业所有参与者的智能集成生态系统,力争成为汽车产业的"中枢神经",实现线上线下深度融合。

3)进一步强化技术领先地位及 SaaS 实力,以提高用户参与度、变现能力和运营效率

继续吸引和培养 AI、数据科学和其他技术前沿领域的人才,进一步加强 AI、大数据(Big Data)、云技术(Cloud)与 VR、AR 相关技术以及 SaaS 实力,以提高用户参与度、变现能力和运营效率,进而构建出更为理想的 4.0 ABC+SaaS 平台。


□ 基于互联网和团队的练习

**(1)新浪、腾讯、网易、搜狐等综合门户商业模式比较**

访问新浪、腾讯、网易、搜狐网站并通过互联网资料收集方式,从发展战略、产品与服务、盈利模式、目标市场、核心能力等方面对上述综合门户网站的商业模式及其演变进行比较分析。建议学习小组各成员在任务分工的基础上,集中进行比较分析讨论,撰写分析报告。

（2）**典型行业门户和企业门户网站商业模式分析**

以分组形式,每个小组选择一个自己感兴趣的行业领域或企业,如房地产行业门户(搜房网、安居客)、IT 行业门户(太平洋电脑网、天极网)、招聘行业门户(前程无忧、中华英才网)、旅游行业门户(携程、E 龙)等;企业如中国移动、海尔集团、长虹电器、宝钢股份等。登录其网站全面了解其基本情况和基本功能模块,并利用互联网收集他们的相关资料,据此全面分析所选择的行业门户或企业门户网站的商业模式及其发展,并撰写一篇分析报告。

□ 基于网上创业的学习

①了解和学习新浪微博平台功能及其商业价值,收集企业、个人利用微博平台进行营销的典型案例,特别是大学生群体基于微博平台的大学生创业实践项目,如西华大学"鹏飞"体系花式动感单车微博创业实践项目(新浪微博:花式动感单车谢鹏飞)。借鉴典型案例其利用微博进行的营销和创业实践启示,结合个人和团队特点、兴趣,针对所在区域高校大学生群体需求特点及变化,创新产品与服务内容、利用微博平台开展创业实践。

②利用行业(垂直)门户的商务模式可以建站创业,也就是自己思考一个行业门户的商务模式,组建团队,建立网站,运营网站,等到运营到一定程度,可以吸引风险投资。垂直门户的商务模式有越分越细的趋势,个人创业的空间是比较大的。网上创业需要注意三个方面的问题。首先是定位,即确定创业项目的商务模式;其次是分析,即针对确定的商务模式进行 SWOT 分析;最后是组建团队,即根据项目的需要组建一个团队,共同创业。要学习网上创业,可以仔细阅读本书,了解清楚商务模式的内涵,如何分析互联网企业的商务模式,互联网有哪些商务模式。

## 本章参考文献:

［1］雷兵,司林胜.电子商务案例分析教程［M］. 2 版.北京:电子工业出版社,2016.

［2］吕一博,韩少杰,苏敬勤,等.往事并不如烟:新浪微博社交媒体平台的十年沉浮［DB/OL］.中国管理案例共享中心,2019.

［3］千锋大数据开发学院.大型网站架构模式核心原理与新浪微博案例分析［EB/OL］.［2019-10-22］.

［4］王高飞.微博已成为信息传播的重要平台［EB/OL］.［2015-07-21］.

［5］和讯网.微博分析报告［EB/OL］.［2020-06-23］.

［6］新浪科技.新浪发布首款全媒体覆盖广告平台"龙渊"［EB/OL］.［2013-09-06］.

［7］腾讯网.王高飞:媒体传播有三个变化［EB/OL］.［2015-07-21］.

［8］央广网.增长、创新、赋能 汽车之家连续 8 年入围互联网百强企业［EB/OL］.［2020-11-02］.

［9］汽车之家.汽车之家招股说明书［EB/OL］.［2021-03-04］.

［10］车家号.超额认购,逆势上涨,汽车之家成第四家港美两地上市的互联网企业［EB/OL］.［2021-03-15］.

［11］邓雅馨."中国平安"收购"汽车之家"案例研究［D］.广州:广东财经大学,2017.

［12］中国网.数据技术驱动:汽车之家 AskBob 智能购车报告创新发布［EB/OL］.［2019-09-29］.

［13］搜狐网.3 年超百亿美金:永远不要躺在功劳簿上睡大觉［EB/OL］.［2019-11-08］.

［14］搜狐网.汽车之家新业务增长背后:搜狐网汽车生态平台价值显现［EB/OL］.［2020-06-05］.

［15］新浪网.2020 年 Q1 营收、净利润双下滑 内忧外患的汽车之家迷失自我［EB/OL］.［2020-06-15］.

［16］创业邦杂志.汽车之家的战略增长路径［EB/OL］.［2019-10-09］.

# 第 4 章
# 网络经纪模式案例分析

## 4.1　网络经纪模式概述

### 4.1.1　网络经纪模式的定义

网络经纪就是电子商务环境下的中介,也就是基于互联网的网上交易平台,管理卖方提交的信息并展示给买方,同时提供买卖双方交流的渠道。具体来讲,网络经纪是指通过虚拟的网络平台将买卖双方的供求信息聚集在一起的市场中介商,可以是商家对商家的、商家对消费者的、消费者对消费者的或消费者对商家的经纪商。因此,网络经纪又被称为网上交易所,网络经纪商负责制定关于提供和获得信息的规则,以及交易者达成协议和完成已达成协议等的规则。网络经纪模式是指网络经纪商通过虚拟的网络平台将买卖双方的供求信息聚集在一起,协调其供求关系并从中收取费用(如交易费、会员费、广告费等)的互联网商业模式。

### 4.1.2　网络经纪模式的特征

网络经纪在电子商务中介交易中扮演着介绍、促成和组织者的角色。与传统经纪模式相比,网络经济模式目前的多数特征均与"网络外部性"及由此所带来的"潜在无限增值"有关。

#### (1)信息精确匹配

网络经纪平台的效率集中体现在如何撮合买家和卖家达成交易的撮合效率,网络经纪平台之所以有价值,是因为其连接一切的特性,及其虚拟空间打破时间限制与缩短物理空间距离,提供了广泛的、低成本的信息撮合机制,使得企业超越区域小市场,面向全国或全球大市场,从针对存量的"头部"发展到拓展增量的"长尾",从人工操作处理为主发展到工具的技术替代。所以网络经纪平台是连接上下游、供需端或买卖方的第三方或第四方服务,也是从撮合交易、资源配置、开源创新等过程中,通过降低交易费用、分享价值增值收益的服务提供商。

### (2)网络外部性

网络经纪模式的特征还体现为"双边网络外部性",双边网络外部性意味着,已加入该网络经纪平台的买家越多,则卖家加入该平台的潜在收益也越高;同样,加入该平台的卖家越多,则买家加入该平台的潜在收益也越高。由此,买家和卖家是否加入该网络经纪平台,是一种"鸡生蛋,蛋生鸡"的正反馈过程。而对平台企业而言,如何达到正反馈,流量是基础,如何持续获取流量是打造网络经纪平台生态的关键。

### (3)交易模式多样化

网络经纪平台利用网络的实时性和动态性开辟了传统市场所没有的或少有应用的交易模式,如在线目录、电子协商、反向拍卖、双向撮合、在线竞标等。传统市场交易中,市场交易模式要受很多因素的约束,如与交易对象的距离、时间、购买的批量等,但网络经纪交易平台的载体是互联网,它具有实时性、动态性和开放性,使得一些在传统市场中根本不会被交易者采用的方式可以在网络交易市场中灵活运用。

### (4)交易支持生态化

除提供在线交易服务外,网络经纪平台一般通过整合内外部资源向客户提供包括物流、供应链金融、支付、大数据、云计算等一系列交易支持的增值服务,通过增值服务来支持交易的完成。

## 4.1.3　网络经纪模式的分类

### (1)按照交易参与对象划分

从网络经纪平台的参与对象角度,网络经纪模式可分为 B2B 经纪模式和网络零售经纪模式。

1)B2B 经纪模式

B2B 经纪模式是指网络经纪平台的供求双方都是企业的网络经纪模式。在这种模式中,交易双方利用 B2B 交易平台,发布供求商品或服务信息,或者利用平台上的交易工具完成询价、洽谈、签约、交易、支付、配送和售后服务等业务。

2)网络零售经纪模式

网络零售经纪模式是指经纪商通过搭建网络交易平台向商家提供网上商铺、交易支持等服务,并吸引消费者进行平台购物,从中收取费用(如交易费、增值服务费)的商务模式。网络零售经纪模式又可细分为 B2C 经纪模式和 C2C 经纪模式两种,但这种细分界限正变得越来越模糊。例如,虽然天猫商城与淘宝网分别侧重于 B2C 与 C2C 两种经纪模式,但彼此之间在产品与业务方面仍存在一定交叉;京东作为一家以 B2C 业务为主的网络零售商,但也部分提供第三方厂商的零售产品。

### (2)按照交易行业范围划分

从网络经纪平台所涵盖的行业范围角度,网络经纪模式可分为综合经纪模式和行业经纪模式。

1）综合经纪模式

综合经纪模式也称为水平经纪模式，在综合经纪平台上涵盖了众多不同行业领域的买家和卖家，类似传统的综合集贸市场，如阿里巴巴 B2B 平台汇集了 60 多个不同行业。综合经纪模式追求"全"，即行业全，其优势在于服务面广，信息几乎覆盖各个行业。缺点是无法在各行业提供深入的服务，即所谓"一寸深一公里宽"，因此综合经纪商面临每一个行业都做不好的风险。国内典型的综合经纪模式平台（网站）包括阿里巴巴旗下的 1688 网及其国际站（Alibaba.com）、环球资源网、中国制造网、八方资源网等。

2）行业经纪模式

行业经纪模式也称为专业或垂直经纪模式，在行业经纪平台中只汇集了特定行业的上、中、下游的买方和卖方，以让各层次的厂商都能够容易地找到供应商或买主。行业经纪模式需要较深的专门技能，专业化程度越高的网站，越需要投入昂贵的人力资本处理很狭窄的专门性业务，才能发挥该虚拟市场的商业潜能。行业经纪模式的优势是能够在所处行业提供完善的、高度专业化的服务，如中国化工网的服务涵盖了供求、会展、专家、技术等化工行业的方方面面。缺点则是提供的服务面比较窄，主要限于行业内，即所谓"一寸宽一公里深"。

**（3）按照交易覆盖区域划分**

从网络经纪平台所覆盖的贸易区域角度，网络经纪模式可分为国内贸易经纪模式和国际贸易经纪模式。

1）国内贸易经纪模式

国内贸易经纪模式是指经纪商架设网络交易平台为企业开展国内贸易提供经纪服务。如阿里巴巴中国站（1688.com）、中国化工网、携程旅行网、中华粮网、能源一号网、东方钢铁在线等。

2）国际贸易经纪模式

国际贸易经纪模式是指经纪商架设网络交易平台为企业开展国际贸易提供经纪服务。如环球资源网、敦煌网、阿里巴巴国际站、中国制造网英文站等。

**（4）按照交易服务层次划分**

从网络经纪平台所提供的服务层次角度，网络经纪模式可分为信息服务经纪模式和全方位服务经纪模式。

1）信息服务经纪模式

信息服务经纪模式是指经纪商主要提供买卖双方的信息，通过信息服务使买卖双方可以在全球范围内选择成交对象，买方或卖方在选定交易对象后并不直接在网上交易，而是另外接触和签订合同。这种模式下经纪商无法全面深入参与交易，如中国化工网、中国制造网等。

2）全方位服务经纪模式

全方位服务经纪模式是指经纪商不但提供信息服务，而且还提供全面配合交易的服务，如网上结算和物流服务等,这就要求网络经纪商对贸易业务非常熟悉。如阿里巴巴中国站(1688.com)、东方钢铁在线、能源一号网等。

## 4.2 案例1——阿里巴巴:构建商业生态系统

### 4.2.1 基本情况

阿里巴巴成立于1999年,经历了B2B、C2C、B2C等一系列电商模式转型,以核心商业为基本盘驱动飞轮旋转,发展成为集电商、新零售、金融、物流、大文娱、云计算为一体的庞大生态体系。其间互联网新模式层出不穷,阿里巴巴在各个赛道不断试水,以其不断壮大的核心商业,尤其是电商部分为基础,为阿里巴巴的商业生态系统扩张提供强有力的造血输血功能,从而支撑阿里巴巴整体的战略布局。

围绕着其核心电商业务(B2B、B2C和C2C),阿里巴巴通过国际和国内的电商批发和零售平台,在菜鸟网络、蚂蚁金服和阿里云等支持体系赋能基础上,搭建了面向全球商家和消费者的互联网平台,其核心商业的价值网络如图4.1所示。

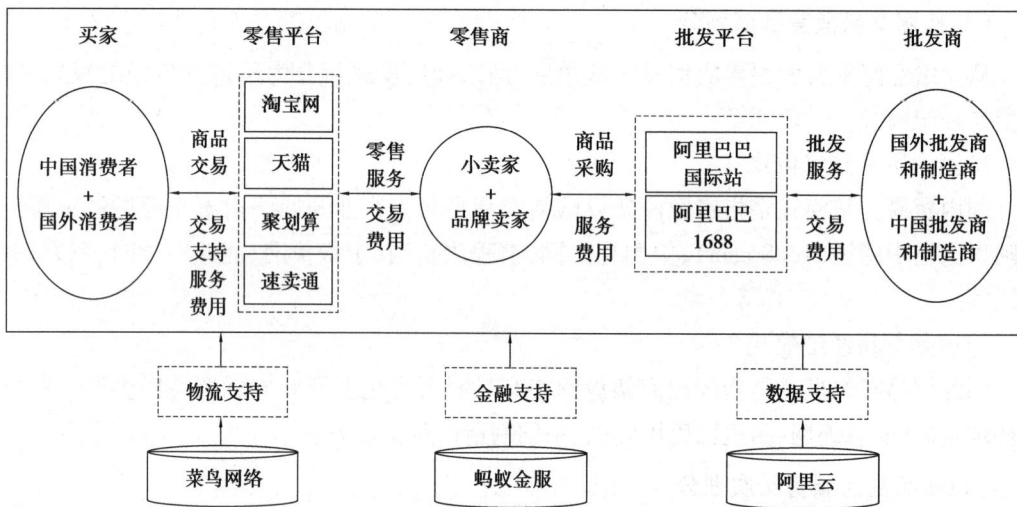

图4.1 阿里巴巴核心商业价值网络

### 4.2.2 商业模式

**(1)使命与愿景**

阿里巴巴从创立起就确立了"让天下没有难做的生意"的使命。2004年,成立5周年时,阿里巴巴将"成为一家持续发展102年的公司"定为愿景,并正式形成了"六脉神剑"的价值观。2019年,在阿里巴巴成立20周年之际,阿里巴巴全面升级使命、愿景、价值观。

1）使命

面向未来，阿里巴巴坚守使命："让天下没有难做的生意"。为了支持小企业发展，阿里巴巴的创始人创办了公司，借助互联网能够创造公平的环境，让小企业通过创新与科技拓展业务，并更有效地参与国内及国际市场竞争。阿里巴巴的决策以长期使命为指引，而非着眼于短期利益。

2）愿景

阿里巴巴旨在构建未来的商业基础设施，其愿景是让客户相会、工作和生活在阿里巴巴。阿里巴巴不追求大，不追求强；追求成为一家活 102 年的好公司。相会在阿里巴巴是指阿里巴巴每天促进数以亿计的商业和社交互动，包括用户和用户之间、消费者和商家之间以及企业和企业之间的互动；工作在阿里巴巴是指阿里巴巴向客户提供商业基础设施和数据技术，让客户建立业务、创造价值，并与阿里巴巴的其他生态系统参与者共享成果；生活在阿里巴巴是指阿里巴巴致力拓展产品和服务范畴，让阿里巴巴成为客户日常生活的重要部分。102 年是指阿里巴巴集团创立于 1999 年，持续发展最少 102 年就意味着横跨三个世纪。阿里巴巴的文化、商业模式和系统只有都经得起时间的考验，才能得以持续发展。随着阿里巴巴的业务不断扩展，从商业拓展至云计算、数字媒体及娱乐等众多其他领域，阿里巴巴已进化为一个独特的、充满活力与创新的数字经济体。阿里巴巴已设立了到 2024 年的战略总目标：服务全球消费者，其中有超过 10 亿的中国消费者，创造 10 万亿人民币以上的消费规模。其 2036 年的愿景目标是：服务全世界 20 亿消费者，帮助 1 000 万家中小企业盈利以及创造一亿就业机会。

3）价值观

阿里巴巴的价值观（"新六脉神剑"）由六句阿里土话组成（表 4.1），每一句话背后都有一个阿里发展历史上的小故事，表达了阿里人与世界相处的态度。这六句朴素的土话将成为阿里巴巴继续践行使命、实现愿景的出发点和原动力。

表 4.1 阿里巴巴价值观

| 价值观 | 内容诠释 |
| --- | --- |
| 客户第一，员工第二，股东第三 | 这就是我们的选择，是我们的优先级。只有持续为客户创造价值，员工才能成长，股东才能获得长远利益。 |
| 因为信任，所以简单 | 世界上最宝贵的是信任，最脆弱的也是信任。阿里巴巴成长的历史是建立信任、珍惜信任的历史。你复杂，世界便复杂；你简单，世界也简单。阿里人真实不装，互相信任，没那么多顾虑猜忌，问题就简单了，事情也因此高效。 |
| 唯一不变的是变化 | 无论你变不变化，世界在变，客户在变，竞争环境在变。我们要心怀敬畏和谦卑，避免"看不见、看不起、看不懂、追不上"。改变自己，创造变化，都是最好的变化。拥抱变化是我们最独特的 DNA。 |

续表

| 价值观 | 内容诠释 |
|---|---|
| 今天最好的表现是明天最低的要求 | 在阿里最困难的时候,正是这样的精神,帮助我们渡过难关,活了下来。逆境时,我们懂得自我激励;顺境时,我们敢于设定具有超越性的目标。面向未来,不进则退,我们仍要敢想敢拼,自我挑战,自我超越。 |
| 此时此刻,非我莫属 | 这是阿里第一个招聘广告,也是阿里第一句土话,是阿里人对使命的相信和"舍我其谁"的担当。 |
| 认真生活,快乐工作 | 工作只是一阵子,生活才是一辈子。工作属于你,而你属于生活,属于家人。像享受生活一样快乐工作,像对待工作一样认真地生活。只有认真对待生活,生活才会公平地对待你。我们每个人都有自己的工作和生活态度,我们尊重每个阿里人的选择。这条价值观的考核,留给生活本身。 |

升级的使命、愿景和价值观体现了阿里巴巴鲜明的态度、对企业发展方向的本质思考,更是阿里人对于如何走向未来的共识。它们将帮助阿里巴巴凝聚同路人,进一步提升组织的创造力,进而更好地拥抱数字经济时代的机遇与变革。

（2）**目标市场**

阿里巴巴的核心电商分为 B2B 平台(包括国际站 Alibaba.com 和国内站 1688.com)和零售平台(天猫、淘宝、速卖通等)两大模式,面向国内和国际两大市场,涵盖了从制造商、贸易批发商、品牌零售商和个体零售商等供应链上不同类型商家。各个平台基于定位的不同,平台上的买家和卖家存在较大差异。

Alibaba.com(外贸线上批发交易平台)的卖家主要是国内制造商和实力较强的外贸企业,买家则来自全球 190 多个国家,买家一般是贸易代理商、批发商、零售商、制造商和开展进出口业务的中小企业。

全球速卖通(AliExpress)上的主要卖家为中小型的外贸公司以及外贸 SOHO 一族,买家包括 eBay、Amazon 等平台上的零售商和一些实体店中的中小零售商。速卖通的主要消费市场包括俄罗斯、美国、巴西、西班牙和法国等。

1688.com 平台主要是撮合国内批发商在服装、日用品、家装建材、电子产品、包装材料和鞋靴等行业领域交易,截止到 2020 年底,1688.com 拥有 90 万付费的诚信通会员。

天猫平台是为消费者日益追求更高品质的产品、追求极致购物体验的需求而打造的,卖家主要是针对国际与国内品牌和零售商。截止到 2020 年底,入驻天猫平台的商家达到 19 万家。

淘宝网平台上经营的商家主要是个人和小企业,淘宝作为商业流量的入口,可以为天猫导入流量。

（3）**产品和服务**

阿里巴巴四大业务板块包括:"核心电商业务""云计算业务""数字媒体及娱乐""创新业务及其他"。具体业务及其服务平台如表 4.2 所示。

表 4.2　阿里巴巴业务体系（产品与服务）

| 业务体系 | 类　型 | 服务平台 |
|---|---|---|
| 核心电商 | 国内零售 | 淘宝网、天猫、盒马鲜生、银泰等 |
| | 国内批发 | 阿里巴巴 1688（国内站） |
| | 国际零售 | 速卖通、LAZADA |
| | 国际批发 | 阿里巴巴（国际站） |
| | 物流 | 菜鸟物流 |
| | 本地生活 | 饿了么、口碑 |
| 云计算 | | 阿里云 |
| 数字媒体及娱乐 | | UC、UC News、优酷、阿里音乐、大麦、TMALL TV、阿里游戏 |
| 创新业务及其他 | | 高德地图、LIOS、钉钉、天猫精灵 |

除此之外，阿里巴巴的非并表关联方蚂蚁金服为阿里巴巴平台上的消费者和商家提供支付和金融服务。围绕着阿里巴巴的平台与业务，一个涵盖了消费者、商家、品牌、零售商、第三方服务提供商、战略合作伙伴及其他企业的数字经济体已经建立。

1）核心电商业务

阿里巴巴的核心电商业务又分为中国零售商业、中国批发商业、跨境及全球零售商业、跨境及全球批发商业、物流服务、本地生活服务等多条支线。

①中国零售商业。阿里巴巴是国内最大的零售商业体。"淘宝""天猫商城"均拥有庞大且持续增长的用户社区。阿里提出的"新零售"模式改变了传统零售业的格局，为消费者提供全新的一体化购物体验。"盒马"利用实体店面作为线上订单的仓库，并实现送货上门，同时又为消费者提供丰富且有趣的到店购物体验，创造了线上和线下消费场景融合的新消费模式。

②中国批发商业。阿里巴巴运营的 1688.com 是中国领先的综合型内贸批发交易市场。零售通是一个数字化采购平台，帮助快消品品牌制造商及其分销商直连中国的小区小店。

③跨境及全球零售商业。阿里巴巴运营的 Lazada 是东南亚的领先电商平台。作为全球零售市场之一，速卖通可使全球消费者直接从中国乃至全球的制造商和经销商购买商品。天猫国际是中国最大的进口电商平台。2019 年 9 月，阿里巴巴收购了中国进口电商平台考拉，进一步巩固了阿里巴巴在跨境零售商业的领先地位。此外，中文版的天猫海外电商平台帮助海外华人消费者直接购买中国品牌和零售商的商品。另外，阿里巴巴还运营两家区域性领先电商平台，分别是土耳其的 Trendyol，以及主要在巴基斯坦和孟加拉国运营的 Daraz。

④跨境及全球批发商业。阿里巴巴运营的 Alibaba.com 是中国最大的综合型外贸在线批发交易市场，网站上的买家来自近 200 个国家。

⑤物流服务。阿里巴巴运营的"菜鸟网络"主要通过协同物流合作伙伴的规模和能力，构建物流数据平台及全球仓配网络。菜鸟网络提供国内及国际一站式物流服务及供应链管

理解决方案,以规模化的方式满足广大商家和消费者不同的物流需求,同时服务阿里巴巴数字经济体的内外需求。同时,阿里巴巴利用菜鸟网络的数据洞察及技术能力实现整个仓储、物流和配送流程的数字化,从而提升物流价值链的效率。此外,阿里巴巴还运营"饿了么"的本地实时配送网络"蜂鸟即配",为消费者提供食品、饮品、生活用品等商品的实时配送服务。

⑥本地生活服务。阿里巴巴运营的"饿了么"提供实时配送及本地生活服务平台,口碑是一家餐饮及本地生活到店消费服务指南平台。

2)云计算业务

阿里巴巴运营的阿里云是世界第三大、亚太地区最大的 IaaS 及基础设施公用事业服务提供商。阿里云也是中国最大的公有云服务(包括 PaaS 和 IaaS 服务)提供商。阿里云向阿里巴巴内部业务及外部机构提供一整套云服务,包括弹性计算、数据库、存储、网络虚拟化服务、大规模计算、安全、管理和应用服务、大数据分析、机器学习平台以及物联网服务。"阿里云"初期是为了保障购物网站的日常运营、为数亿买家创造更好的购物体验,也为阿里巴巴庞大的数据系统保驾护航。2009 年,由阿里云自主研发的"飞天"操作系统问世,旨在为全球 200 多个国家和地区的大中小企业、政府、机构等提供服务。"飞天"操作系统创造性地将强大的计算能力、通用的计算能力、普惠的计算能力整合起来。阿里的人工智能系统拥有图像视频识别、智能语音交互、情感分析等全球领先技术,基于阿里云和大数据的计算,阿里的人工智能系统多项技能正在不断进化。

3)数字媒体及娱乐

数字媒体及娱乐是流量的中心,该业务旨在为用户提供核心电商业务以外的消费及社交平台。数字媒体及娱乐在阿里生态圈内创造了显著的协同效应,是阿里巴巴近年来重要的业务组成部分。阿里巴巴将自建和投资并购的数字媒体类公司有效整合,打造成适合自身发展的业务。阿里发展多元化媒体及娱乐业务,一方面与核心业务互相作用,另外一方面也可以扩大阿里生态圈的边界。基于电商业务获取的用户偏好洞察能够为其在文娱平台进行有效筛选,进而提供更优质的服务。在优酷、新浪微博、虎嗅、虾米音乐、阿里影业等平台上,用户均可以发现和分享内容,彼此互动。

4)创新业务及其他

为了满足用户日常生活的需求、提高效率,也为阿里生态圈的参与者创造协同效应,阿里巴巴不断创新并提供新服务和新产品。高德是中国最大的移动端电子地图、导航及实时交通信息服务提供商,高德通过其地图数据技术助力阿里巴巴的业务以及第三方移动 App。钉钉是中国最大的企业效率类 App 之一,钉钉在同一界面上为企业间及团队内部提供多种通讯方式、工作流程管理及网络协作。天猫精灵作为智能音箱,创造一种创新和互动的界面,方便用户更好地获取阿里巴巴提供的服务。

(4)赢利模式

阿里巴巴的核心商业的收入模式,主要划分为三类(具体各业务的收入模式如表 4.3 所示):

第一类:广告收费。通过给客户提供营销服务获取广告收入,此部分收入是阿里最大的单一收入来源。

第二类:交易佣金。以交易金额为基础的收费模式,交易佣金就如同线下传统零售的流水扣点。

第三类:技术服务费。此部分收费相对固定且有所返还/优惠,类似于卖场进场门槛费和租金。此项与交易佣金同时充分体现出阿里电商接近于线下零售商的商业地产属性。

表 4.3　阿里巴巴核心电商各业务的收入模式

| 业务板块 | 平　台 | 收入模式 | | 收费标准及依据 |
|---|---|---|---|---|
| 国内零售 | 天猫（含天猫、天猫超市、天猫国际） | 软件服务年费 | | 年费金额以一级类目为参照,分为 3 万元和 5 万元两档,按照销售额进行 50% 或者 100% 返还,某些类目存在实时划扣的软件服务费。 |
| | | 交易佣金 | | 根据所属商品的不同类目,收取每笔 0.5%～5% 的交易佣金。 |
| | | 倒扣率 | | 天猫超市特有,10%～30% 的倒扣率,3 个月账期。 |
| | | 广告收费 | P4P 直通车 | 在淘宝搜索页的竞价排名,按照点击 CPC 计费。 |
| | | | 展示广告 | 全网首页、各级子页面、旺旺页面展示广告,以及促销活动中的展示广告位置,按千人展示成本 CPM 收费。 |
| | | | 淘宝客佣金 | 第三方联盟导流项目,按照成交支付佣金报酬。 |
| | | | 聚划算 | 包含基础技术服务费、佣金费用和竞拍费用。 |
| | 淘宝网 | 广告收费 | | 包含直通车、展示广告、淘宝客、聚划算和其他营销工具费用。 |
| | | 旺铺使用费 | | 每月需支付固定费用,在宝贝展示,店铺招牌上和普通店铺有区别。 |
| 国内批发 | 1688 | 技术服务费年费 | | 诚信通会员缴纳年费,年费金额以一级类目为参考,分为 58 000 元和 28 000 元两档。 |
| | | 广告收费 | | P4P 直通车广告和展示广告。 |
| 国际零售 | 速卖通 | 技术服务费年费 | | 不同类目年费全额从 1 万到 5 万不等,按照销售额进行 50% 或者 100% 的返还。 |
| | | 交易佣金 | | 根据所属商品的不同类目,收取每笔交易 5%～8% 的交易佣金。 |
| | | 广告收费 | | P4P 直通车广告、联盟店铺。 |
| | Lazada | 交易佣金 | | 不同类目收取 1%～4% 的交易佣金。 |
| | | 财务处理费 | | 一般为 2%。 |
| | | LGS 运费 | | 全球物流方案（LGS）。 |
| | | 商品销售收入 | | 自营商品销售收入。 |

续表

| 业务板块 | 平台 | 收入模式 | 收费标准及依据 |
|---|---|---|---|
| 国际批发 | 阿里巴巴国际站 Alibaba.com | 基础服务费 | 按年收费,根据展示橱窗数量分为 29 800 元和 69 800元每年。 |
| | | 增值服务费 | 提供进出口相关服务、海运服务等。 |
| | | 广告收费 | P4P 直通车、展示广告 |

### (5)核心能力

在过去二十多年里,阿里巴巴不断打造和培育其核心竞争力,使其在竞争中不断前进,其核心竞争力可归纳以下三个方面。

1)网络效应是阿里巴巴深厚护城河的基础

阿里巴巴的电商业务是典型双边网络效应平台,在平台正反馈机制下,用户侧繁荣会吸引商家入驻平台,商家端的丰富又增强对用户的吸引力,使得整个交易市场价值以指数级速度上升。

2)生态协同进一步提高阿里巴巴竞争壁垒

协同相应不仅提高了消费者对阿里交易市场的忠诚度和使用频率,也使得公司的数字经济体难以被竞争对手模仿,更难以被超越。

3)持续创新的企业文化使阿里巴巴不断进化

自创立以来,阿里巴巴一直是商业及技术领域创新的领导者,"今天最好的表现是明天最低的要求"等核心价值观彰显出公司对敢想敢拼,自我挑战,自我超越的鼓励。

### 4.2.3 技术模式

为支撑其核心电商业务和平台生态圈发展,阿里巴巴着力打造三大核心技术支持业务,即以菜鸟物流为主体的物流支持业务,蚂蚁金服(非并表关联方)为主体的金融支持业务,阿里云为主体的云计算业务。它们作为核心技术支持业务,为阿里巴巴集团内不同板块,提供不同角度的支持。核心技术支持业务同时也是阿里巴巴生态中最主要的数据供应方和处理方,为阿里巴巴集团其他业务的发展提供强有力的支持和赋能,进一步加深企业护城河。

### (1)菜鸟网络:打通线上线下的关键环节

十余年前,我国电商的快速发展与物流的基础能力和信息化水平不成正比,导致国内物流成本偏高,服务水平低,成为影响电子商务以及信息消费的核心因素之一。为了补上物流短板,2013 年,阿里巴巴联合银泰集团、复星集团、富春集团、顺丰、申通、圆通、中通、韵达以及资本金融机构成立菜鸟网络。菜鸟网络定位为以数据为驱动的社会化协同平台,其实质上是第四方物流公司(4PL):统筹、协调第三方平台,提升第三方平台的运营和组织效率,从而高效、低成本地为市场和社会提供物流服务。

菜鸟网络具备"电商+地产+快递"基因,银泰集团拥有庞大的仓储布局与丰富的仓储管理经验;富春集团是一家业务涵盖工业、地产、电商物流、金融四大产业领域的多元化企业集团;复星集团地产部人参与菜鸟网络;"三通一达"和顺丰则是国内领军的快递企业。

在菜鸟网络成立以来,公司的目标与战略不断明晰和演进,大体可分为三个阶段。

第一阶段:2013—2014 年,定位"物流基础设施+数据应用平台"。简单讲,菜鸟网络这个定位就是快递公司的技术中台。菜鸟网络一是在全国几百个城市通过"自建+合作"的方式建设物理层面的仓储设施;二是利用物联网、云计算等技术,建立基于这些仓储设施的数据应用平台,并共享给电商务、物流、仓储企业、供应链服务商等。

第二阶段:2015—2018 年,打造"天网""地网""人网"合一。天网(由数据驱动的云供应链协同平台)、地网(全国仓配物流网络)是菜鸟网络成立时提出的概念,而人网是菜鸟首次公布,即"最后一公里"物流服务和基于消费者各种生活场景的便民服务(帮助各大快递公司提高快递员的工作效率,建设面向消费者的线下实体服务体系,包括菜鸟驿站、自提点等)。另外,2017 年菜鸟发布在快递、仓配、跨境、农村和驿站五大方向发力的战略布局。

第三阶段:2019 年以来,实施"一横两纵"战略。"一横"是用数字化手段将整个行业全链条穿透;"两纵"分别是匹配新零售端到端的供应链能力、打造全球化的供应链能力。

截止到 2020 年,菜鸟全球智慧物流网络已经覆盖 224 个国家和地区,跨境物流合作商数上升至 90 个;并且深入到了中国 2 900 多个区县,其中 1 000 多个区县的消费者可以体验到当日达和次日达配送。

**(2)蚂蚁金服:提供生态信用体系和金融服务体系支持**

蚂蚁金服起步于 2004 年成立的支付宝,最初为解决淘宝交易平台的信用问题。蚂蚁金服公司于 2014 年 10 月正式成立,借助阿里的生态体系得到迅速发展。蚂蚁金服旗下有支付宝、余额宝、招财宝、蚂蚁聚宝、网商银行、蚂蚁花呗、芝麻信用、蚂蚁金融云、蚂蚁达客等子业务板块。总的来看,蚂蚁金服的业务逻辑是以支付宝为底层;淘系和线下为场景;以征信为依托;以技术和金融为营收;以全球化投资为布局加大纵深、以技术优势为积累保证营收模式迭代。

蚂蚁金服以支付业务起家,覆盖了线上线下的诸多交易环节以及广泛的使用场景,是整个阿里生态信用体系和金融服务体系的基础设施。截止到 2020 年底支付宝月活已超过 7亿,全球用户数已突破 10 亿人,并与超过 200 家金融机构达成合作,为近千万小微商户提供支付服务,在覆盖绝大部分线上消费场景同时,不断拓展传统商业、公共服务以及海外市场的服务场景,覆盖衣食住行各个方面,成为移动互联网时代生活方式的代表。

商户及消费者在支付过程中产生的各方面使用场景的搭建,是蚂蚁金服板块其他业务开展的基础。支付业务记录了消费者的使用习惯、消费水平、用户偏好、信用履行等重要数据,为用户画像提供精确的计量依据;同时可以对企业端,尤其是小 b 端的经营情况做出更加准确的判断,作为平台支持、运营改善、金融服务的重要依据。支付的场景涉及商业运行的各个环节,而蚂蚁金服掌握的支付宝在逐渐往更多的领域渗透,这对蚂蚁金服的其他金融业务和整个阿里体系都有重要意义。

**(3)云计算:提高"阿里系"技术、系统和基础设施支持**

"阿里云"是继阿里巴巴、淘宝、支付宝、阿里软件、阿里巴巴雅虎之后的阿里巴巴集团第八家子公司,为阿里巴巴集团全资所有,于2009年9月创建,是一个以数据为中心的云计算服务开发商,目标是打造以数据为中心的先进云计算服务平台。阿里云计算致力于提供完整的互联网计算服务,包括电子商务数据采集、海量语音控制数据快速处理和定制化的电子商务数据服务,用以帮助阿里巴巴集团以及整个电子商务生态链成长。

阿里巴巴在电子商务领域运用"同心多元化战略",阿里云计算作为该战略的一部分,致力于打通阿里巴巴和阿里云的技术通道,充分激活阿里巴巴集团的生态能力,如支付宝、淘宝、物流等。阿里巴巴是技术和商业结合好的一家公司,阿里云计算作为阿里巴巴集团的子公司,可以获得强大的技术支持,而达摩院更将成为阿里云坚实的技术后盾,达摩院现在很多技术都是处于领先行列,同时也与阿里云所需的技术有很高的契合度。

阿里巴巴各业务平台本身需要存储大量的数据,而云计算技术的投入使用可以通过收集并分析数据简化企业和消费者的工作流程,并且可以提高数据筛选的精确性,电子商务平台引进云计算技术可以保证安全、方便交易。近年来淘宝"双十一"的成交额成倍递增,其中很大一部分归功于阿里云计算,阿里云提升了淘宝平台系统的稳定性,降低了平台的运营成本,使平台更加安全。

### 4.2.4　经营模式

商业生态系统对企业的发展具有十分重要的意义,尤其是对于实施平台经济模式的企业。阿里巴巴二十余年的巨大发展,正是源于其率先在电子商务领域构建以阿里巴巴为核心的商业生态系统,并不断优化和完善。纵观阿里巴巴的发展历程和成长轨迹,其电子商务商业生态系统随着企业生命周期的发展不断演化和走向成熟,经历了"电商种群—电商生态链—电商生态圈—电商生态系统"的演化阶段(表4.4)。

表4.4　阿里巴巴生态系统演化阶段

| 演化路径 | 时间段 | 电商系统演化 | 部分电商群落 |
|---|---|---|---|
| 初创期 | 1999—2002年 | 电商种群 | 阿里巴巴网站 |
| 成长期 | 2003—2011年 | 电商生态链 | 阿里巴巴网站、淘宝网、支付宝、阿里妈妈等平台 |
| 成熟期 | 2012—2014年 | 电商生态圈 | 阿里巴巴网站、淘宝网、支付宝、阿里妈妈、淘宝商城、天猫、聚划算、一淘网、阿里云、阿里小贷、阿里国际、阿里小企业等平台及业务 |
| 进化期 | 2014年至今 | 电商生态系统 | 在现有生态系统下不断更新迭代 |

**(1)电商种群阶段(1999—2002年)**

1999年,以马云为首的18人创建阿里巴巴集团,这标志着阿里巴巴公司初创期的开始。这一阶段经历了从无到有,成员规模处于稳步上升阶段,许多中小企业纷纷加入阿里,使得阿里巴巴生态系统有了一定的商家和消费者基础,并初具规模。在初创阶段,阿里巴巴生态系统的结构组成非常简单,只有商家、消费者、阿里巴巴平台以及部分必要的专业服务商存在。在这一阶段,生态系统发展尚不完善,阿里巴巴这一核心平台起到至关重要的作用,比如,对入驻平台的传统商家提供咨询、营销等网络服务来引导激发和吸引客户需求。随着盈利的开始以及基本电商模式的确立,阿里巴初创期结束,开始步入成长期。

**(2) 电商生态链阶段(2003—2011 年)**

2003 年,我国互联网发展速度飞快,中国的网民用户从 2000 年的 2 250 万增加到 7 950 万,计算机数量从 892 万台增加到 3 089 万台。随之,阿里巴巴生态系统也进入了爆炸式增长阶段。

在这一阶段,阿里巴巴生态系统的规模不断扩大,同时衍生出各种第三方服务商,系统内部的机能不断完善,交易效率不断提高。这一阶段,阿里巴巴采取了一系列经营运作活动,包括:2003 年 5 月,阿里巴巴成立电子商务交易网站——淘宝;2005 年底,淘宝网在线商品数量超过 1 300 万件、注册会员数量突破 1 300 万,全年成交额超过 80.2 亿元,占据国内同类市场 72% 的份额;2004 年 7 月,在线交流工具——阿里旺旺上线,能够实现交易双方的实时沟通;2004 年 12 月,阿里巴巴生态系统推出第三方支付工具——支付宝,解决了系统内消费者的在线支付问题,克服了当时信用体系不完备的障碍;2005 年 10 月收购雅虎中国、2006 年 10 月注资口碑网,加强了阿里巴巴系统内的生活服务功能,极大便利了系统内部各主体之间的交流和互动,吸引了更多消费者进入系统内部,系统规模不断壮大;2007 年 1 月阿里软件成立、11 月阿里妈妈上线,阿里软件为平台内各主体尤其是商家提供了最重要的网络基础设施及软硬件运作平台,方便阿里系统内成员进行业务开展及运作等。阿里妈妈是专门的广告服务商,主要提供网站广告的发布及买卖等,这极大增强了阿里巴巴生态系统的软件开发、在线营销功能;与此同时,2008 年淘宝商城上线、2009 年 9 月推出阿里云、2010 年 3 月聚划算上线并于 2011 年 10 月正式成为独立平台,阿里巴巴生态系统又进入了新的阶段,开始步入下一阶段。

**(3) 电商生态圈阶段(2012—2014 年)**

这一阶段,阿里巴巴不断完善"电商生态链"以及相应的服务平台,最终确立了电商生态系统——"CBBS"体系(C:Consumer,消费者;B:Business,渠道商;B:Business,制造商;S:Service Partner,服务提供商)。另外,这一阶段,阿里巴巴生态系统内成员规模不断扩大直至突破临界点。为了保持系统平衡,系统内部平台出现了自我繁殖现象,通过自我分裂繁殖进行扩容,将系统内部聚集的资源进行分流。

这一阶段的主要活动包括:2011 年阿里巴巴宣布将淘宝网拆分为一淘网、淘宝商城(后改名为天猫)、淘宝网三个独立平台;同年 10 月,聚划算成为独立平台;2012 年 7 月,阿里巴巴进行业务调整,将集团分为淘宝、一淘、天猫、聚划算、阿里国际业务、阿里小企业业务和阿里云 7 大事业群;2013 年 1 月,对集团现有业务架构和组织进行相应调整,7 大事业群变为 25 个事业部;2013 年 9 月,"来往"上线;2014 年 12 月,天猫国际上线。在这一阶段,阿里巴巴生态系统进一步完善,系统内部各个主体都具有相当规模,平台、专业服务商、增值服务商各司其职,阿里巴巴的发展目标是只提供一个独立的平台,增加系统的开放性,生态系统内部成员能够在平台上自由地交流信息、互动和合作。

另外,2013年及2014年阿里巴巴集团进行了两项大的调整:成立菜鸟网络和蚂蚁金服。菜鸟网络和蚂蚁金服是阿里巴巴生态系统内最主要的两个专业服务商,一个承担物流、一个负责金融,这两项决策的调整,同时标志着阿里巴巴生态系统进入了繁殖期。

**(4)电商生态系统阶段(2014年至今)**

2014年9月,阿里巴巴在纽交所的登陆,其在原有的"CBBS"电商生态系统基础上,不断调整、优化和升级,呈现出更加全球化、开放化、协同化、市场化、平台化和数据化的"范CBBS"特点(相对于原有的"CBBS"体系而言,物种、群落、生态链更加多样化,生态圈不断扩大)。同时,经过繁殖期阿里巴巴生态系统的发展,系统内部的各主体进一步壮大,这一阶段发生了自我演化甚至外溢的现象。这个阶段的阿里巴巴生态系统随着公司的发展不断壮大,战略方面不再仅仅推出某个平台或者上线某个网站,而是进行了一系列的战略注资、收购。2014年,阿里巴巴投资银泰、恒大、石基信息,收购UC、恒生电子、高德;2015年,阿里巴巴以283亿战略投资苏宁,成为苏宁第二大股东,阿里巴巴生态系统正在不断扩张自己的生态版图。

自阿里巴巴建立以来,阿里巴巴生态系统中的互联网平台已非常丰富,主要包括:1688网站(阿里巴巴B2B平台)、淘宝网(C2C平台)、天猫商城(B2C平台)、聚划算(团购平台)、支付宝(支付平台)、菜鸟网络(物流平台)、阿里妈妈(广告平台)、一淘网(搜索平台)、喵街(实体商业互联网+平台)、阿里云(IT服务平台)、去啊(旅行服务平台)。

在阿里巴巴整个商业生态系统的演化过程中,各个经济主体经历了萌芽期、成长期、繁殖期以及分化期。在萌芽期,淘宝平台并没有形成规模效应,交易效率较低,为吸引更多商家的进入,阿里巴巴对商家实施免费的策略,吸引商家大量聚集;随着平台和商家的扩张以及消费者的大量聚集,为改善交易体验和提高交易效率,增值服务商和专业服务商等慢慢随之出现;进入繁殖期后,平台的规模会突破一定的临界值,产生自我分裂,2011年,阿里巴巴宣布淘宝网分裂成为淘宝、聚划算、一淘三个部分;进入分化期后,专业服务商与增值服务商会突破原有的格局,建立以自我为中心的新的平台,建立新的互联网商业生态系统。

### 4.2.5　管理模式

**(1)组织变革**

战略决定组织结构,组织结构服从战略。组织结构是公司业务发展的一面镜子,当公司决定调整某项业务时,组织结构就会相应地调整,人、财、物等资源调配也会调整。因此,组织结构的演变历程可以说就是公司发展的历程,是战略执行路径的体现。面对历史机遇,阿里巴巴多次成功转型才造就了今日的阿里巴巴,其组织结构变革经历了两个主要阶段。

1)事业部下的"树状"结构

阿里巴巴组织结构调整,2015年前在事业部、事业群"树状"结构下,因为战略目标的不同,经历了"拆分、合并、拆分"几个明显阶段。2005年之前,阿里巴巴从单一B2B发展到四大业务;2007 年,阿里巴巴提出"大淘宝"战略,进行了一系列合并,阿里妈妈、淘宝网合并,雅虎被整合进阿里云,阿里软件云整合进阿里研究院;2010 年,淘宝拆分"C2C、B2B、搜索";2012 年,6 大子公司拆分为 7 大事业群。2013 年,7 大事业群拆分为 25 个事业部,采取总裁负责制内部赛马。在 2015 年之前,无论是拆分还是合并,阿里巴巴的组织调整,都是基于事业群"树状"架构进行,围绕各个垂直业务整合和不断拆解。

2)"大中台,小前台"下的"网状"结构

"大中台,小前台"的核心战略最早提出是在 2015 年 7 月。彼时阿里巴巴有近 4 亿用户,服务超过 1 000 万企业,业务种类繁多,业务之间相互网状依赖。团队众多,相互依赖,对业务响应也越来越慢。在 2015 年 12 月,在调研学习欧洲游戏公司——Supercell(超级细胞)的"大中台架构"管理模式后,阿里巴巴集团开始实施"小前台,大中台"的组织管理模式。就阿里巴巴而言,"前台"就是贴近最终用户/商家的业务部门,包括零售电商、广告业务、云计算、物流以及其他创新业务等;而"中台"则是强调资源整合、能力沉淀的平台体系,为"前台"的业务开展提供底层的技术、数据等资源和能力的支持,中台将集合整个集团的运营数据能力、产品技术能力,对各前台业务形成强力支撑。经过调整以后,阿里巴巴的组织架构发生了巨大变化,原本庞大的树状结构,被拆分成一个个互相独立的网状结构。同时,阿里巴巴不再沿用过往的分设事业部的方式,而是将已有的 25 个事业部打乱,根据具体业务将其中一些能够为业务线提供基础技术、数据等支持的部门整合成为"大中台",统一为业务线提供支持和帮助。在"大中台+小前台"的模式中,起到核心作用的是"大中台"。它通过数据技术,对海量数据进行采集、计算、存储、加工,最后形成统一的标准和口径,为前线作战的无数个"小前台"提供技术支持,进而为客户提供高效服务。小前台就像一个规模很小的在一线作战的特种部队小组,可以根据实际情况迅速决策,并且向后方部队寻求支援。收到一线部队(小前台)的信息之后,远处的航母舰队(大中台)发射导弹进行精确射击,提供强大的火力支援。"大中台+小前台"的运营模式促使组织管理更加扁平化,使得管理更加高效,组织运作效率提高,业务更加敏捷灵活。不仅能降低重复建设、减少协作成本,还能为阿里巴巴在市场竞争中打造差异化的优势。

**(2)绩效管理**

把绩效管理和价值观贯彻进行有效和深度结合,形成了阿里巴巴独具特色的绩效考核体系,是阿里巴巴持续取得高绩效的关键因素。

1)绩效基本体系

阿里巴巴绩效管理体系的基本理念和框架借鉴自通用,利用"活力曲线"强化了对阿里巴巴价值观的推崇,以及对员工的淘汰和激励制度。"活力曲线"在阿里巴巴是采用"271 排名"的方式来考察员工的相对业绩,"271 排名"将员工分为三档:第一档是超出期望的员工、占全体员工的 20%。这部分员工不仅业绩突出,而且是阿里核心价值观的践行者,他们被阿里视为骄傲和提拔对象;第二档是符合期望的员工、占全体员工的 70%。他们认同公司的核心价值观,但业务能力中规中矩。阿里将通过针对性培养,挖掘潜力,鞭策他们进入到前

20%;第三档是低于期望的员工、占整体的10%。这类员工要么表现很差劲,要么业绩突出,共同特征是不认同公司核心价值观。按照阿里用人理论,业绩拔尖但价值观不过关,叫"野狗型"员工,是人力资源部门必除对象。

2)绩效特点

①制定高目标。在个人绩效考核方面,阿里巴巴采用5分制的打分方式,每个季度,每年对个人进行绩效评估。在年末制定新一年业绩目标的时候,会详细标明不同的业绩对应不同的分值。阿里巴巴,大概只有10%的员工能在绩效考核中拿到4分。拿到4分不仅意味着12分的努力,还要发挥创造性。按照常规的方式方法工作,基本上达不到4分。拿到4分需要突破常规进行创新。

②把价值观纳入考核。阿里巴巴的绩效考核体系中价值观考核与业务考核各占到50%的比重,价值观考核最重要的功能其实不在于考核本身,而在于价值观的传递和强化。阿里巴巴的价值观考核先由员工自评,然后由上级进行评估,之后是与人力资源部门一起对分歧进行沟通、对没有做好的地方进行分析。促使阿里巴巴直接把价值观和绩效考核挂钩主要有两个原因。一是公司年轻人很多,年轻人在学校基本上没有机会学习怎样跟同事交流、沟通,怎么融入团队;二是阿里巴巴的发展太快了,快到如果不用一些矫枉过正的方式去推价值观的话,公司的价值观就会像手里抓沙子一样,一点点流失光。

③建立了政委体系,做"人"的工作。政委体系是阿里巴巴特有的一套人力资源管理体系。阿里巴巴政委主要是指阿里巴巴的业务性HR,他们主要是阿里巴巴派到各业务线上的人力资源管理者和价值观管理者,负责与业务经理一起做好所在团队的组织管理、员工发展、人才培养等方面的工作。与军队中政委只抓思想政治工作不同,阿里巴巴的"政委"大多数都是具有丰富的一线实战经验、精通业务的人。这些"政委"虽然名义上是各个团队的二把手,但在文化和团队建设却具有很大话语权和决策权,其对团队的影响很多时候并不在一把手之下。准确地说,阿里巴巴各个业务团队的运作,基本都是由各自部门的一把手与"政委"一起决定的。"政委"是业务团队的合作伙伴,主要任务就是保证团队的道德大方向、传承价值观以及搭建好所匹配的团队。

### 4.2.6 资本模式

从企业生命周期角度,阿里巴巴二十余年的发展历程可分为初创期、成长期和成熟期三个阶段,基于每个阶段的发展特征不同,阿里巴巴有着不同的资本运作和股权结构。

**(1)初创期:风险投资与核心技术人员控股**

初创期是互联网创业企业的初创阶段,此时,企业已经基本完成了技术和专利的前期准备,资金需求量大,风险高。随着产品通过中试,逐步排除技术风险并进入产品的试销阶段。

1999年,"18罗汉"马云团队于杭州创建阿里巴巴集团,作为其初创期的开端。从开发中国黄页,再到马云团队开发一系列网站,阿里巴巴基本完成了技术和专利的前期准备。

1) 资本运作:向风险投资融资

初创期互联网创业企业进行资本运作的主要方式是向风险投资机构融资。阿里巴巴初创期几次融资运作如下:18个合伙人出资50万元成立公司;由高盛牵头的一批合伙人出资500万美元作为天使投资;软银2 000万美元的风险投资;私募基金8 200万美元的风险投资;雅虎10亿美元的风险投资。互联网企业初创时期,由于资金基础薄弱、知名度不高、公司治理结构未成完善体系,新股发行上市、向银行等金融机构贷款等融资方式并不能适用。相反,寻求风险投资则是互联网创业企业初创期最好的融资方式。

2) 股权结构:前期核心技术人员控股

初创期企业的核心技术人员一般以控股形式占有大量的股权且企业的高管拥有相应的期权。阿里巴巴经过初创期三轮融资,其持股结构改变为:马云及其团队占47%、软银占20%、富达占18%、其他几家股东占18%,并没有改变阿里巴巴大股东的地位。但是,2005年,雅虎入股阿里巴巴,雅虎以10亿美元现金、雅虎中国的所有业务、雅虎品牌及技术在中国的使用权,换取了阿里巴巴集团39%的股份及35%的投票权。此次并购重组后大大稀释了马云团队的控制权,雅虎占据了阿里巴巴优势控制权。此外,企业很早就建立了期权机制,一开始是全员持有期权,直到2003年9月,开始对层级进行限制,员工只有达到一定的层级,才拥有期权。

由此,技术资本化是互联网创业企业的特征之一,这在一定程度上提高了员工的积极性。但是,互联网创业企业仅仅将目光局限于此类资本运作是远远不够的,为了获得预期收益和更广阔的市场,企业成功上市是获得预期目标和化解投资风险的有效途径之一。因此,我们将2007年阿里巴巴网络有限公司在港交所上市作为初创期的结点和成长期的起点。

**(2)成长期:发行股票与控制权之争**

成长期是互联网创业企业的早期发展阶段,此时,产品和服务逐渐定型,企业的核心竞争力形成。企业需要不断追加投资,开拓市场。2007年阿里巴巴网络有限公司在港交所上市可视为成长期的开始。在上市前,阿里巴巴已经完成一系列的资产重组业务,为其上市做准备。

1) 资本运作:资产重组和发行股票

在成长期,由于技术风险已经在初创期得到基本解决,化解投资风险的有效途径是创业企业的成功上市。此时,风险投资机构增资会带来新的资本进入。此外,银行等较为稳健的资本可能由于企业内外部环境改善而择机而入。由此,成长期的资本运作为资产重组、发行股票和风险投资。阿里巴巴上市前一系列的资产重组,为其成功上市资产和股权方面的准备。2007年11月,阿里巴巴B2B业务正式香港上市,为其发展筹集了15亿美元的资金,除去超额配售部分,创下当时中国互联网公司融资规模之最。此外,阿里巴巴还进行收购和投资。2009年,阿里巴巴集团正式成立投资管理公司,主要专注于二级市场的投资,成为国内第一家由互联网公司成立的投资管理公司。

2）股权结构：控制权之争

2005—2012 年，阿里巴巴集团的主要三大股东是雅虎、软银和阿里巴巴集团管理层。但由于雅虎占据了阿里巴巴的优势控制权，导致以马云为首的管理层与雅虎之间的控制权争夺矛盾日趋激烈。从雅虎收购阿里巴巴集团股权到支付宝股权转让，再到阿里巴巴集团回购股权等重大事件，这些实质上反映了股东与管理层对阿里巴巴集团控制权的争夺。2012 年 9 月，阿里巴巴集团和雅虎完成股份回购计划，这场持续 8 年的控制权之争以马云团队最终获得阿里巴巴集团的控制权收场。由此，互联网创业企业在其资本急剧扩张的成长阶段，在其经营业绩良好的前提下，风险资本的注入与控制权归属的问题，是企业需要权衡考虑的重要因素。2012 年 6 月 20 日，阿里巴巴 B2B 业务正式从香港交易所退市，为成长期画上句号，同时，也是成熟期的开端。

**（3）成熟期：整体上市与双重股权结构**

成熟期是互联网创业企业的技术和产品达到成熟、被市场和消费者广为认可和接受的阶段。与此同时，提供同等产品的公司纷纷涌入市场，与企业形成激烈的竞争，此时，互联网创业企业必须审慎分析形势，推陈出新，积极应对挑战。

2012 年 6 月 20 日阿里巴巴 B2B 业务在香港联交所主板退市可视为其成熟期的开端。随着香港主板上市，阿里巴巴的知名度日益扩大。同时，京东、百度、亚马逊、苏宁等互联网公司纷纷涌入，给阿里巴巴带来巨大挑战。此前香港上市的是阿里巴巴的子公司，由于企业处于成熟阶段，已具备整体上市的条件，阿里巴巴的整体上市可谓是企业成熟阶段积极应对挑战，推陈出新的一手好牌。

1）资本运作：整体上市

成熟期，互联网创业企业在资本运作方面，是风险资本的收获季节也是退出阶段。此时的创业资本家有两条出路：一是收回投资，成功退出；二是寻找新的增长点，保持资金流动性。阿里巴巴选择了后者。面对互联网行业的激烈挑战，阿里巴巴将资本运作的重点转为整合资源，在一系列资本运作之后选择整体上市，使集团的整体价值提升。2013 年，阿里巴巴再次赴港谋求整体上市，但由于阿里巴巴采取"合伙人制度"的"同股不同权"，与港交所坚持的"同股同权"上市规则相抵触，导致上市未果。2014 年 9 月，阿里巴巴在纽交所挂牌，募资 250 亿美元，创全球 IPO 募资纪录。2018 年 4 月，港交所推出 20 年来最大变革，允许双重股权结构公司上市，加上美国资本市场的风险加大。阿里巴巴于 2019 年 11 月在香港二次上市，除了资金需求以外，在港股的二次上市还可以有效规避政策风险。由此，当互联网创业企业步入成熟期，想要继续在资本市场拼搏，寻找新的经济增长点和突破口尤为关键，保持资金流动性，积极资本运作，可以为企业永久注入活力。其中，各方面条件成熟的资本运作可以为企业整体价值的提升带来更为直接和强烈的作用力。

2）股权结构：双重股权结构

互联网创业企业发展的成熟期中，企业的控制权和股权治理结构对于企业的资本运作和发展规划非常重要，关乎资本运作活动的顺利进行。此前，阿里巴巴集团于 2013 年 7 月向港交所提交上市申请,并正式启动在港上市程序,预期十月份挂牌的阿里巴巴却最终选择下一年在美国上市,究其原因在于阿里巴巴的合伙人制度问题。阿里巴巴合伙人制度要求董事会的多数席位由合伙人提名,保证了合伙人对企业的控制权。"内部股东拥有对企业绝对控制权"这一中心思想,很好地维护了阿里巴巴合伙人优势控股地位和威信。由此,以阿里巴巴为代表的成熟期的互联网创业企业对企业控制权一直以来的争夺和掌握,在一定程度上,在保证企业发展的同时,也使得创始人的控制地位不受挑战,不失为一种值得借鉴的方式。

### 4.2.7 结论与建议

成立二十余年来,阿里巴巴借助互联网、通过科技、通过不断创新,改变了国人的生活方式、消费习惯,见证了中国互联网消费市场的繁荣。在其发展过程中,无论是在电商的基础设施搭建,还是在对中小企业的赋能,以及在对 C 端用户的服务上,阿里巴巴的身影无处不在。阿里巴巴的增长已经不再单单只是依靠其电商平台,而是通过对全产业的深度布局,打造出一个"阿里平台经济体"。然而在其做大做强的同时,应以国家对其反垄断立案处罚为鉴,与相关行政监管部门、行业企业和消费者一起携手,大力推进公平竞争和管理创新,加快提升行业治理现代化水平,促进平台经济规范健康持续发展。

**(1)阿里巴巴被反垄断处罚的原因**

近年来,国家接二连三给互联网巨头开出的反垄断罚单,反映出了垄断已经成为我国互联网行业中存在的共同的、普遍的问题。2021 年 4 月,国家市场监管总局对阿里巴巴集团做出行政处罚决定,认定其构成《中华人民共和国反垄断法》中的"没有正当理由,限定交易相对人只能与其进行交易"的滥用市场支配地位行为,对其处以 182.28 亿元的高额罚款。国家作出力度如此之强处罚的原因,就是自 2015 年以来,阿里巴巴集团滥用该市场支配地位,对平台内商家提出"二选一"要求,禁止平台内商家在其他竞争性平台开店或参加促销活动,并借助市场力量、平台规则和数据、算法等技术手段,采取多种奖惩措施保障"二选一"要求执行,维持、增强自身市场力量,获取不正当竞争优势。同时向阿里巴巴集团发出《行政指导书》,要求其围绕严格落实平台企业主体责任、加强内控合规管理、维护公平竞争、保护平台内商家和消费者合法权益等方面进行全面整改,并连续三年向市场监管总局提交自查合规报告。

**(2)垄断带给互联网行业与生态的危害**

互联网行业垄断行为如果任其滋生发展和蔓延,它会让互联网行业重复"烧钱、合并、垄断、薅羊毛"的固定模式,不但会助长行业急功近利之风,还会熄灭互联网行业中的活力与创意。长此以往,互联网巨头自身也会沉溺于这种垄断优势,急速膨胀与扩张,寡头化越发严重,企业和行业的发展也越发畸形,整个互联网生态自然也越来越糟。"覆巢之下,安有完卵",身在其中的互联网巨头自然也没办法得到真正的好结果和长远发展。

因此,互联网行业反垄断本质上不会是为了限制平台的发展,而是为了营造一个公平的市场环境,让中小企业也能公平地通过创新从细分领域提供优质的产品服务,而不是被巨头的资本与生态碾压挤出市场,鼓励公平竞争与创新,赋予大量较小的创新者更多的市场空间甚至资源支持,让他们能通过努力和才智脱颖而出,这样才能保持市场创新的活力。

### (3)反垄断对阿里巴巴的影响及其应对举措

从全球互联网的整体情况和中国最近反垄断行动的严厉,可以看出反垄断将成为越来越多的中国互联网企业必须面对的趋势,也会成为未来互联网行业的常态。而无论是处罚措施力度加大还是立法的严格,最终对于互联网行业和企业本身都是大有裨益。

短期来看,阿里巴巴会受到较大影响,阿里巴巴平台生态的既有玩法及中后台的组织结构体系都面临冲击,阿里巴巴过去通过投资控盘,相对比较强势的数据、流量和商业闭环的集中资源获取与掌控构筑护城河的发展方式已经面临挑战,需要集团反思调整,阿里巴巴基本盘核心的商家资源贡献度会受到一定影响并牵动业绩和估值的影响,也会影响到资本市场的波动。

中期来看,市场将在新规则与边界契约下重新博弈,将会营造更健康的竞争、创新与资本环境,阿里巴巴等互联网平台巨头需及时调整策略,通过更加明智的开放开源方式来支持产业生态的良性发展。作为最早资源开放与科技赋能的倡导者之一,阿里巴巴必须改变外部对其滥用市场支配权实施垄断行为的认识,在打造新商业基础设施过程中,给市场多元化选择空间。

长期来看,反垄断不会毁掉一家公司,反而会帮助平台企业重新思考并塑造和优化自己。因为其核心能力并不会丢失,沉淀的用户与科技优势、人才优势不会轻易失去,一家好的公司善于快速调整自己,而阿里本来就有拥抱变化的基因。从逆向思考来看,阿里巴巴的愿景是要存续 102 年,这是其发展道路上必要的复盘调整,借机深刻反思与升华自己,实现自我超越的机会,这样才能走得更远。

因此,在反垄断监管常态化趋势下,阿里巴巴需进一步加深对其竞争行为及其后果的认识,在企业内部举一反三,进一步自查自纠,全面规范自身竞争行为,完善内部合规控制制度,相应做好反垄断合规管理。同时,面对平台经济这一崭新课题,作为一家立志成为数字经济基础设施的平台企业,在更广阔的宏观环境下,阿里巴巴需要深入思考如何与社会各界、合作伙伴和谐共处,如何和利益相关者形成良性互动,如何让平台跟社会发展更加同频共振等问题。

# 4.3 案例 2——携程旅行:一站式旅行平台

## 4.3.1 基本情况

携程创立于 1999 年,于 2003 年在纳斯达克首次公开上市,2019 年全球统一更名为携程集团(Trip.com Group,以下简称“携程”),2021 年 4 月在香港二次上市。目前,集团旗下拥有 Ctrip、去哪儿网、Trip.com、天巡(Skyscanner)四个旅游品牌,并拥有同程艺龙、MakeMyTrip 等多个国内外同行企业股权,主营业务以“住宿预订+交通票务”为驱动力,带动旅游度假、商旅管理以及其他相关业务同步发展。发展初期的携程经营定位于国内,2010 年开始拓展海外市场,是中国规模最大 OTA(Online Travel Agency,在线旅行代理)企业,也是全球最大的在线旅行平台口径统计。

携程是网络经纪商业模式中典型的旅游服务经纪,它通过匹配旅游供应链中的需求与供给,打造了一个全方位、立体式旅游产品与服务价值网络,覆盖包含旅行前、中、后的全流程。携程的价值网络由生态系统合作伙伴(航空公司、酒店、非标准住宿提供者、景点等)、旅游增值服务提供商(保险公司、金融服务提供商等)、旅行者、平台基础服务和交易服务供应商(移动及线上支付服务商、数据存储服务提供商、服务器托管服务商、宽带供应商、用户服务提供商等)等构成,是一个典型的多边平台,其价值网络如下图 4.2 所示。

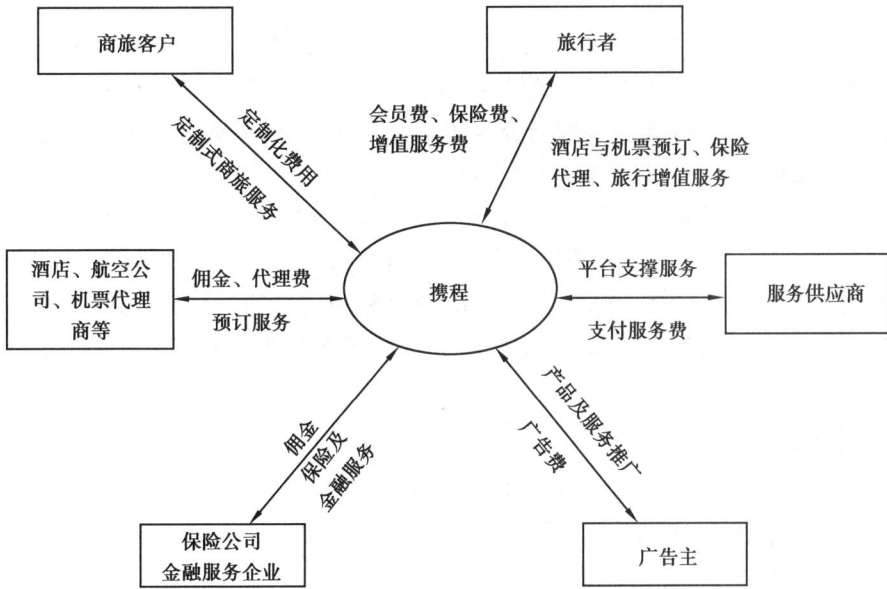

图 4.2　携程价值网络

## 4.3.2　商业模式

### (1)使命与愿景

携程以"成就完美旅程"为企业使命,构建一个整合了丰富多样的旅行产品、服务以及内容的旅行生态系统,令每一次旅行都个性化、便捷、令人愉快并启发灵感,致力于提升中国和全球旅行者的旅行体验和生活方式。

携程的愿景是"成为一家最可信任、最高效、最具责任心的旅行服务企业,从而为客户、伙伴和行业创造最大价值",服务是根本,是携程核心竞争力的源泉。

### (2)目标用户

携程致力于成为一站式旅行平台,搭建旅行者和旅行产品与服务供应商之间的桥梁。携程 CEO 孙洁曾经说:"我们的目标是,无论用户去哪里,我们都能够提供服务,包括发现最佳旅游景点、最佳价格、最佳服务。"携程定位于服务两个主要群体：旅行者、旅行产品与服务的供应商。

1）旅行产品与服务供应商

携程与大量旅行产品及服务供应商保持着良好的合作关系，这些供应商包括：生态系统合作伙伴（包括航空公司及其他机票合作伙伴、酒店及非标准住宿合作伙伴）和增值服务提供商（如保险公司、供应链金融企业），携程建立专门的团队来负责与合作伙伴之间关系的维护。广泛的供应商网络使携程在机票、酒店客房等资源方面不会极度依赖某一个供应商，其前五大客户对总收入的贡献不足 10%。另外，旅行产品与服务广告商、携程社区签约旅行家等也是携程生态中的一员，也属于携程的目标客户群体。

2）旅行者

携程平台的旅行者客户呈现高学历、高收入及高消费能力特征。根据易观分析研究，携程用户中等及以上消费水平人群占比超八成（其中 18.8% 属于高消费），年龄在 24~35 岁的年轻人群六成以上。而 Fastdata 极数研究表明，携程用户中本科及以上学历占比近六成，比整体在线旅游市场高出 9.3 个百分点；用户收入相比整体在线旅游用户的 TGI（Target Group Index，目标人群指数）指数为 127.5，均次消费相比整体在线旅游用户 TGI 指数为 148.3；男性占比相较女性高 7.8 个百分点；高消费能力（旅游消费>1 万元/年）Z 世代[①]旅游用户的携程 App 安装率达九成以上，远高于排名第二去哪儿网（68.4%）和第三名飞猪网（42.4%）。随着个性化旅游需求的增长，这些有钱、高知的年轻消费者将会成为未来携程重要的业务增长引擎。

**（3）产品与服务**

携程作为一个连接旅游行业上下游的 OTA 平台，其产品和服务主要是围绕旅游供应链上下游提供的各种产品与服务。

1）为旅行者提供的产品与服务

携程为个人旅行者和企业用户提供包括目的地内活动、周末短假游、短途旅行、跨境旅游、商务旅游等旅行预订，产品和服务涵盖涵盖经济、高端、定制、高端游等多选择。具体而言，携程为个人旅行者提供住宿预订、交通票务、旅游度假及目的地内活动、旅途中支持以及保费等旅行相关服务，还包括大量的旅行相关的 UGC（User Generated Content，用户生成内容）内容与 PCG（Professional Generated Content，专业生产内容）内容，以激发旅行者的旅行灵感，帮助其制定旅行计划，提升用户体验，满足个人旅行者的各种预订及旅行需求；携程自主研发了差旅管理系统，为企业级用户提供丰富的个性化商旅管理解决方案。截至 2020 年底，携程为旅行者提供的服务网络覆盖全球 200 多个国家和地区，涵盖 120 余万种全球住宿服务、480 多家航空公司的交通票务、31 余万个目的地内活动服务项目。

2）为生态合作伙伴提供的产品与服务

携程的生态合作伙伴由上游的酒店及非标准住宿提供者、航空公司及机票代理机构、旅

---

① Z 世代：指 1995—2009 年出生的一代人，由于一出生就与网络信息时代无缝对接，受数字信息技术、智能手机产品等影响比较大，又被称为"网生代""互联网世代"。

游景点等构成,目前已超过 3 万家。借助代理和批发模式,携程平台把生态合作伙伴的产品与服务和旅行者的需求进行有效匹配。一方面,为生态合作伙伴提供线上展示平台,对接全球用户群体,实现与用户的实时、高效互动;另一方面,携程把专有技术与平台海量数据相结合实现旅行洞察,借助平台的在线营销和内容创作工具、需求预测、行业洞察、动态定价引擎、一体化支付系统和供应链融资解决方案等,赋能生态系统合作伙伴,提高用户转化;另外,还通过信息系统匹配、深度合作等形式,帮助生态合作伙伴提高定价的效率和竞争力。

3)旅行相关服务

携程平台还提供网络广告及金融服务,主要包含:向生态合作伙伴提供高效、精准的营销规划和旅游媒体营销服务;向泛行业品牌合作伙伴提供广泛的广告服务;各种金融服务(包括向用户提供消费金融服务、向生态合作伙伴提供供应链金融以及其他金融解决方案)等。

(4)**盈利模式**

携程的收入由住宿预订、交通票务、旅游度假、商旅管理及其他收入构成,营收以"住宿预订+交通票务"为驱动力,带动旅游度假、商旅管理、其他业务等同步发展。

1)交通票务代理收入

采用代理模式,携程在平台上开展机票、火车票、汽车票、船票等票务的分销,以及以折扣价的形式提供诸如"机票+酒店"等套餐销售,在交易成功后,获取一定比例的交易佣金。另外,还提供交通票务预订收入占携程总营收的四成左右,但受国家"提直降代"政策影响,未来这部分营收增长空间变窄,租车服务有望成为新的增长点。

2)住宿预订交易佣金

以"批发+代理"模式开展业务,以批发模式为主。其中:代理模式下,为消费者提供住宿的"即时预订",交易成功后抽取一定比例佣金;批发模式下,携程以合约形式事先从住宿供应商处获得一定数量保留房,在自己平台对这些保留房进行销售,并根据每个月房间销售情况与供应商进行结算,获取激励性佣金。目前,住宿预订收入占携程总营收四成左右,庞大的住宿房源以及"星球号"带动的文旅私域流量发展,为携程住宿预订业务收入提供了强有力的支撑。

3)旅游度假服务营收

携程为休闲旅行者提供跟团游、半跟团游、定制游和不同交通安排的打包旅游服务以及目的地内活动服务,通过将旅游度假产品及服务打包,向平台合作伙伴收取旅游度假产品及服务的中介费。随着消费者个性化旅游需求的增长,这部分收入有望进一步增长。

4)商旅管理收入

携程基于服务费模式与企业签订合同,向公司客户提供包括交通票务、住宿预订及旅游度假服务的旅行预订,并开展线上和线下服务,获得佣金。随着企业对商旅管理降本增效的专业化管理需求的增长,基于自研的商旅管理技术,为企业提供个性化全方位商旅管理服务,有望成为携程未来盈利增长点。

5)其他业务收入

这部分收入主要来自平台广告、金融服务、其他增值服务。其中,广告服务方面,通过为生态合作伙伴提供平台广告服务收取广告费;金融服务方面,收入主要来自消费融资,向用户及生态合作伙伴提供信用贷款,向金融服务生态系统合作伙伴收取佣金。目前,这部分收入的总营收占比较低,但未来增长潜力巨大,这源于两个方面的原因:一方面,随着交通、酒店、旅行社等供应商销售和客源压力的增长,供应商在携程平台上增加广告投入会是一种趋势;另一方面,2020年携程通过股权收购方式间接获得支付牌照,未来支付、保险及消费金融业务将会为携程带来跟多营收可能。

### (5)核心能力

巴菲特的"护城河理论"指出,企业的持续竞争优势主要来自无形资产、转换成本、网络效应和成本优势四个方面,竞争优势是一个公司核心能力的体现。携程的核心能力来源于蛛网式产业链布局形成的规模效应和平台服务带来的高用户黏性。

#### 1)通过蛛网式扩张实现规模效应

互联网领域存在"强者愈强"的马太效应,规模本身就是企业的护城河,携程从成立起,就一直关注旅游业互补类业务的投资机会,借助战略投资和并购,实现蛛网式扩张。目前,蛛网式布局下的"携程系",已覆盖在线旅游产业所有赛道,在中国拥有最多的机票和酒店住宿资源,把平台规模做到了行业第一。广泛的业务布局、丰富的产品与服务种类,使携程具备了最好的行业实践经验,形成了高效、优质的运营与服务流程,为携程带来强大的规模效应,具备把单个订单的边际成本和平均成本控制在相对较低水平的能力,并通过整合庞大的供应链,发挥集体作战的协同作用。Fastdata极数数据显示,2020年携程系市场占有率58.2%,CR3[①]达77.1%(携程40.7%+去哪儿17.5%+美团18.9%),中国在线旅游市场呈现"一超多强"格局,而携程遥遥领先。

#### 2)品牌知名度形成高价值用户黏性

携程进入在线旅游行业较早,凭借先发优势,建立了较高的品牌知名度。多年来,携程基于对平台海量数据的洞察,不断地优化和创新产品来迎合消费者的旅游需求变化。凭借服务好、旅游产品种类多、品牌知名度高,携程位列旅游品牌知名度榜首。根据品牌排行网Maigoo数据,携程在"2020—2021旅游网站十大品牌排行榜""品牌销量榜""口碑投票榜""人气品牌榜"等榜单中均位列第一,是最受欢迎的在线旅游平台。另外,初期主打商务旅行业务的携程,积累了大量中高档酒店合作资源,这正好与消费升级及95后旅游消费者需求相契合,再结合携程的行业知名度及平台丰富、齐全的旅行产品与服务,吸引了大量的年轻、高消费的旅游者用户,成为最受喜爱的在线旅游平台,旅行新客90日复购率行业第一,较高的品牌知名度和良好口碑为携程带来持续的高价值流量,并形成高用户黏性。

#### 3)通过持续技术创新赋能运营

携程凭借其在在线旅游行业二十余年的经验与技术积累,持续优化技术、改善用户体验,以保持自身在旅游行业创新领域的领导地位。一方面,基于用户支持云平台,为在线旅游全渠道用户提供多样化的用户支持产品和解决方案,保证流量高峰时段的高效运营,提升用户支持效率与用户体验;另一方面,利用大数据及人工智能技术,结合平台海量旅游相关

---

① CR3:CR(Concentration Ratio)指行业集中度,CR3即行业内规模前三的企业。

数据,提供流量预警、民航大数据分析、航班延误预测及旅游知识图谱等信息,提升生态合作伙伴的营销精准性和运行效率;另外,携程还基于专有的搜索引擎及交易引擎,缩短搜索延迟和处理时间,保证搜索结果质量的同时,确保良好的用户体验。

### 4.3.3　技术模式

携程一直注重技术研发,以技术和基础设施支撑线上线下流量和业务增长。产品研发是携程最大的部门,研发费用总营收占比一直在 30% 以上,远高于同业中同程艺龙(20% 左右)和 Booking(低于 5%)。持续的高研发投入,让携程建立起了高性能、高可靠性、高扩展性的信息技术基础设施,并支撑业务运营的各个层面。目前,携程 75% 的移动应用程序实现了自动化支持,大幅降低了服务成本,并通过研发来赋能合作伙伴,借助技术实现对内容生态的重构。

#### (1)人工智能与大数据技术

携程拥有先进的人工智能、大数据分析技术以及大量核心专利,使其在行业内处于技术领先地位。携程利用自然语言处理、语音识别、机器视觉、人机对话等多项大数据及人工智能技术为多项应用提供信息,这些应用包括流量预测、民航大数据分析、航班延误预测以及旅游知识图谱等,这不仅有益于提高用户服务水平,也可以赋能生态合作伙伴。

1)用户服务方面技术

人工智能和大数据技术被用于优化搜索排名、个性化推荐、用户体验提升、用户互动强化、用户分享内容的分享与查看等。其中,用于优化运营效率的用户服务云平台的核心技术包括客服系统(CtripIM)、呼叫中心(Softswitch)技术、预测式外呼(SoftPBX)技术等,这些技术支撑使携程能够高效地响应和处理用户请求,在流量高峰时段保证系统的稳定性和可用性前提下,提供客服支持。

2)生态合作伙伴赋能方面技术

主要包括电子预订系统、机票价格错误监控系统,主要用于高效精准营销、基于游客偏好分析、精准需求预测等,帮助生态合作伙伴优化运营效率。

#### (2)搜索及交易引擎

携程自主开发了专有的机票搜索和住宿搜索技术,用于提升平台的效率以及业务拓展。这些技术能够支持处理平台上全球产品的海量数据,借助优化算法来降低搜索的计算成本,缩短搜索延迟和处理时间,确保良好的用户体验。

1)机票搜索及交易技术

携程的机票搜索技术包括搜索引擎及个性化推荐系统。一方面,这些技术支撑着全球旅行者每天数亿次关于出发或抵达城市相关的多语言个性化查询任务;另一方面,这些技术为生态合作伙伴提供智能竞价工具,使其以科学的定价来获取竞争优势。此外,携程通过旅行信息技术系统与线上交易平台的深度整合,帮助航空公司降低运营成本实现收益最大化。

2)住宿搜索及交易技术

携程的住宿搜索技术包括酒店匹配系统、酒店大数据平台以及模型算法。这些技术可以支持每天数十亿次查询,平均响应时间行业领先,支撑着平台每天平台上数百亿数据的查询与运算处理,包括针对多种客房房型、客房状态以及持续更新的每日房价等数据的查询与计算处理。另外,通过与世界各地酒店客房销售站点连接,携程技术支撑多币种、主流信用卡的在线住宿交易支付。

### 4.3.4 经营模式

**(1)市场拓展管理**

1)国内市场拓展

携程通过蛛网式投资与并购逻辑来打通上下游,对国内旅游市场全产业链进行布局。从 2000 年收购商之行开始,携程不断投资和收购 OTA、酒店、交通、旅游搜索、社区、餐饮及本地生活、旅行社等旅游相关赛道的领先平台(比如,去哪儿:95 后年轻用户,性价比高;同程艺龙:下沉市场,背靠微信平台大流量)布局旅游全产业链;在不断丰富旅游产品和服务类型的同时,以携程社区为基础发力内容营销,2018 年上线"旅拍"、2020 年推出旅行直播、2021 年上线星球号,积极探索旅游业服务内容闭环,逐步实现"领先的一站式旅行平台"的目标。

2)国外市场拓展

携程基于"自营品牌为核心,合作+投资双轮驱动"的战略,以直营业务基础,采用"合作+投资并购"的方式,进行中国港台、亚洲、欧美等市场的拓展,具体包括:①直接收购或入股海外 OTA 平台。比如,2016 年收购旅游搜索平台 Skyscanner(天巡)、2017 年并购 Trip.com、2020 年收购荷兰 OTA 集团 Travix 等。②与各大国际酒店集团建立分销协议。目前,携程与主要国际酒店品牌基本都建立了分销合作关系。③与国际 OTA 平台建立战略合作关系。比如,2016 年与租车公司 Enterprise、2019 年与猫途鹰(TripAdvisor)签署战略合作。④与海外分销商签订分销协议,成为其下一级分销商。比如,与 Amadeus(2019 年)、Hotelbeds(2020 年)签订分销协议。⑤在海外设立分公司和呼叫中心。在爱丁堡、首尔和东京自建海外呼叫中心,以全球统一的标准来服务当地客户,自建呼叫中心为携程带来显著的杠杆效应,是携程成本能持续降低、保持持续竞争优势的关键,也是携程相比 Booking 的一大优势(Booking 的呼叫中心服务采取外包形式)。⑥建立海外地面推广团队。携程在日本、韩国、新加坡、马来西亚、印度尼西亚、泰国、菲律宾、越南、柬埔寨、美国、英国和澳大利亚等地都建立了销售团队,实施地推式营销推广。

**(2)营销管理**

携程通过线上线下相结合方式,借助多种形式实施营销与推广。营销管理方面主要包括:

1)品牌推广

携程的品牌推广主要有三类:线下广告方面,主要是在公共区域大屏广告、交通枢纽(机场、火车站以及公交站点)广告牌上投放广告;娱乐及媒体合作方面,主要包含邀请明星代言,在电视电影中植入携程的品牌及产品,以及与其他娱乐渠道合作;线下品牌推广方面,通过线下的七千余家门店,提高下沉市场消费者对携程的品牌认知。

2）效果类广告

携程的效果类广告投放渠道有三种：第一，与领先的线上渠道（如搜索引擎、浏览器、导航网站等）合作，通过关键词投放、目录链接建设等，提升携程的曝光和点击率，并与专业的公司合作开展推广和公关活动；第二，在门户网站以及流行 App 上投放广告，与主流手机制造商合作预装携程应用程序；第三，积极尝试新兴的移动营销渠道，比如直播、内容营销等。

3）交叉营销

携程积极与国内主要航空公司、连锁酒店、金融机构、电信运营商、电子商务及互联网公司等生态合作伙伴开展广泛合作，实施交叉营销。比如，将携程的产品与服务与航空公司的机票里程计划会员绑定；与金融机构联合发行联名信用卡，开展信用卡积分兑换旅行产品与服务活动；其他平台消费积分兑换旅行奖品或其他礼品活动。

4）旅游营销枢纽战略

携程在 2020 年 3 月发布了"旅游营销枢纽"战略，采用"1+3"的模式推进，即：以 1 个星球号为载体，聚合流量、内容、商品 3 大核心板块，叠加丰富的旅行场景。其中，流量是指在大数据、算法、私域流量管理的支持下，提供目标人群画像，实现流量的定向分发和广告投放；内容是指通过直播、榜单、社区来打通线上线下内容渠道；商品是指预售、优惠和促销等多种营销手段。该战略致力于打造营销生态循环系统，在为用户提供更为优质多样服务的同时，通过提供更多营销服务，赋能旅游生态合作伙伴，实现旅游生态的价值共创。

（3）**支付管理**

从 2011 设立保险代理公司至今，携程已经在金融板块进行深度布局，支付、保险、消费金融等业务均有涉及，并于 2020 年 9 月通过间接收购方式，获得第三方持牌支付机构"上海东方汇融信息技术服务有限公司"的控制权，间接获得支付牌照。自此，携程可以开展互联网支付（全国）、预付卡发行与受理（上海市）业务，为携程的业务补齐支付短板。但基于自身金融业务产品布局深化，预计携程并不会放弃支付宝等第三方接口，更多会是将自己支付产品作为默认首选付款通道，并进行旅游金融相关业务深度探索。

（4）**客户关系管理**

客户服务一直是携程核心竞争力来源之一。携程通过客户服务中心上万名客服人员以及大量机器人客服提供 21 种语言的 24/7 全天候、标准化、快捷的客户服务，为用户提供全方位保障。此外，携程通过"六重旅游保障""先行赔付""全球旅行 SOS 应急机制""阶梯退改"等措施，实现包括一站式售后支持、行程前预警、重大事故赔偿、特殊情况退款、应急支援等在内的全面售前售后服务，服务标准行业领先。目前，携程在全球建有上海、南通、广州、马尼拉、东京、首尔、爱丁堡共 7 个客户服务中心，为全球用户提供全方位的客户服务。

### 4.3.5　管理模式

（1）**以客户为中心的企业文化与服务理念**

1）价值观

携程的价值观包括五个词语：客户（Customer）、团队（Teamwork）、责任（Respect）、诚信

(Integrity)、伙伴(Partner),缩写为"CTRIP"。价值观已经深植到携程的经营理念之中,其秉承"以客户为中心"的原则,以团队间紧密无缝的合作机制,以一丝不苟的敬业精神、真实诚信的合作理念,建立多赢的伙伴式合作体系,从而共同创造最大价值。

2)服务理念

服务是携程的核心,2020年12月,携程发布全新的"H-E-A-T"服务理念,具体指:暖心(Heartwarming):保持带着微笑的声音与同理心,用多一步的服务填补规则缝隙;简单(Effortless):化繁为简,降低客户费力度,减少客户思考成本;主动(Active):积极地发现问题,有前瞻性、有遇见性地解决问题;信任(Trust):用专业和可靠的服务,赢得客户对携程的信任。服务理念升级后的携程,致力于从员工对客户和合作伙伴层面,以及从系统和服务设计上,都追求提供"暖心、简单、主动、信任"的服务。

**(2)稳定的公司董事及高层管理团队**

携程董事会人员构成稳定,管理层从业经验丰富。目前,携程董事会共有9名董事,其中梁建章(董事会执行主席)、范敏(董事会副主席兼现任总裁)、沈南鹏(独董)、季琦(独董)均为携程联合创始人。管理层方面,公司联合创始人、董事会执行主席梁建章曾在2000—2006年、2013—2016年两度担任公司首席执行官,担任新浪、MakeMyTrip Limited、首旅酒店集团、同城艺龙等多家企业董事,曾在途牛旅游网、上海一嗨租车、前程无忧、世纪佳缘、如家酒店集团董事会任职,从业和管理经验丰富。其他董事、高管都具有国内外名校硕士及以上学历,均拥有15年以上从业经历,为携程良好的运营管理提供有力支撑。

**(3)矩阵式组织架构**

携程2013年将组织架构从金字塔式改为矩阵式,以提高决策和运营效率。在矩阵式组织架构下,携程成立了五大事业部:酒店事业部、机票事业部、无线事业部、旅游度假事业部和商旅管理事业部,各事业部分别由副总裁级别的高管亲自领导,提高决策效率和研发速度。

技术赋能在提升携程运营效率的同时,不断优化员工结构。产品研发和客户服务员工一直占携程员工总数的八成左右,但二者的占比近年来出现了对换。其中,产品研发人员占比逐年上升,从2015年的36.77%上升到2020年的48%,这主要源于携程一直致力于提升自研的人工智能技术,注重技术投资;客服人员占比逐年下降,从2015年的51.61%下降到2020年的29.96%,这源于人工智能技术在携程客户服务中应用的深化,是携程技术赋能运营的成就。

**(4)股权式人才激励**

携程通过股权激励吸引和留住人才,且热衷于期权激励。根据携程2020年财报显示,携程上市的18年中,共做过5次股权激励计划,分别是:2000年员工股票期权计划、2003年员工期权计划、2005年员工股票期权计划、2007年股权激励计划、2017年全球股权激励计划。其中,2000、2003、2005、2007年发布的股权激励计划的基本条款相似,且均已到期,2017年的全球股权激励计划在2018年和2019年进行了两次修订。这些股权激励计划用以吸引和留住最合适的人员担任重要职务、激励员工、高级管理人员和董事。

### 4.3.6 资本模式

**(1)重要收购活动**

携程的重大收购活动主要有三笔,它们是当今携程主要股东的重要来源。具体包括:

1)携程与百度换股,收购去哪儿

2015 年 10 月,携程通过增发普通股的方式与百度换股,取得去哪儿 45% 的投票权,收购去哪儿。2016 年 10 月,去哪儿启动退市计划并于 2017 年 2 月完成私有化交易从纳斯达克退市,携程是其私有化交易的买方之一。截至 2021 年 4 月,携程持有去哪儿 43% 的投票权,百度则一直是携程最大股东,持股比例 11.5%。

2)携程收购天巡(Skyscanner),布局全球扩张

2016 年 12 月,携程以约 14 亿英镑(包括 12 亿英镑现金及携程股份)收购英国旅行搜索网站天巡(Skyscanner)。同年,携程与途家、美国三大华人地接社(纵横、海鸥、途风)开展战略合作,自此,携程开启了全球扩张之路。

3)携程通过与 Naspers 换股成为 MakeMyTrip 最大股东

2016 年 1 月,携程以可转换债券的方式,投资被誉为印度版"携程"的 OTA 企业 MakeMyTrip;2019 年 8 月,携程与 Naspers 完成换股交易,Naspers 拥有携程约 5.6% 已发行普通股,携程拥有 MakeMyTrip 全部普通股和 B 类股份。最终,携程约 49.0% 投票权成为 MakeMyTrip 最大股东,而 Naspers 则拥有携程 5.5% 股权。

**(2)香港联合交易所二次上市**

2021 年 4 月 19 日,携程集团正式在香港联合交易所上市,股票代码 9961.hk。这是继 2003 年在美国纳斯达克上市后,携程的第二次上市,最终发售价锁定在每股 268 港元,共计发行 316.356 万股普通股,若不计其他因素,二次上市的募资净额超过 83 亿港元,所得款项主要用于三个方面:

①拓展一站式旅行产品与服务,占募资总额的 45% 左右。

②整合后端技术,具体用于改善人工智能、大数据分析、虚拟现实及云技术的应用,以使大量的旅行数据转化为商业智能及运营知识,持续优化个性化推荐、自动化智能的用户支持,以巩固其市场地位,并提高经营效率,占募资总额的 45% 左右。

③一般公司用途、营运资金需求及战略投资与收购,占募资总额的 10% 左右。

### 4.3.7 总结与建议

**(1)成功经验**

1)注重技术创新对运营的赋能

技术创新已经融入携程运营的各个方面,赋能其不断创新产品与服务,助力旅游生态的良性发展。比如,上线自主退订通道解决 2020 年疫情暴发初期订单退单带来的人工客服工作量暴增问题;利用数字技术对携程直播进行平台化迭代及打造"星球号"新型旅游消费场景;基于智能客票综合解决方案赋能国内机场提升客运中转效能;通过差旅管理系统助力企业差旅管理费用降低。总之,持续的技术创新对业务的赋能,使携程能够一直保持旅游产品

与服务领域的市场领先地位。

2）全方位客户服务管理

携程的价值观中最重要的是服务，其一直秉承"以客户为中心"的原则。从成立至今，携程将服务过程不断细化，分割为多个环节，以细化的指标控制不同环节，建立起一套精益服务体系。同时，还将制造业的六西格玛质量管理体系成功运用于旅游客户服务中。当前，客服中心拥有1万余名员工，秉承"H-E-A-T服务理念"，为客户提供24小时×365天不间断优质服务，服务涵盖旅游前、旅游中、旅游后全过程，形成先行赔付、有房保证、保障基金、CES体系等保障机制，确保平台消费者无后顾之忧。目前，携程客户服务中心通过了4PS国际标准五星级认证，各项服务指标均已接近国际领先水平，并不断提升在客户服务上的可靠性、便捷度、周全度、亲切度、专业度，打造服务口碑，使"客户服务"成为携程最重要的竞争优势。

**（2）发展建议**

1）创新发展数字文旅，助力构建双循环发展格局

我国正在加快构建以国内大循环为主体、国内国际双循环相互促进的新发展格局。旅游业作为外向型综合性产业，天然带有内外循环属性特征，是拉动经济发展的重要动力，更是落实我国双循环发展战略的最佳产业平台之一。同时，《中共中央关于制定国民经济和社会发展第十四个五年规划和二〇三五年远景目标的建议》明确指出要推动文化与旅游融合发展。因此，在未来的发展中，携程应积极探索旅游新业态，不断创新旅游产品与服务。一方面，通过积极探索文旅数字产业化，为数字文旅提供技术、产品、服务和解决方案，深入发掘旅游产品和目的地文化内涵，推动国内旅游业的数字化升级，带动国内旅游市场发展。另一方面，通过多种媒体渠道拓宽我国旅游产品受众面，提升我国旅游产品知名度，注重以多种语言开发在线旅游资产，细化旅游设施建设及管理，通过深度开发入境游市场，优化旅游业对外开放，促进国内国际双循环。

2）拓展获客渠道，提升高价值用户黏性

在线旅游市场随着移动互联网的普及以及旅游市场的扩张而不断发展，下沉市场的旅游需求被激活，而Z世代的崛起则带动着个性化旅游需求的增长。近年来，美团、阿里等互联网巨头纷纷布局在线旅游，进入在线旅游下沉市场，这给携程未来带来较大的竞争压力。面对激烈的市场竞争，在保持高星酒店、精品私家团等高端旅游市场优势地位的同时，携程应积极在拉新、留存上进行探索。一方面，可通过发展线下门店等形式，吸引下沉市场以及老年游市场用户，拓展低成本获客的渠道；另一方面，应不断创新个性化产品与服务，探索内容营销新模式，吸引Z世代在线旅游高消费人群，提升高价值用户的黏性。另外，基于自身的商旅管理经验与技术，携程也可以积极拓展商旅客户，为企业商旅提供个性化定制服务，提高商旅服务的盈利能力。

□ 基于互联网和团队的练习

**（1）网约车平台商业模式分析**

在共享经济背景的影响下，人们出行方式发生了很大变化，其中如滴滴出行等网约车平

台就是通过将私人资源公共化来解决人们打车用车难的一种共享出行的网络经纪平台。2020 年是网约车进入中国的第十个年头,网约车的增长模式已基本稳定,发展速度放缓。随着网约车合规化进程的发展,网约车企业传统"单一"平台模式的弊端越来越明显,网约车企业们纷纷寻找新的业务模式,以求在激烈的竞争环境中占据优势。网约车平台在制定商业模式的时候,必须思考可以给出行的消费者带来什么样的价值和便利(提供产品与服务的价值主张);给出行用户带来价值之后平台如何从中盈利(盈利模式),有什么资源和能力可以给客户和公司同时带来好处(核心竞争力)。请按照结合相关调研额资料,从产品和服务创新、盈利模式创新和核心竞争力培育创新等角度来探索网约车商业模式创新。

(2)互联网平台经济治理

网络经纪平台是平台经济的重要组成部分,平台经济在给生产生活带来巨大效益的同时,也面临垄断造成竞争短板的难题。规模经济、数据驱动等优势在增进平台企业效率的同时,也可能造成强者愈强的马太效应。由于垄断,导致平台"二选一"、大数据"杀熟"等已成为平台企业饱受争议的热点与焦点问题,这类问题不仅关系到平台领域公平竞争与自由交易的正当竞争利益的实现,更与广大的平台普通用户的利益息息相关,平台经济的深入发展呼唤竞争法治的变革。请在调研基础上,结合国内相关平台经纪企业经营存在的问题,提出完善平台治理的思路与建议。

□ 基于网上创业的学习

(1)淘宝网店经营

①通过淘宝大学学习有关淘宝开店流程、店铺装修、店铺经营与管理等方面的知识,或购买相关方面的书籍。

②通过支付宝认证、注册淘宝会员,发布规定商品后,开通淘宝普通会员店铺,选取比较熟悉的行业或产品进行试验经营,并对普通店铺进行装修。

③团队合作,开通淘宝直通车,比较在使用淘宝直通车前后店铺与店铺宝贝在淘宝网全域搜索结果上的变化,并在此基础上分析一段时间内相关产品的买家行为。

④团队分工协作进行店铺日常运营管理,不断学习与总结经验,持续优化经营管理。

(2)第三方电子商务平台创业计划与实践

虽然国内各行各业的第三方电子商务平台发展迅猛,数量众多,但在巨大需求长尾下,仍然还有许多利基市场可供开发。请结合大学生的长尾市场需求,以某种特色产品与服务为切入点,整个供应商和大学生买家资源,撰写一个垂直行业(产品与服务)的第三方电子商务平台创业计划书,有条件可构建团队进行创业实践。

**本章参考文献:**

[1] 东吴证券.阿里巴巴:详解强劲增长背后的生态战略与商业[EB/OL].[2019-08-21].

[2]阿里研究院.2017 阿里巴巴商业服务生态白皮书[EB/OL].[ 2018-05-31].

［3］周诗雨.不同生命周期阶段下互联网企业的资本运作与股权结构——以阿里巴巴为例［J］.财经界,2017(02):126,189.

［4］华创证券.阿里巴巴商业帝国的基本盘是如何炼成的？［EB/OL］.［2019-09-08］.

［5］搜狐网.菜鸟的物流江湖［EB/OL］.［2020-04-09］.

［6］腾讯网.阿里对182亿罚单深刻反思,反垄断"重锤"之下巨头如何自处？［EB/OL］.［2021-04-12］.

［7］阿里巴巴.阿里巴巴集团香港上市招股说明书［EB/OL］.［2019-11-15］.

［8］易观.2020年中国在线旅游市场观察［R］.易观分析,2020.

［9］易观.中国在线旅游市场年度综合分析2020［R］.易观分析,2020.

［10］易观.中国在线旅游市场年度综合分析2021［R］.易观分析,2021.

［11］2020年中国在线旅游行业报告［R］.Fastdata极数,2021.

［12］2020年中国在线旅游行业95后用户数据报告［R］.Fastdata极数,2020.

［13］易永坚.深度复盘OTA龙头,蛛网式布局迈入全球化［R］.平安证券,2021.

［14］刘文正.国内在线旅游龙头,良性供需生态构筑经营壁垒,下沉+出海寻未来成长空间［R］.安信证券,2021.

# 第 5 章
# 网络零售模式案例分析

## 5.1 网络零售概述

### 5.1.1 网络零售定义

网络零售是指买方与卖方以互联网为介质进行商品交易活动,也就是应用互联网进行信息的组织与传递过程,从而实现商品(有形或无形)所有权的转移与消费。买方和卖方通过电子商务达成信息流、资金流和物流的交易活动。

网络零售模式就是生产企业、零售企业或者个体商户,利用互联网渠道实现商品销售,从而获取销售利润的一种互联网应用模式。

中国经济转型发展跨入"产业升级"全新时代,"互联网+"成为"产业升级"的重要途径,促进了电子商务产业高速发展,特别是网络零售业的迅猛发展。无论是网络零售交易额,还是实物商品网上零售额,占社会消费品零售额比例均有明显增长。网络零售对消费市场的贡献作用持续提升,步入稳定发展阶段,市场格局相对稳定。

随着以国内大循环为主体、国内国际双循环的发展格局加快形成,网络零售不断培育消费市场新动能,通过助力消费"质""量"双升级,推动消费"双循环"。在国内消费循环方面,网络零售激活城乡消费循环;在国际国内双循环方面,跨境零售发挥稳外贸作用。网络零售行业已成为支撑中国经济转型和社会发展升级的重要组成部分,而且对传统零售业、制造业、物流业和金融业等产业带来较大影响。

### 5.1.2 网络零售分类

#### (1)按开展网络零售的途径划分

1)自建网上商城零售

企业自己建设网上商城推介并销售产品,该商城属于企业私有并自主经营。自建私有网上商城的优点是企业拥有完全的自主权,不必受制于其他平台;可以开展形式多样的销售活动,更好地维系客户关系;可以在发布产品信息的同时宣传企业文化,有利于形成企业品牌。自建网上商城,需要硬件的投资和人员的配备,还要进行推广和宣传,维持大量的在线客户。这种形式适合于大型企业,比如,小米、华为等企业就是采用这种形式。

2)依托第三方平台零售

企业通过电子商务平台实现商品销售。电子商务平台是指由第三方(销售企业、消费者之外)开设、同时容纳多个卖家、买家的电子市场。电子商务平台能够在网络零售环节保持中立,大量销售企业通过平台发布信息,吸引更多的顾客访问平台,从而增加销售企业的商业机会。网络零售企业依托电子商务平台销售,能够拓展销售渠道,降低网店建设成本和销售费用,提高销售效率。这种形式适合于中小型企业或者个体商户,比较典型的网上开店第三方平台有淘宝、唯品会等。

3)混合方式零售

企业自己既建有网上商城,又借助第三方电子商务平台实现商品零售。采用这种形式的企业往往通过自有网上商城增强销售独立性和品牌忠诚度,又借力第三方平台的流量优势增加产品销售额。这种网络零售形式结合了前两种形式的优点,目前情况下,越来越多的大型企业开始采用这种形式。

**(2)按网络零售在企业中的地位划分**

1)主营网络零售

网络零售在企业的产品销售中占据主要地位,或者企业就是依托网络零售发展壮大起来的。但随着市场形势的变化,企业在继续开展网络零售的同时,也采用传统的销售方式,比如线下代理制的间接销售渠道。三只松鼠就是主营网络零售的典型企业。

2)辅助网络零售

传统企业为了顺应互联网和电子商务的快速发展,拓展企业的销售渠道,扩大市场份额,也纷纷开展网络零售。但这种网络零售渠道往往只是企业传统销售的补充,在企业的整体经营运作中起着辅助作用,比如汽车行业。

3)单一网络零售

企业以现代化网络零售平台为核心,配合完善的供应链管理方式及高效的配送系统,为消费者提供高品质的产品与服务保障。开展此类型销售的企业一般没有自己的传统销售渠道,网络零售是企业唯一的销售渠道,比如聚美优品等企业。

### 5.1.3 网络零售特征

**(1)技术的渗透性**

网络零售以互联网和移动互联网为依托,深度应用大数据、云计算、人工智能及区块链等技术,对零售全环节进行信息化渗透,进而实现对零售流程与模式的优化与创新。运用大数据技术,可通过业务数据化,对后台的海量数据进行分析,精准描绘目标顾客画像,实现商品的精确投递;运用云计算技术,通过在云端构建的零售 IT 架构,可支持业务快速创新,用数据智能支撑最优决策,解决技术、业务、数据的统一问题;运用人工智能技术,可实现零售商品的自动预测备货、智能选品,以及智能分仓调拨;运用区块链技术,商家可解决在商品溯源及流通、消费者隐私保护等方面的痛点,从而大幅提升信息安全及协同效率。网络零售正是通过先进信息技术在各个环节中深度渗透,才得以为广大消费者营造更为优质的消费环境。

### (2)销售的便捷性

在传统销售中,顾客的购物时间要受制于自己的空闲时间和传统商店的营业时间,而网络零售实现了全天候对顾客开放,顾客可以在自己方便的任何时候进行购物。同时,网络零售的无地域性,可以让顾客足不出户购买到不同地区乃至不同国家的商品,也为较小城市及较偏远地区提供了多种多样、过去无法购买的产品。另外,网络零售顾客还能享受到快速选购、商品对比、在线支付和送货上门等购物便利。

### (3)商品的丰富性

网络零售的商品数量多,种类齐全,可以包含国内外的各种产品,充分体现网络的优势。在传统销售中,无论企业的实体店铺空间有多大,它所能容纳的实体商品都是有限的,而网络零售网站则是商品的信息展示,陈列的商品只是数据形式,不具有实体性,所以网络零售的商品可以无限丰富。另外,针对一些顾客群体狭窄的小众商品,在传统销售渠道中很难买到,但在网络零售中能很容易地搜索到,甚至于很多网络零售企业主营的就是"小而美"商品。

### (4)交易的高效性

网络零售大大减少了传统销售中的流通环节,改变了销售渠道。同时,推动销售基础从工业经济基础设施到以互联网、云计算为核心的信息经济基础设施的变革,从而提高了交易效率。据阿里研究中心测算,网络零售的交易效率是传统实体销售的 4 倍。

### (5)信息的时效性

网络零售企业商品信息的更新,只要将新商品的图片、介绍资料上传到网站,或者对商品信息、价格进行修改,购买者就可以看到最新的商品信息了,而且立刻在全球范围内统一更新。而在传统销售模式中,新旧商品的更替,信息价格的调整,都需要较长的时间。因此,在修改商品信息或调整价格,特别是要在较大地域范围内统一修改时,传统销售的时效性远远落后于网络零售。

### (6)成本的节约性

对于网络零售企业来说,可以根据销售订单来进行产品生产或商品调配,所以能使资金更好地流动,大大降低企业的库存成本;产品的宣传和销售都是借助网络实现,节约了企业的人力成本和营销成本。对于消费者来说,网络零售模式提供了详细的产品信息,消费者也能更快更容易地比较产品的特性及价格,从而减少了产品的搜索成本;网络零售取消了分销渠道中各级代理商,降低了渠道成本,使总成本及产品价格降低,消费者因此而节约了支出成本。

### （7）服务的高质量性

网络零售企业通过网络交互式的交流沟通,可以与顾客建立充分的互信关系,更好地满足顾客的心理需求。同时,企业通过网络维系良好的客户关系,及时了解顾客对产品的意见和建议,并针对这些意见和建议提供技术支持和服务,迅速解决顾客在产品使用中遇到的问题,提高服务质量,提升顾客的信任度和忠诚度。

# 5.2　案例1——京东:多快好省的力量

## 5.2.1　基本情况

京东集团(www.jd.com)定位于"以供应链为基础的技术与服务企业",目前业务已涉及零售、科技、物流、健康、保险、产发和海外等领域。经过20多年的发展,京东坚守"正道成功"的价值取向,从"多、快、好、省"4个方面为消费者提供良好的购物体验:"多":品类齐全,轻松购物;"快":多仓直发,极速配送;"好":正品行货,精致服务;"省":天天低价,畅选无忧。

在京东的商务模式中,涉及的利益相关者主要包括供应商、第三方卖家、合作伙伴(运营商、基金等)和消费者,其价值网络如图5.1所示。

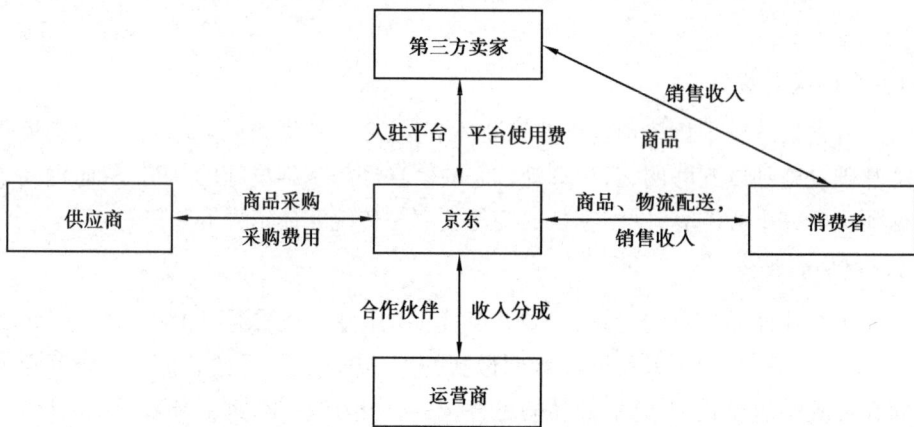

图5.1　京东价值网络

## 5.2.2　商业模式

### （1）使命与愿景

京东集团奉行"客户为先、诚信、协作、感恩、拼搏、担当"的价值观,以"技术为本,致力于更高效和可持续的世界"为使命,愿景是"成为全球最值得信赖的企业"。为个人用户和企业用户提供人性化的全方位服务,努力为用户创造亲切、轻松和愉悦的购物环境,不断丰富产品结构,以期最大化地满足消费者日趋多样的购物需求。

（2）**目标客户**

京东零售的目标客户主要定位于网络购物活跃人群,从最早的 3C 数码消费者,不断拓展用户群,包括低层市场用户、女性用户等。京东 2020 年的活跃购买用户数达到 4.719 亿,较 2019 年度的 3.62 亿新增近 1.1 亿活跃用户。通过京喜、京东极速版以及服务下沉市场的 1.5 万家京东家电专卖店等,京东实现了对下沉市场用户的深度触达,2020 年超过 80% 的新增活跃用户是来自下沉市场。

（3）**产品与服务**

1）零售业务

京东的零售业务涉及多个品类:作为家电购买平台,为大中城市和乡镇市场的消费者提供丰富多元、满足各种个性化需求的高品质家电和一站式优质服务;京东手机与品牌商、运营商保持了长期紧密的合作,共同推动了 5G 生态发展;京东超市已经成为众多知名国际快消品牌的全渠道零售商,在全国多个城市、区域建立起了完善的全品类即时消费的零售生态;全品类发展的京东生鲜通过七鲜超市、七鲜生活等业态,线上线下相结合,为消费者创造最佳体验;京喜,以"省出新生活"为价值主张,旨在成为老百姓生活消费的首选平台;京东美妆吸引了大量店铺入驻;京东运动在提供品质运动消费的同时,提供"互联网+体育"的一站式解决方案;京东居家为消费者提供高品质的家装、家具、家居日用产品及服务;京东国际,打造可信赖的进口商品一站式消费平台;京东生活服务围绕汽车、房产、文旅、拍卖、鲜花园艺、本地生活等场景,高效整合全产业链资源,为消费者提供了连接线上和线下、囊括实物和服务、覆盖日常生活各方面的丰富选择。

2）技术产品与服务

京东科技专注于以技术为产业服务,致力于为企业、金融机构、政府等客户提供全价值链的技术产品与解决方案。依托人工智能、大数据、云计算、物联网等前沿科技能力,打造出面向不同行业的产品和解决方案,以此帮助各行业企业降低供应链成本,提升运营效率。融合了原京东数科与京东智联云两大技术业务板块,京东科技现已成为整个京东集团对外提供技术服务的核心输出平台,拥有深入的产业理解力、稳健的风险管理能力、丰富的用户运营能力和企业服务能力,能面向不同行业提供行业应用、产品开发与产业数字化服务。

3）物流服务

京东物流建立了包含仓储网络、综合运输网络、配送网络、大件网络、冷链网络及跨境网络在内的高度协同的六大网络,具备数字化、广泛和灵活的特点,服务范围覆盖了中国几乎所有地区、城镇和人口。京东物流的服务产品主要包括仓配服务、快递快运服务、大件服务、冷链服务、跨境服务等,其一体化业务模式能够一站式满足客户供应链需求,帮助客户优化存货管理、减少运营成本、高效地重新分配内部资源,使客户专注其核心业务。

4）医疗健康服务

在医药供应链版块,京东健康拥有药品、医疗器械,以及泛健康类商品的零售及批发业务,覆盖线上线下全渠道;互联网医疗版块主要围绕患者需求,开展在线挂号、在线问诊等医疗服务,并结合医药供应链优势,打造了"医+药"闭环;健康管理版块为用户提供家庭医生服务,以及包括体检、医美、齿科、基因检测、疫苗预约等在内的消费医疗服务等;"智慧医疗"版块则主要服务于医院和政府部门等合作方,向其提供基于互联网+技术的信息化、智慧化解决方案,促进医疗健康信息实现互通共享。

**（4）盈利模式**

1)商品销售收入

作为综合型网络零售商,零售业务收入依然是京东的主要盈利模式。截至 2020 年底,京东的商品收入和服务收入分别为 6 518.79 亿元、939.23 亿元。

2)服务收入

京东的服务收入主要包括平台的服务收入、广告服务收入、物流服务收入和增值服务收入等。自 2017 年至 2020 年,京东集团净服务收入中,来自物流及其他服务收入的占比保持不断攀升状态,从 16.8%、27.0%、35.5%增长至 43.1%。

3)其他经营利润

京东 2020 年其他非经营利润为 326 亿元,较 2019 年的 54 亿元,增加了 5 倍多。而其他净额的大幅增加主要是,上市公司的股权投资市价上升导致净收益增加,该项净收益全年为295 亿元,较 2019 年增加 260 亿元。

4)健康业务收入

京东健康的核心业务为零售药房业务和在线医疗健康服务,其中零售药房业务支撑起整体营收。京东健康总收入的增加,是因为自营业务"京东大药房"的商品收入由 2019 年的94 亿元增加至 2020 年的 168 亿元。商品收入的增长,主要因为活跃用户数量增加及现有用户的额外购买、医药和健康产品销售的线上渗透率不断提高。

**（5）核心能力**

1)"正道成功"的企业文化

京东的核心能力在于"正道成功"的企业文化,文化是京东的核心能力或者说是核心竞争力。京东零售集团坚持"以信赖为基础、以客户为中心的价值创造"的经营理念,持续创新,不断为用户和合作伙伴创造价值。致力于在不同的消费场景和连接终端上,通过强大的供应链、数据、技术以及营销能力,在正确的时间、正确的地点为客户提供适合的产品和服务。

2)"一站购物"的全品类覆盖

从最初的 3C(电脑、数码、通信)产品到后来的大家电、图书、日用百货、商超食品业务等,京东坚定地向综合性、"一站式"网购平台发展。品类的扩张带来了用户的迅猛增长。新增用户中女性的比例在不断提高,整体用户结构更加合理。而用户数量的增长,又为京东和众多品牌的合作提供了更深、更宽的合作空间:京东大部分商品都是品牌直供,很多品牌更是把新品首发甚至独家拿到京东上来做。因为品牌直供绕过了经销商的环节,减少了中间成本,用户就可以在第一时间以最低廉的价格享受到优质产品。

3)"自建物流"的供应链生态

京东之所以强调要自营,而且要坚持自建物流,核心目的是降低供应链成本,提升供应链效率。对于电商和传统零售商来说,衡量供应链效率核心的因素就是库存周转率,也就是说每采购一批货平均需要花多少天把它卖掉。强大的物流基础设施和先进的智能供应链系统使得物流优势持续释放,2020 年第四季度,京东的库存周转天数进一步降低至 33.3 天,运营效率继续保持全球同行业领先水平。

4)"技术驱动"的研发体系

在技术的助力下,京东才充分发挥了电子商务本身的先天优势,包括无店面、无限展示空间、价格透明以及满足个性化需求等,并实现了比线下渠道低得多的成本、高得多的效率。以大家电为例,京东的整体运营费率,只及线下渠道的一半左右,这就决定了其低价是可持续的。

5)"客户为先"的用户体验

京东把用户体验分解为 34 个节点,任何可能危及用户体验的行为都被严格禁止,无论能带来多大的短期经济效益。而要为用户提供完美的用户体验,低价就不可或缺。京东从经营宗旨上,就一直在追求成本和效率的极致,以具有竞争力的价格提供优质的产品,而不是过高的品牌溢价。除了金融等非实体业务之外,京东要长期把毛利率保持在比较低的水平。

### 5.2.3　技术模式

京东是一家以技术为核心驱动的企业,一方面,技术是京东集团各业务板块可持续竞争优势的源泉,从成立伊始,就投入大量资源开发以应用服务为核心的自有技术平台,从而驱动全集团各个业务的精益运营、降本增效以及有质量的增长;另一方面,京东致力于"用技术驱动全社会的数字化转型",以技术为基石,并成为以供应链为基础的技术服务企业,携手伙伴,降低行业成本,提升社会效率,追求最大的社会价值。基于丰富应用场景中沉淀下来的技术能力,京东通过组件化、产品化、平台化、生态化的过程,最终将实现"从一体化到一体化的开放"。

#### (1)智能化零售支持技术

京东目前管理着超过 500 万个自营 SKU(Stock Keeping Unit,库存量单位),库存周转天数降至 31.2 天。在 2020 年"双十一"期间,京东零售以智能供应链能力帮助 3.3 万个品牌、超过 500 万种商品进行智能预测、自动调拨和智能履约,有 13 532 个重点品牌的销售增速超 300%;营销 360 平台运用大数据、人工智能等领先技术,以数智化手段进行用户营销与运营,进行用户生命周期管理,有力支持了 1 年 1 亿多新用户的增长;智能情感客服能够利用自然语言处理、机器学习、语音交互等 AI 前沿技术,在"导购""客服""售后"等身份间自如切换,服务次数超过 8 000 万次。

#### (2)数智化社会供应链

京东物流始终重视技术创新在企业发展中的重要作用。基于 5G、人工智能、大数据、云计算及物联网等底层技术,京东物流正在持续提升自身在自动化、数字化及智能决策方面的能力,不仅通过自动搬运机器人、分拣机器人、智能快递车等,在仓储、运输、分拣及配送等环节大大提升效率,还自主研发了仓储、运输及订单管理系统等,支持客户供应链的全面数字化,通过专有算法,在销售预测、商品配送规划及供应链网络优化等领域实现决策。凭借这些专有技术,京东物流已经构建了一套全面的智能物流系统,实现服务自动化、运营数字化及决策智能化。京东用数智化技术,优化生产、流通、服务等各个环节,降低社会成本、提高社会效率。京东的创新技术主要包含三个场景,分别是基于大数据的智能供应、基于仓配送的智能运营和基于人货场的精准匹配。其中,京东数智化社会供应链包含了商品供应链、服务供应链、物流供应链和数智供应链,能够通过数字协同和网络智能,优化垂直行业供应链的成本、效率与体验,实现从消费端到产业端价值链各环节的整体优化与重构。

### (3)前沿计算机科学技术

截至 2020 年底,在人工智能板块,京东科技在语音与声学、计算机视觉、机器学习、知识图谱、语义、对话等技术领域不断深耕,并已在各种国际性学术赛事中获得 19 项世界第一,与美国斯坦福大学、中国科技大学等多所国内外高校合作建立了人工智能实验室,充分展开产学研一体化实践;在云计算领域,累计建基地及落地城市云超过 50 个,注册用户超过 87 万,4 万+企业用户,实现 100%云上订单,拥有全球最大规模 Docker 集群之一和中国最大的GPU 集群之一;物联网领域,在 2014 年率先进行业务布局并发布第一个自主研发、跨品牌、跨品类的智能家居互联互通平台;在区块链领域,研发了自主可控、全面开源的底层引擎,并打造了业界知名的"京东智臻链"技术品牌。

### (4)全国客户服务中心技术

京东建立了强大的全国客户服务中心,成立于 2009 年 11 月,位于江苏省宿迁市宿豫区洪泽湖东路与环城东路交汇处京东科技园,总建筑面积达 60 000 平方米。京东将分散在京、沪、广三个独立的呼叫中心变为互联互通的全国客服中心,目前,客服中心含有宿迁、成都和扬州三大分中心,三地联动,互联互通。以呼入、呼出、IVR 服务为主要服务形式,提供包括订单咨询业务、修改、取消、价格保护、售后服务等各类咨询服务项目,极大地改善了京东客服质量,提高了客户服务水平。客服中心采用国际先进管理标准及行业先进 Genesys 系统,建立以客户满意为目标的 KPI、流程。2014 年 11 月 7 日,客服中心宿迁分中心率先通过COPC 国际化高绩效标准,意味着京东的客户服务水平正式步入了国际领先行列。

## 5.2.4 经营模式

京东自 2004 年涉足电子商务以来,一直保持高速成长,成为了中国电子商务领域受欢迎和具有影响力的网络销售平台之一。这与它的经营模式有着密切的关系。

### (1)用高性价比商品和服务打造综合零售平台

京东从成立之初就坚守"正品行货"的价值观、不断追求极致用户体验,打造了一系列高品质服务。从最初的 3C 产品进入网络销售,逐步延展至全品类销售,特色鲜明的商品经营将众多的消费者聚集到了京东。目前,京东作为综合零售平台,与 22 万多商家一起,用数以亿计的高品质商品和服务,赢得了 4 亿多用户的信赖。

在价格上,京东采用了低价策略抢占市场份额,形成规模效应。为了实现这个目的,京东采取了各种措施,一方面利用网上零售费用相对于实体零售店在店面租金、水电费、陈列品折旧、销售人员费用等方面的优势,以较低的价格迅速吸引消费者参与网上购物;另一方面,通过重点加强供应链管理,提高供应链效率,降低运营成本。同时,采取降低销售价格,薄利多销的措施,建立规模效益优势。

### (2)开放平台核心能力提升合作伙伴品牌价值

在保护用户隐私的前提下,京东把大数据、供应链等核心的能力开放给合作伙伴。在营销方面,推出营销 360 平台,通过 4A 模型对现有及潜在用户进行深度分析、细化管理,并将相关数据开放给商家,提供覆盖全购物流程的完整营销解决方案。

京东建立的平台环境,不仅降低了用户购物的决策成本,也让品牌价值得到最大程度的释放:2021 年京东 618 首日,39 个品牌下单金额过亿、4 800 个品牌的成交额同比增幅超 5 倍、超过 60%的核心开放平台店铺下单金额同比增长超 100%。同时,京东也是新品首发的高地,新品数量和质量在行业内都遥遥领先。截至 2021 年,京东计划反向定制商品及独家新品,在平台的累计成交额能够达到 10 000 亿元规模。

同时,京东建立起了一系列机制,包括:质量分级机制,向优质店铺倾斜更多资源。基于大数据建立项目商品池,迅速定位及处理问题商品和店铺,从而形成一个由平台、品牌方、第三方授权商家共同参与的开放式治理格局。

### (3)创新合作模式深挖社交场景增长点

随着中国互联网人口红利的逐步消退,电商行业的获客成本不断提高。社交电商凭借社交裂变快速触达消费人群的优势,以及对低线城市用户的广泛覆盖,崛起为电商行业新风口。京东在微信市场打造全新平台,整合并升级京东拼购在内的社交电商领域的广泛布局,在社交场景中打造强劲的增长点。

在与腾讯的合作中,京东利用微信一级入口及微信市场的海量用户等独特资源,打造区别于京东现有场景和模式的全新平台,这将是京东深度挖掘微信市场、拓展三到六线城市用户的重要手段。京东和腾讯优势互补,实现了全方位、立体化的紧密合作。在零售行业巨变的当下,通过与腾讯合作模式的创新,在社交场景中迎来新的爆发点。

### (4)开放核心能力共创全渠道业务

在全面开放战略下,京东携手各方合作伙伴,积极推进包括社交、线下和社区、企业应用等不同场景在内的全渠道业务共创。除基于社交场景再造的全新平台外,京东还通过业态扩展、协同合作、技术服务等方式与线下零售企业一起搭建多终端的全渠道体系。

在企业应用场景中,京东不仅有 7Fresh、京东家电专卖店等线下门店,还有包括京车会、京东联盟药房、京东便利店以及战略投资的五星电器等众多商业形态。京东企业业务则拥有超过 700 万家活跃客户、服务于 80%在华世界 500 强企业,通过为他们提供智能采购解决方案,实现更多场景的用户触达。

### 5.2.5 管理模式

#### (1)"倒三角"管理

京东持续高速发展的背后,印证了京东管理理念的成功。京东集团创始人刘强东经过多年的摸索和实践,提出了"倒三角"管理模型,这也是京东管理理念的核心。

在这个模型里,团队处在最底层,是京东高速成长的基石。处在第二层的是京东持续打造的供应链体系,由IT、财务和物流三大系统组成,管理着京东的信息流、现金流和产品流。同时,京东以"技术驱动"的发展理念,构建起可以处理海量订单的IT系统,并不断通过技术引领创新。模型的第三层是京东公司全体人员的考核指标,即成本和效率。京东始终追求的就是"低成本、高效率",无论是电商业务,还是互联网金融业务都是如此。以电商业务为例,京东正是实现了相比线下实体店更低的运营成本和更高的运营效率,才实现了业务的持续高速增长。模型的最上层第四层,是由"产品、价格、服务"三方面组成的用户体验,京东的"多、快、好、省"就来源于此,即始终追求更全的产品品类、更佳的产品品质、更低的产品价格、更好的用户服务。京东自成立以来不断进行品类扩展,为用户提供一站式的综合购物平台,同时坚持"正品行货",注重产品品质,都是源于将用户体验放在首位的经营理念。

#### (2)供应链管理

京东的供应链模式依托电子商务业态,实现了互联网与零售的创新性结合,是继集贸市场、大商场、连锁店之后的全新模式,通过省去商品流通环节的大量中间成本,使商品从供应商工厂到达消费者手中的过程极大地简化,大幅提升了产业链的效率。

京东模式,更是价值链整合的模式,可以从根本上保障用户体验。京东通过自营采销,实现大多数商品从供应商直接进货,从而在源头上实现了对品质的把控。对于开放平台,京东也从一开始就坚持品质的把控,通过精选卖家和商品实现更好的用户体验。同时,通过自建物流,并不断将物流服务开放给第三方卖家,京东能够实现更好的配送服务,从而全流程保障更好的用户体验。

京东积极与其他传统行业进行深度合作,将自己在电子商务和供应链服务上积累的能力输出,带动传统行业实现升级转型。京东与上万家便利店进行O2O战略合作,在交易、结算、物流和售后等方面进行供应链的深度整合,可以为用户提供"1小时达""15分钟达"等个性化物流服务,构建零售业O2O业态。

#### (3)组织管理

1)激发活力的事业部制组织变革

2012年前后,京东进行了一次组织管理变革,也是一次管理创新与人效提升的实践,为京东的上市起到了十分重要的作用。在此之前,京东是典型的直线职能型组织结构,其优点是统一指挥、分工细密、注重专业化管理,该组织架构很好地满足了京东发展早期在管理和效率上的需求。但随着公司的规模越来越大,横向的交流越来越多,单一直线职能型结构的缺点日益暴露出来:权力集中于最高管理层,决策的低效影响了组织的发展;各职能部门之间的横向联系较差,容易产生脱节和矛盾;直线职能型组织结构建立在高度的"职权分裂"基础上,各职能部门与直线部门之间如果目标不统一,对于需要多部门合作的事项,往往难以确定责任的归属;信息传递路线较长,反馈较慢,难以适应环境的迅速变化等。为了解决以上问题,公司大量引进职业经理人,向京东输入了许多先进的管理理念和手段,让京东在极短的时间完成了直线职能型组织向事业部型组织的转型。事业部型组织的管理模式以利润责任为中心,各事业部实行独立核算、自负盈亏。事业部之间的经济往来遵循市场交换原则,总部只负责投资管理、资产管理以及对事业部负责人的考核和任用等,其他管理权限全部下放给事业部。这种管理模式加大了事业部的反应速度,激活了事业部的积极性。截至2020 年底,在连续多次大型架构调整后,京东零售集团下已包含 6 大事业群,具体包括:3C家电零售事业群、时尚家居平台事业群、生活服务事业群、大商超全渠道事业群、企业业务事业群和 V 事业群。

2)以客户为中心的组织结构优化

在"以信赖为基础、以客户为中心的价值创造"经营理念的指导下,京东以"实现有质量的增长"为目标,不断为社会、行业和客户创造价值。为了将经营理念持续践行到商城的经营活动及京东员工的行为规范当中,使京东真正成为一家以客户为驱动的公司,2018 年底,京东正式进行了组织架构的调整,以确保组织能力顺应变化。在新的组织架构下,京东围绕以客户为中心,划分为前中后台,其中:前台:指离客户最近,最理解和洞察客户需求和行为,最终实现和提升客户价值的职能,包括平台运营业务部、拼购业务部、生鲜事业部、新通路事业部、拍拍二手业务部五个核心部门;中台:指为前台业务运营和创新提供专业能力的共享平台职能,包括3C 电子及消费品零售事业群、时尚居家平台事业群、生活服务事业群、技术中台和数据中台、用户体验设计部、市场部等六个核心部门;后台:指提供基础设施建设、服务支持与风险管控的职能,包括财务部、各业务部门 HRBP 团队和 CEO 办公室。

(4)人力资源管理

京东的发展理念是"先人后企",企业发展首先得益于组织中"人"的发展,"人"是京东发展的核心助推器。京东把原有的单一模块化人力资源管理转变为以人力资源业务的运营为核心,以招聘、培训为两翼的运营管理体系。在运营环节上,不再单纯地依照薪酬、绩效、员工关系等模块来划分工作,而是按照前端、中端和后端的业务来划分人力资源管理的任务,从而职责分明地来确定核心工作和工作重点。在注重人员招聘的同时,加大培训力度,进行企业文化的宣传,使员工在进入公司到胜任工作的过程中逐渐成熟。从人力资源执行层面看,随着业务的快速扩张,京东拆分出区域和城市两种业务管控的平台,逐渐把执行层面的工作更多地赋予区域人力资源队伍,使其能够为基层的业务单元提供及时服务和有效保障。

(5)ERP 系统管理

自建的 ERP 信息系统是京东无法复制的核心内容之一。通过这个由京东自己开发的ERP 系统,什么时间入库、采购员是谁、供应商是谁、进价多少、保质期多长、在哪个货架、什么时候收到订单,由谁扫描、谁打包、谁发货、发到哪个分库、哪个快递员发出、客户的详细信息等都一目了然。

### 5.2.6 资本模式

#### (1)风险投资

电商企业前期运营成本的压力,再加上 2007 年开始自建物流,京东所需的资金量很大。2007 年 8 月,京东赢得今日资本的青睐,首批融资千万美元。2009 年 1 月,京东获得来自今日资本、雄牛资本以及亚洲投资银行家梁伯韬先生的私人公司共计 2 100 万美元的联合注资。2010 年初,京东商城获得老虎环球基金领投的总金额超过 1.5 亿美元的第三轮融资。2011 年 4 月,京东完成 C 轮融资,投资方俄罗斯的 DST、老虎基金等六家基金和一些社会知名人士融资金额总计 15 亿美元。

随着京东供应商的增加,为了保证有足够多的现金去支付供应商的货款,京东在账面现金流充足的情况下,陆续接受了几轮融资。2012 年 10 月,京东完成第六轮融资,融资金额为 3 亿美元,该笔融资由安大略教师退休基金领投,京东的第三轮投资方老虎基金跟投,两者分别投资 2.5 亿美元和 5000 万美元。2013 年 2 月,京东完成新一轮 7 亿美元融资,投资方包括加拿大安大略教师退休基金和沙特亿万富翁阿尔瓦利德王子控股的王国控股集团以及公司一些主要股东跟投。

为了布局移动电商和社交电商,2014 年 3 月,京东接纳了腾讯 2.14 亿美元的投资,此次合作,使得京东获得了包括微信、手机 QQ、微店、腾讯网等在内的多个移动购物入口。

#### (2)上市融资

当时,市场上有很多京东资金链断裂的谣言,为了让供应商放心,保证供应商的货款安全,京东决定上市,把京东的财务透明公开。2014 年 5 月 22 日,京东集团在美国纳斯达克挂牌上市(股票代码:JD)。京东董事局主席刘强东敲响上市钟,发行价 19 美元,按此计算,京东市值为 260 亿美元。京东登陆纳斯达克首日,开盘价 21.75 美元,较 19 美元的发行价上涨 14.5%,报收于 20.90 美元,较发行价上涨 10%,公司市值达到 297 亿美元,京东由此成为仅次于腾讯、百度的中国第三大互联网上市公司。

为了投资以供应链为基础的关键技术创新,进一步提升用户体验及提高运营效率,2020 年 6 月,京东集团在香港联交所二次上市,募集资金约 345.58 亿港元。

### 5.2.7 结论与建议

#### (1)成功因素

京东成功的关键因素在于其以产品流管理为核心的产业价值链整合模式。凭借丰富的渠道管理经验和企业级客户关系方面的资源优势,京东将网络销售中的产品流通服务与代理销售作为利基市场,在国内网络销售业创建了富有特色的"京东模式"——突出表现在京东关于网络销售产品流管理的系统性建设思考及京东对自有物流体系建设的长期投入。京东通过围绕利基市场不断优化产业价值链要素的系统管理能力,最终成为值得信赖和能够创造新价值的价值链整合模式代表企业。

1）顺势而为，转型发展

2004 年京东关闭线下业务转型电商，2017 年改变结构体系进行技术变革，2019—2020 年进一步的转型与发展都能体现这一点。一个企业的发展不是独立的，外部环境是重要的影响因素。危中寻机，是企业在面对突发状况应急能力的体现。机遇的把握和今后企业发展的准确定位，也要求企业管理者对时事变化有着果断和灵敏的判断力。

2）大胆创新，自建物流

2007 年京东物流配送服务与公司理念发生冲突，根据对未来物流行业的前景预测，京东另辟蹊径，自建物流体系。若没有自建物流，那么京东的销售网络，远不够支撑京东发展壮大，京东的及时创新成就了今天。同行内的竞争最为激烈，而创新是企业保证利润的门槛，如果企业不及时加强创新，企业的生命力就会逐步减弱、老化、丧失竞争力。

3）灵活应对，挖掘需求

2015 年京东为顺应全球化顺势推出跨境平台京东环球，更大范围地满足消费者的需求；2020 年，京东利用自己的供应链及物流体系，输送医疗物资，助推滞销经济，解决新需求。及时挖掘消费者新需求对于企业立足市场至关重要，企业应紧密结合当前市场与消费需求特点，抢抓发展机遇。

4）强化核心，优化产业

京东从之前传统的网络零售变为以零售为基础的技术与服务企业，在发展其他产业的同时，也在明确发展自身的核心竞争力：零售、技术与服务。企业发展过于单一会在多元化经济中被淘汰，新增产业的创新可为企业面对潜力巨大的未来市场创造增长机会。不断优化新增产业也使企业可在市场需求量大增时及时提供相应的服务。

**（2）面临的挑战**

2020 年京东归属于普通股股东的净利润大增三倍的背后，有着其他非经营利润的极大贡献，这部分金额就达 326 亿元。如若剔除此增厚部分，其净利润则大幅收窄。按照非美国通用会计准则（NON-GAAP），2020 年该公司归属于普通股股东的净利润率约为 2.26%，经营利润率（NON-GAAP）为 2.06%，这对于 2019 年才扭亏为盈的京东来说，远远不够，京东依然面临很多挑战。

1）下沉市场

实际上，作为下沉市场的主力军，2020 年 12 月，京喜由原来零售集团下的事业部"升级"为京喜事业群，继续深耕下沉市场。根据业绩公告，"京喜事业群"整合了社交电商平台"京喜"、便利店业务"京喜通"（原京东新通路）和社区团购业务"京喜拼拼"。根据 Quest Mobile 数据，2020 年 10 月，京喜月活用户数（包括小程序和 App）为 1.52 亿。但对比同样"下沉布局"的拼多多、阿里巴巴，谁能成为"下沉王者"尚言时过早。至少目前来看，在活跃用户数量方面，京东还不占据优势。

2）用户黏性和忠诚度

相对于阿里巴巴而言，京东的客户数量还远低于它，虽然京东的增长率很高，但其活跃用户仅仅达到阿里巴巴的一半左右，虽然有大量的潜在客户可以挖掘，但其用户黏度和忠诚度有很大差距。由于京东平台大部分是自营，其他个体入驻平台商户数量远远低于阿里巴巴,这导致京东基本依靠自己单个平台宣传吸引客户,而阿里巴巴由于其大量的个体商户加入其中,为了销量个体商户会自觉宣传,在一定程度可以说是社交电商,用户裂变式传播可以增加平台的流量,提高平台的用户黏性。

3)产品种类

京东主要采取自营方式(B2C),需要自己采购产品。另外京东平台商家进驻需要较高的门槛,需要营业执照和产品授权,而阿里巴巴则没有这么多限制,这导致京东产品种类没有淘宝这个 C2C 平台那么丰富。

4)盈利来源

京东投入巨资实现用户体验的过程中,形成了"前端"和"后端"两大体系,前端包括用户资源和供应商资源,可以在庞大的用户和供应商身上获取除了商品销售以外的收益;后端体系包括物流网络、技术系统、售后体系等,这些基础设施专门为电商的目的构建,京东自己使用外完全可以将剩余能力开放给其他公司使用,从而为京东创造巨大的利润。京东未来的盈利来源,绝不能仅靠现在的电商业务挣钱,而是如何借助前端资源和后端基础设施来获得丰厚的盈利。

**(3)建议**

1)强化下沉市场竞争

中国下沉市场人口超过 10 亿人次,尤其伴随着三四线城市以及农村生活水平的提高,人们更有意愿去进行线上购物消费,所以下沉市场拥有着广阔的市场。京东相对阿里巴巴的淘宝以及拼多多而言,有一种固有印象就是没有办法把它和社交电商联系在一起,京东匮乏的社交属性使其本身在社交电商中处于劣势。京东为了弥补自身短板选择和腾讯合作,腾讯的高流量入口给京东带来很好的效果。2019 年面对拼多多的强大压力,京东集团专门成立社交电商部门,1 月份成立芳香是京东社交电商生态的一次试水,同年 9 月上线的"京喜"大势造热,矛头直指拼多多争夺下沉市场。2019 年,在线上依托京东商城和京喜业务两个主线,线下京东集团的扩张速度也加快,300 多家数码店、一万多家电专卖店,以及其他百万计合作门店,再结合京东物流的乡镇物流计划。在上述基础上,京东集团需要进一步强化下沉市场的布局。

2)抢抓新零售机遇

新零售的本质就是利用科学的方法对零售环节进行全方位的整合,提高整体运营效率。从原材料到产品的生产加工再到合理的物流配送,以及最后的零售和服务,整个环节都是经过规划和整合的。目前,服务的智能化、精细化以及个性化已成为零售业发展的新突破。在新的零售环境下,提高消费者的服务需求和购物体验是重中之重。通在新的零售环境下,利用大数据技术将消费者的信息和需求传递到供应链的上游,使消费者成为供应链上游的合作生产者。面对这样一个潜力巨大的市场,市场资本也开始争相进入,竞争激烈,随着京东集团和腾讯开展紧密合作,京东和阿里巴巴在新零售领域的竞争将会愈演愈烈。面对如此巨大的市场,唯有跟其他企业合作优势互补,才能在市场竞争中占得先机。

3)提高品牌知名度

可以采取必要的宣传策略去提高自己的知名度,一般的电商平台主要通过明星代言、赞助节目、宣传广告、促销活动等方法来提高平台知名度,明星代言和赞助带来的曝光度会给企业带来巨大的流量客户。但随着直播电商带货的兴起,京东可以加大对这方面的重视,邀请带货明星进行线上直播,一方面可以吸引顾客进入平台观看,增加流量;另一方面可以直播销售货物,为平台带来收益。此外京东已经采取也应采取社交电商的策略,与各大社交平台进行合作,通过社交裂变效应提升品牌知名度,拼多多几乎一夜之间火起来就是社交平台巨大的流量带来的指数累积效应,京东可以加大和已经合作的微信等交友平台力度,也可以和抖音等短视频平台进行推广营销。除了营销策略之外,京东也应提高内部品牌建设,为顾客提供完美的产品和服务是最大的品牌宣传,可采用的方法有:提高产品质量和性价比,完美的产品是影响客户心中最重要的因素;提高好的产品物流服务和售后服务等。良好的口碑就是最好的免费的广告,京东应内外兼修,提高自身的知名度。

4)强化物流服务体验

京东物流应积极探索产业转型升级的改革创新之路,走向战略转型之路,稳步提升竞争优势。京东物流信息化和智能化建设起步较早,基础深厚,在整个行业中遥遥领先,为京东物流在当前乃至未来的产业竞争力创造了一个重点,为京东物流实现产业竞争力跨越式发展确保较大可行性。今天物流业仍然是劳动密集型产业,京东物流应运用无人仓库、无人机、无人车、智能零售等人工智能技术来扩大自己的优势,新技术的应用可以解放生产力,大幅度减少人力成本,也可以解放劳动力去更有创造力的岗位上去。京东物流应推进无人技术、人工智能、5G 新技术商业化,将顾客的消费体验提升到另一个高度。构建京东物流强大体系不仅可以增强京东集团的盈利能力和可持续发展能力,亦有助于整合京东资源,抓住产业链和资金流、信息流的命脉,提升整个物流体验的经验和效率,给企业竞争带来巨大的竞争力。

# 5.3 案例 2——小米:零售供应链生态系统

## 5.3.1 基本情况

小米公司正式成立于 2010 年 4 月,是一家以手机、智能硬件和 IoT(Internet of Things,物联网)平台为核心的互联网公司。从 2018 年开始,小米对用户承诺:永远坚持做感动人心、价格厚道的好产品,硬件综合税后净利润不超过 5%,如有超出的部分,都将回馈给用户。2018 年 7 月 9 日,小米成功在香港主板上市,成为了港交所首个同股不同权上市公司,创造了香港史上最大规模科技股 IPO,以及当时历史上全球第三大科技股 IPO。

在商务模式方面,小米除了自营的直接销售渠道外,涉及的利益相关者主要包括原料供应商、组装外包伙伴、物流服务商、生态链伙伴、互联网服务伙伴、第三方分销渠道和消费者,其价值网络如图 5.2 所示。

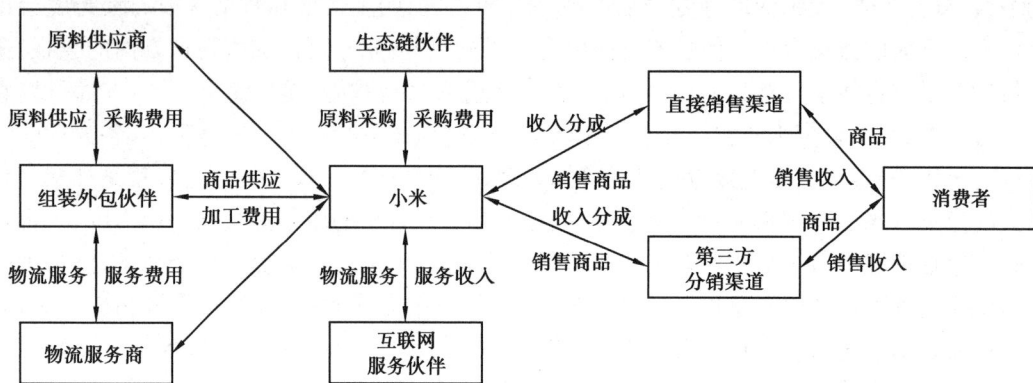

图 5.2　小米价值网络

### 5.3.2　商业模式

**(1)使命与愿景**

小米的使命是,始终坚持做"感动人心、价格厚道"的好产品,让全球每个人都能享受科技带来的美好生活。为此,小米追求创新、质量、设计、用户体验与效率提升,致力于以厚道的价格持续提供最佳科技产品和服务。"和用户交朋友,做用户心中最酷的公司"的愿景驱动着小米努力创新,不断追求极致的产品和效率,成就了一个不断缔造成长的企业。

小米的核心价值观是"真诚、热爱"。真诚就是不欺人也不自欺;热爱就是全心投入并享受其中。价值观让小米能够努力、乐观、持之以恒地坚守使命和愿景。热爱驱动小米在所有产品中追求工匠精神,对所有细节追求完美极致,即使这些细节未必被其他人即时注意到。真诚促使小米将用户放在一切工作的中心,用心倾听用户的需求,并推动小米在商业模式上追求效率以持续向用户提供价值。

**(2)目标客户**

小米定位年轻人,以年轻人喜爱的方式如互联网模式、社会化营销和饥饿营销等方式激发年轻人的购买积极性,并通过预售的方式控制成本,创造盈利空间。小米的客户主要包括购买产品的终端用户、购买产品的线上及线下分销商、广告服务的广告客户及互联网增值服务用户。

小米的全球用户群庞大且高度活跃,有统计数据显示,这些用户平均每天使用小米智能手机的时间大约为 4.5 个小时。其中,还有一群非常专一且高度忠诚的用户,称为米粉。这些粉丝对小米充满热情并拥有许多产品,他们非常忠诚于小米品牌、积极参与小米的平台、并积极为小米的产品研发提供建议。此外,米粉的影响力更扩至海外,如在印度、印度尼西亚和西班牙,数以千计的热情米粉在每一家新旗舰店开业时都会在店外排队多达数小时。热心米粉进行的口碑营销,帮助了小米持续降低推广成本;他们具有建设性的产品反馈,帮助了小米不断改进产品和服务。

（3）**产品与服务**

1）智能手机

小米以智能手机起家,据 Canalys 数据,2021 年第二季度,小米全球智能手机出货量位居第二,市场占有率为 16.7%,同比增速位列全球前五大厂商第一;同样在第四季度,小米在中国大陆智能手机市场出货量同比增长 47%,市场占有率上升至 17.2%,增速位列前五大厂商第一。

2）智能硬件

小米提供一系列自主或与生态链企业共同开发的硬件产品。根据奥维云网的统计,在 2021 年第二季度,小米电视在中国大陆地区出货量连续十个季度稳居第一,全球电视出货量稳居前五。此外,公司持续拓展高端、大屏电视产品组合。报告期内,电动滑板车、智能电视、智能手环、智能手表等品类在海外市场持续畅销。

据奥维云网统计,在 2021 年第二季度,小米电视在中国大陆地区出货量连续十个季度稳居第一,全球电视出货量稳居前五。根据鲸参谋电商数据统计,2021 年 Q2 季度,在京东平台,米家品牌以 70 万+的季度销量成为"智能家居"热销品牌榜中的第一名。

3）IoT 平台

在全球智能生活风口之下,小米继续保持全球领先的消费级物联网平台,且围绕手机核心,智能产品之间协同能力有效增长。2020 年,小米 AIoT 平台已连接 3.25 亿 IoT 设备(不包括智能手机及笔记本电脑),同比增长 38.0%;拥有 5 个及以上连接至小米 AIoT 平台设备的用户达 620 万,同比增长 52.9%;小爱同学月活用户达 8 670 万,同比增长 43.5%;米家 App 月活用户达 4 500 万,同比增长 22.1%。

4）互联网服务

小米通过提供互联网服务让用户拥有完整的移动互联网体验。基于安卓的自有操作系统 MIUI 拥有大量的活跃用户,MIUI 与安卓生态系统充分兼容,包括了安卓生态系统上的所有手机应用,它构成了一个开放的平台,提供一系列广泛的互联网服务,包括内容、娱乐、金融服务和效能工具。

（4）**盈利模式**

1）产品销售收入

小米智能手机业务"双品牌"策略不断取得成效,产品结构持续优化,且全面发力高端市场,在维持全球出货量增长同时,高端产品竞争力不断提升。在收入、规模、排名、市场份额等指标方面,小米智能手机业务实现全面增长。2020 年,小米智能手机业务收入人民币 1 522 亿元,IoT 与生活消费产品业务收入达人民币 674 亿元。

2）互联网服务收入

一是广告服务收入。小米的广告收入主要来自展示类及效果类广告。向智能手机及其他设备用户提供展示类广告的收入在合约期内以直线法确认。效果类广告收入则按实际效果衡量标准确认,主要有以下几种类型:通常基于用户点击广告内容时按每点击基准;向用户播放广告内容时按每显示基准;或用户下载第三方应用程序时按每下载基准确认发布广告所得收入。二是互联网增值服务收入。大部分收入来自线上游戏,小米向第三方游戏开发商提供精简数字销售、分销及运营支持服务,共同提升用户参与度及增加盈利。例如,密切监视并分析游戏关键性能指标,包括每日活跃用户、每日平均在线时长、付费用户转化率及保留率;基于该等指标及凭借大数据功能,游戏运营团队主动发现有待改进之处,并为游戏开发商提供诊断建议;设计促销活动,增加游戏开发商曝光度及提高绩效,致力与主要游戏出版商维持密切及互惠关系。小米平台的多数游戏是免费的,主要通过销售充值于游戏内的虚拟货币获取收入。其他互联网增值服务收入的来源包括用户付费订阅优质娱乐内容(例如在线视频、文学和音乐),直播和互联网金融服务。

### (5)核心能力

#### 1)高性价比

小米所有的产品都是一个原则,就是要高性价比,"感动人心、价格厚道"。小米进入手机市场时,市场上要不就是非常好的手机,要不就是山寨机,中间缺乏一个高性价比的段位。而经济发展使得大批年轻人逐渐需要高品质的产品,与此同时,他们也不再一味追逐名牌,而是重视品牌背后的含金量。小米当时手机可以做到和HTC、三星、摩托罗拉等基本上同样的配置,这些手机都卖三四千元钱,小米就卖一千多元钱,所以这就是小米的性价比定位。首先,小米的渠道是一个创新,用一个比较便宜的渠道,包括互联网、口碑营销等,把渠道价格降低了。其次,还在生产方面降低了成本,其中有一个很重要的,就是用单品和爆品的方式,集中兵力打一个产品,要求能够产生一种绝杀——价格要达到最低。

#### 2)创新和设计

创新科技和顶尖设计是小米基因中的追求,小米工程师们探究创新的技术与产品,在每一处细节都反覆雕琢,争取拿出的每一款产品都远超用户预期。打破陈规的勇气和精益求精的信念,是小米能一直赢得用户欣赏、拥戴的关键。不止于技术,小米推崇大胆创新的文化。从手机工艺、屏幕和芯片等技术的前沿探索,到数年赢得的200多项全球设计大奖;从"铁人三项"商业模式,到"生态链"公司集群;从"用户参与的互联网开发模式",到小米线上线下一体的高效新零售创新精神,在小米蓬勃发展并渗透到每个角落,推动小米不断加快探索的步伐。

#### 3)生态链系统

2014年,小米启动了生态链计划,孵化更多的创业公司。截至2020年,已经孵化了100多家生态链企业,做了上千种琳琅满目的优质产品。通过提供一系列自主或与生态链合作伙伴共同研发的科技产品和服务,建立起一个巨大的生态链。小米通过发掘并帮助与其价值观一致、有发展前景的初创企业及创始人,并通过小米的品牌、资本、供应链、产品设计和管理专业经验以及高效的线上线下零售网络对其提供支持。同时,也在移动互联网方面的其他战略领域进行投资,通过共享资源,加快创新产品和服务面市时间,同时又无损小米向用户提供优质、精心设计和非凡体验的承诺。优质的战略投资不仅使小米能够与被投资公司建立密切的合作关系,并在生态系统中形成协同效应,也为小米提供了稳定和经常性的投资收益。

4）AIoT 平台

小米"手机+AIoT"战略不断取得成效，围绕手机核心，小米 AIoT 在全球范围内构建领先的智能生活生态。除了平台生态规模领先全球，小米还通过持续不断的技术投入，显著提升了智能生活生态的智能化水平，加强了体系内手机及 IoT 产品之间的协同效应。2020 年 8 月，小米推出了"小米妙享"功能，支持通话、音乐、视频在手机、音箱和电脑等设备间无缝切换，正式完成了小米 AIoT 平台内各大核心终端的整合。2020 年 10 月，小米正式发布"一指连"小米 UWB 技术，使手机指向设备即可定向操控。2020 年 11 月发布小米畅快连，通过手机自动识别附近的新设备并自动配网。两项发明实现了革命性的空间指向交互方式和设备接入方式，实现手机与 AIoT 的生态共融。

### 5.3.3  技术模式

#### （1）云计算

小米使用先进及强大的云计算为用户提供差异化服务，支持持续数据分析工作。对于授予许可的个人用户，利用云计算技术储存并分析用户数据，为用户提供定制服务以增强用户体验。例如，对于小米智能手机拍摄的照片，经用户事先同意，云计算系统会分析及识别照片中的物品、场景及人物，方便用户使用关键词更精准地搜索相册中的照片。通过收集及分析用户数据与用户行为的能力，云计算技术作为通用分析及处理引擎，可于频繁及重要的用户场景中优化产品功能，从而提高小米产品的竞争力。例如，根据不同国家及地区用户的拍摄习惯设计及生产定制优化产品。

此外，云计算技术使小米的生态链企业能够安全运营业务。合作伙伴连接小米的企业云，可实现实时存储及数据备份，并以高效及灵活的方式实现高容量及可扩展的数据处理。云计算亦支持新兴应用，因此 IoT 硬件可进行本地边缘 AI 计算，同时借助云端进行全球协作及大规模的机器学习。

#### （2）大数据

小米的数据科学家负责数据预处理、数据建模及数据挖掘，以及创建定制的数据分析。大数据处理及高级算法功能使小米能够分析大量数据，并据此设计及定制更多创新产品与服务，更好地为用户服务及创造价值。

经用户事先同意，小米透过平台产品及服务收集各类数据，例如日志、用户行为及模式。小米拥有用户行为及序列数据，严格根据数据隐私标准及数据安全规定存储。所有数据均汇集于一个平台以便分析，并进一步分类为多个层次，每个层次需要不同级别的访问权限。小米不同的运营部门经用户同意，可实时访问所需的用户数据，并利用该等数据完善功能及性能。

#### （3）人工智能

小米的人工智能技术团队负责研发与完善专有的计算算法及机器学习能力，并将最新人工智能技术应用于产品及服务。小米的工程师将开源软件与强大的专有技术结合，形成企业级平台以提供一体化的数据管理、机器学习及先进分析的功能。小米在各项业务中成功应用先进的人工智能以提升用户体验和变现。

### （4）计算机视觉

小米的计算机视觉技术采用先进算法精确检测、识别及辨认物体、场景、图像和人脸，为用户提供人脸检测和照片分类等功能。人脸识别技术是计算机视觉的核心技术，当用户数据不断增加算法可进一步提升精确度及效率，形成与用户活动的正向反馈循环。整个过程仅根据已收集的用户行为数据进行，不涉及用户的数据隐私。

人脸检测技术可准确快速检测照片中人脸的位置及数量。人脸点测技术可快速精确锁定主要面部特征及构成。小米也开发了人脸边界检测、人脸颜色优化、人像分割及白平衡优化的高级功能，该等技术使小米智能手机仅用一个摄像头即可拍出逼真的景深效果人像照片。视觉识别应用程序能够辨认及识别花卉、植物、车辆、食物、名人、动物、艺术品及海报等不同实物，帮助用户获取相关资料或图像或浏览已识别对象的相关类似产品。

### （5）语音识别及自然语言处理

小米根据专有测试标准与认证系统，研发领先的语音识别及自然语言处理技术。语音识别功能以高度准确、快速识别和将口头中文转成文本为特色，为进一步处理与分析奠定基础。机器翻译系统在大规模并行语料库上运作，实现高度准确的语言配对。将复杂算法应用于各种日常用户场景，持续提升及扩大自身团队及第三方开发者所开发语音控制的应用。

专有的人工智能助手可控制平台内的智能硬件运行，且支持数百万智能设备在内容、应用工具及其他形式的交互场景中使用。人工智能音箱能够根据用户的个人语言、搜索及偏好与其进行智能对话，并回应一系列个性化问询，而作为虚拟助手，亦可识别用户语音、掌握用户资料的语境知识，以完成用户分配的各项日常任务。人工智能音箱亦可透过人工智能平台与自身应用程序及第三方应用程序互动，提供导航及在小米商城预订产品等服务。

### （6）搜索及建议

利用人工智能技术研发出一套优质的互联网服务搜索及个性化推荐系统，让用户可随时随地获取所需信息、应用程序、游戏、音乐、视频及商品等。系统透过机器学习技术更好地理解内容，包括过滤色情内容、分类内容及提取语义标签。例如，用户搜索特定内容时，系统首先基于搜索词识别查询意图，再透过搜索排序算法匹配并返回最符合用户意图的内容。用户并无明确搜索意图时，系统基于该用户资料及过往搜索纪录预测用户可能最感兴趣的内容。现时的搜索及个性化推荐系统应用于多项服务，包括小米商城、小米音乐、小米视频、小米应用商店、小米游戏中心、小米浏览器及小米电视。例如，用户进入小米商城主页后，系统会基于预测的用户兴趣推荐不同产品。用户将产品加入购物车后，系统亦会推荐可能吸引用户的其他产品。小米透过该等技术提供更好的用户体验，增加销售转化率。

### （7）云服务

小米与 IaaS 云服务提供商金山云签约，利用金山云的计算服务、存储器、服务器及宽带等基础设施。同时，也使用微软 Azure 云服务等公共云服务，确保业务平稳运营。数据存储可在两个云中心之间高效切换。PaaS 供应商企业云将外部云服务系统与小米的生态链企业连接，提供产品研发及分销解决方案。小米的系统基础设施托管在中国大陆多个城市的冗余中心,备份存储于云服务供应商的独立数据库。

### 5.3.4 经营模式

**(1)互联网+智能手机的"降维攻击"**

小米公司成立时候,国内的手机市场,一类是诺基亚、摩托罗拉和三星这样的国际巨头,一类是国产手机"中华酷联",就是中兴华为这样的大公司,还有铺天盖地的山寨手机。中国市场主要被国际巨头把持,产品贵得离谱,国产手机做得非常一般。作为一位手机发烧友,同时,作为一个创业者,小米有这样的梦想:"做全球最好的手机,只卖一半的价钱,让每个人都能买得起"。

一个从来没有做过手机的外行,一个从零开始的中关村小公司,要做全球最好的手机,非常困难。当时的手机企业都是硬件公司,如果在硬件方面去直接竞争,没有任何竞争优势。最后,小米决定用互联网模式来做智能手机,把"软件、硬件和互联网"融为一体,从而另辟蹊径,"降维攻击"。小米智能手机的成功,也证明了这样的经营模式选择是正确的。

**(2)高效的全渠道新零售分销**

全渠道新零售分销平台是小米增长策略的核心组成部分,通过新零售策略,小米将线上、线下销售渠道紧密结合,减少中间商层数、实现更高的效率、并以统一的厚道价格向用户提供相同的产品,高效运营的同时扩展用户覆盖范围并增强用户体验。

1)线上销售

运营初期,小米通过自营线上分销渠道独家销售产品。后来,把握电商增长趋势及其分销效率,与领先的第三方线上电商伙伴合作获取更多客户,从而扩展线上分销渠道,在整个线上零售领域取得卓越成绩。线上分销模式提供给小米明显的优势,包括较低的分销成本。直接线上零售。目前小米的线上直销零售渠道包括小米商城、有品平台及天猫旗舰店。高效的平台使小米可以以厚道的价格将产品及服务直接销售给用户。通过第三方电商伙伴在全球线上分销产品。在中国大陆,与主要电商公司京东及苏宁等合作,直接购买小米的产品后向终端用户分销。在印度及世界其他地区,主要通过 Flipkart、TVS Electronics 及亚马逊等第三方电商实现线上销售。通过这些电商运营商线上分销产品,可利用他们已有的客户基础及品牌知名度,助力小米在全球不同市场获得更多客户。

2)线下销售

线下通过零售店小米之家向用户直接销售产品及通过第三方分销产品。第三方分销网络包括中国大陆电信运营商;中国大陆零售连锁店及直供点及国际分销商,包括批发分销商、电信运营商及授权店。作为重要的线下零售策略的一部分,中间商不多于一个,以确保分销效率、具竞争力的零售价及优质的用户体验。直接线下零售。主要在中国大陆及印度建设了庞大的小米之家线下零售店网络,确保让客户满意的一致购物体验。小米在 2021 年 1 月 9 日创造了单日门店新增数量 1 003 家的记录,新开门店遍及全国 30 个省,覆盖 270 个县市。2021 年 1 月 30 日,小米在江苏省、河南省完成县级全覆盖。"致力于实现让每个米粉身边都有一个小米之家",小米正在以强大的执行力,开启属于自己的新零售布局新版图。

第三方线下分销网络。通过中国移动、中国联通和中国电信等中国大陆电信运营商分销产品。与消费电子零售连锁店及直供点合作分销产品，包括领先的全国及地区性零售企业。对于特定国际市场，分销伙伴在若干指定区域内向其他次级分销商及零售商分销产品，然后由次级分销商及零售商销售予终端用户。此外，授权特定国际市场的第三方伙伴在其实体店独家销售小米的产品，授权店的室内设计确保品牌呈列风格统一，提高在全球市场的知名度。

### （3）境外业务深化渠道建设

小米在2014年开始进入印度市场，并加快了拓展境外业务的步伐。2020年，小米境外市场收入人民币1 224亿元，同比增长34.1%，占总收入49.8%。截至2020年12月31日，小米的产品销往100多个国家和地区。

根据Canalys统计，在2021年第二季度，公司在欧洲地区智能手机市场占有率首次达到第一名，达到28.5%。其中，在西欧地区，智能手机市占率达到22.2%，稳居前3名；在中东欧地区，连续3个季度维持市占率第一，市场份额达到36.4%。其中，西班牙连续6个季度排名第一，本季度市场份额达到41.2%。在意大利和法国首次达到第一，市场占有率分别达到35.0%和29.7%。在德国稳居第三，市占率达到15.2%；在印度智能手机市场占有率连续15个季度排名第一。

在全球新兴市场，拉美地区的智能手机出货量同比增长324.4%，排名稳居前三；在中东及非洲智能手机市场份额也分别取得了20.9%和8.5%的好成绩；在印尼排名第一，智能手机市占率达到28.2%。

## 5.3.5 管理模式

### （1）扁平化管理

所谓的"扁平化管理"，是相对于传统的"科层式管理"而言的。科层式管理，由高层、中层、基层管理者共同组成一个金字塔结构。董事长和总裁位于金字塔顶，他们的指令通过一级一级的管理层，最终传达到执行者，反之亦然。而扁平化管理，管理层次少，管理幅度大，也就是说，它可能没有中层管理者，而是由某一个高层管理人员直接管理，或控制更多的部门。

小米的组织架构层级很少，是典型的"扁平化管理"模式，团队只有三级：联合创始人—部门负责人—员工。管理扁平化，员工才更有激情把事情做得更快更好。从小米的办公布局就能看出这种组织结构：一层产品、一层营销、一层硬件、一层电商，每层由一名创始人坐镇，能高效率地执行。直到2019年2月16日，小米才宣布推行层级化，共设10级，头衔分为专员、经理、总监和副总裁及以上。

### （2）去KPI管理

在小米，每个团队的规模都不是特别大。团队的规模超出一定范围就会被拆分，形成一个新的团队，这样的小团队能够更加灵活地去运转。在团队规模不大的情况下，团队中每个成员的贡献就非常透明，一目了然。虽然是去KPI，但每个人的评价都是有理可循的。

### （3）弹性股权激励机制

在小米公司，雷军采用的是 KSF（Key Success Factors，全面绩效薪酬法）薪酬管理制度，即员工价值管理制度，将员工自己要的薪酬与公司要的绩效进行全面的融合，从而寻找到一个平衡点，实现企业和员工的共同利益体，这个模式最大的优势在于，让员工知道自己的工资是和自己给企业带来的价值来分配，做得多，即会收获更多。

小米创办初期，雷军就设定一个弹性工资制度，一共分三个等级：工资+股票、70%工资+股票、生活费+股票。员工根据自己的实际情况选择，但三个等级之间股票数量之间会相差很多。伴随着多重的激励方案，小米的股权激励也坚持持续激励的原则，每一名员工获授的股份随着入职时间的增长，随着职务的提升、业绩的变化，价格也发生了相应的变化。从激励范围来看，近年来小米高管团队未发生过大的变动，也体现出了股权激励的效果以及高管团队认可企业价值。

### （4）生态链企业投资管理

小米的生态链有点像公司创业，或者叫公司投资、战略投资。投资+孵化，即不光给生态链企业钱，更重要的是给一些支持，比如小米的团队、品牌、用户群、供应链能力、信誉担保等。小米的生态链模式像一个航母，小米是母舰，生态链企业是侦察机，打造了一个很强的舰队。

开始的时候，小米是手把手地指导生态链企业。生态链企业越来越多了，小米就用矩阵式管理来管理，生态链管理部门分为工业设计、用户研究、产品定义、供应链等不同的功能，每个功能都会和每个生态链公司有结合点。同时，管理团队的人还会专门去带某几个企业。这个模式叫"包产到户"——把这三个企业包给你，那三个企业包给他，每个人负责几个。后来就改进成了"集体制"，即一个团队负责几个企业，每个公司都会有两个人驻扎，一个叫产品经理，还有一个叫公司负责人。再后来，生态链企业越来越多，已经没法进行细致的一对一管理了，就打造了谷仓学院，把这些人拉过来做培训，通过价值观去影响他们。

## 5.3.6　资本模式

### （1）风险投资

小米在高速增长的过程中，始终保持良好的现金流状态，严格控制存货等供应链上的资金风险。不过度依赖融资有助于公司执行长期战略，小米创业之初的物联网战略，10 年后仍在推进。公开资料显示，小米接受的风险投资主要有以下几轮：2010 年 A 轮 4 100 万美元，估值 2.5 亿美元，资方为晨兴、启明、IDG 等。2011 年 B 轮 9 000 万美元，估值 10 亿美元，资方为启明、IDG、淡马锡、高通、晨兴等。2012 年 C 轮 2.16 亿美元，估值 40 亿美元。2013 年 D 轮上亿美元，估值达 100 亿美元。2014 年 E 轮 11 亿美元，估值 450 亿美元，资方为 All-stars、DST、GIC、厚朴、云锋等。

### （2）上市融资

2018 年 7 月 9 日，小米在港交所上市，当日以 16.60 港元开盘后，最终报收 16.80 港元/股，较发行价 17 港元跌去 1.18%，总市值为 3 759.19 亿港元（约合人民币 3 170.43 亿元）。

小米将 IPO 募集资金的 30% 用于研发及开发智能手机、电视、笔记本电脑、人工智能音响等核心产品；30% 用于扩大投资及强化生活消费品与移动互联网产业链；30% 用于全球扩展；10% 用作一般营运用途。

### 5.3.7 结论与建议

**（1）成功因素**

1）品牌粉丝文化

优秀的公司赚的是利润，卓越的公司赢的是人心。小米是一家少见的拥有"粉丝文化"的高科技公司，被称为"米粉"的热情的用户不但遍及全球、数量巨大，而且非常忠诚于小米的品牌、并积极参与产品的开发和改进。对于小米而言，用户非上帝，用户是朋友。

2）铁人三项到双引擎战略

在发展初期，小米树立了"硬件+互联网+新零售"的铁人三项模式，引领小米走向阶段性成功。在 2019 年小米年会上，小米结合实际情况，更新铁人三项战略为手机+AIoT 的"双引擎"，后续通过组织架构、技术架构的调整，配合 AIoT 落地。截至 2019 年 5 月中旬，小米已经多次调整组织架构，目的在于摸索上市之后的竞争常态下的小米确定新的基本盘，从而更加有效聚集资源与注意力发展核心业务。通过独特的"生态链模式"，小米投资、带动了更多志同道合的创业者，围绕手机业务构建起手机配件、智能硬件、生活消费产品三层产品矩阵。现在，小米已经投资了多家生态链企业，改变了上百个行业，未来这个数字会更加庞大。智能手机和 IoT 产品构成了小米吸引新用户的宝贵平台。创新、高质量、精心设计的硬件为用户提供互联网服务入口，使小米在获得用户的同时获得利润，爆款产品也为零售渠道带来了更多客流量。此外，全渠道零售战略包含高效及互补的线上和线下零售渠道，令小米能够以极为亲民的价格销售产品、扩大销售范围，加大产品经销的力度，迅速拓展各地区的用户群。小米通过创新的硬件及高效的新零售积累了大量高度参与的用户，再通过提供互联网服务的广阔平台（包括专有应用程序）变现。

3）技术创新、高品质及工匠精神

小米不断致力于将行业最新技术的创新成果运用于各个产品。例如，首推全面屏的智能手机，使用震动陶瓷声学技术取代扬声器，及使用超声波距离传感器取代红外距离传感器。公司所有品牌（主要为小米、红米、米家及有品）的所有类型产品均高品质且美观，且用户认可所有的产品均有着高品质及工匠精神。为加强品牌辨识度，仅与小米的产品及设计理念相同的硬件及生活消费产品伙伴合作。无论是自主或与生态链企业合作设计和生产的产品，均共享同一理念且通过创新技术、高品质、精心设计、专注于卓越用户体验与价格厚道独特结合，使得产品更为出色。小米在创新和设计方面有着优异的往绩，发挥自有的设计能力并利用来自用户和米粉的持续反馈，开发兼具先进功能和美观设计的人性化优质产品和服务。根据艾瑞咨询，小米 MIX 和小米 MIX2 是被法国蓬皮杜国家艺术和文化中心收藏的首批智能手机。另外，小米获得了德国红点最佳设计奖、德国 IF 设计金奖、美国 IDEA 设计金奖及 Good Design 金奖等多项工业设计国际奖项。

（2）**面临的挑战**

1）手机进阶高端市场困难重重

小米的高端化路线，对消费者也是一种挑战。毕竟此前多年，小米一直走的都是"高性价比"路线，创业之初的那句"做最好的手机，卖一半的价钱"仍在消费者中不停地回响，如今小米大幅提升价格，走高端路线，可能许多消费者在短期内还是很难接受。事实上，放眼整个国内手机厂商，走高端化路线的不只是小米一家公司，其他品牌也已纷纷入局高端市场。而就在国内手机厂商争相走高端化路线之时，苹果手机却开始走主打下沉市场的路线，这在无形中给小米的高端化，以及国内其他厂商都带来了巨大的竞争压力。显然，这种情形对于小米是一种巨大的挑战，稍有懈怠可能会出现一种高端市场没"地盘"，下沉市场被其他手机厂商瓜分的局面。所以，在这样的环境下，小米的高端之路只能是更加艰难。

2）5G 手机之路短期内无法倚赖

2019 年 2 月，小米于巴塞罗那发布了小米 MIX3 手机的 5G 版，雷军也于当年 5 月上旬在微博上发布了下载速度的实地测试视频。然而当前 5G 网络暂未商用，运营商基础设施的铺设也在逐步进展中，4G 到 5G 从基带芯片层面也无法做到无缝切换；同时 5G 手机终端市场零售价仍然不明确，产品整体的稳定性和体验都有进一步优化空间，在实际发售时的价格门槛很大程度也是未知数。且 MIX3 手机的 5G 版本目前看除 5G 标配的特性之外，和竞品相比性能也并无明显优势。从长期看，5G 手机对于小米是一个不可忽视的机会，小米手机内容体验也会因为 5G 的到来和普及得到质的飞跃。但在当前时点，小米 5G 手机的战略布局和打法效果仍处于观望阶段。

3）互联网服务增长乏力

初看之下，小米的互联网服务似乎涨势正猛，但如果细究，却能看到隐忧下的业务结构调整。在广告部分，广告收入中的预装软件是一个令安卓用户头疼的问题，开启新手机时，其中已经捆绑了一堆并不需要的软件。工信部也曾因此发布《移动智能终端应用软件预置和分发管理暂行规定》，要求非基础功能类软件可被卸载。随着用户对于预装软件越来越"无感"，也给广告业务持续高增速带来了隐忧。此外，小米的系统广告曾被用户吐槽，系统广告多见于通知栏或者应用商店，部分广告还包含"红包来了""领红包"等诱导性信息，影响通知栏正常阅览。在小米新推出的 MIUI 11 中，小米增加关闭系统工具广告的功能，如果用户不想看系统广告，可以选择一键关闭。但这份提升用户体验的举动，也将对广告收入产生一定影响。

（3）**建议**

1）始终重视创新、品质、设计和用户体验

持续专注对产品的工匠精神。始终重视技术创新、质量和设计，从而增强高质量用户体验，并增加小米的高忠诚度和参与度的用户群。继续投资于研发，并谨慎管理优质人力资源，以保持小米在创新、质量、设计和用户体验方面的领导地位。

2）保持极致高效

保持高效的零售渠道，提高供应链成本效率及分销效率，来保持小米的产品和服务能处于合理价格水平,以便增加小米的用户群。

3)扩大爆款产品品类

继续开发并有选择地发布新的爆款产品,包括新型智能手机、IoT 和生活消费产品以及互联网服务,以满足用户的多样化需求,开发和发布新的爆款产品是小米的基因并能够通过生态链进行延展。

4)丰富互联网服务

开发并投资于多样化的互联网服务,进一步提升用户体验、参与度和留存率。互联网服务将能使小米继续扩大用户群,并提升用户变现能力,将进一步促进小米的财务增长和提高盈利能力。向用户推广云计算服务,遵守严格的数据保密政策,利用先进的大数据和人工智能实力分析小米的专有数据,通过更智能和量身定制的服务改善用户体验。

5)投资并扩大生态系统

发掘和孵化有发展前景的公司,尤其是在 IoT 移动互联网服务领域,扩大小米的生态系统。加强对生态链企业的支持,促使他们能够迅速发展并研发创新、优质、精心设计、提供非凡用户体验的产品和服务。通过扩大生态系统,加快推出优势互补的产品和服务,从而扩大小米在中国大陆及全球的用户群市场。

6)深化国际扩张

将小米独特的商业模式扩展到海外并将其本土化,以便扩大用户群并提升用户变现率。例如,利用印度智能手机排名第一的优势,扩展用户群并提升变现能力。在中国大陆和印度以外,专注于在全球进行大力扩张,以抓住未来的巨大增长机遇。

# 5.4 案例 3——三只松鼠:休闲食品品牌电商

## 5.4.1 基本情况

三只松鼠股份有限公司(简称"三只松鼠")由"松鼠老爹"章燎原创立,总部位于安徽芜湖,并于南京成立研发与创新中心。截至 2020 年,已发展成为拥有 4 000 余名正式员工、年销售额破百亿元的上市公司(股票代码:300783),正加速向数字化供应链平台企业转型。

依托品牌、产品、物流及服务优势,自 2014 年起,连续五年位列天猫商城"零食/坚果/特产"类目成交额第一。2019 年"双十一",以 10.49 亿元销售额刷新中国食品行业交易记录。

三只松鼠以线上渠道为核心,面向个人消费者及企业等团购客户进行自有品牌休闲食品的销售,通过产品研发及采购生产、消费者下单及销售、仓储及配送三个阶段连接起上游供应商、下游客户以及物流服务商、销售平台等各类合作伙伴。其价值网络如图 5.3 所示。

## 5.4.2 商业模式

### (1)使命与愿景

肩负"让天下主人爽起来"和"以数字化推动食品产业进步,以 IP(Intellectual Property,知识产权)化促进品牌多元发展"的企业使命,三只松鼠不断致力于产品的创新,强化"造货+

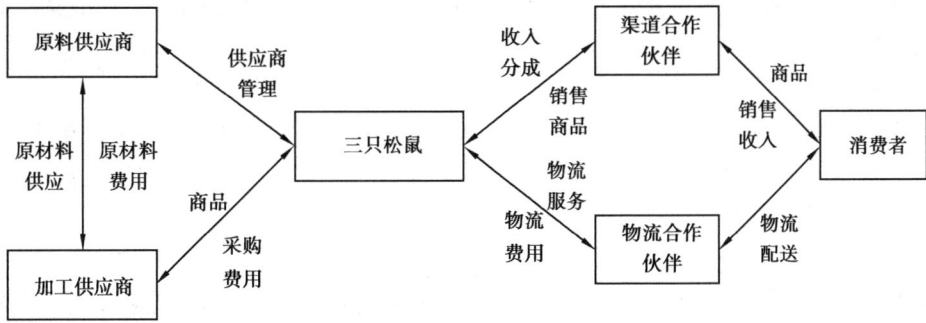

图 5.3　三只松鼠价值网络

造体验”的核心能力,通过"风味""鲜味"和"趣味"构建起独特的"松鼠味",构建起一主两翼三侧(以线上渠道为主,线下松鼠投食店和松鼠小店为两翼,社交电商、新分销和松鼠小镇为三侧)的立体化渠道布局,全方位贴近消费者。未来,将围绕"制造型自有品牌多业态零售商"的崭新定位,以数字化为驱动,重构供应链和组织,为主人带去质高、价优、新鲜、丰富、便利的快乐零食,迈向千亿松鼠,助力实现"活 100 年;进入全球 500 强;服务全球绝大多数大众家庭"的美好愿景。

三只松鼠的价值观是:以消费者为中心、以价值创造者为本、实事求是、创新引领、开放协作、自我批判。坚持"以客户为主人"的企业价值观,从品牌、品质、服务、速度等方面着力提升消费体验,构建了覆盖天猫商城、京东等主流第三方电商平台及公司自营手机 App、大客户团购、线下体验店等多元化渠道的销售模式。还和众多上游优质供应商保持长期紧密合作,充分保障公司采购的稳定性,同时通过严格的供应商开发管理制度和完善的质量控制体系确保食品安全。

（2）**目标客户**

三只松鼠是以休闲食品为核心的品牌电商,旨在通过互联网平台为消费者提供优质的消费体验,目标客户群为目标消费者为 80、90 后的网购主力,这类消费者推崇时尚、休闲、体验的消费理念,追求"慢食、快活"的生活方式。

从品牌定位、生活方式倡导、目标消费者选定等三方面把握了目前互联网消费主力的购物偏好,即"追求时尚、个性、对细节挑剔、善待自己、注重全方位的消费体验",通过情感品牌、情感产品、情感服务来打动消费者。

将文化定位与公司业务运营充分融合,例如客服人员以"主人"称谓称呼消费者,并通过松鼠的可爱形象拉近和消费者的距离,还创新性地在发出货品中随包附送果壳袋、开箱器、湿纸巾等配套物品,为消费者提供各项便利,通过对购物细节的优化让消费者感受到贴心的服务,为"主人"提供优质服务的体验。

（3）**产品与服务**

三只松鼠以"共建互联网新农业生态圈"为使命,始终坚持为消费者提供"实惠且安全"的产品,打造给予消费者"爱与快乐"的品牌,致力于成为以休闲食品为核心的领先消费品品牌零售商。目前,已形成了囊括坚果、干果、果干、茶品、零食等多品类休闲食品的产品组合。

核心品牌"三只松鼠"及三个松鼠形象"松鼠小酷""松鼠小美""松鼠小贱"在消费者群体中享有较高的知名度。

1）坚果系列产品

自 2012 年成立以来即以"三只松鼠"品牌推出各类即食坚果产品,包括碧根果、夏威夷果、松子、开心果、巴旦木、腰果、山核桃等,该等产品主要通过烘干、烘炒等工艺制成,并根据消费者的需求推出多种口味及包装形式。

2）干果系列产品

干果系列产品主要包括葡萄干及红枣制品,主推"新疆系列"干果,与新疆核心产地供应商建立长期合作关系,为消费者提供健康、高品质的休闲食用产品。

3）果干系列产品

果干系列产品于 2014 年推出,主要为新鲜水果的加工制品,由水果经过日晒、烘干或冻干等工序制作而成。该类产品在最大程度保留水果营养成分的同时,有效延长了产品保存期限,兼顾了消费者对于健康营养要素和便携要素的需求。

4）茶品系列产品

茶品系列产品定位于年轻消费者,通过精致的包装、甜美可爱的品牌形象设计,在满足消费者对于口感和新鲜度的需求的同时,带来时尚便捷的消费体验。茶品系列产品以"松鼠小美"作为品牌形象,主要产品包括传统炒制茶叶以及菊花茶、大麦茶、柠檬片等泛植物类冲饮产品。

5）零食系列产品

充分挖掘市场需求及消费者喜好,于 2014 年从坚果等优势领域迅速进入零食市场,成功推出多款自有品牌零食产品,形成了包括肉类即食品、糕点、烘焙类等在内的多品类零食组合。

6）礼盒等其他产品

除上述五大类别产品外,为满足消费者的多元化需求,还根据消费者反馈信息精选热门坚果、干果、果干等单品进行组合,于 2016 年创新性地推出礼盒产品,并对产品定位和包装进行精心设计,例如融合热播影视剧元素推出联名产品等,受到了消费者的欢迎。

**（4）盈利模式**

1）线上业务营收

三只松鼠起源于线上电商,截至 2020 年,天猫渠道占比 52%,京东渠道占比 38%,线上各平台发展进一步平衡。目前,京东系粉丝数已超 5 000 万,稳居食品饮料类目前列。

2）线下业务营收

在线下渠道方面,截至 2020 年末,三只松鼠线下店铺数量合计超 1 000 家,投食店新开 78 家,截至期末累计 171 家,实现营业收入 8.74 亿元,占总营收的 8.9%。联盟店新开 641 家,截至期末累计 872 家,实现营业收入 4.59 亿元,占总营收的 4.7%。

3）新品牌营收

2020 年,新品牌方面,三只松鼠聚焦婴童食品小鹿蓝蓝的发展,全渠道营收 7 913 万元,环比增长 57.42%,连续 7 个月稳居全网宝宝零食销量冠军。

（5）**核心能力**

1）**全方位的品牌塑造**

三只松鼠坚持 IP 化和人格化的品牌策略,通过全方位的品牌塑造措施丰富品牌内涵,提高品牌知名度。以动漫化的"三只松鼠"作为品牌形象,在外观设计方面具有很高的品牌辨识度,给消费者留下积极、健康、快乐的直观印象,迅速获得了消费者青睐。同时,对品牌形象赋予丰富人格,三只松鼠动漫角色"松鼠小酷""松鼠小美"及"松鼠小贱"均被赋予了鲜明的性格特征,使品牌整体传递的信息更加丰满。在品牌宣传方面,通过动画、绘本、周边等多元化渠道不断丰富品牌内涵,并通过广告投放、社交媒体宣传、产品包装、影视剧植入、跨界合作、线上线下结合等方式与消费者进行高频次的互动,拉近和消费者之间的距离,使得消费者建立起对三只松鼠品牌的立体印象。此外,还通过开设线下体验店等方式进行品牌宣传,包括为消费者营造与品牌形象高度相关的休闲娱乐氛围,进行品牌文化的展现,构筑更加精致的购物场景,提升消费者对三只松鼠品牌的感知度和忠诚度。始终坚持以消费者为核心,通过塑造"传递爱与快乐"的生活文化品牌,和消费者之间建立起深厚的文化联系,将简单的产品销售关系拓展成为一种消费文化的阐述。

2）**完善的产品品类布局**

三只松鼠拥有完善的产品品类布局,充分抓住行业增长机遇,同时减少因为对单个产品门类依赖所带来的波动风险。公司打造一站式的购物体验,成为消费者购买休闲食品的首要去处之一。此外,通过全面的品类布局,三只松鼠能够实现对单个消费者最大化的价值挖掘,实现不同产品间的协同效应,提升公司的销售规模和市场影响力。凭借对消费者需求的准确把握,三只松鼠的产品布局与目前热门的休闲食品品类发展趋势具有良好的契合度。例如,坚果作为主打产品之一,自推出以来受到了市场的广泛好评,该等产品相对于葵花子、花生等传统炒货,能够给予消费者更多元化、更符合健康生活方式的选择,迅速掀起坚果在线零售的风潮;干果及果干类产品将优质产地的红枣、芒果、草莓等水果制成包装食品,兼具休闲食品及新鲜水果的特点,满足消费者对于便携性、口味以及营养价值等不同维度的需求,受到消费者的喜爱;茶品类产品紧紧抓住年轻消费者的时尚文化偏好,延续动漫形象的亲民风格,与市场上的传统茶叶产品形成良好互补。同时,根据市场需求特点积极探索产品形式,例如于农历春节期间以多种产品进行组合的年货大礼包已成为消费者走亲访友的热门选择,有效提升了销售额以及品牌影响力。

3）**突出的产品研发能力**

突出的产品研发能力是三只松鼠成为互联网领先休闲食品品牌的重要基础。基于对消费者反馈及休闲食品市场发展态势的分析,积极探索产品品类、工艺及口味特点,推陈出新,并依靠三只松鼠的品牌优势和销售渠道优势迅速拓展市场。例如,公司推出"新疆正品"系列干果、"超级水果干"多款创新产品,该等产品上市后获得了消费者的青睐,有效支撑了公司销售收入的增长。在产品研发机构设置方面,成立了食品安全及食品研发研究院,下设产品开发管理中心和产品应用研发中心等部门,专职负责产品的开发与管理、产品工艺改进和品质标准化等工作。同时,建立了成熟的产品更新迭代机制,根据消费者的反馈不断完善公司产品品类,以保证公司的产品布局符合市场需求发展趋势,兼顾产品的多元化和精品化。

4）可靠的产品品质保障

三只松鼠坚持核心环节自主控制,构建重度垂直的业务模式,通过供应商准入、入库严格质检、仓储库存自主管理等措施实现对产品质量的把控。同时,基于信息技术手段,借助云质量信息化平台对产业链各环节进行有效控制,实现质量全程可追溯。设置了产品经理管理制度,由产品经理对其所负责的产品门类进行直接管理,包括和消费者建立直接沟通渠道,通过持续地反馈和改进不断优化产品。同时,通过质量改善提案制度使员工积极主动地参与到公司的质量管理工作,通过群策群力降低产品质量风险。

### 5.4.3 技术模式

#### （1）产品开发技术

三只松鼠在产品开发和创新方面方向明确、规划合理,力求为消费者提供更新鲜、口感更好、种类更多的休闲食品。制定了成熟的新品开发流程,从开发立项、实验室试制、内部测试、市场投放等各个阶段提升产品开发效率和产出质量。通过《新品研发管理流程》《新品开发管理流程》《产品配方管理规定》等制度文件对新产品研发进行规范。

#### （2）供应链管理技术

三只松鼠建立了全面的供应商开发管理流程体系,并将供应商纳入云质量信息化平台,实现采购流程可追溯。同时,不断完善货品仓储技术,执行严格的货品管理制度,以缩短库存周转期,并根据产品属性需求设计仓储温度及湿度等条件,保证库存周转期内的产品品质。

#### （3）质量控制及管理技术

现代化的食品质量控制及管理技术是休闲食品产业健康长远发展的基石。三只松鼠一贯重视质量控制方面的技术投入,以保证产品品质能够实现全程透明化管理,确保将食品安全事故的概率降到最低。还成立了专业的检测子公司,对每一批次产品进行严格的检验和分拣挑选,积累了丰富的质量控制管理经验和扎实的技术基础。

#### （4）信息技术系统

在信息技术方面,三只松鼠也具有深厚积累,自主研发了包括云质量信息化平台、北极光系统、绩效管理系统等在内的一整套信息技术系统,有效保障了后续项目实施中信息技术模块的可行性。

### 5.4.4 经营模式

#### （1）创新的品牌塑造模式

三只松鼠坚持 IP 化、人格化的品牌策略,改变大多数消费品品牌生硬的特点,全方位塑造鲜明的品牌形象,使消费者在购买公司产品的同时能够充分感受"传递爱与快乐"的品牌文化。基于和坚果、零食高度契合的"三只松鼠"动漫形象,借助动画、绘本、周边等多元化的品牌塑造方式极大丰富了品牌内涵,提高了品牌知名度。还通过开设线下体验店的方式,为消费者营造与品牌形象高度相关的休闲娱乐氛围,进行品牌文化的展现,提升消费者对"三只松鼠"品牌的感知度。同时,贯穿售前、售中、售后的精细化客户服务以及"以客户为主人"的企业文化最大限度地拉近了公司和消费者的距离,为消费者提供最优质的客户体验。

### (2)线上渠道为核心的销售模式

三只松鼠抓住消费升级下休闲食品行业电商模式兴起的机遇,率先进入休闲食品线上零售市场,充分发挥休闲食品重复购买率高、便于物流配送等优势,并依托于天猫商城等市场占有率高、运营规范的电商平台及自营手机 App 渠道,去除经销商、零售商等中间环节,以更便捷的购买体验和更亲民的价格,迅速占领市场份额,成为休闲食品电商龙头企业。

### (3)重度垂直的经营模式

三只松鼠构建了重度垂直的经营模式,深度参与到从原材料采购到终端配送的多个环节,包括建立了较为完善的信息化系统对产业链上下游进行追溯管理、设立食品安全及研发研究院加大休闲食品研发投入、设立专业食品检测子公司保障食品质量等,以加强后端建设,保障产品品质及运营效率,巩固公司在休闲食品领域的核心竞争力。

### (4)互联网新农业生态圈的上下游合作模式

三只松鼠和上游原材料供应商、加工厂商、产品研发机构、下游仓储物流服务商等密切合作、相互支持,发挥各方比较优势,共同建立互联网新农业生态圈,实现合作共赢。公司在避免重资产、低运营效率等缺点的同时,仍保持着对上下游较强的管控及议价能力,促使产业链各环节精细化运营,以更低的成本获得更好的成效。

## 5.4.5　管理模式

### (1)供应商管理

三只松鼠执行严格的供应商管理机制,以确保产品品质以及采购端的稳定性。制定了供应商目录及完善的更新淘汰体系,对现有供应商及新增供应商进行动态管理。其中,对于新开发的供应商,制定了严格的筛选标准,以及相应的供应商开发及流程管理制度,包括供应商实地考察制度等;对于每年评估不佳的供应商,将其列入重点观察名单或进行淘汰。同时,对于合作供应商,对其原料采购进行监督,生产标准也必须严格按照公司规定执行。一般情况下,三只松鼠与供应商签订年度框架协议,就合作方向及年度合作安排进行约定,具体的采购合同则会另行签订。

### (2)项目制质量管理

为促进公司全员以及供应链合作伙伴参与质量管理工作,三只松鼠开展了"全面质量管理改善提案项目"和"产品档案项目"。同时,还设立了"CEO 质量奖",增强员工的质量管理"主人翁"精神。

全面质量管理改善提案项目:促进全员关注产品质量、人人参与质量改进,通过群策群力降低产品质量风险。员工可通过填写《改善提案表》将建议提交至质量控制部门,公司在定期质量会议上对相关提案进行评审,并安排责任部门进行实施,同时由质量控制部门负责监督有效提案的实施情况。产品档案项目:对重点产品品类建立档案,通过对产品在原料、生产、运输、储存、分装、物流等各个环节的研究,制定在整个供应链基础上保障产品品质稳定的最优方案。

**（3）存货管理**

三只松鼠制定了一系列完善的存货管理制度,包括《存货管理制度》《仓库及售后退货产品处理流程》和《异常产品处理流程》等,对采购到销售各个环节上存货进行全面管理。存货经仓管员数量核对以及中创检测人员的感官、理化检验后方可入库。存货的出库采用先进先出原则,减少因存货积压时间过长而造成的损失。存货管理采取部门、人员岗位职责分离制和责任到人制,使得各个职能之间合理分工,相互制约。

针对仓库和售后退货产品,按照产品情况及时分类进行检测、报废。针对异常产品(包括临近保质期产品和其他异常产品),各仓库定期统计并送检,并针对检测结果及时报废、或退货至相关供应商。不同保质期的产品的临期界定存在差异。最长的如两年及以上保质期的产品,其临近保质期为 95 天;最短的如 1~3 个月保质期的产品,其临近保质期为 15 天。

**（4）客户管理**

凭借成熟的客户管理机制、信息技术及互联网平台优势,三只松鼠能够实现对消费者购买行为及产品需求更准确地把握。基于自有 IT 系统及第三方销售平台所提供的运营统计分析功能,对历史交易数据进行汇总整理,通过分析客流量、客单价、重复购买频率等指标,实现消费群体和产品品类的细分管理,完善售前售后服务体系,增强消费者黏性,提高流量转化率和重复购买率。此外,通过搜集和追踪开放性社交平台的关键字段,及时了解消费者反馈,与消费者形成良性互动。

同时,三只松鼠建立了较为完善的会员制度体系。一方面,通过建立会员制度体系进一步提升了客户黏性,例如会员可通过消费积累积分兑换三只松鼠周边产品;另一方面,通过会员体系能够对客户需求、历史购买习惯等进行更深入的分析,形成更为立体的消费者画像,为公司未来产品研发、改善及营销推广打下了坚实基础。

**（5）信息化管理**

三只松鼠通过自主研发的运营管理系统、云质量信息化平台等对采购入库、加工、订单处理、仓储库存、售后服务等环节进行监控,有效把控食品质量安全,提升企业经营效率,并根据不断变化的运营需求进行灵活地更新迭代。

### 5.4.6  资本模式

公司设立时的发起者共 7 位,分别为章燎源、NICE GROWTH LIMITED、LTGROWTH INVESTMENT IX（HK）LIMITED、上海自友松鼠投资中心（有限合伙）、GaoZheng Capital Limited、安徽燎原投资管理有限公司以及上海自友投资管理有限公司。

**（1）风险投资**

业绩和口碑的逐渐攀升,让三只松鼠得到了更多资本市场的青睐。在成立后的第二个月,获得了美国 IDG 资本 150 万美元的天使投资,拿到第一笔创业资金;2013 年 5 月,获今日资本、IDG 资本 617 万美元 B 轮投资,将资金投入后端建设;2014 年 3 月,IDG 资本、今日资本追加 1 亿元人民币 C 轮投资;2015 年 9 月,完成第四轮融资,融资总金额 3 亿元,投资方为

IDG 前副总裁李丰创建的峰瑞资本。有了资本加持后,三只松鼠进入发展的快车道。

（2）上市融资

基于业务的发展情况,根据行业发展趋势及市场需求特点,为了持续提升市场份额并保持竞争优势,保障产品质量安全,提高品牌知名度和市场影响力,完善公司法人治理结构,三只松鼠决定上市募集资金。同时,连续三年盈利的业绩,也为其上市做好了铺垫。2019 年 7 月 12 日,三只松鼠股份有限公司在深交所成功挂牌上市。

### 5.4.7　结论与建议

（1）**成功因素**

1）抓住休闲食品行业蓬勃发展的机遇

随着近年来人均收入水平的不断提高,消费者健康意识及饮食习惯不断改变,从"吃饱"到"吃好",消费者对食品的需求从必选消费品领域逐步转移到可选消费品领域,因此单价较高且具有较高营养价值的休闲食品的需求呈快速增长趋势。从品类结构来看,休闲食品包括糖果巧克力、坚果炒货、肉干肉脯、果脯蜜饯等,种类繁多,其中,受消费习惯变化的驱动,坚果、零食等休闲食品细分品类增长迅速,市场潜力巨大。

2）实现休闲食品零售与电商模式的融合

在电商行业蓬勃发展的大趋势下,随着政策和资本的支持力度不断增强、信息技术及物流基础设施的不断发展,食品产业与电商模式的融合不断深入。消费者对电商模式逐渐认可并培养出新的在线消费习惯,三只松鼠等一些具有代表性的食品电商企业也迅速崛起。就休闲食品而言,因其具有重复购买率高、方便物流配送、易分享和快速扩散等良好的互联网基因,成为食品电商行业着力发展的重点。

3）具有明确的企业发展战略和创新性的企业文化

三只松鼠致力于成为休闲食品产业链生态平台,通过品牌运营、产品研发、质量检测、产品销售、客户服务等核心环节重点把控,产品加工、物流配送等非核心环节由专业合作伙伴精细化运作的方式,整合优势资源,更有效率地连接生产者和消费者,并创新性地打造客户至上的"主人"文化,通过制度文件保障、企业价值观传递、高效的监督管理,为消费者提供优质的产品和服务。

4）专注产品及技术研发能力和丰富的管理及销售经验

三只松鼠专门设立食品研发团队专注于新口味的研发及生产加工工艺的改进,并设立具有较强技术研发能力的信息技术团队根据实际运营需要进行信息系统的自主开发及更新换代工作。同时管理层在休闲食品行业拥有丰富的销售和管理经验,员工团队业务扎实、充满活力。

（2）**面临的挑战**

1）食品质量安全问题

食品安全问题来自成本低配和管理缺失。三只松鼠采用典型的"代工+贴牌"模式,只负责研发和营销,生产环节一律外包,食品安全问题是三只松鼠绕不开的痛。由于代工厂多为小企业,所得加工费用较少,没有动力去改善生产环境,提高食品安全;而三只松鼠只能对产品进行抽检,很难对供应商做到实时监督。

2)销售渠道集中度较高

三只松鼠不断通过自营 App、团购、线下体验店等方式拓展多元化的销售渠道,但销售收入仍主要通过天猫商城、京东等第三方平台实现。目前,天猫商城、京东等第三方渠道已逐渐发展成为成熟的开放电商平台,并成了社会消费品零售增长的重要驱动因素,但如果该等电商平台自身经营的稳定性或业务模式、经营策略发生了重大变化,且三只松鼠不能及时做出调整,可能会对公司的经营业绩产生不利影响。同时,如果三只松鼠与该等第三方平台的稳定合作关系在未来发生重大变动,亦可能影响公司的经营活动及财务状况。

3)电商红利消退

任何行业成长都要经历幼稚、成长、成熟和衰退四个阶段,电商行业已告别粗放式生长阶段,原本蓝海市场已向红海市场转化。零食行业普遍存在品牌之间的同质化竞争,口味、包装等各方面的产品同质化及产品线趋同化,营销手段、营销途径同质化现象明显。定位为互联网食品零售企业的三只松鼠能够快速崛起,很大一部分原因是受益于电商时代的流量红利。但是随着互联网红利的逐渐消失,三只松鼠的"三费"逐渐走高,拖累了毛利率,"三费"包括推广费、平台服务费和物流费用。除了在线上付出了大量成本,三只松鼠近年来也开始发力线下。为了做到线上和线下的平衡,为了加速卡位线下,甚至不惜开展借贷和担保业务,但是这样的举动却让公司陷入进退两难的境地。一方面是线上流量遇到天花板,获客成本越来越高,另一方面是线下渠道扩张难盈利。

(3)建议

1)强化品牌形象

在品牌方面,三只松鼠要牢牢把握消费升级的发展趋势,从服务升级、体验升级、文化升级多个层次丰富"三只松鼠"品牌内涵,与消费者之间建立起以产品和服务为基础、品牌内涵和文化体验为支撑的紧密联系。进一步强化品牌建设,包括继续推进人格化、动漫化、IP 化的品牌策略,通过周边开发、跨界合作等多元化形式构建立体的"三只松鼠"休闲食品文化。此外,通过设立线下体验店的方式对线上渠道尚未覆盖的消费群体进行渗透,对公司品牌文化进行宣传,实现"线下体验+线上消费"。继续加快线下体验店的建设,加强体验店管理和文化体验建设,进一步提升品牌知名度。

2)严控食品安全

三只松鼠要将食品质量安全视为业务运营的重中之重,从制度、硬件及人员等各方面建立全面的质量控制体系,包括制定严格的供应商开发管理流程、原料入场检验制度以及驻厂质控人员制度等。持续加大产品质量控制投入,完善质量风险预防机制,加强质量监控预警管理和售后质量问题追溯管理。通过自主研发的云质量信息化平台,对原料入厂检测、仓储、生产、物流、消费者反馈等环节进行全过程追溯,对潜在薄弱环节进行追踪和改善。将质量管理流程制度固化至系统中以降低人为因素对质量管理工作的影响,不断加大对该平台的研发投入,加强公司对产品品质及食品安全的把控。

3）布局多元销售

三只松鼠要继续以电商经营模式为核心，积极构建全渠道一体化的商业模式，通过全渠道营销网络及信息化系统建设，连接合作供应商、线上销售平台、线下体验店、仓储物流系统及消费者，形成有效闭环。不断布局多元化的销售渠道，例如通过团购业务渠道满足客户大批量、定制化采购的需求，通过线下体验店等方式加强与消费者互动，作为线上渠道的有效补充。打通线上平台与线下渠道，通过品牌宣传力度的增强和服务体验的升级带来新增流量，挖掘更大潜力的消费群体，进一步提升业务规模。

4）加强上游把控

三只松鼠要通过各类措施加强自身在上游供应端的布局，例如通过和采购源头对接加强对农产品质量及价格的把控力度、与核心产区供应商建立长期合作保障产品品质等。同时，上游合作伙伴作为公司休闲食品产业生态的重要构成部分，通过及时的生产采购计划对接、技术支持、合作研发等方式与其进行深入合作，实现共同成长。从产业链层面来看，通过产业链整合获取更多的价值点，构筑竞争壁垒，不断进入生产、物流、金融等产业链各环节。

□ 基于互联网和团队的练习

（1）**联想应该如何采取措施，以实现直销与分销更好的协同？**

①通过互联网收集资料，对比分析联想网络直销和传统分销不同做法。

②团队进行分工，设计调查问卷，分头调研客户、经销商对于联想网络直销和传统分销的看法、意见和建议。

③形成完整的调研报告。

（2）**网络零售产品的适应性分析**

①假设团队要通过网络零售进行创业，考虑产品选择。

②通过互联网收集资料，分析产品在网络上进行销售的适应度。

③设计调查问卷，对经常网络购物的消费者进行调研，获取消费者对于产品的不同需求。

④形成完整的分析报告。

（3）**收集聚美优品网络零售的资料，对比分析聚美优品和京东商业模式的区别**

①通过互联网收集聚美优品的相关资料。

②以团队的形式，对比分析聚美优品与京东的商业模式。

③形成对比分析报告。

（4）**按照本教材的分析方法，对小熊电器网络零售进行案例分析。**

①通过互联网收集小熊电器的相关资料。

②团队进行任务分解，按照五大模式对小熊电器进行分析。

③形成案例分析报告，并进行课堂汇报讨论。

□ 基于网上创业的学习

**（1）网上开店**

网上开店是店主（卖家）自己建立网站或通过第三方平台，把商品（形象、性能、质量、价值、功能等）展示在网络上给顾客看，顾客在网上浏览商品进行选购，来达成交易的整个流程。

①选择网上开店的渠道：自建网站还是通过第三方平台？

②选择用于开店的商品。

③确定网上开店的经营方式：网上开店与网下开店相结合还是纯粹的网上开店？

④开设网店。

⑤推广网店。

**（2）网络代销**

网络代销，就是代销人员在自己的网店中展示供货商的商品，如果有人订购了，供货商代其发货或者自己代购后发货。当然，供货商给的是代销价，代销商展示的商品，是自己定的零售价。代销商赚取的是代销价和零售价之间的差价。

①异地代购，比如有朋友在境外，可以代购代销国外的产品。如果没有朋友在异地，可以代购代销本地的特产。

②跨平台代购，就是在这个平台买产品，到另外一个平台去买，比如把淘宝的卖家店里的产品挂到本地的分类信息平台，或者挂到微店等微商平台去销售。

③选择代销代购的商品后，开设网店或微店进行销售。

**本章参考文献：**

［1］雷兵，司林胜.电子商务案例分析教程［M］.2 版.北京：电子工业出版社，2016.

［2］CNNIC.第 47 次中国互联网络发展状况统计报告［R］.中国互联网络信息中心，2021.

［3］国家质量监督检验检疫总局等.零售业态分类［M］.北京：中国标准出版社，2004.

［4］汪敢甫.基于平台服务的网络零售运营模式选择与品类优化策略［D］.成都：电子科技大学，2018.

［5］黄子强.新零售下双渠道供应链网络脆弱性分析与评价研究［D］.北京：北京交通大学，2020.

［6］艾瑞咨询.升级：变化中的中国网络零售［R］.2017-11-09.

［7］艾瑞咨询.京东打造"四大核心竞争力"［EB/OL］.［2013-06-13］.

［8］搜狐网.刘强东谈京东核心竞争力［EB/OL］.［2015-09-02］.

［9］CSDN.亿级流量背后战场，京东 11.11 大促全方位技术揭秘［EB/OL］.［2020-12-16］.

［10］环球网.京东零售 CEO 徐雷：何为京东零售的"技术本色"？［EB/OL］.［2020-11-

26].

[11] 21CN.京东零售首次详解未来战略布局[EB/OL].[2019-05-24].

[12] 好猎头网.京东模式和管理之道:互联网思维下的管理变革[EB/OL].[2017-11-28].

[13] 郭智林.京东 HRBP 启示录[M].北京:人民邮电出版社,2020.

[14] 搜狐网.京东零售最新组织架构调整![EB/OL].[2020-12-29].

[15] 驱动中国.京东集团发布《关于京东商城组织架构调整的公告》[EB/OL].[2018-12-21].

[16] 腾讯网.京东的核心竞争力是什么?[EB/OL].[2019-03-13].

[17] 朱科羽.基于哈佛分析框架下的京东集团财务分析[D].合肥:合肥工业大学,2020.

[18] 小米.小米集团招股说明书[R].小米集团,2018.

[19] 方正证券.从"组织架构"视角出发,回顾四大商业巨头的战略变迁——阿里、小米、京东、美团[R].方正证券,2019.

[20] 环球网.小米发布 2020 年财报:营收 2459 亿元,同比增长 19.4%[EB/OL].[2021-03-24].

[21] 搜狐网.一文读懂小米商业模式[EB/OL].[2019-07-18].

[22] 百度文库.小米公司管理模式[EB/OL].[2019-03-13].

[23] 搜狐网.揭秘小米股权激励模式,雷军真做到了员工想要的老板[EB/OL].[2021-04-07].

[24] 吴越舟,赵桐.小米进化论[M].北京:北京联合出版社,2021.

[25] 网经社.一文看懂小米 IPO 招股说明书[EB/OL].[2018-05-04].

[26] 国金证券.小米:战略盘整,期冀绽放[R].国金证券,2019.

[27] 金投网.小米新 10 年充满了机遇 也充满了挑战[EB/OL].[2020-04-13].

[28] 曹欣蓓.小米:性价比的故事该怎样继续?[EB/OL].[2020-01-06].

[29] 三只松鼠.三只松鼠招股说明书[R].三只松鼠股份有限公司,2017.

[30] 王少华."新零售"背景下休闲食品零售业转型发展研究——以三只松鼠和良品铺子为例[D].山东建筑大学,2020.

[31] 电商报.三只松鼠 2020 年总营收 97.94 亿元 线上业务占比达 74%[EB/OL].[2021-03-28].

[32] 吴谋丽."三只松鼠"营销策略研究[D].南昌:江西师范大学,2020.

[33] 李佩珊.新零售下三只松鼠公司的体验营销策略优化研究[D].南宁:广西大学,2020.

[34] 常皖娟."三只松鼠"品牌形象动漫化设计研究[D].芜湖:安徽工程大学,2018.

[35] 凤凰网.三只松鼠:从对赌协议到 IPO 上市[EB/OL].[2018-07-24].

[36] 靳江曼.供应链视角下三只松鼠营运资金管理研究[D].天津:天津财经大学,2020.

[37] 搜狐网.三只松鼠最新招股书解析 亮丽财报透露三大隐忧[EB/OL].[2019-06-05].

# 第6章
# 社交电商模式案例分析

## 6.1 社交电商概述

### 6.1.1 社交电商的定义及发展历程

#### (1)社交电商定义

社交电商是指基于人际关系网络,利用互联网社交工具,从事商品交易或服务提供的经营活动,涵盖信息展示、支付结算以及快递物流等电子商务全过程,是新型电子商务重要表现形式之一。凡是基于社交关系实现电子商务中流量获取、商品推广、商品交易等一个或多个环节,直接或间接产生商业变现的行为,都属于社交电商范畴。基于此,内容和传播获客等基于社交媒介的网红电商和内容电商,都是社交电商。社交电商模式就是企业利用社交媒介进行人际口碑传播、关系营销和商品销售的一种互联网应用模式。

社交电商作为社交与电商的融合,其本质是电商行业营销模式与销售渠道的创新,是在触达消费者、运营消费者上的创新,核心在于通过社交方式引流实现流量来源和运营转化方式的重构。与传统电商"电子货架展示商品、消费者搜索式购买、品牌力吸引"的逻辑不同,社交电商的逻辑在于"推荐式呈现商品、消费者发现式购买、口碑吸引",是在人的社交场景中完成商品销售,通过把商品配给场景,由人带给人,实现电子商务从搜索式购买向发现式购买的重大转变。

#### (2)社交电商发展历程

我国的社交电商发展至今,主要经历了三个阶段。具体为:

1)萌芽期(2009—2011年)

微博上知名博主利用自己的粉丝效应,向电商平台导流是社交电商的最早雏形。伴随着微信的出现,基于微信平台,以个人代购和团队化分销为主要形式的微商,是这个阶段社交电商的主要形态。

2)模式探索期(2012—2018 年)

小程序的出现为社交电商发展提供了新思路,基于小程序实现一站式购物,并借助现金、红包激励等刺激社交传播,完整的社交电商模式初步成型。同时期,基于社交平台进行内容分享,并向自营电商业务或电商平台导流的内容电商模式逐渐成形。随着社交流量与电商交易的融合程度不断加深,涌现出拼多多、云集、小红书等多家社交电商明星企业,社交电商在网络购物市场中的占比不断提高。

3)成熟发展期(2019 年至今)

拼多多、微盟、蘑菇街、云集等多家社交电商企业相继 IPO 上市,社交电商商业模式逐渐清晰。而 2020 年新冠疫情又促进了直播电商和社区团购的发展,社交电商进入成熟发展新阶段。

## 6.1.2　社交电商的分类

目前,基于流量来源和运营模式的差异,社交电商大致可以划分为拼购型、分销型、内容型和社区型四种类型。

### (1)拼购型社交电商

拼购型社交电商是指聚集两人及以上的用户,通过拼团减价模式,激励用户进行社交分享组团,形成自传播的社交电商模式。这种模式下,社交电商平台只需花费一次引流成本吸引用户主动开团,成团的低价会刺激用户积极将商品团购链接分享至自己的社交关系网络中,以促进拼团尽快达成,而拼团信息在传播的过程中也会吸引其他用户再次开团,从而使传播次数和订单数实现裂变式指数级增长。低价是吸引用户开团、参团并进行社交分享与传播的关键。拼购型社交电商模式下,商品品类以生活用品、服饰等消费频次高、受众广的大众流通性商品为主,大部分商品价格不超过 100 元,目标用户以低线城市的价格敏感型人群为主。拼多多是这类平台中的典型代表和绝对领先者,其他平台还包括京喜拼拼、苏宁拼购等。

### (2)分销型社交电商

分销型社交电商是指以社交为基础,基于 S2b2c 模式连接供应商与消费者,实现商品流通的社交电商模式。这种模式下,分销平台(Supplier,简称为"S")上游连接商品供应方,为小店主、小商户(business,简称为"小 b")提供供应链、物流、IT 系统、培训、内容、售后等一系列服务,再由小 b 基于自身社交关系进行消费者(customer,简称为"c")端商品销售及用户维护。用户通过缴纳会员费或者完成特定任务等方式成为会员,在不介入供应链的情况下,基于自身社交关系进行社交分销,成为"小 b",实现商品销售的快速裂变。该模式的商业逻辑在于:平台 S 通过提供标准化中、后台服务赋能大量分散的小 b,小 b 负责前端引流和 c 端客户维护,从而形成信任关系背书的社交销售场景,实现销售闭环。微商红利消失淘汰的大量微商小卖家是分销型社交电商模式最初发展的驱动力,平台商品主打高性价比,典型代表平台包括云集、贝店、爱库存等。

### (3)内容型社交电商

内容型社交电商是指借助各种类型的内容来影响、引导消费者购物,并借助内容运营了解用户偏好,把消费者引流到平台电商板块或主流电商平台上,实现流量变现的社交电商模式。这种模式以关键意见领袖(KOL,Key opinion leader)的口碑作为流量入口,借助图文、直播、短视频等丰富的形式,通过购物攻略、分享导购等与购物相关的内容社区建设来吸引用户,激发用户直接在平台内或通过链接跳转到电商平台进行购买的热情,一些用户在购买商品后还会再将自己的使用感受制作成内容再分享到平台上,进一步丰富平台内容,从而形成"发现—购买—分享"的完整商业闭环,从而提高客户的黏性,减少客户的流失。粉丝运营、关键意见领袖IP(Intellectual Property,知识产权)打造、优质视频内容是内容型社交电商转化率的三大核心影响因素。平台内容的特征影响着平台商品品类,典型内容型社交电商平台有微博、小红书、淘宝直播、抖音、快手等。

### (4)社区型社交电商

社区型社交电商是指以线下社区空间为边界,构建基于社区居民的社群,引导社群内消费者通过微信小程序等工具下单,社区电商平台在指定时间内将商品统一配送至社区团长处,消费者自取或由团长进行最后一公里配送的社交电商模式。这种模式下的主要参与者包括消费者、社区电商平台、团长、仓储物流企业等。其中,团长(通常是社区便利店店主)负责线下社区内消费者的网络社群运营、商品推广、订单收集和最终的货品分发;电商平台负责对社区集聚的规模订单提供产品、物流仓储和售后支持,并将订单商品在第二天统一配送至团长处;消费者上门自取或由团长进行最后一公里的配送。从本质看,社区型社交电商以生鲜、日用品这些家庭高复购率消费为切入点,瞄准的是社区居民的日常生活消费。典型社区型社交电商平台有兴盛优选、美团优选、多多买菜、盒马集市等。

## 6.1.3　社交电商模式的特征

社交平台已经渗透到消费者的日常生活,社交行为能够激发购物需求,电商借助社交关系实现流量裂变,信任机制加快购买决策,从而实现高效获客。

### (1)触发消费者"发现式购买"和"非计划性购买"行为

与传统电商中消费者的搜索式购买不同,社交电商属于发现式购买。传统电商模式中,消费者通常需要在货架式陈列的众多商品中进行选择,长尾商品难以进入消费者的视线,并且用户主要以评价的方式进行购物分享,主动传播的意愿较低;社交电商模式下,消费者的购物需求常由信任关系或内容推荐激发,购物模式从"搜索式"向"发现式"转变。此外,随着短视频、直播的普及,使消费者购物决策链条变短,激发消费者的非计划性需求,更容易产生冲动型消费行为。另外,在佣金、价格的驱动下,消费者主动传播的意愿较高,也有利于商品的宣传推广。因此,在"购前—购中—购后"构成的购物三阶段中,社交电商都比传统电商效率高,其在购物三阶段的作用机制表现为:购前阶段,通过社交分享激发用户非计划性购物需求;购买阶段,通过信任机制缩短消费者购买决策时间,促成购买,提高转化效率;购后阶段,激发用户主动分享意愿,促进产品的分享传播。

### (2)"去中心化"流量为长尾商品提供发展空间

社交电商"人连接人"的特征实现了流量的去中心化,给小商家和长尾商品提供了发展机会。在阿里巴巴、京东为代表的"搜索"式产品推广中,流量集中在站内,平台中心化特征明显,搜索框是产品设计和流量分配的起点,平台内搜索竞价排名对平台用户的产品选择有几乎决定性的影响,马太效应使流量不断向头部商品和头部商家汇聚,中小长尾商户淹没在海量的商品大潮之中;社交电商模式下,以消费者的社交网络为纽带,产品配给社交场景,商品基于作为社交节点的用户个体进行传播,由人带给人,每个用户既是购买者也是推广者,流量呈现"去中心化"的结构特点。同时,在他人推荐下,用户对商品的信任过程会减少对品牌的依赖,只要产品够好、性价比够高,就容易通过口碑传播实现销售,给了长尾商品更广阔发展空间。

### (3)依托社交裂变降低引流成本,提升用户黏性

社交电商以用户的社交关系为依托,构建由一个个用户作为传播节点的传播网络,并通过返现、低价拼团等激励机制,鼓励用户在自己的社交网络中主动分享、引流,在实现流量社交裂变的同时,注重从拉新、转化到留存的用户全生命周期精细化运营,提升用户的黏性。拉新阶段,依靠用户社交裂变实现增长,降低获客成本;转化阶段,借助熟人之间的信任关系提高转化效率,并通过社群标签对用户做结构划分,从而实现精细化运营;留存阶段,用户既是购买者也是推荐者,实现了二次营销中的用户留存与新用户转化。实现更多的用户留存。

## 6.2 案例 1——拼多多:拼的是实惠

### 6.2.1 基本情况

拼多多隶属上海寻梦信息技术有限公司,成立于 2016 年 9 月,是由 2015 年 4 月和 9 月先后成立的"拼好货"与"拼多多"合并而来。创立以来,拼多多以独特的移动端社交拼团模式,实现指数级增长,公众号粉丝数在平台上线两周就突破百万,2016 年 9 月平台用户数破 1 亿,2017 年 9 月用户数破 2 亿,2018 年 6 月用户数破 3 亿,2018 年 7 月拼多多在美国纳斯达证券交易所正式挂牌上市。2020 年底,拼多多平台已经汇集 7.884 亿活跃买家和 510 余万活跃商户,成为用户规模全球最大的电商平台。

以拼多多平台为中心构建起的拼多多价值网络,参与者包括平台消费者、平台商家、制造商、营销/运营服务商等,其中制造商家包括品牌方、代工厂、小作坊等,它们之间的关系如图 6.1 所示。

### 6.2.2 商业模式

#### (1)使命与愿景

拼多多的企业使命是:为最广大用户创造价值,让"多实惠,多乐趣"成为消费主流。拼多多创始人黄峥在致股东信中曾多次提到拼多多的最终目的是成为 Costco 和 Disney 的结合,二者分别代表性价比和娱乐体验。Costco 化强调渠道与商品深度绑定,提供高性价比商品吸引消费者成为会员从而提升复购率,高性价比的商品来源于数据整合向上切入供应链

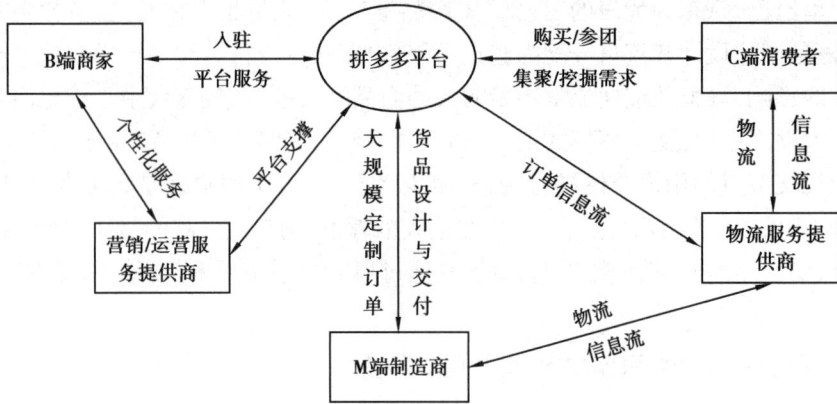

图 6.1 拼多多价值网络

重塑,通过数据和用户资源改进商品特性、生产、物流以及品牌定位等供应环节,提升生产效率。而 Disney 化则强调娱乐性,通过游戏化的设计,让消费者有沉浸式体验,增加消费者的留存与平台使用时间。

拼多多的愿景是:通过 C2M 模式对传统供应成本进行极致压缩,为消费者提供公平且最具性价比的选择。拼多多以社交拼团模式为核心,借助百亿补贴、农货上行、产地好货等,致力于服务中国最广大的普通消费者,其"普惠、人为先,更开放"理念,是其企业愿景的具体体现。一方面,通过去中心化的流量分发机制,拼多多大幅降低传统电商的流量成本,并让利于供需两端;另一方面,基于平台大数据,拼多多洞察消费者喜好与需求,帮助工厂实现定制化生产,持续降低采购、生产、物流成本,让"低价高质"商品成为平台主流。

(2)目标市场

拼多多作为典型的平台型电商,同时服务于平台上的消费者和商家两个群体。从消费者的视角看,拼多多为其提供极具性价比产品的展示、推荐与选购服务,激励消费者在拼多多进行消费;从商家的视角,商家入驻拼多多销售产品,而拼多多为其提供营销、C2M 订单等服务。在这个过程中,实物产品从商家直接流转到消费者,而资金则通过拼多多平台中转后到达商家;同时,拼多多还基于自己的分布式算法和商务智能技术,精确匹配消费者的需求与商家的定制化生产,这是一个三方共生、合作互利的过程。市场定位重点回答"企业做什么"这一议题,解释企业的目标客户群体的共性特征,通过为目标客户提供什么样的产品/服务来实现价值创造。因此,目标市场可以从两个方面来分析:客户定位和产品定位。

1)客户定位

2018 年之前,拼多多瞄准电子商务下沉市场,通过"低价爆款拼团+社交裂变"模式,借助微信/QQ 等社交平台的海量流量,并配合大范围的推广营销,打开了白牌商品[①]市场,致力于满足消费者的日常需求,甚至是升级消费的需求,完成初始用户的积累。从地域分布看,拼多多平台上三四线及以下城市用户居多,且典型用户的学历较传统电商淘宝、京东偏

---

① 白牌商品:指一些小厂商生产的无品牌商品,因没有营销和经销商分成,价格相对品牌商品低。

低,下沉市场是拼多多活跃用户集中地。基于这些特点,我们可以推测,拼多多上的用户应该属于价格敏感型,这也和拼多多"多实惠"的价值主张相契合。2019 年开始,拼多多逐渐向品牌商品发力。通过"百亿补贴""新品牌计划"等,布局品牌商品,以满足二线及以上城市用户对日常消费品比价的需求,从而使其用户结构更加均衡。从购买目的看,拼多多典型用户以无目的冲动购买为主,平台上弱化了搜索选项,也没有购物车,明显是为消费者的冲动性购买服务。

2)产品定位

拼多多通过定位日用百货实现与行业竞争者的错位竞争。与淘宝主要是服饰、京东主要是 3C 不同,拼多多销量占比最多的是日用百货。日用百货本身具有低价属性,但它同时还具有高频、功能性强、产业链条短等特点,贴合了拼多多平台主流用户的消费特点,成为平台交易量最大,GMV 第二(单价低,销量大)的品类。2019 年拼多多开始品牌化商品的布局,开启"百亿补贴"战略,带来手机数码产品销量的提升,手机数码由 2017 年的 5%增加到 2020 年的 14%,这归功于拼多多补贴促销重点为苹果手机、Bose 耳机等品牌数码产品。

(3)**产品与服务**

作为一个为买卖双方提供连接和交易机制的平台,拼多多通过拼多多 App、微信小程序和公众号为消费者提供商品与服务;为商家提供商户管理系统、会员服务以及广告服务等。目前,拼多多平台产品与服务包括:

1)商品销售

2017 年之前,商品销售服务主要是来自 2015 年 4 月开始运营的"拼好货"业务,属于平台自营业务,主要是新鲜农产品和易腐烂产品的社群拼团,由供应商经拼多多平台进行直售,该业务于 2017 年第一季度之后中止。2020 年 9 月,拼多多上线自营的多多买菜业务,从 2020 年第四季度开始为企业带来营收,金额达 53.578 亿元。拼多多 2021 年开始从轻资产的第三方平台模式向重资产模式转变,加大在仓储、物流以及农货源头方面的投入,未来,多多买菜带来的商品销售有望成为拼多多营收的重要增长方向之一。

2)开放平台

作为服务于平台上商家和消费者的多边电商平台,拼多多提供开放平台给电商软件服务商、商家服务商以及商家,从而为拼多多商家提供单个或复合电商业务场景中的 IT 系统工具服务、内容优化、店铺经营或咨询类服务,还为有软件开发能力的大型商家提供数据能力支持。

3)在线营销服务

拼多多为平台上的商家提供营销推广服务,主要包括搜索广告、展示广告以及效果类推广服务三类,以实现商品的精准推荐。2020 年 1 月,与社交裂变绑定的"多多直播"上线,是拼多多开放给有带货能力或潜力的合作方的营销工具,直播间主播可通过"现金红包吸引+关注+分享好友助力"的形式,提升用户黏性和流量转化效率。

4)"拼单"服务

"拼单"是拼多多的一大特色,通过社交裂变,实现单次获客价值的裂变式放大。拼多多为消费者提供两种商品购买方式:单独购买和拼单购买。单独购买方式下,消费者可以享受更快送货的服务;拼单模式则可以让消费者以更低的价格购买商品。拼单模式中,消费者可以发起拼单,并把拼单信息通过微信群、朋友圈等分享给其社交关系中的亲友,邀请其参与团购,拼单发起24小时内,参团人数规模达到商家要求,则拼单成功,目前,拼多多上最少两人即可成单,之后商家开始安排发货。

### (4)盈利模式

#### 1)盈利空间

从毛利率看,拼多多有较好的盈利空间。毛利率可以反映一个行业的竞争激烈程度,拼多多通过定位下沉市场,实现了与阿里、京东等主流电商平台的错位竞争。2017年转型平台型电商模式后,轻资产模式为其快速扩张提供了便利条件,其毛利率一直处于行业较高水平。2020年拼多多上线了自营业务多多买菜,并且开始大力投资物流基础设施、农业,这些重资产举措,以及面临阿里、京东纷纷布局下沉市场带来的竞争,拼多多未来的毛利率将会因为竞争的加剧而降低,盈利空间也将会逐渐减小。

#### 2)收入模式

拼多多作为一个电子商务平台,通过向消费者免费开放,为卖家提供营销服务来实现流量变现,收入来源包括:在线营销服务、交易佣金以及产品销售。其中,在线营销服务方面,主要包括搜索竞价、展示广告和个人营销服务三类。从2017年转型平台模式开始,在线营销服务收入一直是拼多多营收的主要来源,一直占总营收的70%以上,平台流量分配更加偏向中小商家,营销服务方式简单易懂。佣金方面,主要包含交易佣金和代收交易手续费两类。处于快速扩张阶段的拼多多,通过零佣金、零平台服务年费政策吸引了大量商家入驻,而平台上的低运营成本使商家愿意让利,以价格优势吸引消费者,消费者的增加又会吸引更多商家入驻,这为拼多多带来平台的"网络效应"。随着拼多多平台逐步成熟,预计在不久的未来,收取交易佣金将会成为拼多多另一营收来源。代收交易手续费方面,拼多多一般向商家收取商品价值的0.6%,作为第三方支付服务提供商收取的支付处理费以及其他交易相关费用。2020年12月,拼多多平台上线"多多钱包",布局作为金融业务"基础设施"的支付业务,实现生态闭环的构建。预计,未来基于支付业务的业务拓展,会给拼多多带来新的收入增长来源。

#### 3)成本与偿债能力分析

高额的营销费用投入为拼多多带来了用户数量的高速增长。"销售与营销费用"一直是拼多多营业费用中最大支出,主要用于线上线下推广、促销补贴及优惠券发放等,在营业总成本中占比一直在60%以上,为拼多多的用户规模快速增长提供支持,使拼多多成立五年多即成为国内用户规模最大的电商平台。从资产负债率看,拼多多的资产负债率整体呈下降趋势,但与阿里、京东相比,资产负债率仍属于偏高,这和拼多多仍处于快速扩张期需要大量投入有关,但整体偿债能力尚可控。从流动比率看,拼多多历年的流动比率在1到2波动式上升,但属于正常范围,整体上偿还流动负债的能力较好。

（5）**核心能力**

1）基于匹配算法塑造 C2M 商业模式的能力

拼多多"拼单"模式之所以能使少量单品成为平台"爆款"，源自供给与需求的精确匹配。拼多多平台上的分布式算法可以识别出"爆款"，并自动完成流量分配。拼多多上流量分配机制的原理大致如下：某个商品上线后，如果最初能够借助自然流量放大销量，那么平台就会把这个商品放到更大的流量池里面供消费者选择；如果依然可以继续放量，平台就会将该商品放到更大的流量池里，依此持续；通过这种市场化的运营机制，由市场选择决定生态的形成，使拼多多上单款商品能够实现远高于淘系的销量，从而打造"爆款"。拼多多C2M 模式赋能制造商的"爆款"打造，而无需依赖层层分销商。为了保证 C2M 的高效供需适配，拼多多承担着生产协调者和组织者的角色：一方面，拼多多基于复购率、推荐率等平台内电商运营指标，借助平台算法构建需求预测模型，预测产品可能的需求量，识别潜在"爆款"；另一方面，拼多多基于消费者在平台上的浏览、消费等行为，通过推荐算法把产品推荐给合适的消费者，并通过"拼单"的形式，在生产还没开始之前，就在特定范围内引爆巨大需求，进而拿这个巨大需求订单寻找和对接合适的厂商，以低价生产完成，实现拼多多所宣传的"拼得多，省得多"。在这个过程中，拼多多拥有制造商难以具有的数据和智能优势，产生基于数据的认知和智能，挖掘出一个个无形的、规模相对巨大的需求，直接对接制造企业，为制造企业赋能。拼多多试图通过分析人们之间的联系和信任来汇总类似需求，将长周期的分散需求转化为短周期的总需求，使按需定制生产得到实现，并基于云计算和平台数据，为物流企业和制造企业赋能，提高了供应链效率。

2）通过"产品游戏化"设计愉悦用户的能力

拼多多将购物和消费者的熟人社交网络完美结合，实现购物游戏化。"产品游戏化"是拼多多购物体验中的显著特征，通过将游戏元素深度融入拼多多平台，使用户更像是在线上数字平台逛商场，消费者在这个"逛"的过程中往往不会有特定的购物目标，激发了很多非计划性购物，同时还增加了用户黏性。拼多多自成立起，就带有游戏基因。首页的 16 个入口中，与游戏相关的入口占到一半，消费者在平台上体验各种游戏娱乐的过程中产生购买行为，实现了平台用户的高黏性。这种设计的核心在于：把购物活动设定为游戏目标，并把目标分解成一个个小目标，且每个小目标都制定一点小障碍，而消费者在通过自身努力克服一个个小障碍的过程中，得到相应的即时奖励，最终以较低的价格实现产品的购买，从而让消费者感受到"占便宜"的愉悦感。

### 6.2.3 技术模式

拼多多通过创建专有的技术基础设施，通过分布式计算机基础架构，将平台、买家和商家无缝连接起来，并开发符合"拼单"运营需求的专有技术套件，包括大数据分析、人工智能和机器学习等，用于在平台上高效地设计、管理和操作复杂的服务和解决方案。例如，利用人工智能技术，根据所积累的综合数据（包含但不限于：基本订单信息、用户浏览和查看特定产品和类似产品的时间等行为数据等）为平台上的买家提供个性化推荐。拼多多的关键技术组件包括以下几个方面：

（1）**大数据分析平台**

拼多多在其分布式计算基础架构上构建的大数据分析能力,能有效处理数十亿数据实例和数百万分析维度的复杂计算任务。拼多多可以根据买家的购买行为和使用模式,基于大数据分析和人工智能技术,优化运营并提升用户体验。比如,拼多多平台在关注基本订单信息的同时,还会对产品和平台消费者进行聚类,对某类买家花在浏览和选择特定产品和类似类别产品上的时间进行分析,从而根据积累的大数据构建统计和预测模型。

拼多多通过技术和运营团队之间的无缝协作,以及平台的大数据分析能力,使平台具备运营效率优势。拼多多允许算法工程师参与所有业务关键操作领域,使其对不同业务部门的计算需求有深入的了解,从而能够为解决运营业务中的多样化需求提供技术支持。

（2）**人工智能和机器学习**

人工智能和机器学习技术在平台上多个领域的应用,极大提升了用户体验。例如,拼多多应用人工智能技术来建立用户分析和模型迭代,实现向买方提供更精准的产品推荐,从而最大限度地提高消费者满意度。拼多多的深度学习能力加速了其在图像识别,语音识别,文本和语音交互、项目推荐和问题自动回答等领域的创新。

（3）**数据安全和保护**

拼多多的网络风险感知和风险管理系统为平台安全的保障。安全保障系统涵盖拼多多的平台、数据与服务,而拼多多后端安全系统每天能够处理数亿个恶意攻击事件,以保护平台的安全以及买家和商家的隐私。

### 6.2.4　经营模式

拼多多作为连接买家和商家的第三方电子商务平台,借助滚雪球式运营,产生强大的网络效应。一方面,依靠低价拼单模式,营造"买到就是赚到"的购物氛围,让平台买家觉得"占到便宜",并积极向熟人介绍和分享平台商品,自发带来更多低成本流量,实现平台买家数量的指数级增长;另一方面,庞大而活跃的买家群体,以及极低的商家入驻门槛、平台免入驻费等举措,吸引大量淘宝的中低端商家入驻,而拼多多平台的销售规模促使商家为买家提供更具有竞争力的价格和定制化的产品与服务,这又反过来吸引更多的买家,从而实现平台运营的良性循环。

拼多多依托用户的微信社交关系,实现流量的裂变式增长,是用户增长经典模型AARRR教科书级的典型应用。AARRR模型,又称海盗模型,把用户生命周期分为用户获取（Acquisition）、用户激活（Activation）、用户留存（Retention）、获得收益（Revenue）、推荐传播（Referral）五个阶段,很好地诠释了用户增长的逻辑。下面我们从AARRR视角,分析拼多多如何实现用户管理。

（1）**用户获取**

拼多多平台成立之初,微信是其主要的获客渠道。借助微信实现流量的病毒式社交裂变,拼多多实现了初期用户的指数级增长。通过用户的微信社交关系网络实现"拼单"链接的病毒式扩散,而两人即可成团降低了用户拼单成功的难度。"拼单"过程中不强制用户进

App拼单,但下载使用App会有更大优惠力度,这对流量向App转移有一定的激励。2018年拼多多开展了多种活动将基于微信的线上交易和用户引向拼多多App。例如,帮忙拆红包需要在App中完成,多多果园只出现在App而小程序中没有等,这些措施成功完成用户向App的引流,极大降低了拼多多对微信的依赖。

拼多多注重各种营销和运营策略的设计与选择,实现用户裂变。在拼团基础上,拼多多通过红包、优惠券和"分享砍一刀"等营销策略,刺激用户进行社交分享,吸引新用户加入。例如:用户可以邀请好友帮忙拆红包,而好友必须下载拼多多App才能成功拆红包,并且当邀请达到一定人数后才可提现至账户。类似这种"病毒式"的社交网络传导效应,使得拼多多的活跃买家和GMV取得飞跃式增长。

拼多多还积极借助线下传统推广渠道,实现品牌认知度的提升。一方面,通过与国产手机厂商合作,在手机端预装拼多多App;另一方面,通过赞助《挑战者联盟》《中国新声音》《极限挑战》等一线卫视热门综艺节目,借助冠名、明星口播、硬广植入等多种营销方式助理品牌传播。

### (2)提高用户活跃度

首页低价刷屏和新手优惠提示是拼多多提升用户活跃度的重要举措。拼多多不像传统社交软件一样要求在用户打开软件之后立即进行注册登录,而是用首页的低价刷屏和新手优惠提示让用户产生消费欲望,再让其自发地登录。

丰富的互动性板块是提升用户活跃度的另一设计。除了本身就具备花式多样的拼单玩法外,拼多多还设计了"多多果园""金猪储蓄"等多个互动板块。比如,在"多多果园",用户通过每天在App界面浇水,施肥等操作,最终可以获得实物的水果。这些互动板块在有效地提高用户平台活跃度和使用时长的同时,也提升了用户留存度和黏性。

### (3)提高留存率

为提高用户留存率,拼多多在微信入口进行公众号推送,并通过更大优惠的方法引导小程序向App端转移。而在App中,拼多多则以商品限时优惠、包月优惠服务、签到红包等形式来触发用户的高频率使用。

拼多多最初凭借拼团获得低价优惠打开市场,之后开发了多种营销手段。最具代表性营销手段当属分享给好友帮忙"砍一刀"的砍价玩法,在这种玩法下,发起者要不停地引导分享到个人或微信群,其间要主动完成帮好友砍价等任务和拆红包等行为,以获得继续砍价的机会,而通过设置"浏览商品获得砍价券"则有效刺激下一次砍价行为的发生,还通过分享砍价道具给好友来激励用户继续参与砍价活动,整个过程包含了5个以上可触发的传播节点。拼多多平台"产品游戏化"设计在提升平台的趣味性的同时,实现用户的裂变,还增加了平台用户的留存率。类似的营销手段还包括:请求好友帮助开启现金红包,分享给一定数量好友领取优惠券等,各种微信群、朋友圈里经常出现拼多多的分享链接,甚至出现了拼多多帮忙砍价的专门微信群,这些是拼多多能够快速挤占下沉市场的关键原因所在。

### (4)获取收益

拼多多通过App的产品设计实现用户冲动消费引导。一方面,拼多多基于分布式算法,采用商品流形式进行展示,并在 App 首页醒目的位置设置"限时秒杀""大牌清仓""9 块 9 特卖""拼小圈"等,刺激消费者进行冲动性购买;另一方面,拼多多 App 没有"购物车"功能,在限时优惠/累计红包的场景下,用户短时间内下单的可能性大大提高。

### (5)推荐

拼多多从获取用户阶段就设计、引导用户分享。价格敏感群体之间具有高传播性,红包、砍价、累进拼单优惠等都在引导着用户自发传播。整个 AARRR 模型在自传播环节实现往复循环,从而驱动拼多多快速增长,而高留存也为拼多多的裂变式用户增长提供了强有力动力。极光大数据(ARORA)的数据显示,2019 年 6 月—2020 年 6 月,拼多多安装 30 天留存率在 80%以上,而活跃留存率在 45%以上,人均启动次数 4.7 次以上,而重度用户规模超过1 亿。

## 6.2.5　管理模式

### (1)扁平化的组织架构

拼多多的组织架构呈现典型的扁平化。拼多多的核心价值观"本分"强调每个人努力做好自己的本职工作,跨部门或跨业务的联系很少,组织架构的扁平化保证了创业活力,强调执行,强调价值观的高度统一。

### (2)激进的人才激励

"合伙人制"有效保证了管理团队的稳定性。拼多多高管团队中绝大部分人员,来自黄峥第一次创业成立电商网站"欧酷"时的团队成员,具有强大的凝聚力和向心力。这主要源于拼多多的合伙人制度:创始人黄峥从个人股份中拿出 7.74%划转给合伙人集体,用于合伙人团队激励;拼多多还成立了"繁星慈善基金",结合创始人团队捐赠股权,来对管理层作为补充激励。

股权激励是拼多多招揽人才和留住人才的重要举措。拼多多招股书、历年财报等显示,股权激励在企业营业成本、研发费用、市场及营销费用、行政及管理费用等费用支出中均有体现,这也就是说:高管、客户与运营类员工、市场类员工、产品与研发类员工均是拼多多股权激励的对象。

拼多多激进的人才招聘策略保证了员工价值创造的活力。拼多多 2020 年员工只有7 000 人,同期,阿里和京东的员工数量分别为 25.2 万人和 36 万人。从员工人均年营收贡献来看,拼多多是三者中最好的,从 2017 年的 150 万元/人/年增长到 2020 年的 850 万元/人/年,而阿里和京东 2020 年同期数值为 284.55 万元/人/年和 207.17 万元/人/年。高薪酬吸引了大量的优秀人才加入拼多多,知名大学的毕业生月底薪可以达到 1.5 万元以上,甚至达到 40 万元以上年薪。与此同时,拼多多通过猎头公司、招聘网站等发布招聘岗位,而面试、入职的流程通常非常迅速。高薪酬激励配合高强度的工作,为拼多多带来了营收的高速增长。

## 6.2.6　资本模式

2015 年成立至今,拼多多共进行了四轮重要融资。第一阶段:2015 年 8 月获得魔量资本等天使轮投资;第二阶段:2016 年 3 月,获得高榕资本、腾讯领投的 1.1 亿美元 B 轮融资;2016 年 9 月,与拼好货通过 1:1 换股实现合并;第三阶段:2018 年 4 月,获得腾讯、红杉资本 13.7 亿美元 C 轮融资,2018 年 IPO 之前,腾讯、红杉资本分别增资 2.5 亿美元;第四阶段:2018 年 7 月纳斯达克上市,IPO 发行价 19 美元,市值达 240 亿美元。

上市后的拼多多实行 AB 股双重投票权结构,A 股与 B 股每股投票权比例为 1:10,以保证创始人黄峥及管理团队对公司经营的控制权。2021 年 3 月,黄峥辞去董事长及拼多多管理职位,黄峥 1:10 的超级投票权失效,名下股份的投票权委托拼多多董事会以投票的方式来进行决策。截至 2021 年 4 月,创始人黄峥持股 28.1%,为拼多多第一大股东;第二大股东腾讯持股 15.6%;拼多多合伙人集体持股 7.4%;高榕资本持股 7.2%;红杉资本持股 6.4%。

### 6.2.7　总结与建议

拼多多以拼购玩法为核心,从低价爆款商品切入,凭借微信社交流量实现裂变式传播与交易闭环,并适时把流量导入自建 App,构建了"用户—平台—商家"三者的全新生态。

**(1)阿里与京东的对标产品对拼多多短期冲击或有限**

面对拼多多的快速崛起,阿里、京东纷纷推出淘宝特价版、京喜拼拼,与拼多多抗衡。但对月活用户数已超 7 亿的拼多多而言,影响或许有限。从流量获取看,淘宝特价版、京东拼团大多是由天猫、京东客户直接导入,新增获客比较难;在微信平台上进行分享上,拼多多无疑三者中最便捷、最能直接获取用户渠道的;从平台商角度看,阿里、京东的主战场仍是一、二线城市,品牌的消费升级是它们的核心,拼多多的错位竞争与二者的利益冲突较有限;从规模效应看,拼多多的部分商品规模效应已经形成,带动供应链成本端的降价效应更突出,淘宝特价版和京喜拼拼很难超越。

**(2)向"重资产"模式转型会拖缓实现盈利的步伐**

拼多多向"重资产模式"转型,加大农业基础设施投入。黄峥在 2021 年致股东信中表示:"拼多多从一个纯轻资产的第三方平台,开始转重,在仓储、物流及农货源头开始进行新一轮的投入,新的业务开始在拼多多内萌芽并迅速成长"。拼多多坚持在农产品方面的投资,加大基础设施投入,把供应链投资和提高产品质量作为战略重点,这些"重资产"举措,会拖累拼多多短期财务指标。目前,自营业务的营收还远远不能弥补对农业、供应链等领域的投资支出,但长期看,或许是拼多多的竞争优势重要来源。

农产品领域的投资,为拼多多营收提供了新动力。拼多多 2020 年的农产品交易额翻倍增长至 2 700 亿元,1 200 余万农户通过拼多多将产品直接销售给全国的消费者。2020 年 9 月自营业务"多多买菜"上线,为拼多多 2020 年第四季度带来 53.578 亿元营收,占总营收 20.18%,已经成为拼多多第二大营收来源。

因此,拼多多向"重资产"模式转型,加大基础设施投资,再叠加在"百亿补贴"上的持续高额营销支出,实现盈利的步伐会被一定程度上拖缓。

**(3)用户增量空间逐渐见顶,保持高价值用户任重道远**

拼多多仍在高速增长,但现有用户留存很大程度是归因于补贴。倘若拼多多一旦减少或停止补贴,部分用户可能流向品类更多的阿里或体验更好的京东,留存的"忠实用户"有限,拼多多更像"备胎"。因此,拼多多在获客之后仍需投入较大的成本(补贴)维持现有用户的活跃性,而拼多多一直居高不下的销售与营销费用支出,也佐证了拼多多一直在致力于增加用户黏性和培养高质量商家。

质优价廉的商品是拼多多吸引用户的关键,但这些产品盈利空间有限。2017年至今,拼多多历年的毛利还远不够抵消历年销售和营销费用方面的支出。因此,维持用户数量与黏性的同时,拼多多还需要找到更有价值的用户,这就需要拼多多提供高品质产品以提升整体用户的客单价。平台"品牌馆"专区的建设就是拼多多这方面的举措,而百亿补贴则是扭转拼多多平台消费者品牌认知的关键战略,而加速线上线下融合、与生产基地政府签订战略合作伙伴关系、抗疫助农、助力外贸企业转内销等系列举措则是拼多多培养高质量商家方面进行的尝试。在农业领域,拼多多与国内外多个顶级科研机构和院士专家等科研团队展开深度合作,在科学种植、农业物联网、无人温室、智慧农业等领域持续投入,希望帮助农民增收,助力农业升级。这些都是拼多多吸引高价值用户的长远举措,但是,短期难以快速看到成果。

### (4)不强调搜索,却靠搜索广告赚钱的模式如何实现突围

与由人通过搜索引擎主动寻找商品的电商模式不同,拼多多强调的是让商品去找人的模式。具体的做法体现在:让商户报名首页展示中的"限时秒杀、品牌清仓、名品折扣、爱逛街、9块9特卖"等活动,营造"货找人"的场景。拼多多一直在强调其平台的去搜索化。2018年4月,创始人黄峥接受《财经》杂志专访时曾表示:"拼多多App里几乎没有搜索,也不设购物车,你可以想象把今日头条下的信息流换成商品流就是拼多多",并且表示"搜索在拼多多中只是一个极小场景,甚至不在主页上"。

几百万的商户规模,搜索仍是拼多多平台商户的重要营销手段。在500余万活跃商户的背景下,如果不通过搜索推广获取流量实现一定的商品销售数量和评价,商户报名活动的成功率是相对有限的,所以搜索广告仍然是拼多多希望商户去实践的行为。拼多多目前的营收主要来自营销推广服务,包括为商家提供搜索推广和页面展示服务两类,核心服务是与淘宝直通车类似的搜索推广服务,采用CPC竞价模式。拼多多在线营销服务的营收比例一直维持在70%以上,一直强调弱化搜索,搜索广告却是其最重要营收,这与拼多多实际运营做法存在一定的背离。

因此,拼多多极力撇清的搜索模式却是其变现的主要方式,如果鼓励搜索广告的变现方式,其和最大的竞争对手们的搜索贡献收入差异何在?如果收入变现模式不存在差异,能颠覆的又是什么呢?在淘宝最擅长的规则下,如果拼多多只是走老路,GMV能否继续在较长周期内保持增长,从而提高公司的竞争地位是一个值得思考的问题。

## 6.3  案例 2——云集：会员制实践者

### 6.3.1  基本情况

云集隶属于云集共享科技有限公司,2015 年 2 月云集母公司成立并开始运营"云集微店",同年 5 月云集 App 正式上线,作为一家由社交驱动的精品会员电商平台,致力于为会员提供包括美妆个护、手机数码、母婴玩具、水果生鲜等全品类精选商品,于 2019 年 5 月 3 日在纳斯达克挂牌上市,截至 2020 年底,会员数量达到 1 330 万,被誉为"中国会员电商赴美第一股"。

云集的价值网络以云集平台为核心,致力于通过 S2b2c 模式,凭借"精选"供应链以及会员社交驱动的营销策略,为平台会员提供极致性价比的商品,其相关主体包括平台小店主、用户、供应商等,如图 6.2 所示。具体而言,云集以其搭建的会员制电商平台(S)为核心,把搜集、识别到的下游需求与上游供应商直接对接,整合供应链;云集通过销售提成激励用户成为平台店主(小 b)以构建分销商网络,为小 b 提供培训、内容营销、物流、供应链、IT 技术、客服(俗称"六朵云服务")等方面的整合服务,降低其参与网上零售的门槛;小 b 利用微信等社交工具,传播平台商品信息到其自身的社交网络实现分享裂变,并借助个人信用销售商品服务消费者(c),实现"自用省钱,分享赚钱"。

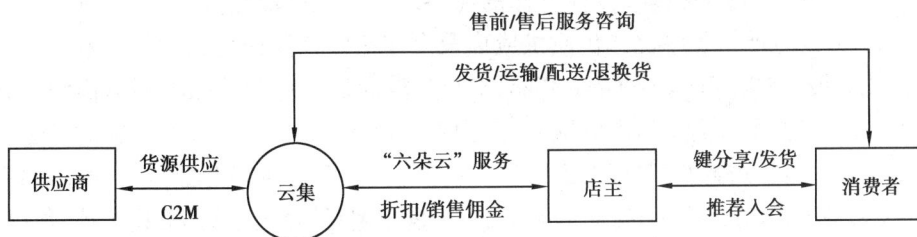

图 6.2  云集价值网络

### 6.3.2  商业模式

#### (1)使命与愿景

云集以"让买卖更简单,让生活更美好"为企业使命,致力于让平台会员以批发价一站式购齐 80% 的日常家用,并通过对商品的社交分享获得收益,实现"自用省钱,分享赚钱"。

云集在 2021 年对其愿景经历了一次升级。升级之前,云集的愿景是"到 2024 年,成就百万创业者,助力亿万家庭更幸福",强调分销模式,注重以 S2b2c 模式助力小 b 店主创业;升级后,云集的愿景为"助力 100 万宝妈双手改变命运,成为 5 000 万会员首选的电商平台",这意味着云集开始弱化手机开店赚钱,强调"购物享受批发价",预示着云集开始弱化分销模式,向会员折扣电商转型。

（2）**目标客户**

作为一个"自营+平台"模式的电商平台，S2bc2 模式下云集的目标客户有三类。

1）平台买家及会员

云集为平台上的买家及会员提供极致性价比的全品类精选商品，聚焦于三四线城市的中等收入群体。平台会员具有典型的中等收入、中青年女性消费者的特征，她们有大量零碎时间和为全家人采购的需求，并且作为重度社交用户，是产生分享、口碑、推荐行为的重要主体，具备成为平台店主的潜力。会员在云集平台上能够以批发价一站购齐 80% 的日常家用，并且可以通过商品的社交分享获取销售返利奖励。截至 2020 年底，云集平台非会员买家超过 1 740 万，累计会员突破 2 380 万。

2）平台小 b 店主

云集的价值主张吸引了大量的"宝妈"群体、中小分销卖家、传统商超与商场导购员，她们在成为云集平台会员的同时，纷纷成为平台小 b 店主。云集平台通过集成标准化中后台供应链服务，解决以上三类人群线上开店中常遇到的进货、发货、库存、客服等难题，使其专注于前端分享引流，形成熟人背书的社交销售"场"，实现轻松开店。目前，云集平台的年度交易会员（年度范围内至少成功推销或自身消费一笔交易的会员）数量超过 1 330 万，其中以平台小 b 店主为主。

3）制造商和品牌商

云集为了给平台会员提供极致性价比的商品，采用集中采购的形式直接对接上游制造商和品牌商，并通过严格程序挑选优质供应商及合作伙伴来保证商品的品质和价格。2019年，云集开始引入 POP（Platform Open Plan，平台开放计划）商家，第三方制造商和品牌商数量增长迅速，在丰富平台商品品类的同时，助力新兴品牌、自有品牌和优质制造商建立品牌认知度以及提升品牌知名度，实现渠道下沉。目前，云集平台拥有素野、尤妮美、+的意义等自有品牌，花果里、认养一头牛、彼丽等新兴品牌，食品生鲜、家居家纺、美妆个护、数码家电、服饰轻奢等领域的合资及投资品牌合作伙伴 260 余家，年均 SPU（Standard Product Unit，标准化产品单元）超过 1.7 万个。

（3）**产品与服务**

1）云集平台售卖的产品

目前，云集平台上商品按品牌划分为三大类：主流品牌、新兴品牌和自有品牌，云集的社交推广模式为新兴品牌和自有品牌提供了发展契机。在商品品类上，由于平台早期的会员店主以年轻的"宝妈"为主，商品品类集中于奶粉、母婴用品；上市以后，为满足平台会员用户及其家庭的各种日常需求，商品品类不断丰富，涵盖美容与个人护理、医疗保健产品、家居用品、食品和新鲜农产品、电脑和电子产品、服装、箱包、婴儿和孕妇用品以及家用电器等多个品类。

2）为会员及店主提供的服务

消费者要想在云集开店成为店主，不但需要成为云集会员，还需要有已开店店主的熟人"推荐码"，才可成为云集钻石会员，从而具备开店资格，云集为店主开店提供供应链、物流仓储、信息技术、内容服务、客服、培训等供应链中后台服务。

3）为供应商及合作伙伴提供的服务

云集借助对用户的个性化需求的识别，反向指导厂家定制生产个性化商品，帮助供应商及合作伙伴打造平台爆品，带动产品的高销量。在孵化新品方面，与供应链公司、制造工厂开展深度合作，孵化联合品牌，打造高品质、高颜值和高性价比的平台"超品"；在打造新品方面，借助会员力量，通过"潘多拉魔盒"的选品漏斗，帮助供应商进行基于新品测试的市场调研，获得用户在定价、设计、功能等方面的反馈，从而改善产品以贴合平台目标用户的需求，助力供应商"爆品"的培育；在营销推广方面，通过其社交广告营销平台"集易推"，借助平台会员的社交网络，为品牌商家提供朋友圈和社群营销，其中，会员可以在云集 App 的"零花钱"页面参与营销推广任务并获得佣金。

**（4）盈利模式**

目前，云集的营收主要有四大来源：商品销售、商城收入、会员收入和其他收入。其中，商品销售为平台第一大收入来源。

1）商品销售

自成立起，自营商品的销售就是云集营收主要来源，一直占到总营收的 87% 以上。但是，自营产品的高额运营成本会拉低平台盈利能力，且纯自营平台商品品类数量会有很大限制。因此，2019 年开始，云集平台上线商城业务接入第三方卖家，平台的商品品类和数量快速增长，同时，平台的营收开始呈现多元化。

2）商城收入

云集对入驻平台的第三方商家收取平台使用费、交易服务费、年度服务费、保证金（包括旗舰店保证金、卖场型旗舰店保证金、专营店保证金三类）等，这些共同构成了云集的市场收入，并逐渐发展成为云集的第二大营收来源，2020 年总营收占比达 10.8%。

3）会员收入

会员收入曾是云集的重要收入来源，一度占到总营收的 12%。随着平台会员规模增长乏力，云集不断调整其会员政策来吸引和发展会员。从最初的 398 元购买终身会员，到免费会员，再到目前 199 元/年的会员费，会员模式不断调整，会员费收入波动较大。其中，2019、2020 年实施的两项会员服务免费试用政策，为云集的会员规模增长提供了动力，2020 年底会员总数超过 2 380 万。但从云集历年财报数据来看，会员数量和交易会员数量都在逐年增加，但交易会员占比却在逐年下降，这意味着免费会员政策带来的并不是有价值的忠诚用户。2021 年云集重新调整其会员收费模式，从免费试用转换为 199 元/年的按年收费模式，以期让会员费重新成为云集的重要营收来源之一。

4）其他收入

这部分收入来自平台上特定商品销售带来的净收入。主要包括机票、旅游景点门票、团体旅游、酒店预订和汽车保险单、消费贷款等。

**（5）核心能力**

云集的核心能力主要体现在极强的选品能力、与供应链深度合作、营销创新等方面。

1）平台极强的选品能力

云集通过"官方自营+品牌商直供"的形式，由选品团队精选全球价优好货，通过制定"品制500"认证标准，大数据选品、多重内审评测、达人试用真实反馈、市场调研多维度测评、SGS金标核证、SGS全程护航等，保证平台上只卖精品。目前，云集平台上的商品主要有两类：一类是全球热卖的一线品牌商品；一类是比品牌商品标准更高而价格更低的口碑商品。平台选品团队每天从平均4 000多家供应商中筛选100家左右，实现"40件选1件，只卖精品"。另外，云集借助"社会化选品"建立商品筛选漏斗机制，以商品的社会化推荐为起点，历经云集KOL的社会化购买、使用和评价反馈等环节，最终通过层层筛选获得云集KOL好评的商品才能上架销售，并借助滚动筛选机制、持续引入少量同类商品等举措，营造良性竞争机制，保证平台上的商品都是精品。此外，云集还通过反向定制，为会员提供会员专属的云集定制商品、云集"品制500"认证商品、百县千品农产品等，为会员提供极具性价比的精品商品。借助平台极强的选品能力，云集不断孵化出诸如素野、李元霸等日销量千万甚至上亿的平台"爆款"。

2）打造差异化供应链的能力

云集的S2b2c供应链模式，是互联网与供应链的深度融合。作为大供应商S的云集平台，不仅承担信息交换，还具备强大供应链整合能力。云集借助平台大数据捕捉消费者需求，推出"超品计划"。一方面，直接对接上游制造商，打造尤妮美、"+的意义"、原生黄、P&S等自有品牌；另一方面，借助中国分布广泛、制造能力强的优势产业，与供应链公司、制造工厂合作孵化联合品牌，推出花果里、安织爱、鲜无双、牧乐元等一系列创新品牌；另外，云集通过与食品生鲜领域TOP级团队和企业合作，以"精选""严苛"的态度，为用户开发"李霸天"等品质健康好食材。目前，通过打造平台自有品牌以及联合外部资源孵化合资品牌，云集逐渐形成了其独特的差异化供应链矩阵，与阿里、京东、拼多多等主流电商平台形成错位竞争。

3）持续的营销创新能力

成立之初，云集通过"六朵云"服务赋能"宝妈"、导购等成为平台小b，借助小b的微信熟人社交关系网络实现分销裂变，形成规模庞大的分享型、推荐型会员分销网络，由于解决了传统社交带货中囤货、物流、客服、传播素材等问题，而形成爆发式销售的卖货能力。随着直播的流行，云集借助抖音直播、云集App站内"素人"直播，形成云集直播业务的"私域+公域"双轮驱动模式。另外，云集还在健康、美妆等领域进行垂直化社群运营。这些营销上的持续创新能力，是云集获取高黏性会员群体的强有力基础。

### 6.3.3 技术模式

云集平台的顺利运营及快速增长离不开其技术能力的支撑。技术团队、专有技术和基础设施，以及平台生成与收集的海量数据，为云集业务开展提供技术支撑。云集的关键技术包括：技术基础设施、大数据和人工智能技术，这也是其未来研发工作的重点。

### （1）技术基础设施

技术的稳定支撑是企业开展业务运营的基础，云集的技术基础设施建设在支撑业务的同时，还兼顾了成本效益的平衡。云集专注于面向服务的智能化技术基础设施建设，不断维护和提高系统的可靠性、稳定性和可扩展性,在满足日常业务处理的同时,能够保障和应对订单的持续增长以及高峰期并发处理需求,满足业务处理速度和质量一致性要求。另外,技术基础设施保证了云集对整个供应链的把控能力和可预见能力。比如,搭建在技术基础设施之上的微服务架构,支撑着平台的横向扩展;交易处理系统和供应链管理系统,支持业务高效运营的同时,保证云集供应链把控力。

**(2)大数据与人工智能**

大数据和人工智能助力云集为用户提供良好的用户体验。云集积极开发并利用大数据分析技术,通过及时捕捉到平台用户反馈数据、海量交易数据和用户行为数据进行大数据分析,以提高用户使用行为预测和用户特征分析的准确性,用于优化营销目标和平台运营,为用户提供一流的用户体验。

人工智能和机器学习技术赋能云集进行数据洞察。云集利用人工智能和机器学习进行数据建模和数据挖掘,从数据中获得洞察。例如,云集以订单信息、用户行为等数据为基础,建立并不断优化预测和统计模型,以便于更好地分析市场趋势和了解客户行为,并把这些赋能于 SPU 选择及合作供应商的筛选中。而 C2M 模式使云集能够根据不断变化的客户需求与偏好实施产品采购与定制,并帮助供应商、制造合作伙伴、平台第三方商家进行基于终端消费者需求的个性化产品设计,同时还用于帮助区域库存仓储的管理。

目前,基于平台海量数据存储,云集的人工智能和机器学习技术应用涵盖产品个性化推荐、智能库存管理、自动风险评估、流程自动化以及自动问答等多个领域,为平台运营效率提升以及增强用户体验提供了有力的技术支撑。

### 6.3.4 经营模式

云集通过其独特的 S2b2c 模式赋能小 b 商家,并基于 C2M 将消费者的个性化需求对接上游生产商、品牌商,实现将一端分散的、社会化流量与另一端中心化的供应链对接,在激发个体商业潜力的同时,为制造商、品牌商的渠道下沉注入活力。凭借产业链赋能和推广流量的社会化众包,获得了独特的竞争优势。

**(1)集成化小卖家服务体系**

云集通过集成标准化中后台供应链服务,为平台上的小 b 店主提供"六朵云"服务,解决小 b 店主在选品、发货、物流仓储、营销内容创作、客服、店铺管理等方面的难题,让小 b 店主不必担心供应链前端的所有事情,只专注于社交分享进行商品分销和消费者维护即可。云集为小 b 店主提供的集约化"六多云"服务具体包含:

1)供应链服务

云集平台自营产品由云集统一选采,通过"宽、精、少"选品策略,精选商品,并规模化采购,保证成本优势。

2)物流服务

云集在全国七大区域布局仓储,截至 2020 年底,已在全国 11 个城市布局 17 个仓库(3 中心仓+14 区域仓),店主无须囤货,用户下单后所有商品由云集负责发货,配送端则与主流快递公司合作。

3）信息技术（IT）服务

云集 App 提供极简化的个人微店 CRM 系统和数据分析及销售工具，注册成为会员，即可"傻瓜式"开店。

4）内容服务

云集平台中央后台提供高质量商品文案和图片输出，及时更新产品知识介绍，所有商品可由云集平台一键分享至各个主流社交平台。

5）客服服务

云集平台提供集成式中央客服，统一由后台解决用户售前、售后咨询，并通过引入 AI 智能客服提升服务效率。

6）培训服务

组织定期、不定期线上线下培训，由专属培训师提供专业销售技巧指导以及分享开店成功经验。

**（2）会员管理及返利激励管理**

会员分销和返利体系是云集社交分销成功的关键。基于会员社交关系构建的高信任、高活跃度、高忠诚度分销网络支撑着云集模式的发展，早期的"三级分销"模式是平台快速崛起的关键。

1）会员体系管理

云集的会员管理经历了四个阶段：①2017 年之前，云集建立三级分销体系，强调"拉人头"发展会员数量。②2017—2018 年，实施经典的"店主→主管→经理"三级分销，通过"会员费+邀请码"机制使云集在发展初期筛选出一批忠实的云集店主。③2018 年开始，云集对会员层级进行压缩，平台只保留会员这一级，把客户经理（之前的"主管"）和服务经理层级外包给第三方公司管理，以规避法律风险。④2019 年至今，云集尝试通过免费会员制度获得会员数量增长，但有价值用户占比不断下降。因此，2021 年开始实施 199 元/年的会员费制度，以期筛选平台的忠实用户，而不再仅追求会员数量的增长。

2）会员分销返利管理

在经典的"店主→主管→经理"三级会员体系下，分销返利是层层递增的。其中，①店主层。店主购买产品自用可以获得返利，通过社交分享可赚取"销售佣金"，邀请新的普通用户成为云集会员可获得"云币"奖励，当"老会员"邀请"新会员"的数量达到一定规模，可晋级主管。②主管（客户经理）层。拥有购买返利和分销提成，还可以获得培训和帮扶下线店主销售额达标奖励、下级团队计酬、下级店主邀新和销售提成等下属团队业绩的加成奖励。③服务经理层。拥有主管层各类收益，还有培育下一层客户经理的奖励、下级团队计酬等奖励。层层递增的返利机制，极大调动了云集会员分销的积极性，以期通过层级跃升获得更多的收益。根据公司招股说明书披露，大多数服务经理同时也是云集会员，截至 2020 年底，云集服务经理总数超过 8 万，负责向会员提供培训和支持。

**（3）供应链深度合作战略**

云集一直注重与供应链上合作伙伴的深度合作，设计和生产满足平台用户需求的个性化产品。创建初期,云集平台产品以自营为主,以少量 SKU(Stock Keeping Unit,库存量单位)形式,甄选上游优质制造工厂开展深度合作,定制化生产和销售素野等极具性价比的平台自营爆款商品;随着平台规模扩大,基于平台海量数据构建消费者预测模型进行消费者洞察,通过合资/投资、ODM(Original Design Manufacturer,原始设计制造商)等多种形式,云集联合优质制造工厂打造一系列的合资新兴品牌;随着平台第三方品牌商家数量的增长,平台商品类不断丰富,基于严格的选品机制来控制 SKU 数量仍是云集保证平台商品精品化的重要措施,通过"潘多拉魔盒"选品机制,帮助品牌商家孵化甚至个性化定制生产具有平台爆款基因的商品。另外,云集还不断尝试与农产品原产地合作,助力农产品上行,实现原产地直供;因此,云集通过与供应链合作伙伴的深度合作,打造出具有竞争优势的差异化供应链,并凭借其极强的供应链把控能力构建竞争壁垒。

**(4)仓储、物流与支付服务的合作外包管理**

云集目前的仓储服务基本由第三方运营商提供,主要用于自营产品的物流配送。随着商城业务的发展,第三方卖家的产品物流由商家自己负责,云集的仓储由最初的自建仓储中心向第三方服务商管理转变,这大大降低了云集的仓储建设投入。目前,云集的配送网络由中心仓、区域仓、配送中心等构成,在满足订单履约的基础上,逐渐从自营转向第三方,降低仓储投入成本。截至 2020 年底,云集除了 7 个自营仓库外,其他均由第三方管理,并且砍掉了配送中心和超市仓库,加速仓储设施整合。

物流配送方面,云集采取与第三方物流公司合作的形式。云集在主要城市通常选择 2 家以上的物流公司合作,以保证订单能在规定时间内交付到用户手中,并通过每年签订合作协议的形式保证合作的选择权。

在订单支付上,云集与支付宝、微信支付、京东支付、银联支付等主流第三方支付平台合作,为平台用户及会员提供借记卡、信用卡和电子钱包等多种支付选择。

## 6.3.5　管理模式

**(1)职能化企业组织架构**

云集采用职能型组织架构,不同部门用于对接供应链上下游。云集的职能部门划分为采购、运营(包括客户服务和物流)、技术、市场与销售、行政管理等,注重与外部生态合作伙伴的合作,并通过外包或合作的形式赋能内部运作。

1)技术部门

技术的有力支撑是云集开展社交电商的基础,技术部门一直是云集第一大职能部门。技术部门主要提供大数据和人工智能(AI)服务,为云集的 S2b2c 模式及 C2M 定制化生产提供技术支撑,主要是基于用户偏好和需求数据进行智能化服务,并帮助供应商及第三方卖家更好地制定决策。另外,技术部门还在产品推荐个性化、智能库存管理、自动化风险评估、自动化履行流程、自动问题回答等方面提供技术支持。

2)销售与营销部门

销售与营销是云集员工最少的部门,这是云集会员制社交裂变式分销优势的直接体现。

该部门主要负责组织、实施和运营各种线上、线下的营销活动,以及开展线下营销和品牌推广活动,比如开展各种购物节、线上直播平台与短视频平台、社交平台账户运营等。另外,还负责与新兴品牌开展合作进行品牌推广。

3)运营部门

运营部门主要服务于客户服务和物流服务。客户服务方面,主要满足于对客户的售前、售后沟通,目前,云集把一半以上的客户服务人员外包给专业的第三方公司,从而实现降本增效;而物流服务方面,运营人员主要工作是与第三方物流供公司的对接。

4)采购部门

采购部门主要负责平台选品、供应商选择,并负责对每个 SPU 进行审查与持续监控,来保证平台品控与 SPU 绩效。

5)行政管理部门

行政管理部门主要负责会计、财务、税务、法律和人际关系等日常管理工作。该部门的人员规模波动比较大,2018—2020 年人员数量分别为 107、213、136 人,人员波动体现了云集在人员编制上的优化,致力于人员工作效率的提升。

（2）**基于外包的服务经理管理**

服务经理是云集商业模式重要的一环,通过外包给第三方公司来管理。服务经理同样属于云集的会员,他们在云集的日常运作中承担了很多促进会员销售和会员培训方面的职能与工作,比如培训会员、参与线上线下活动、培训下级等。2019 年开始,部分服务经理还通过直播间向会员带货获取销售佣金。服务经理作为云集会员,不但享受销售带来的佣金返利,还可以获得发展下线会员带来的收益,下线会员的会员费以服务费、劳务费的名义支付给上线服务经理。为了规避法律风险,云集聘请第三方公司提供会员管理服务,把服务费、劳务费等以会员管理费支付给第三方公司,由第三方外包公司与服务经理进行对接,签订劳务合同,完成相应考核指标,支付相关报酬。

### 6.3.6 资本模式

云集从创立到纳斯达克 IPO 上市,共进行了四轮融资。具体为:①2015 年 7 月,完成数百万美元天使融资,由钟鼎资本和挚信资本联合投资,为初创期云集的发展提供资金支持。②2016 年 12 月,完成 2.28 亿元 A 轮融资,由凯欣资本领投、钟鼎创投跟投,融资所得资金主要用于业务扩张。③2018 年 3 月,完成 1.2 亿美元 B 轮融资,由鼎晖投资领投、华兴新经济基金等跟投,融资主要用于上游供应链整合、完善 AI 大数据基础设施以及提升各区域物流仓储能力,从而更好地对社交电商领域中的小微创业群体赋能。④2019 年 5 月,云集在纳斯达克 IPO 上市,上市代码为“YJ”,采用双股权结构,分为 A 类普通股和 B 类普通股。其中,A 类普通股含 1 股表决权,不可转换为 B 类普通股;B 类普通股含 10 股表决权,可转换为 A 类普通股。云集 IPO 募集资金将主要用于增强和扩展业务、加强技术能力、扩展和改进物流设施以及包括资本运营,及潜在战略投资和收购在内的一般企业用途。

双股权结构保证了创始人在云集 IPO 上市后的控制权。目前,云集创始人、董事长兼 CEO 肖尚略持股比例 45%,拥有云集 89% 的投票权;联合创始人兼 CTO 郝焕（Huan Hao）在

2020 年对所持有的 2.4%云集股份进行了减持,由肖尚略增持。

### 6.3.7 总结与建议

**(1)成功经验**

1)精准的用户定位

2014 年微商崛起,大量的微商商品占领微信朋友圈,云集也看到了微商红利,但它选择不卖货,而是运营人。微商有千万种,但云集重点聚焦其中"宝妈"群体。"宝妈"这个群体,是所有母婴电商都在争夺的焦点,这源于"宝妈"群体在家庭消费决策中有着极高的影响力和话语权,是一个家庭日常需求的采购中心,是家庭消费的中坚力量,更是不可忽视的重要消费群体。但是,云集选择把"宝妈"作为目标客户还有另一种视角的洞察,即从"宝妈"个人诉求视角看,"宝妈"妈妈群体是重度社交用户,是产生分享、口碑、推荐行为的重要主体,但同时她们的时间也被严重碎片化,个人价值存在被弱化的情况,期待有机会能够发挥其碎片化时间的价值。在此背景下,云集通过提供"六朵云"服务,非常方便地让每个云集宝妈可以成为云集的代言人,使其只需要用心经营自己的私域流量,选品、海报、订单、仓储、售后都由云集专业的部门帮助产生处理,这对宝妈群体有着天然的吸引力,让她们通过"自用省钱,分享赚钱"得到自我价值的实现。因此,云集能够快速获得用户,关键在于它通过洞察宝妈的个人诉求,安放了她们渴望的成就感。同时,这些宝妈的社交圈相对固化和封闭,几乎全是熟人,这意味着她们不能丢失客户;这也意味着她们和她们的用户,云集和他们之间,不可能是流量式的一次交易,而是以共同体的方式,互相把彼此要担负的责任背起来。

2)利用独家产品巩固会员关系

云集 2019 年引入第三方卖家开展商城业务后,SKU 数量急剧增加满足了平台品类丰富性需求,但主要的盈利来源还在于自有独家产品。云集通过不断推出自有品牌,从最初的素野,到"+的意义"、P&S、原生黄等,利用独家产品巩固会员关系。另外,云集还致力于借助打造自己独特的供应链来实现差异化竞争,云集将安织爱、花果里、认养一头牛、鲜无双等数十个品牌,都纳入到自身的供应链体系之中,以更好地服务自身的电商业务。差异化供应链的扩充,帮助云集在商品品类上得到进一步丰富,并持续不断打造平台专属"爆品""超品",从而拉动平台消费,进而调整公司利润。

**(2)面临的风险及发展建议**

1)弱化分销模式,"会员"的社交分销发动机角色将消失

从 2018 年 10 月开始,云集宣布从"社交电商"向"会员电商"转型,开始弱化手机开店赚钱,转而强调"购物享受批发价",这意味着云集开始弱化分销模式,向消费者端会员折扣电商转型。但是,云集上的交易会员以小店主、小卖家居多,他们更像是云集的分销商,他们的目的在于获取佣金。因此,云集通过"社交裂变""返利"机制获取的用户,需求痛点实际上是卖货、拉人赚钱,消费在这个过程中就成了附属行为。而云集在对用户决策过程的介入方式,最主要还是通过社交,且是基于用户对亲友的信任达成的,而非对云集的信任,难以形成云集的"粉丝经济"。因此,云集转型"会员电商",弱化分销,可能会导致以赚取佣金为主的

交易会员流失，从而弱化云集的分销机制和销售出口。

2）会员制度仍然存在法律风险

虽然云集通过外包的形式，把服务经理的管理及佣金的返现交给第三方公司，并把佣金提成从最初的两层改为一层，在某种程度上规避了传销风险。但是，从实务上看，下线会员的会员费以服务费、培训费的名义支付给服务经理，实质上仍然属于人头费，在名义上不违反《禁止传销条例》，但现行方法仍有被定性为传销的法律风险。

3）凭借 C2M 打造提供差异化平台商品或许是云集未来的竞争力来源

云集一直发力扩充平台品类，2019 年上线商城引入第三方卖家后，SPU 数量急速上升，从 2017 年的 837 个上升到 2020 年的 1.7 万余个，其中 87% 来自第三方卖家。但是，丰富产品供给并没有给云集带来营收的大幅提升。按照云集 2020 年财报数据推算，自有产品在总 SPU 占比 13% 情况下，贡献了云集总营收（55.30 亿元）的 87.33%，达 48.29 亿元。以此来看，云集作为一个电商平台，第三方商家的引入的重点在于扩大产品类别覆盖范围，以满足用户不断发展的多样化需求，但平台上自营品牌和合作新兴品牌产品才是营收的动力来源，也是吸引平台会员的根本所在。因此，联合供应链上游，自营品牌和新兴品牌商品的开发与打造，是云集与主流电商平台实行差异化竞争，以及长远发展的关键所在。

# 6.4　案例 3——兴盛优选：预售+自提

## 6.4.1　基本情况

湖南兴盛优选电子商务有限公司（简称"兴盛优选"），为湖南著名连锁便利店品牌"芙蓉兴盛"孵化的互联网零售平台，注册成立于 2017 年 3 月，定位于解决家庭消费者的日常需求，提供包括蔬菜水果、肉禽水产、米面粮油、日用百货等全品类精选商品，是社区电商领域中最早探索和跑通社区团购商业模式的企业。目前，兴盛优选业务已经扩张至全国 17 个省份，覆盖超过 1 400 个市、县，以及 10 万余个乡镇、村，拓展门店超过 100 万家，其中，湖南地区兴盛优选已经能够做到离县城 50 多分钟的偏远山区也能覆盖，是国内社区团购赛道的重要参与者。

兴盛优选源于母公司芙蓉兴盛对社区电商的探索，商业模式先后经历了从门店自配送模式、网仓配送模式、配送站模式、手抄单模式，下单系统模式等多次迭代，最终演化形成"预售+自提"的社区团购模式。兴盛优选的价值网络，以兴盛优选为平台，以社区实体便利店为依托，以解决家庭消费者日常需求为核心，通过聚合社区团长、供应商、物流企业等合作资源，为社区消费者提供家庭日用消费品的"预售+自提"服务，其价值网络如图 6.3 所示。

## 6.4.2　商业模式

### （1）使命与愿景

兴盛优选秉承"复兴门店""赋能上游""改变消费者生活方式"三大使命，驱动门店、物流、供应链等业务协同发展。三大使命具体内涵为：

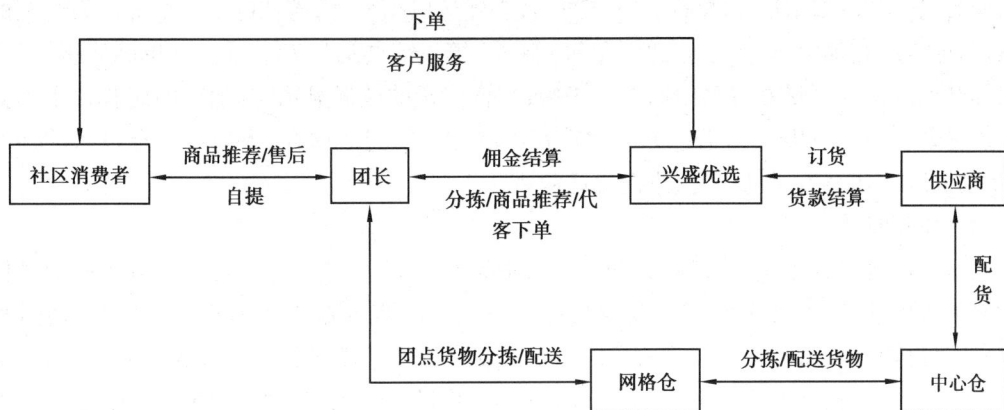

**图 6.3　兴盛优选价值网络**

1）复兴门店

传承"帮助"的文化,帮助社区小店赚更多的钱,帮助社区小店更好地服务社区周边的家庭消费者。

2）赋能上游

甄选优质品牌商,精选商品推送给社区家庭消费者。

3）改变消费者生活习惯

为社区家庭消费者提供"高品低价"商品,改变和影响消费者的消费习惯,为消费者创造价值。三大使命表面看是服务上下游,本质上是兴盛优选得以发展的根本。

兴盛优选以"复兴中国 100 万家实体便利店,让全世界 1 000 万品牌直达 1 亿家庭,改变中国 1 亿家庭生活方式"为企业愿景,这是兴盛优选使命的动力来源。

**（2）目标市场**

兴盛优选作为一个解决家庭日常消费的新型零售平台,同时服务于三个群体:下沉市场社区家庭消费者、社区门店、上游供应商。

1）下沉市场社区家庭消费者

兴盛优选以"预售+自提"的社区团购模式,聚焦于三线及以下城市家庭的"买菜及日用快消品"刚性需求。这种定位源于三方面的原因:首先,生鲜作为一日三餐,其需求具有高频、刚性的特点,且市场越下沉,家庭消费结构中"吃"的占比越高;其次,日用快消品是家庭消费中的高频购买品,为复购提供基础;最后,三线及以下城市消费者生活节奏相对较慢,通常可以提前计划第二天甚至是未来一周的三餐安排,生鲜和家居日用品消费以计划性消费为主,通常更看重价格而非时效。因此,兴盛优选以"预售+自提"模式的社区团购为切入点,聚焦二线及更下沉市场居民的买菜及日用消费品需求,对平台上消费者订单采用第一天下单,第二天送达社区内自提点的形式来进行配送。

2）社区门店

兴盛优选的诞生,源于芙蓉兴盛应对电商冲击时的转型诉求。兴盛优选了解传统社区门店的处境,把社区门店作为其落脚点和创新点,源于对线下零售的深刻洞察,也与兴盛优选的使命之一"复兴门店"相契合。一方面,兴盛优选以积分、门店社区下单量等作为返利的依据,为加盟店增加收益;另一方面,"预售+自提"模式需要消费者对线上订单到店提货,这可以提升社区门店流量并带动门店商品销售,兴盛优选的数据显示,其加盟门店相比未加盟前生意提升了 10%~20%。因此,兴盛优选在不增加社区门店库存、人力和资金投入的情况下,带动社区门店客流量的提升,进而提高收入。

3) 上游供应商

兴盛优选通过预售实现分散的家庭需求的聚集,并基于完整的食品安全与物流配送体系对接上游供应商,解决供应商难以对接零散需求的痛点。对于生鲜产品,兴盛优选通过检测、甄选、分拣打包、自建物流且全程冷链,来确保商品的新鲜度和到货时效,赋能全国各地的特色农产品上行,助力乡村振兴;对于品牌商品,借助"省、市、区县、乡镇、村(社区)"的五级服务网点,搭建了一个高效畅通的快消品下乡供应链,助力供应商把产品从品牌工厂直接输送到乡镇、农村、社区等下沉市场,助力品牌商开拓新渠道,并提升品牌影响力。这是兴盛优选"赋能上游"企业使命的具体表现,也实现了兴盛优选与上游供应商的双赢。

(3)**产品与服务**

1) 平台售卖的商品

兴盛优选通过微信小程序、团长社群分享的商品小程序链接等方式,为消费者提供生鲜、粮油、零食、家居百货等共计 20 余种品类约 1 000 个 SKU 的商品,其中,粮油食品、生鲜、日用百货在 SKU 中的总占比达八成以上,均为生活中几乎不可或缺的高频、刚需、低毛利品类,与我国下沉市场居民每周至少购买两到三次生鲜品的行为正好契合。

2) 为供应商和商家提供的服务

兴盛优选为上游的供应商及商家提供专门的管理后台服务。商家可以及时了解自身货物销售情况,并适时调整货源及商品品类,及时进行营销策略的调整与完善;供应商可以通过管理后台进行采购接单、配送等,并且供应商和商家直接在后台就可以实现款项的查看和提现。

3) 为门店提供的服务

加盟门店可以通过兴盛优选平台门店端小程序进入管理后台,进行订单管理、商品分享、代客下单、图文提取、门店晒单、退货/售后等操作。这里有两点值得关注,其一,为了鼓励门店推广商品,兴盛优选针对社区门店建有商品发布群,每天晚上固定时间,由专人将图片、文字、提成等发布到群内,门店店主只需要把商品图文等分享到其所建立的社区社群,即可实现产品分享与推广,这极大降低了门店店主进行营销推广的难度;其二,兴盛优选针对不会下单、不愿下单的消费者,在后台为门店店主提供代客下单服务,这为兴盛优选发展下沉市场用户提供便利。

(4)**盈利模式**

兴盛优选目前可以做到当天 23 点之前下单,商品次日中午 12 点之前到达社区团长自提点,在损失一定时效但价格足够便宜前提下,让消费者买到足够的质量合格生鲜及日用品,这里的核心是"价格便宜"。兴盛优选作为一个新型网络零售平台,其收入主要由平台上商品的销售佣金贡献,其中,生鲜品的抽佣率在15%左右,标品(快消品、日用品等)抽佣率在10%左右。由于生鲜品存在易损耗、运输条件高、人工耗费多等特点,毛利较低,甚至是无利润或亏损;平台标品运输条件要求低,且部分标品属于地域性小品牌,抽佣率低但相对毛利较高。具体来看,供应商采购成本约为78%,平台毛利率约为22%,扣去成本端的团长佣金、履约费用、运营费用等,对应每单的经营利润在3%左右。2019年,兴盛优选在湖南地区基本可实现2%~3%的盈利水平,实现盈利的逻辑在于:通过"每日疯抢""爆款"等引流,通过低毛利带动高频消费,并基于以销定产向供应链要效率,向标品要效益,进而实现盈利。

(5)核心能力

1)依托线下门店基因赋能团长的能力

商业模式发展初期,兴盛优选依托芙蓉兴盛线下庞大的自有和加盟门店网络,快速发展团长,实现了流量的原始积累。社区门店店主成为团长,在兴盛优选社区团购模式发展中有着决定性的作用,尤为对于中低线城市,这主要源于两个方面的原因:首先,下沉市场的邻里关系较一二线城市更为紧密;其次,消费者对本地社区的熟人(团长)信任度更高,且对价格也更为敏感。社区便利店店主,在这两个方面有着天然的优势,发展成为兴盛优选的团长,是流量获取的突破口。兴盛优选发展早期,母公司芙蓉兴盛旗下1.7万余家加盟便利店门店店主是团长的最佳人选,店主的店铺经营、管理经验和社区信任关系为兴盛优选的推广起到了关键的作用,既解决了"宝妈型"团长的不稳定性,又充分利用了扎根社区的门店自身流量和社区资源,而到店自提也可以为便利店带来流量和收入增长,实现兴盛优选和社区便利店的双赢,且由于是母公司加盟店铺,可以共用物流配送体系,业务也比较容易开展,且忠诚度高。兴盛优选在全国业务扩张中遵循了同样的挑选团长逻辑,目前,合作的店铺已经超过100万家,这意味着兴盛优选的团长数量已经突破了100万个。

2)高效的供应链运营管理能力

供应链管理是兴盛优选模式打通的关键,"生鲜引流"是兴盛优选初期发展的切入点,生鲜产品具有保质期短、损耗高等特点,在配送履约过程中生鲜商品的损耗率、退货率等指标都有赖于供应链效率,"向供应链要利润"是模式跑通的决定性因素。起家于连锁社区便利店的芙蓉兴盛,加盟门店遍布一二线城市城中村,三四线城市的小县城,其物流配送体系遍布乡镇村,这为兴盛优选的物流配送提供了有力的支撑。而原有便利店体系成为兴盛优选末端配送的重要落脚点,解决最后一公里配送难题,兴盛优选履约成本在3.5%左右,远低于其他团购平台6%的水平。另外,芙蓉兴盛现成的货源供应链也为兴盛优选发展早期的货品供应提供了资源禀赋。

3)平台商品品类调整与优化能力

及时调整与优化品类结构,是兴盛优选领先社区团购赛道的另一关键。发展早期,兴盛优选在选品上秉承"少而精"策略,以40~50个精选SKU为主,每日2个固定时段秒杀抢购限量商品,以"低价"和"主打生鲜"为标签,旨在通过高频、低价的生鲜引流,培养用户习惯;在逐步拥有稳定客户群后,商品品类向更广阔的家庭计划性消费领域渗透,品类向食品饮料、日用百货、美妆(便利品)等扩展;随着平台品类的丰富,兴盛优选开始调整品类数量和结构,在SKU总数量保持稳定增长的同时,优化品类结构,将生鲜占比逐渐降低至25%~30%,

商品范围从便利品(日用品、食品)向选购品(服饰鞋帽、3C 家电)扩展,以满足消费者多样化需求,通过"用生鲜引流,用标品赚钱"逻辑,努力实现盈利。

### 6.4.3 技术模式

#### (1)商品全流程可追溯技术

兴盛优选建立了一整套食品安全管理体系,以确保食品安全。在与厂商合作方面,兴盛优选通过严格的资质审查来把控源头;在配送环节,通过对快速检测、入库抽检、分拣筛查、到店核验和无忧售后等各环节和流程的把控,借助大数据等技术手段,实现了商品全流程的可查实和可追溯,确保食品安全。

#### (2)"阿比达"下单系统

2016 年社区团购模式跑通以后,兴盛优选实现了平台用户规模的快速增长,"手抄单"模式难以满足发展需要。自 2017 年开始,兴盛优选陆续上线了消费者购买系统、门店后台系统、供应商系统等,其中,供应商系统"阿必达"联通着包含工厂、农产品基地在内的上万家上游供应商,涵盖从生鲜食杂到日用品、服装的各个品类,并基于自控的物流团队和"省、市、区县、乡镇、村(社区)"五级服务点,构建了高效、顺畅的快速消费品供应链。

### 6.4.4 经营模式

#### (1)强调物流与供应链中核心环节的"自控"

兴盛优选目前在物流配送上致力于实现"211"原则,即消费者在当天晚上 11 点之前下单,第二天上午 11 点之前就可以到自提点提货,这种服务能力受益于母公司芙蓉兴盛线下零售网络中物流体系的建设经验,强调物流与供应链核心环节的掌控权,物流冷链全部自营,保证履约配送的时效与成本可控。

目前,兴盛优选在湖南省内,搭建了"供应商—共享仓—中心仓—首页仓—网格仓—自提点"五级物流体系,在省外,采用"共享仓—中心仓—网格仓"的三级物流配送体系。其中,除共享仓可能会有短时仓储之外,其他节点主要用途均是分拣流转,并注重核心环节的"自控"。其中,核心环节包括如下几个:

1)共享仓

由于供应商提供的商品多数未能称重包装,共享仓需要对这些商品进行初级加工和打包,生鲜品的分拣、包装等工作全部由兴盛优选统一负责,以保证商品质量、包装效果。共享仓由兴盛优选平台自营,并自建运力承担共享仓内商品到中心仓的运输,注重"自控"。目前,兴盛优选通常会围绕一个省份设立多个共享仓,如生鲜仓、常规仓,以实现货物的分品类集中管理。另外,当供应商货物太多时,共享仓还承担协调作用。

2)中心仓

中心仓是根据订单进行第一次分拣的环节,单量大考验分拣能力,需要在凌晨四点左右送达网格仓,对全局时效有决定性影响,在整个链条中重要性最高,由兴盛优选自营。另外,中心仓还负责根据订单密度及订单距离进行调拨,然后由自建运力把订单商品配送至网格仓。

3）网格仓

网格仓为分拣的第二个环节,主要负责将中心仓订单分拣至团,需要在早上 7 点左右完成分拣,11 点前送达团长处。网格仓通常根据订单密度在城市小区若干个便利店周边设立,每个网格仓站点通常覆盖 7～8 千米内 300～500 个团点,兴盛优选的网格仓采用加盟模式,采用按件和团点的方式计费。2021 年兴盛优选开始优化网格仓,每个县域只留存 1～2 个网格仓来实现全县所有区域的覆盖,强调以集约化的配送方式实现履约的降本增效。

4）自提点

商品到达团长处,会进行最后一次分拣,将商品细化到每个下单用户,保证 11 点之前可以让用户提货。此外,团长还承担着社群维护、发布团购信息、帮助下单等平台引流和售后的任务,少数团长在到货后还会配送至用户处,但大多数需要自提。由于最后一公里配送为整个配送流程中成本最高的一环,自提的方式大大降低成本的同时,做到尽量接近消费者。发展初期,兴盛优选以芙蓉兴盛线下加盟店为自提点的发展重点,业务扩展至全国后,以位于居民区内或附近的便利店作为自提点合作对象。

**（2）注重供应商管理与赋能**

兴盛优选严格把控供应商及其供货产品质量。供应商不仅要具备齐全的资质才能入驻平台,且供应商的生鲜产品检测、甄选、分拣打包等都需要经过平台管理,由兴盛优选自建物流和全程冷链运输配送,以确保商品的新鲜度和到货时效,提升平台用户体验。

兴盛优选的“零账期”政策使其与上游供应商建立双向信任。兴盛优选致力于通过送货第二天把账款打给供应商的方式,建立平台与供应商之间的信任,从而调动供应商的积极性。2020 年,兴盛优选 GMV 超 1 000 万的供应商数量同比增长 300%,GMV 超 5 000 万的供应商数量同比增长 400%。

另外,兴盛优选通过其物流体系,打通“农产品上行”和“工业品下乡”最后一公里,赋能上游供应商。一方面,通过与农村合作社合作的形式实现农产品的集约化采购,基于平台大数据进行供需信息对接,助力农产品上行渠道通畅,为农产品打开销路,解决农产品滞销问题,帮助农民创收;另一方面,与源头生产制造商合作,缩减中间环节,致力于渠道扁平化,助力工业品下乡,为上游供应商打开销路的同时,助力下沉市场消费升级。

**（3）完善的团长管理机制**

兴盛优选建立了一套培训、服务门店店主的机制。几百人的客服团队用于及时响应门店店主的需求。为降低团长进行推广的难度,兴盛优选专门建有服务于团长的商品发布群,每天会定点推送促销产品文案及链接,店主团长只需要转发相关内容到其维护的社群,就可以实现商品推广与佣金获取,这极大地降低了门店店主进行营销推广难度,提高了店主团长的参与意愿。

兴盛优选通过团长奖励机制,提升店主参与的积极性。兴盛优选团长的收入主要由两部分构成:一部分来自交易佣金,一般为订单交易额的 10% 左右,与商品种类、商品销售金额和商品销售数量有关,一个团点社群可以为团长带来每月 1 215～16 200 元不等的佣金收益,团长佣金估算过程见图 6.4 所示;另一部分收入是"大团长带小团长"收入,即:根据大团长裂变的小团长业绩的不同,大团长可以抽取相对应比例的佣金,比例从 1% 到 11% 不等,这部分收益和团长发展下线的数量以及下线的订单量有关。合理设置团长的等级分层,可以激发大团长不断裂变小团长的动力,为兴盛优选拓宽客户获取渠道,加速流量获取与沉淀提供支持。

| 群人数 | * | 渗透率 | * | 客单价/元 | * | 佣金比 | = | 团长收益/元 |
|---|---|---|---|---|---|---|---|---|
| 200~500 | | 15%~30% | | 15~30 | | 9%~12% | | 1 215~16 200 |

图 6.4　兴盛优选团长收益估算(单个群)

### 6.4.5　管理模式

#### (1)企业组织架构

兴盛优选总部组织架构按照职能划分为商品管理、市场管理、共享仓管理、物流管理、服务站管理、门店管理等。在总部与各省区之间关系的处理上,采取总部制定业务策略,省区统一推行的方式,省区有资源管理协调权,实现部分自制,省区下业务部门直接向省区负责人汇报。这种组织架构,既保证了策略模式的标准化及统一性,提高效率,又给予地方一定程度的自主管理权限。

#### (2)人才管理机制

兴盛优选商业模式从湖南向全国复制的过程中,BD(Business Development,市场拓展)部门发挥着重要的作用。订单数量与薪资挂钩的激励机制,极大地调动了 BD 进行扩张的积极性。而 BD 部门以小组模式工作,并通过不断优化培训体系来提高 BD 效率。

2021 年开始,兴盛优选为了加快完成全国布局,更新了组织管理相关的举措。具体体现在以下方面:

1)薪酬体系加倍激励

2021 年 2 月 21 日至 9 月 20 日,兴盛优选所有新增自提点,在订单总量超 10 单的情况下,该自提点订单数量按双倍计算,这意味着该门店开发人员可以拿到翻倍的业绩提成;在竞争对手更为强势的湖北、重庆、四川、贵州和江西五地,同等条件下,业务人员业绩按 3 倍计算,这些举措的目的在于调动 BD 人员积极性,推动业务拓展。

2)团队采取基地化建设

市场开发由单兵作战转为团队协作,着力推行基地模式,以避免因沟通管理造成的重复开发、部分区域未被充分开发等问题。基地模式将每 5 个 BD 人员组成一个小队,由队长带队负责地级市的市场开发工作。在某一区域集中进行为期 3 个月的市场拓展期间,小队一起租住在"基地"里,通过这样的"团队模式"加强地推团队的协同作战能力和信息互通,避免人员沟通不畅、业务效率低下和员工培养难度大等问题。在这种管理模式下,原本需要由总部统一安排的培训被分解至基层,有效提升了人才培养的速度和效率,同时也降低了人才培养成本。

### 6.4.6 资本模式

从 2018 年至今,兴盛优选共经历了 9 轮融资,融资总额超过 50 亿美元。兴盛优选湖南模式跑通后,腾讯投资、京东集团、红杉资本、KKR、今日资本等纷纷入资,两年时间,估值从 10 亿美元升至 120 亿美元,实现了十余倍的增长,成为社区团购领域最受资本追捧的企业。2020 年以来的融资规模超过 45 亿美元,这一方面为兴盛优选全国把业务加速向全国拓展提供了资金支撑,另一方面,随着美团、拼多多、阿里等互联网巨头先后入局社区团购,行业竞争加剧,充裕的资金是应对激烈竞争的重要保障。

需要指出的是,2020 年末,京东集团战略投资兴盛优选,这有助于二者在数据、技术、仓储和短链物流方面形成协同合作效应,实现兴盛优选本地化供应链、物流体系与京东的采销物流体系的互补。这主要体现在两个方面:①2020 年底,京东入资中国领先的农产品供应服务商地利集团,与京东的战略合作可以为兴盛优选提供农产品供给上的扶持;②京东拥有高度自动化的物流仓储体系和成熟的冷链体系,其冷链宅配网络已经覆盖全国 31 个省,可以提供从产地、工厂到终端再到消费者的供应链一体化服务,这可以赋能兴盛优选的供应链履约能力,为兴盛优选生鲜商品冷链配送提供重要的技术和设施支持。

### 6.4.7 总结与建议

**(1)成功经验**

1)采取"店长+社区"模式,解决用户信任问题

兴盛优选初期的业务主要在湖南,依托母公司芙蓉兴盛 1.7 万多家社区便利超市加盟店资源,发展这些门店店主成为团长,让这些团长建群,邀请到店消费者进群,进行社群化运营。选择社区内门店店主作为切入点,有以下三方面优势:一是以线下门店作为自提点,店主在社区内具有天然的信任优势,可在一定程度上打消消费者的疑虑,店主团长在社群内发布的商品链接也更容易成单,这为平台宣传、推广奠定良好的信任基础;二是线下门店拥有稳定的客源,可以帮助兴盛优选宣传推广,同时又增加消费者在门店顺便消费的机会,实现双向引流,使合作关系更加稳定;三是与"宝妈"团长相比,门店店长更加稳定,销售能力更强,且线下固定门店又可以让品牌更好地展示,可以为消费者提供更加优质的服务。在业务向全国扩张的过程中,兴盛优选复制了在湖南省内发展团长的成功经验,仍以社区便利店等为发展团长的切入点,解决消费者信任问题,从而实现了业务的快速扩张。

2)借助"自提"解决最后一公里配送难题

兴盛优选"自提"模式源于母公司芙蓉兴盛对社区电商模式的不断探索,以缓解其线下 1.7 万家社区便利超市加盟店面临的电商冲击,从最初的门店自配送、网仓配送、配送站等上门配送模式失败中不断吸取经验教训,最终摸索出门店"自提"模式,为社区团购节省每单 5 元左右的配送成本,解决最后一公里配送难题。与此同时,社区门店在不增加库存、人力和资金投入的情况下,借助"自提"模式实现门店生意 10%～20%增长。这是兴盛优选"复兴门店"企业使命的具体表现,也一定程度上保证兴盛优选与社区门店的稳定合作与双赢。

3)通过定位下沉市场实现错位竞争

兴盛优选定位于二线及以下城市，主打下沉市场消费者的生鲜及日用消费品。二线及以下城市消费者生活节奏较慢，生活比较有规律，可以提前规划未来一天甚至一周的一日三餐安排。另外，下沉市场消费者在生鲜及日用品采购中，更看重价格因素，而非时效性。这些都与兴盛优选的"预售+自提"模式和主打生鲜与日用品品类相契合，并且，下班社区自提点领回订单商品的模式，在商品极致低价的前提下，顾客体验并不差。因此，相比前置仓的高价、超市的位置远，兴盛优选这种"预售+自提"近场电商模式，完美贴合了下沉市场消费者生活相关高频需求，而高频复购则为平台低毛利模式提供了盈利可能。

（2）**发展建议**

1)注重平台品类和SKU数量与履约成本之间的平衡

兴盛优选要想实现GMV增长进而提升利润，品类扩张是关键因素，其中的逻辑在于：消费者生鲜消费量相对固定的情况下，其他品类订单件数提升将摊薄单件履约成本，进而提高平台盈利能力。但是，平台品类和SKU数量不可能无限扩张，会控制在一个远低于线下连锁商超内SKU的数量上，这主要囿于供给端和履约端两个方面的原因：从采购端看，因为客单价低，平台需要以量取胜，在平台日均单量相对稳定的情况下，SKU数量过多意味着分散了每个SKU的销量，这不但难以取得大批量采购带来的价格优势，也难以调动供应商的积极性。比如，我们以目前兴盛优选日均单量1 200万单来测算，则以省为单位的日均单量为120万（假设共10个省且每个省订单平均），如果省级SKU数量增加至5 000个，则平均每个SKU每天销量为240件，以每件1元的毛利计算，供应商一个月只有7 200元左右的毛利，这很难调动其参与积极性；另一方面，从履约端看，随着SKU数量增加，分拣效率将急速下降，而履约成本会大幅提升，则社区团购实现盈利的基础将不复存在。因此，兴盛优选品类及SKU的扩张，应综合考虑履约成本及采购量对供应商的影响，最终稳定在一个低于线下商超SKU的数量。另外，可以尝试通过每日轮换SKU组合等方式，来实现更多商品品类的覆盖，以吸引消费者重复下单，从而提高复购频率，并实现盈利的提升。

2)保证团长合作意愿是平台长远发展关键

随着消费者平台消费习惯的养成，团长对平台的引流作用将逐渐减弱，但是，团长具有强服务属性，除了引流，日常推广、分拣和售后中的作用也不容忽视。首先，团长是平台最后一公里服务的关键点，是订单分拣的最后一站，承担着自提点订单的分拣工作，其服务水平会对消费者购物体验产生明显的影响；其次，随着社区团购平台的不断增多，社区门店店主可能同时是多个平台的团长，其对消费者的平台引导，可能会影响消费者的平台使用偏好。目前，兴盛优选支付给团长的佣金比例已经从10%~12%下降到10%以下，并且还有不断下降的趋势，这会极大降低团长合作的积极性。另外，随着平台上商品品类的扩充，平台产品与自提点便利店内商品可能重叠，进而形成竞争关系，这会进一步降低团长的参与积极性和意愿。因此，在扩展品类的同时，如何保证与团长的良好合作关系，提升团长的合作意愿，是兴盛优选需要重点关注的另一个问题。

□ 基于互联网和团队的练习

**（1）电商社交化与社交电商化的比较分析**

从社交与电商的融合角度看，社交电商的发展有两类路径：社交电商化，即社交平台引入电商元素，实现流量的商业化变现；电商社交化，即传统的电商平台引入社交元素，实现低成本流量引流。

对于以上两种两类路径下的社交电商，各选择两家平台，对其商业模式进行对比研究，撰写研究报告，进行小组交流。

**（2）社区电商、生鲜电商与线下商超的竞争分析**

随着社区团购为代表的社区电商的快速发展，以及叮咚买菜、每日优鲜为代表的生鲜电商的崛起，传统线下商超业务受到巨大的冲击，对比分析社区电商、生鲜电商和传统商超的优劣势，并对传统商超的未来出路进行预测。

□ 基于网上创业的学习

近年来，社交电商各细分领域中，不断涌现出成功的创业企业，请选择一个你比较熟悉或者感兴趣的社交电商细分领域，对其市场规模进行估算，并分析对于新进入者，切入市场的机会在哪里？威胁又有哪些？

## 本章参考文献：

［1］雷兵，司林胜.电子商务案例分析教程［M］.2 版.北京：电子工业出版社，2016.

［2］腾讯，BCG.2020 中国"社交零售"白皮书［R］.TMI 腾讯营销洞察与 BCG，2020.

［3］极光. 2019 年 Q1 移动互联网行业数据研究报告［R］.极光大数据，2019.

［4］邓文慧.从云集看会员制社交分销平台"前世今生"［R］.东方证券，2019.

［5］拼多多.拼多多招股说明书［R］.上海寻梦信息技术有限公司，2019.

［6］拼多多.2020 年度业绩报告［R］.上海寻梦信息技术有限公司，2021.

［7］邓文慧.从云集看会员制社交分销平台"前世今生"［R］.东方证券，2019.

［8］苏晓华，刘胜美，毋雨涵，等.云集：赋能宝妈的社交电商新物种［DB/OL］.中国管理案例共享中心案例库，2019.

［9］云集.云集招股说明书［R］.云集有限公司，2019.

［10］云集.2020 年度业绩报告［R］.云集有限公司，2021.

［11］黄泽鹏，李旭东.社区团购：下沉市场的零售效率革命［R］.开源证券，2020.

［12］吴劲草.社区团购深度研究：硝烟进行时，品牌/平台/团长都在想什么？［R］.东吴证券，2021.

［13］花小伟，崔世峰，许悦.从兴盛优选看社区电商的未来［R］.德邦证券，2021.

［14］文浩，冯翠婷.从社区团购到近场电商：角力高频消费，把握新零售长期趋势［R］.天风证券，2021.

［15］刘立喜.社区团购：起于团长，成于供应链［R］.东北证券，2021.

［16］陈腾曦,于健.商业模式探讨、比较与终局猜想-社区电商行业报告［R］.浙商证券,2021.

［17］中华人民共和国商务部.社交电商经营规范.［S］.中华人民共和国商务部,2019.

［18］陈星星.兴盛优选"狂奔":地推人员薪资翻倍,加速基地建设,年内完成全国布局［EB/OL］.［2021-03-29］.

# 第 7 章
# 跨境电商模式案例分析

## 7.1　跨境电商模式概述

### 7.1.1　跨境电子商务的概念和特征

（1）概念

跨境电子商务（Cross-border E-commerce），简称跨境电商，是指分属不同关境的交易主体，通过电子商务手段将传统进出口贸易中的展示、洽谈和成交环节电子化，并通过跨境电商物流及异地仓储送达商品，从而完成交易的一种国际商务活动。而跨境电商模式就是跨境电商经营主体借助互联网，将产品销往海外，从而实现商业价值的互联网应用模式。

从出口来看跨境电商的业务流程。首先，跨境电商企业将拟出口产品在跨境电商平台上展示，海外消费者下单并支付后，跨境电商公司委托物流商进行商品投递，经过出口国和进口国的海关通关商检后，商品由物流商送达消费者手中。也有一些跨境电商企业直接与第三方综合服务平台合作，由第三方综合服务平台来完成商检、通关和物流等工作，从而完成整个跨境电商交易的过程。跨境电商进口流程和出口流程方向相反，具体如图 7.1 所示。

（2）特征

跨境电子商务是一般电子商务在跨境贸易中的应用，因此跨境电子商务具备一般电子商务活动的所有特征，即交易电子化和虚拟化、突破时空限制、交易效率高、交易成本低、可追踪性等。但是与一般电子商务相比，跨境电子商务还有其特殊性，主要表现在以下几个方面。

1）业务环节的复杂性

跨境电子商务业务流程涉及的环节众多，包括跨境运输、海关通关、检验检疫、外汇结算、出口退税、进口征税等，所以与一般电子商务相比，跨境电子商务的展开更多地涉及与政府相关的涉外行政机构的接触。

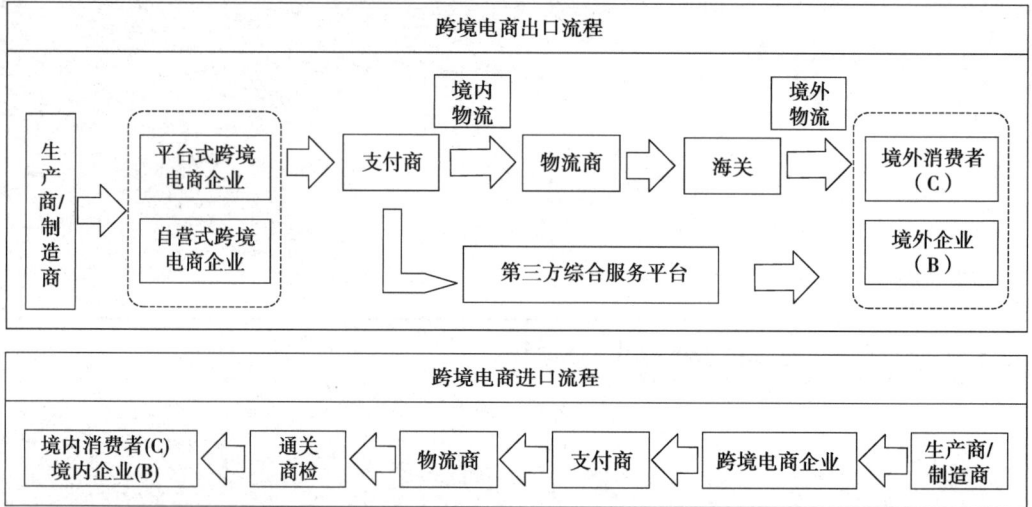

图 7.1 跨境电商业务流程

2）适用规则的差异性

跨境电子商务比国内电子商务更容易遇到政策和法律上冲突的问题。不同国家的政策和法律对电子商务税收的问题、交易有效性的问题、消费者隐私保护的问题、交易平台法律责任的问题、知识产权保护问题等都有不同的规定，所以跨境电商经营者更应该重视不同海外目标市场的相关法律和政策。

3）交易主体的差异性

跨境电商的交易主体遍及全球，有不同的消费习惯、文化心理、生活习俗，这要求跨境电商经营者对各国流量引入、各国推广营销、国外消费者行为及国际品牌建设等有更深入的了解。

### 7.1.2 跨境电子商务的分类

跨境电子商务包含了较多的要素，主要有贸易方向、经营主体、交易对象、运营模式、监管方式等多个方面，按照这些要素的不同，可以将跨境电商分为不同的类型。

#### （1）按贸易方向划分

根据贸易方向不同，跨境电商可分为进口跨境电商和出口跨境电商。

进口跨境电商模式主要有"直购进口（Direct Purchase Import）"模式和"保税进口（Bonded Import）"模式。"直购进口"模式是指符合条件的电商平台与海关联网，境内消费者跨境网购后，电子订单、支付凭证、电子运单等由企业实时传输给海关，商品通过海关跨境电商专门监管场所入境；"保税进口"模式，则是指国外商品整批抵达国内海关监管场所——保税区，消费者下单后，商品从保税区直接发出，在海关、国检等监管部门的监管下实现快速通关，能在几天内配送到消费者手中。

出口跨境电商即跨境电商企业通过各种方式将国内产品销往海外市场。本章所研究的案例以出口跨境电商模式为主。

（2）按经营主体划分

根据经营主体属性的不同，可以将跨境电商分为平台模型、自营模型、混合模型（自营+平台）。

平台模式：通过吸引国内外商家入驻的模式进行运营。这种平台行业集中度高，产品丰富，降低了交易费用的同时也提高了交易效率。具有代表性的有速卖通、敦煌网和 Wish 等。

自营模式：跨境电商企业在自建的网站或移动 App 上直接向消费者销售商品，通过自建或合作物流的方式配送商品。自营平台可以针对特殊的产品、销售要求定制开发，也可以根据自我要求发布任何产品和服务，不受第三方平台严格限制与监管。采用这类模式的企业需要有强的跨境供应链管理能力、较好的跨境物流解决方案和足够的资金储备。如沃尔玛、Tesco 等。

混合模式：跨境电商企业在自建网站上销售产品的同时对外开放，盈利模式主要有两种：自营赚取差价、平台收取佣金。代表企业有大龙网、兰亭集势等。

（3）按交易对象划分

根据交易对象不同，可以将跨境电商模式分为 B2B、B2C、C2C。

B2B 跨境电商又称为在线批发，外贸企业通过互联网进行产品、服务及信息交换；B2C 跨境电商是跨境电商企业针对个人消费者开展的网上零售活动；C2C 跨境电商，是从事外贸活动的个人对国外个人消费者进行的网络零售商业活动。但由于语言门槛、社交软件和物流时效等的局限性，目前主要以 B2B 和 B2C 模式为主。

（4）按运营模式划分

根据跨境电商企业运营的侧重点，可以将其分为外贸工厂、平台卖家、流量导向独立站卖家、渠道品牌导向独立站卖家、产品品牌导向独立站卖家和国内品牌出海卖家。

1）外贸工厂

通常以代工模式或 B2B 模式起步，为全球知名品牌输出优质产品，在供应链管理和生产管理方面有一定的优势。

2）平台卖家

通过在 AliExpress、Amazon 等第三方平台销售起步，依托于第三方平台完善的配套服务和流量红利，将产品推向全球用户。

3）流量导向独立站卖家

主要靠铺货模式实现大规模扩张，通常会运营多个站点，通过大量广告投入吸引流量。

4）渠道品牌导向独立站卖家

主要围绕单个独立站运营，以产品发展为中心，有一定的自主设计能力，在运营过程中，较关注市场趋势和用户体验，不断对产品进行迭代升级，逐步走向品牌打造及跨品类扩展。

5）产品品牌导向独立站卖家

主要围绕单个独立站运营，在运营过程中重视品牌建设、用户关系维护和用户价值的实现，并逐步拓展产品品类。

6）国有品牌出海卖家

通常依托淘宝及国内市场发展起来，运营线下品牌或互联网原生品牌，在国内市场拥有稳定的核心客群。随着跨境电商的发展，逐步通过独立站模式或第三方平台模式向海外市场拓展，开展第二增长曲线。

### 7.1.3 跨境电商产业链

目前，跨境电商已经形成包括生产企业、消费者、外贸厂商、电商平台、支付服务提供商、物流仓储服务提供商、软件服务提供商、营销服务提供商、关务代理公司、政府监管部门等角色在内的运作体系。下面以出口跨境电商为例（如图 7.2 所示），对跨境电商产业链进行分析。

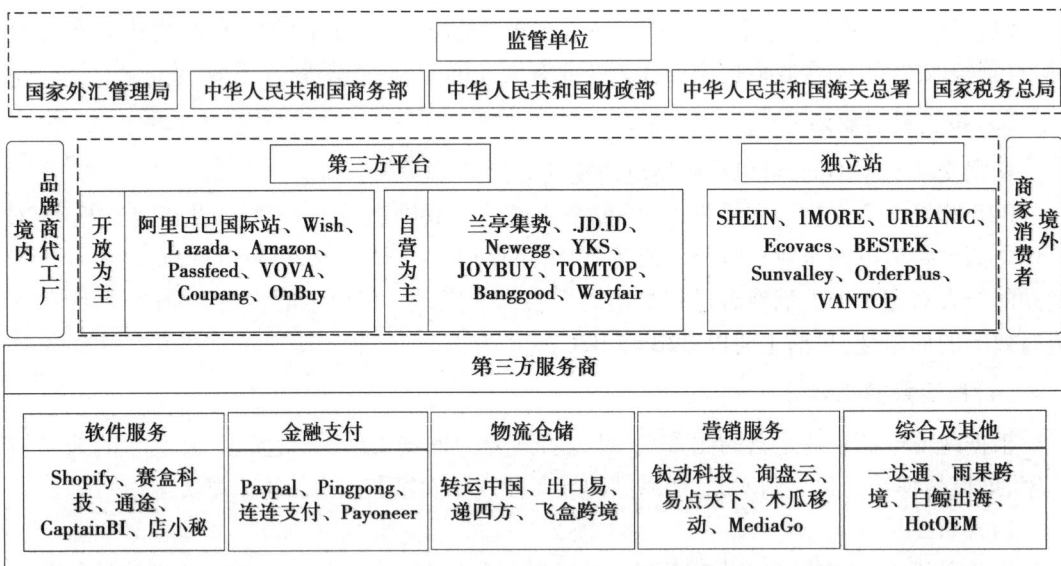

| 监管单位 | | | | |
| --- | --- | --- | --- | --- |
| 国家外汇管理局 | 中华人民共和国商务部 | 中华人民共和国财政部 | 中华人民共和国海关总署 | 国家税务总局 |

| 品牌商境内代工厂 | 第三方平台 | | | 独立站 | 商家消费者境外 |
| --- | --- | --- | --- | --- | --- |
| | 开放为主 | 阿里巴巴国际站、Wish、Lazada、Amazon、Passfeed、VOVA、Coupang、OnBuy | 自营为主 兰亭集势、JD.ID、Newegg、YKS、JOYBUY、TOMTOP、Banggood、Wayfair | SHEIN、1MORE、URBANIC、Ecovacs、BESTEK、Sunvalley、OrderPlus、VANTOP | |

| 第三方服务商 | | | | |
| --- | --- | --- | --- | --- |
| 软件服务 | 金融支付 | 物流仓储 | 营销服务 | 综合及其他 |
| Shopify、赛盒科技、通途、CaptainBI、店小秘 | Paypal、Pingpong、连连支付、Payoneer | 转运中国、出口易、递四方、飞盒跨境 | 钛动科技、询盘云、易点天下、木瓜移动、MediaGo | 一达通、雨果跨境、白鲸出海、HotOEM |

**图 7.2　出口跨境电商产业链**

跨境电商产业链中的企业可以分为跨境电商平台和跨境电商服务商两类。

#### （1）跨境电商平台

跨境电商平台主要分为第三方平台和独立站。第三方平台模式以提供平台为主，重在进行第三方卖家与顾客之间的交易，入门门槛较低，平台拥有成熟的流量及服务，适合有较强的标品研发能力或新入局跨境电商的企业。独立站模式特点为仅经营自主品牌，个人卖家及第三方供应商无法入驻，对经营企业的体量、经验和抗风险能力要求较高，适合想要打造自主品牌、拥有互联网思维的非标品企业。

第三方平台又分为开放为主平台与自营为主平台。开放为主平台通常采用"淘宝"模式，基于自身的高知名度及流量，建设平台和维护交易安全，确保交易的公平合理性，从而收取佣金。该类平台聚集效应明显，对中小企业的包容性相对较高，代表企业有 Amazon、AliExpress 等。自营为主平台通常采用"京东"模式，侧重点在于发展平台自身的供应链服务，通常采用买断式为主的采购模式，并通过严选合作供应商，达到提高库存周转效率的目的。该类平台对入驻品牌的筛选要求相对较高,代表企业有 DX、JoyBuy 等。

**(2)跨境电商服务商**

跨境电商服务商主要提供跨境软件服务、跨境支付服务、跨境物流仓储服务、境外营销服务或者跨境综合服务。

1)跨境软件服务

跨境电商软件服务商主要为跨境电商企业提供订单、物流、商品、采购、仓库、数据等的软件管理服务,产品主要包括 OMS、DMS、WMS、FMS、CRM、SCM、ERP 等。

2)跨境支付服务

跨境支付服务主要包括跨境收款、全球收单、汇兑服务等。随着监管部门对跨境支付环节的把控力度的加强,相关的政策法规愈发完善,产业链下游对小额、灵活的支付需求也愈加迫切,跨境支付服务正逐步向正规化、差异化方向发展。

3)跨境物流仓储服务

跨境物流仓储服务主要分为产品式的全段服务和环节式的配套服务。产品式的全段服务依据具体产品为核心,采用门对门、仓对仓、端对端等货运方式进行物流服务,其下可划分为直发和头程两类组成的传统物流方式以及海外仓式的新型物流方式;环节式的配套服务则是较注重物流过程中的某一环或几环。

4)跨境营销服务

跨境营销服务通常将"本土化"作为前提,以海外消费者为核心,将技术(数据相关技术、内容相关技术、触点相关技术)、人才、运营三要素相互连接,从而达到助力跨境电商企业品牌传播、提高用户体验的效果。

5)跨境综合服务

跨境综合服务提供商通过提供订单管理、营销、物流、报关、信保、融资、结付汇、退税等全方位产业链增值服务赋能跨境电商企业。

# 7.2 案例 1——安克创新:弘扬中国智造之美

## 7.2.1 基本情况

安克创新科技股份有限公司成立于 2011 年,是目前国内营收规模最大的全球化消费电子品牌企业之一,主要从事自有品牌的智能配件和智能硬件的自主研发、设计和销售。企业业务从线上起步,主要销售渠道为 Amazon、Ebay、天猫、京东等海内外线上平台,在亚马逊等境外大型电商平台上占据领先的行业市场份额,拥有较高的知名度和美誉度,"Anker"近年来被评为亚马逊平台"最受好评品牌",移动电源、充电器等多个品类产品均长年位列亚马逊"最畅销品(BestSeller)"和"亚马逊之选(Amazon's Choice)";同时在北美、欧洲、日本和中东等发达国家和地区,通过与沃尔玛、百思买、塔吉特以及贸易商合作来开展线下渠道,线下收入增长快速。目前业务覆盖 100 多个国家和地区,服务全球用户数超 8 000 万。

安克创新的利益相关者涉及终端消费者、以亚马逊为代表的第三方平台、以沃尔玛为代表的线下渠道以及上游的外协工厂,其价值网络如图 7.3 所示。

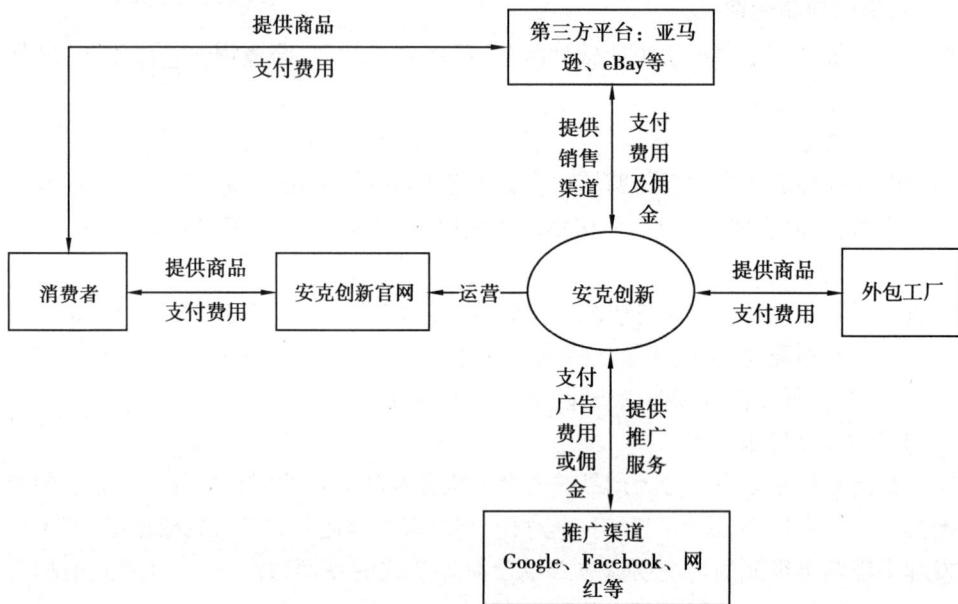

图 7.3  安克创新的价值网络

## 7.2.2  商业模式

### (1) 使命与愿景

安克创新的价值观为"讲道理、共成长、求卓越"。"讲道理"的具体表现是公司内部强调用事实和数据说话,坦诚沟通,共同寻找问题的解决方案。只要员工提出的建议有依据,不论其处于什么级别的岗位,都能获得话语权,这也为安克创新的持续创新能力提供了土壤。在"共成长"方面,安克创新奉行"成长导向",希望打造学习型组织,通过线上课程、线下研讨及培训班等方式,形成老员工对新员工的赋能和支持以及员工之间的相互经验分享和研讨,让员工在这个过程中成为更好的自己,和企业共同成长。同时,在企业和员工的共同努力和奋斗下,取得卓越的成绩。

作为全球新消费电子行业的新型引领者,安克创新秉承"弘扬中国智造之美"的使命,致力于在全球市场塑造中国消费电子品牌,通过不断创新,将富有科技魅力的领先产品带向全球消费者。

安克创新的愿景为"塑造一组标杆品牌,提供一组基础服务"。在"塑造一组标杆品牌"方面,安克创新在成功打造智能充电品牌 Anker 后,相继推出智能音箱和耳机品牌 Soundcore、智能家居品牌 Eufy 和智能影音娱乐品牌 Nebula 等自主品牌,进一步拓宽业务领域,在 AIoT、智能家居、智能声学、智能安防等领域均有出色表现,把一系列品牌做到世界知名。在"提供一组基础服务"方面,从 2018 年底,在此愿景的指导下,安克创新开始将自己的电商运营能力对外输出,提供代运营服务,将安克创新的海外运营经验和能力赋能给已经成熟的知名品牌商,并孵化出一批新兴产品或品牌。

**（2）目标用户**

1）消费电子市场终端用户

安克创新主要针对全球消费电子市场用户提供产品,目前用户数量超 8 000 万,高品质和性价比是其目标用户的核心诉求。

2）线下企业客户

安克创新近年来积极拓展线下销售渠道,线下客户主要包括连锁卖场和超市、区域性贸易商以及电信运营商等。连锁卖场及超市方面,公司与美国沃尔玛、百思买、塔吉特等全球知名连锁卖场、超市、电子产品专营店等进行合作;区域性贸易商方面,公司与各市场排名前列具有广泛销售网络及营销实力的知名、大型区域性贸易商进行合作,快速占据目的国线下消费电子产品市场,使得公司产品在终端覆盖度保持较高水平;公司与电信运营商,如日本 KDDI、Softbank 等进行合作,销售标准化与定制化的产品。

3）有代运营需求的企业

安克创新代运营业务主要面向的目标客户包括以下几类:

①潜力产品企业。该类企业的特点是企业所处的行业及其产品具有一定的发展潜力、业务增长率高,符合亚马逊平台的发展机会。

②拥有一定品牌知名度的企业。有品牌出海意识,又有足够资金支持做代运营的企业,是安克创新优先锁定的合作对象。

③国内市场的行业头部企业。目前,安克创新代运营更加强倾向于服务国内的行业头部企业,或全球供应链占比较大的客户。这类企业通常在品牌方面有较深的沉淀,在国外也有一定的影响力。

**（3）产品与服务**

安克创新创立初期,正赶上以移动电源为代表的智能手机配件、智能硬件的爆发以及亚马逊的早期流量红利,其利用中国消费电子成熟的供应链和成本优势,首先切入笔记本电脑和手机周边充电类产品。随着全球移动设备的高速发展,叠加 5G 等新技术应用催生智能硬件多元化应用场景,安克创新开始逐步向无线耳机、智能家居、智能车载以及智能投影市场扩展。在品类扩展过程中,聚焦消费电子,突出技术特点,相继推出 Anker、Eufy、Roav、Zolo、Nebula、Soundcore 等智能硬件品牌,产品种类与产品应用功能日益丰富,品类间协同性强,便于强化消费者整体认知框架。目前安克创新三大系列产品包括:充电类、无线音频类、智能创新类。

1）充电类产品

充电类产品主要为“Anker”品牌的移动电源系列、充电器、充电线、拓展坞、带线多位插座等系列产品。其中,移动电源系列产品主要包括便携式移动电源、二合一超级充、大功率储能设备电源等;USB 充电器产品系列主要包括桌面充电器、车载充电器、无线充电器等;充电线材产品系列主要包括 Lighting 数据线、Micro 数据线及 USB-C 数据线。Anker 是 Power Delivery 快充技术的领导者,优先把这项技术应用到手机、平板电脑和笔记本电脑,为消费者提供快充体验。Anker GaN 充电器是氮化镓在消费电子领域的首次应用。根据"充电头网"统计数据,2020 年底,Anker 品牌的 20W 充电器在美国亚马逊单品销量仅次于苹果官方,排名第二;根据亚马逊页面 2020 年 12 月 31 日数据,Anker 品牌的数据线产品在日本亚马逊消费电子品类单品销量排名第一。

2)无线音频类产品

无线音频类产品主要包括"Soundcore"品牌为主的无线音箱和蓝牙耳机等系列产品。其中,蓝牙音箱系列产品主要包括手持式蓝牙音箱,便携式蓝牙音箱和便携运动式音箱等;蓝牙耳机产品包括头戴式耳机、运动款挂脖耳机和旗舰款真无线耳机等;产品具有高品质的音效、有益的设计、优质的质量和持久耐用观点特点。根据研究机构 Futuresource 数据,2020 年第二季度,Soundcore 品牌在全球耳机品牌全球市场份额排名第七;根据亚马逊 2020 年 12 月 31 日实时排行榜数据,Soundcore 品牌无线耳机在日本亚马逊品类销量排名第一。目前这一品牌也登陆了国内市场,中文品牌名为"声阔"。

3)智能创新类产品

智能创新类产品主要包括"Eufy"品牌的智能家居产品(智能扫地机器人、无线吸尘器等)和智能家居安防产品、"Roav"品牌的车载智能产品以及"Nebula"品牌的家用投影仪产品和其他新品类产品。智能家居产品主要包括智能扫地机器人、手持和便携吸尘器、智能开关、灯泡和插座等多种智能化产品;智能家居安防产品包括智能无线安防摄像头、智能门锁、智能门铃、智能家用智能便携式家庭影院等产品。根据亚马逊 2020 年 12 月 31 日实时排行榜数据,Eufy 品牌扫地机器人多款产品在日本亚马逊品类销量排行第一,在美国亚马逊品类销量分别排名第二和第三。

（4）**盈利模式**

安克创新的主要收入来源为产品销售收入,自成立以来,安克创新一直保持着领先行业平均的增速发展。2020 年安克创新实现营业总收入 93.53 亿元,与上年同期相比增长 40.54%;净利润为 8.56 亿元,同比增长 18.70%,持续展现了稳定的盈利能力。安克创新销售模式为直接销售,包括线上销售和线下销售两类。其中线上销售(尤其是线上 B2C 平台销售)是其主要销售渠道,近年来随着安克创新品牌影响力的提升、渠道的完善以及战略规划的稳步推进,线下销售渠道占比快速提升,近年也成为其重要渠道,为其品牌影响力和市场渗透率的提升做出了较大的贡献。在品类方面,充电类产品仍然占据营收的最大比例,但近几年增速逐渐放缓。安克创新近几年积极进行业务拓展和产品结构优化,在创新类产品线不断推出新品,包括 Eufy 品牌的智能扫地机器人、无线吸尘器等,已逐渐成为安克创新未来多样化发展的重点领域。产品端基础产品的持续较高速增长和多品类扩张成功产生的高速增长,是驱动安克创业业绩高增长的主要原因。安克创新的主营业务收入主要来源以北美、欧洲、日本、中东等经济发达、消费力强、运作规范为代表的市场和地区。此外,安克创新在中国、澳大利亚、智利、越南、韩国等国家也有业务布局。

（5）**核心能力**

安克创新的核心能力主要表现在产品创新、品牌塑造和渠道建设等几个方面。

1) 持续创新的技术研发能力

安克创新高度重视研发能力提升、技术创新与科技进步，近年来持续保持较高的研发投入，不断提升和丰富自身技术创新能力。2018—2020 年，公司研发投入占营业收入比例分别为 5.48%、5.92% 和 6.07%，呈现逐年增长的趋势。持续的高研发投入已成为其产品保持市场竞争力的重要因素之一。基于持续和巨大的研发投入，安克创新在各个产品领域形成了丰富且深入的技术积累，如将 GaN（氮化镓半导体材料）材料应用在移动电源等相关产品中，在较大程度提高移动电源充电效率的同时降低了产品体积；此外还有充电自适应技术、智能功率分配节能技术、高效便携小体积技术、过流自恢复技术、凯夫拉材料实现在线材产品的应用、无线便携音箱低音增强技术、无线便携音箱动态电源管理技术、无线耳机 LDS 天线技术、特殊防汗涂层、智能感应技术、基于车载场景的智能语音识别技术等多项核心技术。截至 2020 年 12 月 31 日，安克创新在全球范围内已取得 44 件发明专利、212 件实用新型专利和 514 件外观专利授权，并有多项专利正在申请中。

2) 领先的产品设计与质量优势

安克创新注重产品设计，充分结合全球消费电子行业市场需求，紧跟行业前沿的时尚潮流，在深入调研市场需求、消费者偏好与售后反馈的基础上，持续将领先的专利技术应用于设计并研发功能领先、质量优异、设计简约的明星产品。2020 年，公司产品荣获德国红点设计（Red dot）奖 6 项、汉诺威工业（iF）设计奖 2 项、日本优良设计奖（Good Design Award）7 项等国际奖项。截至 2020 年 12 月 31 日，安克累计获得国际性工业、消费电子产品设计类奖项 50 余项，优秀的产品设计能力获得国际消费电子产品设计领域以及普通消费者的高度认可、形成较高的市场美誉度。同时，安克在内部建立了一套严谨、完整和高标准的产品研发质量管控、供应链质量管控和售后质量管控体系，针对外部供应商管控也形成了高品质供应链体系，从而形成了产品质量方面的明显优势。依托较强的技术设计、研发能力与严格的产品质量控制体系，安克的各类产品性能优异、表现稳定、品质卓越、经久耐用，满足了全球消费电子行业终端客户的要求，从而在全球消费电子行业积累了广泛和良好的口碑。

3) 深厚的品牌积累与营销能力

安克创新已在全球消费电子市场中建立起较高的品牌认知度和忠诚度，并形成了较为稳定的忠实用户群体，成为支持公司各产品品类不断拓展、产品销量持续稳定增长的基础。在良好的用户基础上，公司持续加强全球化整合营销能力，品牌知名度和市场口碑不断提高，其优质的产品、良好的品牌形象被"纽约时报""华尔街日报"等世界主流媒体报道。此外，国际知名视频网站 YouTube 上累计已有数百位主播频道发布了公司产品的视频评测报告。安克创新的创始团队中有 4 人来自 Google，创始团队的背景和经历，使得其非常了解海外线上信息流的路径和亚马逊的推广规则，形成了以产品力为支持，从公域流量发现用户到私域流量（海外官网）产生转化，最终赢得品牌认可的推广模式。同时由于亚马逊的商品推荐机制对于销量高的老品牌较为有利（用户反馈和销量越多的产品越容易获得曝光），使得其在海外市场上的先发优势不易被其他国内品牌追赶。

4) 全面覆盖的渠道能力

安克创新的销售渠道覆盖"出口+内销""线上+线下""第三方+自有平台""B2B+B2C"，

是跨境电商出口行业中少有的全渠道、全模式覆盖的企业,并根据不同的销售渠道特点,分别组建了专业化的营销队伍与渠道管理团队,在产品定位、产品定价、推广以及售后服务方面根据本地市场、本土渠道的特点进行优化,能够更好地满足不同地区消费者的差异化需求,提高用户口碑。线上渠道方面,在原有亚马逊平台的基础上,安克创新积极开拓 eBay、日本乐天、天猫等其他第三方平台为其产品带来新的流量,在线上销售持续增长的同时,安克创新也在第三方电子商务平台产品开发、产品销售、系统运营和售后服务等多方面积累了丰富的渠道经验;线下渠道在构建体验场景、产品展示等方面具有先天的优势,安克创新在北美、日本、中东、欧洲等国家和地区稳步展开线下渠道的推广,合作伙伴包括大型商超卖场、专业销售渠道、区域性贸易商等,以实现对目标地区线下市场的快速覆盖,构建线上+线下立体化销售模式。其次,新兴市场方面,安克创新在进一步巩固北美、欧洲、中东、日本等多个目前已经保持多年领先地位的成熟市场外,加强本地化、差异化探索,依托于在成熟市场发展方法和经验,逐步推进在东南亚、非洲、南美等新兴市场和国内市场的布局。安克创新充分发挥品牌优势及供应链优势,将产品逐渐从线上渠道渗透至线下流通渠道,从国外市场渗透至国内市场,实施全渠道、全市场运营的销售模式,多渠道的拓展也加速了其市场渗透率的提升。

### 7.2.3 技术模式

安克创新主要从事自有品牌的移动设备周边产品、智能硬件产品等消费电子产品的自主研发、设计和销售,在多个产品前沿领域大力开展研发,以能够追随或赶超最代表国际领先技术和流行趋势的消费电子产品为目标。在移动电源快速自充、高质量音频、智能创新等方向有深入的研究和应用经验,并在部分关键技术方面处于行业领先地位。

（1）AIoT 技术

AIoT 是人工智能技术与物联网在实际应用中的融合,随着 5G 的普及,5G+AIoT 将成为消费电子行业的成长驱动力。安克创新近几年积极布局 AIoT 领域,入选 2019 年"福布斯中国 AIoT 百强企业"榜单,股票也被定义为 AIoT 概念股。其主要将 AIoT 技术应用于智能创新类产品,实现 IoT 设备端和移动端的智能控制、地图和数据的呈现以及人际交互功能,且能够对接多种语音控制助手(如亚马逊 Alexa、天猫精灵、小度等)。另外,在安防类产品中嵌入 AI 人脸识别技术,内置高性能 DSP 作为 AI 硬件处理单元,提升了产品性能;同时基于百万级人脸深度学习优化而来的识别算法,增加了美国、欧洲用户场景的数据,提高人形、人脸检测成功率。设备可以做到通过本地 AI 技术提前识别访客向门口的靠近,提前激活 Security App,当访客按门铃时用户可以通过 Security App 在 1 秒内接收到通知。

（2）HearID 音乐优化算法

安克创新通过该技术针对每个用户的听力情况优化耳机音质,提供定制化的音质体验。通过将音乐优化算法植入在 App 程序中,分别测量人耳左右耳朵听力曲线,并通过算法优化音质,提供适合个人的定制化的最优音质体验。解决了不同的人群听同一对耳机时,并不能得到适合自己耳朵(构造)的最佳音质的问题。

### （3）智能语音识别技术

该技术主要应用于车载产品,针对车载噪声环境的特点,对车噪、胎噪和风噪等噪声模型进行针对性地优化,通过自消噪与信噪分离相结合的技术有效地抑制车载噪声,大幅提升车载场景下的语音唤醒率与识别率,实现语音控制车载系统,提供出行服务、多媒体娱乐、咨询获取、远程控制等多种服务。Roav 已经上市首款 Alexa 和 Google 语音识别智能车充产品,对车内噪声、音乐等复杂声音环境下的拾音效果有大幅度提升改善,达到行业领先。

### （4）深度学习技术

深度学习技术让设备作为智能体,具备一定的学习能力,在生命周期中不断提升性能。安克创新将深度学习技术主要应用于智能安防设备和扫地机器人产品。在智能安防设备方面,于多地部署服务器支持用户设备管理,同时加强整合深度学习技术降低误报(主要加深人形和人脸识别技术研发),致力于开发多款行业内高技术水平的智能家用安防摄像头。在扫地机器人方面,采用一定的算法规则去协调机器人的性能,并放置到强化学习的框架中,以达成高效率的探索和覆盖的全局最优策略。

### （5）图像识别技术

安克创新从研发车载图像识别技术,通过提高车载图像的清晰度、完善计算机图像分析能力,实现基于车载视频的图像识别,提供更加精确及方便的辅助驾驶工具。

## 7.2.4　经营模式

安克创新通过自主研发、外协生产及采购、仓储物流及出口、境内外线上线下销售等业务环节,将上游供应商、物流服务商以及遍及全球的下游消费者连接起来,其整体经营模式如图 7.4 所示。

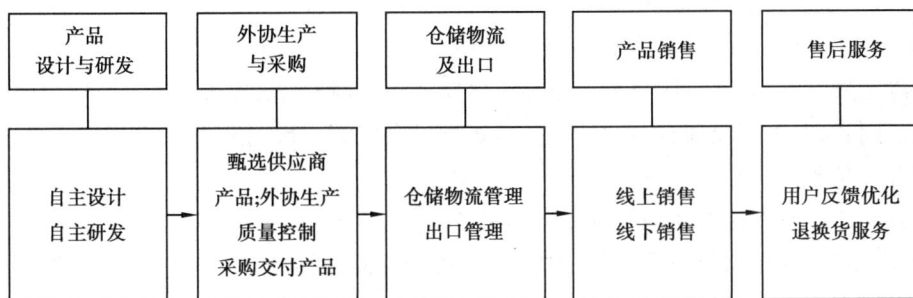

| 产品设计与研发 | 外协生产与采购 | 仓储物流及出口 | 产品销售 | 售后服务 |
|---|---|---|---|---|
| 自主设计自主研发 | 甄选供应商产品;外协生产质量控制采购交付产品 | 仓储物流管理出口管理 | 线上销售线下销售 | 用户反馈优化退换货服务 |

图 7.4　安克创新整体经营模式

### （1）注重产品研发和用户体验

安克创新以自主研发为主,在深入研究市场需求变化情况、精准把握用户需求的基础上进行产品开发并对消费电子产品设计、工艺及质量要求持续改进,提升用户体验。安克创新设立了产品开发部、研发中心、设计中心、软件开发部及产品测试部,构建起多维度的公司研发体系,并形成产品部门与支持部门交叉的矩阵式研发团队结构。在充电产品、无线音频产品及智能创新产品等消费电子产品领域拥有多项核心技术。在消费电子产品的设计、研发等方面能力卓越,已成为安克创新的核心竞争力之一。

同时,通过较强的技术创新实力、完善的采购管理体系实现产品量产,利用成熟的销售体系在各个渠道快速推广产品。安克创新始终保持在关键技术、产品开发、研发团队建设等方面的持续投入,致力于提升用户体验,为企业销售规模的持续增长奠定了坚实的基础。

### (2)供应链管理

安克创新采用"自主研发设计+外协生产"的产品供应模式,其全部产品的生产均由合作的外协厂商完成。与外协供应商的合作流程如下:在产品自主研发与设计阶段,企业根据市场需求组织研发部门进行产品开发、设计方案和图纸制作。同时启动针对外协单位的考查与甄选工作,并在确定具体产品项目后与其签订产品采购协议及订购单。外协单位根据安克创新产品的设计及生产需求采购原材料并根据其所提供的工艺文件生产产品。待产品生产完成,在品质控制部门完成检测后方可入库。安克创新的采购部门分设供应链开发和计划团队及交付团队,分别负责供应商甄选及采购和交付工作。一方面,针对供应链开发工作,安克创新就各个产品品类的生产与设计需求对相应供应链市场进行详尽调研,考察各类产品、原材料的质量、价格及各供应商的供货能力,绘制供应链资源地图,建立供应商管理档案,进行供应商筛选、商务谈判及管理合格供应商名录。另一方面,针对采购与交付工作,公司设专门团队负责采购业务的订单下达、审批、产品接收和入库等环节。

在供应商管理战略上,安克创新采取全球采购、战略寻源及合理扩大供应链选择面的模式。与行业中优质供应商开展战略合作,其中的代表有湖南炬神电子有限公司、佳禾智能科技股份有限公司等同为全球顶尖消费电子品牌商代工的优秀生产制造企业。针对电芯等核心原材料,公司均向 LG、松下等国际知名品牌商采购。

在供应链布局方面,安克创新致力于打造真正的端到端(从终端客户到最上游的供应商)的集成供应链,提供快速,柔性、低成本、品质高的供应能力,确保产品的竞争优势。对于开发销售的产品,从上游芯片、原料,到模组、模具、方案,直至与具有开发设计能力的外协厂商进行深度战略合作,并持续打造一条核心供应链,来保障品质高、成本低、交付快速的市场竞争力。同时,安克创新拥有专业的团队负责指导供应商进行制造生产,确保产品品质并帮助其提升产品质量。

在供应链质量管控方面,安克创新针对外协生产环节制订了成品检验、数据收集、分析、改善与现场验证等相结合的质量管控措施。一方面,通过标准化模板进行数据收集形成质量管控数据库,对关键指标进行趋势性和对比性等多维度分析;另一方面,经数据分析后针对识别出的问题或疑点发出问题改善需求单,跟进改善对策,进行现场检查验证工作,持续跟踪改善效果,有效管控外协生产产品的质量。

### (3)"自建仓+FBA"的物流仓储模式

安克创新通过完善的仓储及物流管理体系将货物销往全球。仓储方面,在国内设有普通仓和保税仓,负责国内端的调拨备货、发货和退货等业务;在海外随着线下渠道的不断拓展和新合作客户、平台的持续增加,安克创新在美国、日本、欧洲等地均设有海外本地仓,以大力拓展线下销售渠道,提高对线下客户的现货交付能力。针对物流管理,安克创新建立了集销售、采购、物流和仓库于一体的管理模式,实现由仓库入库、库存检查到提货、运单追踪和订单完成的全流程管理里。公司与境内外物流服务商建立合作关系,以满足公司物流服务需求。另外,安克创新专设物流部门负责全面考察第三方物流服务商注册资金、运载能力、商业背景并对其进行认证。针对亚马逊平台的产品销售以及部分其他境外平台的销售,安克创新主要选择使用亚马逊提供的物流仓储服务。具体模式为与亚马逊签订 FBA (Fulfillment by Amazon)服务协议,在货物运抵至亚马逊位于北美、日本和欧洲等当地仓库后,由亚马逊提供海外市场的货物选拣、储存、包装和终端配送。

### (4)本土化运营战略

安克创新在日本、美国、中东等地均设有分支机构或子公司,汇聚大量业界精英和全球人才,通过打造包括拥有英国、法国、意大利、德国、荷兰、美国、韩国等国家的外籍工作人员的自有经营团队,能够更清晰地了解当地的文化和顾客需求,以及全球的技术和趋势,实现当地运营效率的最大化。拥有超过 300 人的针对不同地区市场和渠道的专业市场和销售团队,对不同地区市场消费者产品选择、销售价格敏感度、市场购买兴趣和售后服务进行本地化优化,以满足差异化的消费者需求。例如,在美国,通过沃尔玛、百思买大卖场中有专业经验的采购经理去进行客户沟通;在巴西,通过当地的分销商销售;在日本,由于电子数码氛围浓厚,本土配件品牌也比较丰富,因此安克创新在日本的运营不仅是售卖产品,更与诸多知名 IP 联名(包括宝可梦、皮卡丘、任天堂等)推出系列产品,此举不仅推动销售数据增长,更提升了企业的知名度和美誉度。

### (5)多产品、多品牌战略

创立初期,安克创新抓住电商平台与智能手机风口,凭借充电产品立足市场,之后,围绕移动设备配件周边推进产品裂变,不断挖掘新的品类势能,多元化产品战略在海外市场取得了一定的成绩。2020 年无线音频类和智能创新类收入合计占比已超 55%,智能创新类增长迅猛,已成为第二大品类。

同时,基于对消费者的持续观察和理解,安克创新认为他们的主要目标客户群体千禧一代的消费品牌观是不迷信单个大品牌,而是会选择在单一品类中深耕的专业品牌。因此从2016 年开始,安克创新明确了其多品牌战略,每一个品类对应一个品牌,达到让品牌在一定程度上跟对应品类有很好的互动的目的,即当消费者想到某一品类时,相应品牌也会出现在消费者脑海中。现在其旗下的三大产品系列充电类、无线音频类智能创新类分别对应Anker、Soundcore、eufy 三个品牌,每个品牌拥有独立的运营和研发团队,分别深耕各自的领域和市场。

### (6)浅海战略

安克创新在创立初期选择从移动电源入手,现在逐步拓展到无线耳机、扫地机器人、家居安防等品类。在一次次细分品类的探索实践中,用深度作为品类市场规模的衡量,安克创新逐渐将公司战略确定为浅海战略。在选择品类时遵循两个原则:首先,该品类不能太大,但市场规模不能过小;其次,该品类仍处于产品生命周期的萌芽期或成长期,有进一步创新的空间。公司创始人阳萌表示公司将持续在多个细分品类推出产品,形成品牌。

### 7.2.5 管理模式

#### (1)注重高素质、国际化的专业人才队伍建设

安克创新注重个核心团队的建设和各类专业人才梯队的培养,目前已经形成了一支结构合理的高素质人才团队,拥有行业一流、国际化、高素质的各方面专业人才。公司主要创始人及核心团队均具备较高的学历背景,曾在谷歌(Google)、华为、中兴、联想、戴尔、飞利浦等全球知名高科技公司担任研发、设计、销售和管理职务。公司建立了一支由核心技术人员带头、不断扩充新鲜有生力量、创新能力强的技术研发队伍,涵盖电子工程师、结构工程师、设计工程师、包装工程师、系统开发及测试工程师和资深音频工程师等专业人才,积累了丰富的充电产品技术、音频产品技术、智能创新产品技术等消费电子产品技术。安可创新的人才呈现专业能力强且年轻化的特点,为公司业务持续发展提供重要基础与核心源动力。此外,公司销售团队以及内部管理团队亦为公司不断提高运营能力、管理效率和销售表现提供有效保障。

#### (2)推行组织创新,打造流程型组织

为了更好地适应不断变化的外部环境和行业发展动向,安克创新推行了多项组织创新工作,以持续提升内部治理和持续盈利等各项能力。一方面,对各职能部门实施"平台化"运作,为每个部门派驻人力资源、数据分析、流程管理和战略分析等职能角色,用以为各部门实施赋能,让各部门能更好地专注业务能力提升和人才培养,为业务提供保障;另一方面,推行流程化管理体系,并派驻流程化和项目管理人员深入各大业务和职能团队帮助梳理和沉淀现行有效的业务流程,集体讨论和提炼适用于解决具体业务的方法论,并在全公司推行。安克创新以此建立流程型组织,帮助每个员工在科学的方法指导下用制度和流程开展工作,从而提升整体决策能力和决策效率。

为进一步提升灵活作战能力,安克创新设立了以产品线总经理为核心的最小化业务单元,予以充分自主权限和资源,辅之以企业构筑的用户洞察和市场分析体系,帮助其尽早预判和发现新的行业机会,并迅速响应。

#### (3)健全人才培养和激励体系,打造学习型组织

在人才培养方面,安克创新致力于打造学习型组织,通过建立安克创新大学、组织多种公司层面的培训赋能活动等,提升员工工作和协同能力;在人才激励方面,安克创新设置了多种短期和长期激励机制,如季度"Spot Bonus",年度"卓越奖"和年度经营奖励基金等。通过不断健全人才培养和激励体系,帮助企业实现长期竞争力的提升。

#### (4)提升组织的开放性

面对消费电子行业的高年折旧率,为了持续抓住新品类的竞争机会,提高企业的持续创新能力,安克创新提出要塑造组织的开放性,将其沉淀下来的出海能力开放给智能硬件的出海创业者。2020年6月,安克创新宣布了"创业者"集结计划,致力于用"行业领先的智能硬件+品牌出海全价值链"赋能智能硬件创业者,进而使得一批新型智能硬件产品或品牌在安克创新的支持下涌现出来。组织开放化是面向未来的增量市场,安克创新希望能够通过这

一计划发现并孵化出一批新兴产品或品牌。

### 7.2.6 资本模式

#### (1)融资

从 2011 年成立到 2020 年上市,安克创新共完成 4 轮融资,融资历程如表 7.1 所示。前 5 大股东为阳萌(现 CEO)、赵东平(现总裁)、吴文龙、贺丽(现董事)、高涛(现高级副总裁),企业主要创始人及核心团队在消费电子行业均具有丰富的实战经验,曾在谷歌、华为、中兴、联想、戴尔、飞利浦、TCL、伊莱克斯、穆迪、马田等全球知名高科技公司担任研发、设计、销售和管理职务。

表 7.1　安克创新的融资历程

| 披露日期 | 融资轮次 | 投资方 | 交易金额 |
|---|---|---|---|
| 2016.03.01 | 官方披露 | 嘉御基金 | 未披露 |
| 2017.02.28 | 定向增发 | IDG 资本/中信资本/欣旺达/联新资本 | 3.27 亿人民币 |
| 2017.09.18 | 定向增发 | 嘉御基金 | 8 972 万人民币 |
| 2020.08.24 | IPO 上市 | 公开发行 | 27.19 亿人民币 |

数据来源:天眼查。

#### (2)投资

安克创新在做好自身消费电子产品和品牌的同时,也少量参股投资其他产品和品牌企业,并发挥自身积累的境外电商渠道优势,协助被投资的中国品牌出海,如表 7.2 所示。2017 年 8 月,安克创新向渔具跨境电商深圳波塞冬网络科技有限公司投资 500 万元,占 5%股权。2017 年 11 月,安克创新投资入股游戏外设硬件生产商上海飞智电子科技有限公司。2018 年安克创新接连布局了两家在快充、芯片领域的半导体公司,以及主营家具品类的跨境电商致欧网络。其围绕跨境电商和消费电子的投资布局,反映出安克创新向"出海智能硬件孵化平台"发展的战略。

表 7.2　安克创新的投资布局

| 投资企业 | 主营业务 | 持股比例 |
|---|---|---|
| 杭州方便电科技有限公司 | 海外移动电源租赁业务,构建共享充电网络 | 25.93% |
| 致欧家居科技股份有限公司 | 面向全球市场从事自有品牌家居、家具等产品的研发、设计和销售 | 9.15% |
| 上海南芯半导体科技有限公司 | 从事集成电路芯片的研究、设计、开发和销售,提供应用系统参考设计方案,并提供相关的技术服务 | 5.55% |

续表

| 投资企业 | 主营业务 | 持股比例 |
|---|---|---|
| 深圳波塞冬网络科技有限公司 | 面向全球市场从事户外用品渔具、渔轮、渔线等渔具配件研发、生产与销售 | 5.00% |
| 上海飞智电子科技有限公司 | 游戏手柄等游戏外设软硬件设备的研发、销售 | 4.29% |
| 广州蓝深科技有限公司 | 主营乐器、户外体育及箱包等产品的跨境出口 | 2.52% |

数据来源：天眼查。

### 7.2.7 结论与建议

#### （1）成功经验

1）基于用户洞察创造新产品

品牌是消费者对一个公司产品、服务、体验、文化价值观等一切认知的总和，只有足够了解用户、洞察用户，才能找到自己的产品适合市场，帮助消费者解决他们还未被满足的需求，并在此基础上打造品牌影响力。安克创新产品创新和迭代的重要来源，就是亚马逊上的 Review 和用户反馈，找到消费者关心的关键问题，并把其转化为品质标准，实现 CTQ（Critical to Quality），再根据标准对产品进行改良。除了抓取线上用户反馈信息，安克创新还采用焦点小组调研和专家用户访谈的方式来收集用户信息，以找到产品创新点。安克针对欧美养宠物家庭的创新品类——宠物版扫地机器人，就是在针对焦点小组的调研中发现的用户痛点。专家用户则是曾经批评过安克产品的用户，为了把消费者反馈体系化，安克已经积累了超过 1 万名专家用户，将其作为新产品的重要测试用户。当新产品研发出之后，将其递送给相关品类的专家用户，得到他们的测试意见，以获得新的产品创意和灵感。

2）以研发为根基、产品为核心、品牌为导向，打造可持续增长力

研发周期长、投资回报率不确定以及高折损率，是创新硬件公司面临的难题。消费电子行业知名公司 GO-Pro、Fitbit、Arlo、Plantronics 等自上市之后都曾受到资本市场的追逐，但往往都是昙花一现。在智能硬件领域，一个新技术的领先时间可能只有几个月，例如安克于 2018 年 11 月 26 日发布首款采用氮化镓技术的充电插头，Aukey 在同年 12 月 10 日就推出竞品 PA-Y21，其他竞品品牌的氮化镓充电插头也在 2019 年 1 月以后陆续推出。如何在快速迭代的行业里形成持久的竞争力，安克创新采取的做法是持续在研发上加大投入，进一步扩充产品品类结构，做好产品组合布局，以研发为根基、产品为核心、品牌为导向，打造可持续增长力。

#### （2）面临的风险及应对建议

1）消费电子行业变化及产品更新换代的风险

近年来，全球消费电子行业呈现细分行业快速发展、市场规模持续扩大的特点；相关产品技术迭代迅速，各类具备新设计、新功能和新应用领域的产品层出不穷，产品更新换代迅

速。一方面,消费电子行业变革迅速的行业特点加剧了行业内品牌商的市场竞争;另一方面,消费电子产品行业前沿技术的突破、产品的快速迭代或对消费电子产品市场竞争格局产生颠覆性变化,行业内品牌商、制造商等市场参与者面临行业变化、产品更新换代的风险。随着消费电子产品技术更新、产品迭代速度加快,相关技术、产品的生命周期相应缩短,对本行业市场参与者的快速研发能力、市场营销反应速度以及日常经营管理效率提出了更高的要求。与此同时,同行业竞争对手不断提升产品技术水平、改良设计、优化市场营销和内部管理,若安克创新不能紧跟消费电子行业变化并持续研发新技术、新产品和新设计,及时推出符合消费者需要的产品,可能面临因产品不能适销对路、无法顺应行业的快速变化而被市场淘汰的风险。安克创新应紧跟全球消费电子行业前沿技术发展趋势,深入调研市场需求、消费者偏好与售后反馈,依靠技术经验丰富、国际化和高素质研发团队,在巩固现有产品技术的基础上持续创新,并不断加强对产品研发、技术等方面投入,提升自身研发和产品设计实力,以应对消费电子行业变化及产品更新换代的风险。

2)市场竞争加剧的风险

随着全球消费电子行业技术的快速革新、商业模式和营销手段不断发展,吸引了越来越多市场参与者加入市场竞争中,国际大型品牌企业、各类本土中小企业乃至微型创业型企业迅速崛起,市场参与者数量、行业规模均呈现高速增长态势。因此,安克创新面临行业竞争者增多、市场竞争加剧风险,可能会导致公司在经营扩张过程中面临更大竞争挑战,导致业绩增速放缓、利润空间收缩的情况,从而影响公司经营业绩和财务状况。安克创新应持续增强自身自主研发和产品设计能力、渠道建设能力和销售能力,专注打造自有品牌,保持和提升市场份额,以应对市场竞争加剧的风险。

3)汇率波动风险

安克创新境外销售在2017—2020年分别占当期主营业务收入的比例分别为97.68%、98.70%、98.47%和98.48%,公司外销业务主要以美元、英镑、欧元以及日元为结算币种,同时,公司产成品采购采用美元和人民币两种结算模式。汇率波动对其经营业绩的影响,主要表现为影响产品出口的价格竞争力和产品采购成本,若安克创新不能采取有效措施应对汇率风险,则可能对公司盈利水平产生一定的不利影响。2020年,公司财务费用中由人民币升值带来的汇兑亏损为63 287 020.92元。公司已从2020年11月份开始通过开展外汇套期保值业务有效地抵消了部分汇率波动风险。因此未来安克创新应持续加强对汇率变动的分析与研究,主动管理外汇风险,秉持"风险中性"原则,选择合适币种报价,平衡外币收支,综合采取外汇套期保值等多种方式来降低汇率波动可能带来的不利影响。

4)全球经济、政治环境变化和贸易摩擦的风险

近年来,全球经济面临主要经济体贸易政策变动、局部经济环境恶化以及地缘政治局势紧张的情况。作为全球主要经济体、主要消费市场和世界产业链核心环节所在,美国所采取的出口限制、关税壁垒等保护性贸易政策或对全球多个行业或造成较大的不利影响。就全球消费电子产品行业而言,美国是本行业主要核心市场之一,同时拥有庞大的消费市场规模、前沿的产品技术和优秀的研发、营销人才团队,在全球消费电子行业产业链上游技术市场和下游消费市场中均拥有较强的定价权、话语权。因而,若美国对相关消费电子产品实施

进口限制措施,则可能相应损害消费电子产品行业海外品牌商、制造商的利益,并对全球消费电子产品行业的稳定发展造成一定的不利影响。安克创新应持续加大研发投入,提升产品的核心竞争力;增大品牌打造力度,提升品牌知名度和忠诚度;并加大中国大陆在内的全球化市场拓展,提升渠道覆盖面和稳定性,以此来应对经济政治环境变化以及贸易摩擦可能带来的风险。

# 7.3 案例 2——SHEIN:中国版 Zara 快时尚平台

## 7.3.1 基本情况

SHEIN(www.shein.com)成立于 2008 年,前身是"SheInside.com",成立之初就建立了独立运营站点,并于 2014 年创立同名品牌,公司原名为南京领添信息技术有限公司,2020 年改名为南京希音电子商务有限公司,其全资母公司为广州希音国际进出口有限公司。早期专注于女性快时尚产品,目前已拓展至男装、童装、家居、美妆、鞋包、配饰、宠物用户等品类,致力于为全球消费者提供高丰富度、高性价比的快时尚产品。公司在垂直领域深度经营,将行业红利期的积累转化成"设计+规模+反应速度"几大壁垒。SHEIN 持续投入供应链建设以完成全球化服务,在南京(总部)、广州(供应链+物流仓储)、深圳(分部)、佛山、义乌、美国(物流中转)、比利时、迪拜、马尼拉等地设有分支机构,目前年活跃用户超 2 000 万,业务范围已覆盖了北美、欧洲、中东、东南亚、南美等 230 多个国家及地区。

SHEIN 的价值网络是以 SHEIN 自有平台为中心,涉及亚马逊、eBay 等第三方平台、Google 等推广渠道、外包工厂等,其价值网络如图 7.5 所示。

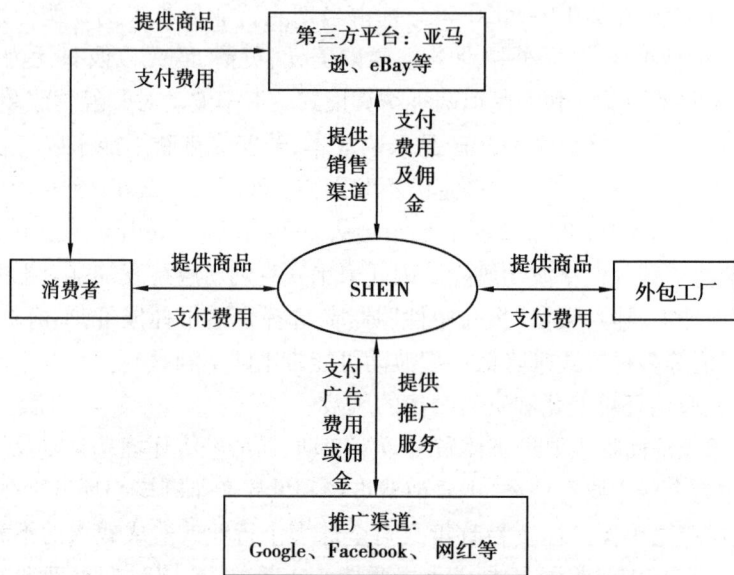

图 7.5 SHEIN 价值网络

### 7.3.2　商业模式

#### （1）使命与愿景

SHEIN 的价值观为"客户至上"，其凭借敏锐的时尚敏感度、优秀的供应链管理及客户服务，给消费者提供极致的客户体验。在购物渠道方面，用户可随时随地通过手机 App 端或电脑网页端进行浏览并下单；并通过多时段多样化的购物活动结合，为用户带来最大的优惠，极力让用户以最少的花费和精力，购买到当下位于时尚前沿、优质上乘的心仪商品；在选品方面，紧跟时尚潮流，日均上新数百款商品，力求做到用户所想即能所见；在服务方面，以卓越、敏捷的供应链体系为支撑，做到日均发货 300 万件以上，确保用户下单后，迅速送达所购商品。为了提升客户体验，SHEIN 网站在上线一年后就建立了海外仓，在多个国家已实现已自主退换货服务；同时 SHEIN 在多个国家开通 24 小时在线客户服务，对于客户服务的反馈时间都有相关的定量指标要求：对于新客户的邮件询问要在 20 分钟内给予回复，在线询问要在 3 分钟内给予回复；对于已累计一定订单数量和金额的老客户，SHEIN 更是安排一对一的回应机制。正是由于对客户服务效率和质量的重视，才为 SHEIN 的快速发展奠定了坚实基础。

SHEIN 坚持"人人尽享时尚之美"的使命。为了完成这一使命，SHEIN 凭借其精准的人工智能技术随时掌握全球最新时尚潮流，并迅速将其推向市场，用快速更新的款式、稳定的质量、高效的服务、创新的运营和极具吸引力的价格为全球用户提供时尚优质的潮流产品。

SHEIN 的愿景是致力于推进"全球资源供应整合"，力求将物美价廉的快时尚产品带给全球的每一位用户，创立世界级快时尚品牌平台。SHEIN 在关注下游客户需求的同时，也足够重视对产业链上游的整合，并将其对下游需求和意愿的精准洞察能力转化为自己的数据资产，依据这一数据优势实现对上游产业链的布局、协调以及产能整合，建立从设计开发到纸样打板、从面料采购到成衣制造、从电商营运到售后服务的完备供应链体系，实现产、研、销一条龙。这些价值活动协同创造的全新价值，最终被传导到消费端，带给顾客全新的感受。SHEIN 运营数字技术实现柔性化制造以满足消费者的个性需求，重组了服装行业的价值活动，打破了传统组织形式，从供应链、制造端、产品设计、定制、分销、配送到消费端，每个环节都因为数字化而实现了完全不同于以往的效率。有效的上游管理和资源整合能力也使得 SHEIN 在同类企业中脱颖而出，获得竞争力和主动性。

#### （2）目标用户

SHEIN 目前开设有西班牙站点、法国站点、俄罗斯站点、德国站点、意大利站站点、阿拉伯站点、美国站点、澳大利亚站点、英国站点、印度站点。在目标市场方面，SHEIN 主要面向欧美、中东、印度等消费市场进行推广。由此可看出，SHEIN 采取的是多市场策略，既有成熟的欧美市场，也有新兴市场，且各市场之间的产品需求差异性较大，如阿拉伯女性相较于欧美市场而言有着独特的着装习惯。据 Similarweb2020 年数据显示，SHEIN 网站流量来源 TOP5 国家中，其中 47% 来自美国，10% 来自意大利，9% 来自法国，5% 来自西班牙，4% 来自加拿大，说明 SHEIN 的核心销售市场仍以北美和欧洲为主，但中东市场成长速度很快。

SHEIN 的主要目标用户群体为 18~35 岁以追求时尚魅力为目标的年轻女性。随着 SHEIN 的发展,公司也将产品品类进行了进一步的扩展,男性、青少年尤其是 Z 世代人群也开始成为 SHEIN 的另一个重要的目标用户群体。这类群体对价格极度敏感,且对于时尚潮流有一定的认知。

### (3)产品与服务

公司目前拥有 2 个自营国际站点:SHEIN 和 ROMWE,涵盖 PC 端和移动端。SHEIN 根据不同国家文化风格,为消费者提供有针对性的、差异化的快时尚产品和服务。

SHEIN 以 SheInside 上线之初以女装和裙装为主要品类,其中裙装里的婚纱礼服是重点品类。由于婚纱礼服产品线有着极高的毛利,依靠这一品类 SHEIN 获得了第一桶金,完成了资本的原始积累。随着企业的发展以及对海外市场痛点的深入了解和研究,以快时尚服饰起家 SHEIN 近来正不断拓宽所售品类,并对部分系列进行独立运作,目前已拓展至女装、男装、童装、大码女装、配饰、美妆等类别。2020 年 12 月,SHEIN 推出独立网站 SHEGLAM,将美妆产品线独立运作,该品牌的产品涵盖眼妆、唇妆、面部美容和美妆工具等几个品类。2021 年初,SHEIN 将所售品类拓展至宠物用品,推出了宠物服饰、宠物玩具、宠物背带和牵引绳等常见宠物用品。

SHEIN 的产品具有极强的比较优势,秉持着"多快好省"的特点。

多,即款式多。SHEIN 凭借其数据获取和挖掘的能力,能够持续、大批量地推出各种流行款式,满足消费者的差异化需求。SHEIN 日均上新数百款商品,时刻让消费者体验到新鲜感,确保消费者的购物乐趣,每天的内容更新带来用户对它的重度使用,产生黏性。2020 年,SHEIN 共上新 15 万款新产品,平均每月超过 10 000 件。

快,即上新快。供应商从收到 SHEIN 的订单到将成衣送至 SHEIN 仓库只需要 5 天(面料制作 1 天;裁剪、车缝、收尾 3 天;二次工艺(绣花和印花)1 天。

好,即质量稳、时尚感强。SHEIN 的供货标准非常严格,一件衣服的线头要少于 3 根、不超过 3 厘米,尺寸误差要控制在 2 厘米以内。且依靠其极具敏锐度的选品技术和设计团队,SHEIN 的产品一直走在时尚前沿,富有设计感。

省,即价格平。SHEIN 的产品售价普遍在 5~20 美元,同样款式的服装比 ZARA 便宜 30%甚至一半以上。除了价格低外,SHEIN 还不断推出各种打折、优惠券、抵价券、满减、免费赠品等活动。

消费者的不变意愿是用最少的钱买最多的东西,SHEIN 将其做到了极致,让顾客以几乎可忽略性的成本来获得某种丰饶感。消费者购买 SHEIN 的产品的成本很低,低到即使买错了或使用率很低都可以不在乎的程度,再加上产品的潮流感,会让消费者产生高收益的感觉。低成本、低风险加上高收益,会大大刺激消费者的购买欲望。SHEIN 的产品有如此强的比较优势,究其原因,是与中国完备的服装生产供应链密不可分的。SHEIN 的供应链中心在全球最大的服装纺织市场广州番禺,SHEIN 以及围绕在它旁边的数百家工厂,构筑了一个类似西班牙 ZARA 生产总部拉科鲁尼亚小镇的产业集群,真正做到行业上下游工厂毗邻,订单响应迅速及时,同时市场的快速增长也为其带来了规模红利,可以将产品的生产成本及物流成本进一步压缩,把商品以批发市场级别的价格送到目标客户面前。

（4）**盈利模式**

1）收入来源

SHEIN 的收入来源主要依靠平台上的产品销售收入,自成立以来,SHEIN 的销售规模逐年扩大,连续 5 年增长 100%以上。SHEIN 销售额发生快速增长出现在 2017 年,这是 SHEIN 在中东市场崛起所带来的红利。进入中东首先要解决的是物流问题,沙特地广人稀,国家地址信息不完善,最后一公里派送难,而且沙特用户大多选择货到付款,如果被拒收,企业损失严重。SHEIN 采取的解决方案是自己负责前期的物流以降低成本,将收款交给由沙特邮政控股的 NAQEL。

2）定价模式

在定价方面,SHEIN 一直采用的是低价策略,即让产品的单价低于消费者的价格警戒线,让消费者在浏览过程中不假思索地做出购物决策。每个国家和地区都有下沉市场和对价格极度敏感度消费者,他们尤其需要一个新的聚集区去打破主流电商平台上的定价系统。2008 年成立的 SHEIN 当时面对的一个海外大环境是美国次贷危机引发的全球金融危机,这带来的一个后果就是海外中产阶级的消费降级,SHEIN 抓住了这个趋势红利,用中国过剩的服装产能做自己的时尚低价品牌,进入海外市场。另外,SHEIN 的主要目标受众是价格驱动型人群,Z 世代是 SHEIN 最重要的消费群体。不同于东方的代际文化和抚养习惯,在很多西方国家,过了 18 岁之后,很多大学生的学费和生活费支出皆由贷款、助学金或兼职打工获得。由于自身消费能力的限制,构成了 Z 世代对低价的需求,而 SHEIN 的定价模式正好迎合了 Z 世代的这种需求。

（5）**核心能力**

作为快时尚品牌平台,SHEIN 将其核心能力的打造放在对客户需求的快速匹配和响应方面。

1）领先的数字化能力

SHEIN 的快速反应能力建立在其数字化能力基础之上。公司从建立之初就注重对具备相关能力的人才队伍的建设,现在其信息化部门人数超 1 000 人。SHEIN 将其业务过程数据化,将以前基于经验、设计和审美的很难定义的流程用数据化的方式加以定义,形成一套精准的基于人工智能的逻辑算法,通过对用户行为(点赞、分享、互动、购买决策等)的分析,来完成用户审美与新款设计、图片信息流的匹配、用户审美与供应链上新的匹配以及用户需求与供应链供应能力的匹配。在匹配过程中,SHEIN 通过 MVP(Minimum Viable Product,最简化可执行产品)与市场和客户对话,迅速地把获得的认知变现,再以产品的形式跟市场对话,通过市场的自然选择来进行产品的优胜劣汰。这种数字化能力使得 SHEIN 的运营效率远远高于传统服装企业,可以说,SHEIN 的数字化能力在一定程度上达到了智能化的水平,它的其他核心能力都是基于其精准的数据匹配能力衍生而出的。

2）柔性供应链体系

SHEIN 能够做到对于客户需求的快速响应,是因为它已经拥有了一套近似于数字化神经系统的供应链。SHEIN 一直着力于搭建和升级后端供应链生态,自建有供应链中心、商品中心、系统研发中心三大主要部门。供应链中心可实现快速打板、制作、生产,且能处理刺绣、印刷、水洗等复杂的工艺,做到对爆款需求的快速响应。商品中心拥有经验丰富的服装产品团队,他们具有对欧美时尚趋势的敏锐嗅觉和个性化品位,能设计出独具风格的时尚款式,再由代工厂和供应商承接生产,最快可做到 7 天出货。SHEIN 的总部在南京,公司整个供应链结构围绕华南市场布局,华东、华南是中国服装制造业的重镇,给 SHEIN 带来了全球最高水平的供应链效率和响应速度。因为其供应链布局,使其同时具备了三个优势:品类足够多、上新足够快、价格足够便宜。目前,SHEIN 针对不同的供应链环节开发有不同的供应链信息系统,并且要求其代工厂和供应商都要安装相应的系统,以实现对订单各个环节的实时跟踪。通过这种方式,SHEIN 将供应链变成了反应链,不是简单地向客户输送价值,而是用一种近乎神经反射的速度来回应客户的需求,而且这种回应不是简单的回应,是回应客户需求背后隐藏的需求。

3)高效运送的全球仓储

根据 SHEIN 仓库全球布局情况研究显示,SHEIN 目前在全球有三种仓库类型,分别是国内中心仓,海外中转仓和海外运营仓。国内中心仓设在广东佛山,周围辐射有卫星仓,全球 95%商品发国内中心仓。SHEIN 的海外中转仓分布在沙特、迪拜、意大利、澳大利亚、越南、印度尼西亚等多个地区。海外中转仓只负责接收消费者的退货,不进行发货。服装电商退单率在 5%~10%,SHEIN 对退货的处理方式是先将货退到前仓,再进行统一调配,从而降低整个物流供应链成本并提高响应速度。另外,SHEIN 在中国香港、比利时、德里、美国东北部和美国西部等地还设有运营仓,专门负责其辐射区域的配送。海外运营仓大致承包了 5%的全球货件。SHEIN 在全球拥有 20 万平方米的仓储面积,凭借本地化物流,将商品进行高效运送。

### 7.3.3　技术模式

对于快时尚企业而言,快速、准确、高效地选品是其成功的关键。SHEIN 依托大数据技术和 AI 技术的应用,实现了快速、高效的选品研究途径,通过大量看似无关的、并不形成明确信号的数据,合成关于顾客的需求和意愿的真实判断。AI 技术助其实现了全自动化选品研究,从根本上解决了传统选品测试的弊端。

SHEIN 的选品及测试流程如下,首先,利用其销售追踪系统爬取各类服装零售平台的数据,利用海量的产品信息分析总结各个目标市场流行的服装颜色、图案、款式及价格变化情况,实现对当前流行元素的快速把握。借助 Google Trends Finder 发现不同国家的流行热词及上升趋势,实现对不同目标市场的流行趋势把控和选品差异。接着,集结设计师和买手根据各个渠道搜集的线索,组合各元素进行产品设计,或联系工厂选择合适的服装款式。再通过平台发布产品图片,基于图片和流量之间的互动数据进行小单定制,先选择美国市场进行1.0 测试,基于用户的行为反馈数据(选择、留存、分享、下单等)进行爆款预测,在此基础上进行批量订货,在更大范围内继续进行 2.0 测试。用不断的流量池测试和用户行为数据来优化其机器算法并提高机器深度学习能力,使得其预测模型越来越准确,也使得供应商对其的依赖越来越重。通过选品方法和预测模型的应用,SHEIN 爆款率能达到 50%左右,滞销率在 10%左右。

### 7.3.4 经营模式

**(1)营销端**

SHEIN 创始人许仰天在创立公司之前主要从事 SEO 工作,企业的能力基因中自带流量基因,对互联网业务的理解思路与传统服装行业的企业不同,它是从流量的角度反推选择什么样的品类会使流量能力最大化。因为有了对流量的深刻理解,所以 SHEIN 的引流方式一直走在行业前沿,很早就布局 Facebook、Instagram、Pinterest 等社交平台,来推动分享式的营销裂变。这种引流方式也恰好符合其主要目标受众 Z 世代的特点,他们更依赖社交媒体和推荐的广告来探索时尚品牌。另外,电子商务已经进入到移动电商时代,传统的中心化、搜索型电商场景被社交平台精准推送场景大量蚕食。而社交电商平台众多,流量碎片化程度高,加之国外高度重视反垄断,也为 SHEIN 之类的跨境电商独立站卖家进行自主经营社交流量、积累高质量私域流量、培养品牌忠诚度、降低运营成本、实现品牌价值与消费者价值的帕累托最优创造了良好的机遇。

1)海外网红推广

在跨境电商从业者中,SHEIN 是最早一批尝试 KOL(Key Opinion Leader,关键意见领袖)营销并受益的企业。早在 2011 年,SHEIN 就开始尝试利用网红营销来获取流量,这种引流方式为其前期发展贡献了大量的 GMV(Gross Merchandise Volume,商品交易总额)。目前,SHEIN 仍然将海外网红作为其一种重要的渠道推广方式,SimilarWeb 对 SheIn.com 网站的流量来源统计,在 2021 年 3 月,14%的网站流量来自网红的推荐(社交平台和链接)。SHEIN 的 KOL 营销策略非常明确,要覆盖各种类型各个体量的 KOL。公司内部设有 KOL 营销团队,专门定向开发各个国家各个渠道(YouTube、Instagram、Snapchat、Facebook 等)、各种类型(主要是 fashion、style、beauty、makeup 类)的网红合作,并对不同体量的网红赋予了不同的推广定位。

2)营销内容建设

除了广泛与各个体量的 KOL 合作外,SHEIN 在内容建设方面也有自己的特点,它的风格呈现和内容表达,都有极强的社交属性。在 YouTube 上,主要展示各种不同类型的 SHEIN 测评,如穿搭教程、SHEIN 服装质量是否值得购买、上身实际效果等。SHEIN 常常在自己的社交账号上设置一些穿搭话题来引导粉丝共同参与,如#Wear your wonderful 活动中,品牌会发放优惠券给穿搭照片好看的网友,以此来刺激网友的参与积极性。SHEIN 选择的内容露出,不管是照片还是短视频,并不追求杂志大片的效果,较多地使用 INS 风的照片和视频,这样的内容不仅符合 SHEIN 自身品牌调性,在社交成为大气候的互联网上,也更受欢迎。

3)联盟营销计划

SHEIN 推出联盟营销计划,招募有一定流量的用户或联盟客,让"百万素人"帮其引流。SHEIN 的联盟客自带私域流量,他们通常是一些有影响力的大学生群体、做垂直内容的网红博主以及有粉丝基础的宝妈。一旦加入其联盟计划,推荐成功将能获得订单金额 10%~20%不等的佣金,这一营销方式为 SHEIN 贡献了 10%的流量。

4）广告投放

SHEIN 在 Google 及 Facebook 上均投放了大量的广告，尤其注重图片广告的投放。在 Google 上的广告投放以付费搜索和展示广告为主，在 Facebook 上上线的广告包括轮播广告、幻灯片广告和视频广告。同时，为了提高广告效果及降低广告成本，SHEIN 通过大量的 A/B 测试来优化广告，不断寻找用户审美和图片信息流之间的最优匹配，借助大数据和智能算法实现集成式智能广告投放，最大化广告投放效果。

5）直播带货

直播是与用户实现实时互动的一种触达渠道，SHEIN 通过各种主题的直播活动拉近品牌与消费者的距离，吸引用户注意力。早在 2017 年，SHEIN 就开始着手测试直播带货。2020 年，由于疫情的原因，很多线下活动被迫取消，SHEIN 在线上举办了多场直播活动，直播平台包括 SHEIN 的 App 和 Facebook、Instagram、Youtube、Tiktok 等。品牌与很多优质内容创作者达成合作，用户也结合品牌的主体来创作更多创意，吸引更多人关注。由于 SHEIN 的直播主要在 App 进行，通过在网页端的活动引导，可以把用户转化到 App，也大大降低了其 App 的获客安装成本。

（2）**设计端**

快时尚行业决定成败的考核指标之一是库存周转能力，要做到库存周转率高，首先要保证企业的设计能力能与市场做到紧密对接，尽量避免生产无效产品。

1）构建产品团队，打造快时尚

自 SHEIN 创建以来，就比较重视设计团队的建设，招募了来自中国、美国、欧洲、中东等国内外同行业知名设计师和设计团队，并在多个核心城市配备买手团队，他们通过逛大牌发布会、流行门店等方式收集当地的流行趋势、文化特色，给设计师提供充足的资讯作为参考，力求通过不同的设计风格、不同国家设计师的理念为全球用户带来多样化、多渠道的真正快时尚商品。SHEIN 还与 Facebook、Google、Twitter 等多个全球知名企业达成深度合作协议，并携手知名设计师共同为全球用户打造联名合作款，给用户带来多元化的时尚灵感。

2）基于人工智能的选品模式

SHEIN 用数据化筛选的人工智能选品模式完成了以前基于设计师运气和经验来判断的爆款预测模式。

3）市场测试策略

SHEIN 选品的高成功率还得益于它机智的市场测试策略。在产品测试过程中，SHEIN 通常选择美国市场来测试新款，原因是美国是全世界各个族裔聚集最多最杂的国家，同时美国也是 SHEIN 在海外最大的销售市场，是一个非常好的评测市场。具体流程表现为在美国站点上新一款服装，如果印度裔用户反馈良好，就在印度提前备一定数量的货物；如果中东裔用户反馈良好，就在沙特进行备货。通过这种市场测试方式，SHEIN 实现了对绝大多数海外市场新品态度的了解，也做到了提前备货，以实现对各个目标市场的快速响应。

（3）**生产端**

1）"小单快返"模式

快时尚的核心是"快"，SHEIN 将其做到了极致，从设计到成品上线最快 7 天即可完成。在市场测试期，SHEIN 将单个 SKU 的最小生产量压缩到 100 件，用更多的产品、MVP（Minimum Viable Product，最小化可行产品）低成本地推向市场，跟消费者对话。根据消费者的购买反馈，再决定给哪些款式快速加单，这是典型的精益创新的方法。通过这种小单快返模式，SHEIN 可以做到跟消费者进行实时、快速、多次的对话，在同样的时间周期内测试和上新更多的新品，这也意味着压中爆款的概率更高。如此高频海量上新试错机会不仅仅是对消费者爱好倾向的试探，也意味着对生产库存的精简，将利润达到最大化。压中爆款后，通过后续加订单，SHEIN 大幅降低了其单件成本。

2）供应商管理

现阶段 SHEIN 各独立站的周下单量总和达到了 700 万件以上，对其供应链管理能力提出了较高的要求。截至 2020 年，SHEIN 已经拥有超过 300 家成衣供应商，还培养了至少 100 家面辅料供应商。SHEIN 对供应商采用专人代教，专业跟单对接辅助供应商成长，并对供应商进行严格考核，引入供应商 4 大 KPI，包括：急采发货及时率、备货发货及时率、次品率以及上新成功率。季度考核（采购金额得分占 60%，KPI 指标得分占 40%）决定了供应商层级。在 S、A、B、C、D 五个级别（处于考核期的供应商为 N 级）中，每季度排名 D 级（低于 60 分）末位的 30% 供应商将被淘汰。同时，为了保障各供应商的利益，维护供应商关系，SHEIN 也对供应商采取一系列利好政策，如对供货商品实行合理分配，一个款只分配一个供应商经营；帮助供应商承担库存成本和库存压力；承担样衣打板工作和成本；不拖延账期，回款期在 30~45 天；为供应商提供资金支持，帮助其扩大生产规模等。现在 SHEIN 与供应商的协作模式是一种螺旋上升的闭环：一方面，供应商尽可能配合 SHIN 提出的高质量服务要求；另一方面，SHEIN 发展壮大后，再反过来扶持供应商发展壮大。

3）基于平台智能的 C2M 大规模虚拟制造

SHEIN 的成功是意愿经济的体现，企业借助演化论式的数字化转型实现了基于平台智能的 C2M 大规模虚拟制造。传统的观点认为 C2M 就是首先由消费者提出、表达需求，然后由生产者按照这个需求制造产品给消费者。但是经营者经常会发现消费者不能明确地表述其真正喜欢的东西，而真正最完整、全面体现他们需求和意愿的产品恰恰不是他们自己提出来的。在 C2M 按需定制的竞争方面，真正的主战场就是那些没有被消费者表达出来的隐藏意愿，这也是波拉尼悖论中所说的消费者所愿远大于知其所愿。SHEIN 的基于平台智能的 C2M 大规模虚拟制造是意愿经济的体现。SHEIN 在经营实践中，关注的重点很早就从注意力经济转向了意愿经济。网红带货，是注意力经济的体现，先有卖而后才能发生买，权利在卖方手中。意愿经济想实现这种权利的转移，也就是先有买的意愿，之后再有卖的行为。SHEIN 利用大数据技术和人工智能技术不断地探索消费者隐藏的潜在需求，去打捞、获取、挖掘、合成、还原消费者意愿，反向倒推应该生产什么样的产品，这个过程就是从注意力经济到意愿经济的转变。

### 7.3.5 管理模式

**(1)人才策略**

对于企业而言,如何招揽并留住人才是一个重要的课题,SHEIN能够得到快速发展的原因之一是它的核心团队非常稳定。公司创始人许仰天认为:"做老板最重要的不是管理技能,而是心态要开放,把公司当作大家的公司,这样才能让员工真正把公司当成自己的去用心投入。"为了具体实现这个目标SHEIN采取了两个关键措施:①让员工参与公司分红,②公司财务对核心团队公开。通过这样的方式加强了企业的凝聚力,即使当公司遇到困难时也不会轻易离开。

**(2)组织结构**

钱德勒在《战略与结构》一书中说过:企业的成长取决于两个因素——战略与组织结构。组织结构是企业实现战略目标的载体,也是企业战略目标的一种具象表现。SHEIN属于协作分工团队型的组织结构,目前设有九大中心,分别为平台中心、营运中心、客户关系管理中心、产品研发中心、供应链中心、商品中心、组织发展与赋能中心、数字职能中心和财务中心,从其组织结构的设计可以看出SHEIN对数据分析、供应链管理、产品研发、客户关系管理等的重视程度。

**(3)重视信息系统的开发和应用**

为了做到对市场需求的快速响应,SHEIN在各类信息系统的开发及应用上都非常重视。企业专门设有产品研发中心,招聘各类信息技术类人才,依托自有的IT技术实力,SHEIN自主研发WMS系统、MRP系统、柔性供应链管理系统等各业务后台的IT支持系统,运用IT技术提升业务效率,结合跨境电商的特点,不断优化业务流程,使得各业务环节能够无缝链接。产品研发中心将IT类项目分为三种类型:基础型(基础建设)、期望型(有明确预期目标)和兴奋型(有很强的探索性),其中兴奋型项目需要给员工很大试错空间。虽然这类项目可以带来的产出存在不可预见性,但只要项目立项评审通过,公司就愿意相应的项目开发资源,即便最后的结果不尽如人意,也不会追究。在系统开发过程中,SHEIN同样是以效率和时间为导向,通常的做法是,让三个团队同时负责同一个信息系统的项目,通过A/B测试,找到三个方案中的最优方案,然后再继续深耕、优化,用最快的速度找到比较好的信息系统的解决方案。

### 7.3.6 资本模式

**(1)融资**

近年来,SHEIN的模式一直受到资本界的高度关注,从现有发展的稳定性、未来的发展空间、数字化的运营能力以及供应链管理能力等方面,SHEIN几乎符合资本市场的所有要求。从2013年至今,SHEIN已完成5轮融资,这也为SHEIN全球仓储布局的"重"模式提供了充足的资金支持。2008年成立的SHEIN初始没有自己的供应链,销售产品采购自广州十三行服装批发市场,这种后端供应的局限,在订单量达到每月四五千万时,供应瓶颈开始显现。2013年获得第一轮融资后,SHEIN就开始布局自己的全球供应链体系。2014年,SHEIN建立供应链中心,开始自主研发设计之路,搭建全球仓储系统,建立了美洲仓、欧洲仓。2015年,SHEIN从IDG资本及景林资本处融资3亿元人民币,确定了其对标ZARA的快时尚品牌路线。据投资界2021年5月25日消息,SHEIN最新一轮融资估值已经超过3 000亿元人民币,现已经开始筹备IPO,将于近期提交上市招股书。

**(2)收购**

2014年,SHEIN正式收购ROMWE,这为其奠定现在的模式打下了基础。SHEIN原来是一个偏流量的铺货型公司,收购ROMWE后吸收了它的品牌运作经验,使得SHEIN有一个更好的基础去开拓品类。收购完成之后,SHEIN开启了SHEIN和ROMWE的双品牌运作。

## 7.3.7　结论与建议

**(1)成功经验**

SHEIN的成功在于其商业模式对传统时尚产业的改造:成熟产业链赋能+数字化运营。不管在产品层面、还是在流程层面,SHEIN都具有一种演化论式的、过程式的思维。SHEIN其实走的是一条依赖成熟产业链赋能而数字化运营的道路,根据高频而大量地供应商品,再通过用户购买数据实现回传分析,SHEIN便可以实现越来越准确的用户洞察,类似于C2M模式下的柔性供应链,所有产品设计、开发都可以更加精准有序,最终实现商业闭环。

**(2)面临的挑战**

1)品牌还是规模

SHEIN走的一直是快时尚路线,所谓"快时尚",主要有两大特点:一是更新频率快,二是价格亲民而品质一般。它面向的主要用户群体就是追求时尚潮流又对价格敏感的一群人。要提高利润率,重新定义品牌调性,提高品牌溢价空间是一种选择。近来,SHEIN也在这个方面做出了尝试。2020年SHEIN推出高端系列SHEIN premium,其中包括城市之光(City Lights)、新经典(New Classic)、甜蜜浪漫(Sweet Romance)和派对模式(Party Mode)、舒适系列(Comfy Collection)等几个类别,最近又宣布该产品线转型为独立品牌MOFT,将上线全新的独立站,尝试以中高价杀入时装"快消"赛道,这次尝试已经在一定程度上脱离了快时尚"低价+高产"的商业运作模式,能否取得海外消费者的认可,需要进一步测试和观望。

2)独立还是开放

SHEIN已经将一些女装的周边品类开放给其他商家,由SHEIN为其提供物流运输。JAZZEVAR、ADYCE、Simplee、Glamaker、AMII、Missord等均为目前入驻SHEIN的品牌,价位接近高端系列MOFT。SHEIN在尝试横向扩展品类,对标亚马逊、wish等综合平台,以"聚合者"的角色扩充出海品类和规模。但当品类多到一定程度,对管理、库存、运输、人员管理、平台建设等都提出了更高的要求,且在此开放过程中,SHEIN能否实现对所有跨品类的绝对控制,也是要进一步观望的问题。

3)海外市场风险

对于做跨境电商的企业而言,相较于国内电商市场,跨境电商面临的供应链更长,各种交易环节更复杂,存在的交易风险包括知识产权、各国和相关贸易组织之间不同的贸易标准和准入规则、通关程序和物流状况、汇率及结算问题等。另外,各种突发事件,也使跨境电商面临的不确定性增加,如中美贸易战、新冠肺炎疫情的全球流行等。因此,对于 SHEIN 而言,对海外市场环境的调研了解是其必做的功课,SHEIN 曾经因为知识产权问题、环保问题、文化冲突问题、政策风险问题等对其海外经营产生了很大的影响。

## 7.4  案例 3——敦煌网:构建开放性生态系统

### 7.4.1  基本情况

中国敦煌网股份有限公司(以下简称"敦煌网")成立于 2004 年,是国内首家小额 B2B 跨境电商线上交易平台。截至 2020 年 12 月 31 日,敦煌网已拥有 230 万以上累计注册供应商,年均上传产品数量超过 2 500 万,累计注册买家超过 3 640 万,覆盖全球 223 个国家及地区,拥有 100 多条物流线路和 40 个分布式本地仓库(其中 11 个为海外仓),71 个币种支付能力及 5 个分布式数据中心,在北美、拉美、欧洲等地设有全球业务办事机构,全球化版图初具规模。

敦煌网是跨境 B2B 电子商务由中国采购行业的领先者,在 2011 年,敦煌网成为中国跨境出口 B2B 电商行业中首个允许通过手机应用程序下达订单的平台。凭借先发优势和对行业的深入理解,敦煌网建立起庞大的全球买家网络和强大的技术能力,并致力于创建一个数字化的 B2B 电商生态系统。

敦煌网为构建数字化跨境电商生态平台,集成产业链相关环节众多合作伙伴,其利益相关者主要包括国内的供应商、国外的小微经销商和终端消费者、提供物流服务、支付服务等的第三方服务提供商,其价值网络如图 7.6 所示。

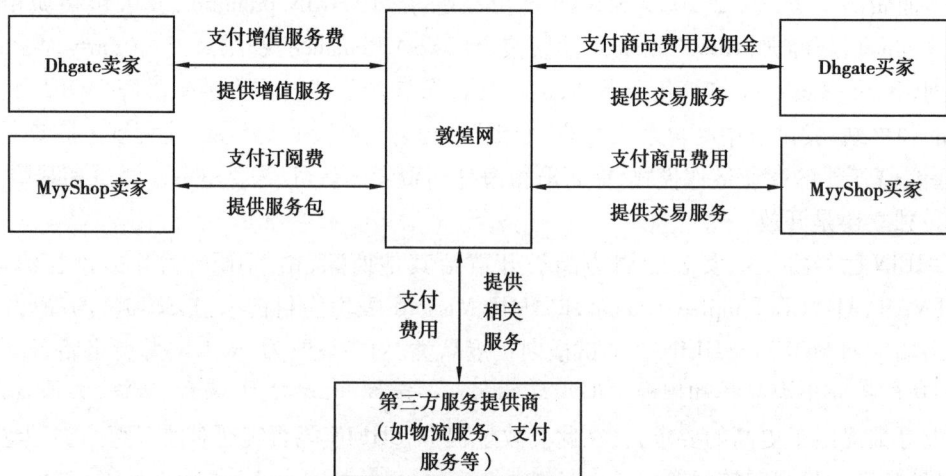

图 7.6  敦煌网的价值网络

### 7.4.2　商业模式

**（1）使命与愿景**

敦煌网肩负"促进全球通商,成就创业梦想"的使命,以"成为全球领先的跨境电商中小企业数字化产业中台"为愿景,专注小额 B2B 赛道,为跨境电商产业链上的中小微企业提供"店铺运营、流量营销、仓储物流、支付金融、客服风控、关检汇税、业务培训"等环节全链路赋能,帮助中国制造对接全球采购,实现"买全球,卖全球"。

**（2）目标用户**

作为 B2B 线上交易平台,敦煌网的主要目标客户是国内的品牌商、工厂和贸易代理以及国外的小微经销商和终端消费者。

敦煌网的买家用户主要由小微经销商和终端消费者组成。经销商包括线上及线下零售商、批发商及消费者转经销商。由于经销商较高的用户黏性,敦煌网对这类买家的重视程度也更高。于 2018 年、2019 年和 2020 年,重复购买买家的订单分别占敦煌网商品交易总额的 90.8%、90.6% 和 90.9%。截至 2020 年 12 月 31 日,敦煌网全球活跃买家超 500 万名,年复合增长率达 14.1%,其中约 48.0% 来自美国,9.0% 来自英国,9.5% 来自法国,33.5% 来自世界其他地区。

敦煌网的卖家用户主要包括品牌商、工厂和贸易代理商,主要分布在中国东部和南部地区。截至 2020 年 12 月 31 日,敦煌网的中国注册卖家约 171 700 名。敦煌网对平台上的卖家采取一套严格规则,平台上的卖家需要遵守有关产品销售、保护第三方知识产权及账户使用的规则等。为了提高平台卖家素质及上架产品质量,敦煌网通过清除违反平台规则的卖家精简卖家群。

同时,敦煌网为有物流服务需求的第三方托运人(包括企业客户和非平台卖家)提供非平台物流服务,与主要是倾向于小规模采购的单个中小微企业的平台及其他增值服务的客户相反,非平台物流服务的客户通常单个采购规模较大。为敦煌网以外的托运人提供物流服务大大提高了敦煌网的物流量,提高了敦煌网对物流和仓库服务提供商的议价能力。

敦煌网于 2020 年推出的云商务解决方案的客户主要包括中间商及 eBay 和 Shopify 的卖家。

**（3）产品与服务**

敦煌网通过其线上批发平台 DHgate.com 和 SaaS 平台 MyyShop,将世界各地的买家与主要位于中国的卖家汇集联系起来。买家方面,为其提供数字化采购解决方案;卖家方面,通过跨境批发供应链提供一站式分销解决方案。在生态系统基础上,提供一系列增值服务,包括物流服务、支付服务、营销服务等,以全面促进跨境贸易。

1）平台

电子商务平台敦煌网是企业生态系统的基石,其他服务均从中得以实现。利用广泛的卖家网络,在平台上提供多样化的产品,以吸引小微经销商和最终消费者。买卖双方可通过敦煌网移动应用程序和 DHgate.com 访问平台跨境出口电商平台将来自世界各地的买家与主要位于中国的卖家联系起来,从而使卖家能够采购卖家提供的各种产品。

2)云商务解决方案

敦煌网研发推出了去中心化的云商务解决方案 MyyShop。MyyShop 是一款由 AI 驱动的 SaaS 解决方案,旨在帮助小微商户(包括在社交媒体拥有私域流量的人群)建立和运营其线上业务。MyyShop 是中国供应链与海外去中心化电商的连接者,展现了集"服务能力的中心化"和"销售场景的去中心化"为一体的典型模式。依托中国供给侧优势,MyyShop 创新地构建了基于 SaaS 的快速建站与智能选品的综合服务平台,下游对接社交媒体、专业网店、线下门店等多类分销渠道,帮助拥有私域流量的个人搭建自身的商业体系。MyyShop 提供了一系列技术支持的功能和特性,为小微商户的整个运营周期赋能,涵盖快速创建网店或与第三方平台上的网店同步账户、严选货源、人工智能荐品、电商和社交媒体账号同步、全渠道物流服务、全天候客户支持、无忧售后服务等。敦煌网通过 MyyShop 加强并发展其买家网络,从而推动其生态系统的发展。自 2020 年 8 月推出以来,MyyShop 迅速在全球范围内采用,截至 2020 年 12 月 31 日,其注册用户数已达到 15 600 人。

3)物流服务

对跨境电商业务而言,快速及时且具成本效益的货物配送至关重要。敦煌网拓展物流服务并将其整合至跨境物流业务单元 DHLink,旨在解决跨境电商业务普遍面临的高成本、低效率问题。敦煌网不参与实际的物流工作,而是利用其物流资源通过 DHLink 从物流合作伙伴处获取物流产品,实现一站式物流和供应链解决方案,截至 2020 年 12 月 31 日,敦煌网整合了超过 90 家国内和约 10 家国际物流合作伙伴的物流产品,为敦煌网客户提供相关物流服务。目前,DHLink 每个工作日平均处理约 26 800 份订单,覆盖全球约 223 个国家和地区。敦煌网通过 DHLink 提供面向敦煌网卖家的平台物流服务和主要面向中国企业客户的非平台物流服务,该类客户积累了地方对国际物流服务的需求。一方面,DHLink 系统凭借其数据分析能力为平台物流服务客户的订单智能匹配物流合作伙伴的资源池,并根据产品类型、包装重量及体积、距离和时间要求提供建议,从而提高效率。另一方面,非平台物流服务让企业客户和第三方平台卖家可以享受到敦煌网提供的广泛且具有成本效益的物流产品,从而解决他们的物流需求。

4)支付服务

为确保买家和卖家在平台上安全便捷地交易,敦煌网推出跨境支付解决方案 DHpay,与许可支付服务提供商及多家银行合作,提供跨境支付、结算及货币兑换服务。截至 2020 年 12 月 31 日,该服务已为来自全球 223 个国家和地区的买家和卖家提供 29 种支付方式(包括信用卡、电子钱包及网上转账),覆盖 71 个币种。

5)金融服务

针对跨境电商商家资金周转率低、融资难的问题,敦煌网在 2020 年初联合中国建设银行,推出国内首个面向跨境电商小微企业的普惠金融信贷产品"电商贷",产品响应国家扶持小微企业普惠金融的号召,专为跨境出口电商打造,安全透明、合规稳定,极大缓解了小微企业普遍面临的现金流压力。

6）营销服务

敦煌网通过"扬帆平台"向平台上的卖家提供多种营销方案，有效将流量引向卖家并提高卖家的转化率。具体营销服务包括：展示营销服务、搜索结果优化服务、基于 CPS 的推广服务和商城外广告管理。通过"数据智囊"产品向卖家提供关于商铺解析（商铺概况、产品概况、产品详情、单品分析、异常分析、流量分析、我的买家）、行业动态（行业概况、买家情报）和搜索词追踪（行业搜索词、引流搜索词）等信息，帮助卖家提高运营效率，获得更多的收益。

7）关检税汇服务

敦煌网目前已具备 50 多个国家的清关能力，能够帮助平台卖家实现快速申报退税，缩短资金回流 10~15 天。

### （4）盈利模式

敦煌网的收入来源主要包括佣金、增值服务费、平台使用费和 DH 贷款、第三方增值服务公司合作等。

1）佣金

佣金是敦煌网自成立之日起主要的收入来源，采用统一佣金率，实行"阶梯佣金"政策。

2）增值服务费

敦煌网会根据其向卖家提供的物流服务、支付服务、营销服务等收取增值服务费。

3）平台使用费

自 2019 年 2 月 20 日起，所有新注册的敦煌网卖家账号，均需缴纳平台使用费，平台使用费收取分为标准档与增值档。

### （5）核心能力

作为以佣金和增值服务费作为主要营收来源的跨境 B2B 电子商务平台，卖家、买家和其他市场参与者的数量的增加是其业务和收益增长的关键驱动力。为此，敦煌网不断通过相关能力的培养丰富其所提供的产品和服务，以扩大其客户基础和市场份额。敦煌网的核心能力主要表现在以下几个方面。

1）全面的资源整合能力

作为中国全球跨境 B2B 电子商务行业的先行者之一，敦煌网不断整合各方资源，通过与第三方服务合作伙伴的合作，在交易、物流、支付、金融、营销等方面进行产品基础设施建设，构建平台内的供应链协同网络，为目标用户提供了全面的产业链服务，并利用其全球买家网络和强大的技术能力，形成以大数据为驱动的数字化 B2B 电子商务生态系统。截至 2020 年 12 月 31 日，敦煌网的供应商和服务合作伙伴已达到 180 家。2021 年，敦煌网又与港中旅华贸国际物流股份有限公司以及全球规模最大的综合物流供应商之一 Agility 达成战略合作协议，强化国际干线运输能力和最后一公里配送能力。通过配套服务的整合，敦煌网为供应商提供了一站式服务，缩短了贸易链条、简化了贸易环节，提升了贸易效率。同时，通过生态系统内贸易大数据的检测与分析，敦煌网不断完善生态圈建设，为中小微企业提供各种高质量和量身定制的商户解决方案，推动整个产业链降本增效。通过强大的资源整合能力，敦煌网扩展了其买家和卖家基础,扩大了平台的盈利空间,同时实现了自身指数级的增长。

2)强大的数据应用能力

敦煌网利用其平台积累的丰富数据和算法来促进和优化平台运作以及增值服务。凭借在运营在线批发平台方面超过 17 年的经验,敦煌网生成了丰富的关键词数据库,并已建立较强大的网站结构来提高其在搜索引擎上的自然排名。根据艾瑞咨询报告,2020 年敦煌网平台总流量的 45%来自 Google 等免费搜索引擎,所贡献百分比在跨境出口 B2B 电子商务平台中最高。敦煌网在社交媒体及会员营销方面也保持着较高的效率,2020 年敦煌网在该方面的投资回报率达 42.4%,远高于中国跨境出口 B2B 电商采购行业其他头部平台的 5%~20%。敦煌网通过分析平台内积累的交易数据,根据买家的需求实现个性化产品推荐,2020 年其交易总额中 12.6%通过智能产品推荐获得。利用其丰富的数据和算法应用,敦煌网也实现了较高的用户留存率。在增值服务方面,通过对全球贸易数据的汇总和分析,敦煌网可以更有效地识别需求/供应方的变化,并迅速对变化做出相应调整,通过经济高效地整合全球供应链资源,抓住新商机。通过 AI 算法,敦煌网对来自平台及供应商的数据进行汇总、分类及分析,进一步促进了其智能客户服务、智能营销、智能生产决策、智能订单匹配及其他相关产品的推出。目前,DHpay 的智能路由系统会根据多维数据分析自动选择最佳的付款途径和货币,使得敦煌网维持低于 0.5%的较低付款退款率,远低于其他中国跨境出口 B2B 电商头部平台 1.5%~4%的退款率。DHLink 的物流路由选择系统会将买家的订单与备选的物流产品及服务进行智能匹配,并基于多维数据分析提供建议,通过简化从下订单到交付的流程来提高效率。

3)优秀的产品创新能力

敦煌网开发和应用改进技术的能力对其业务运营以及为买卖双方提供更好的服务能力而言至关重要。为了完成以交易为核心的业务布局,敦煌网不断从买家端和卖家端创新其产品和服务。截至 2020 年,敦煌网在中国已注册 16 项与业务重要相关的专利和 88 项软件版权。其中,比较有代表性的是敦煌网的独立支付系统、独立物流系统、移动端及跨境 SaaS 平台 MyyShop 的开发上线。2010 年,敦煌网为响应境外收单需求独立开发支付工具 DHpay 并正式投入平台使用,此举与淘宝当年开发支付宝属于同样的逻辑。敦煌网利用独立支付系统达到提高付款成功率、降低费率、防范欺诈风险并帮助客户在汇率波动过程中减少损失的目的。随着智能手机的应用和普及,敦煌网看到移动端的发展趋势,在 2011 年推出中国首个跨境电商移动应用程序 DHgate,并逐步将平台业务从 PC 断向移动端迁移。2014 年,由敦煌网独立开发的智慧物流系统 DHlink 投入运营,与超过 90 家国内和约十家国际物流合作伙伴合作,其中包括 FedEx、DHL、UPS、顺丰国际、E 邮宝、荷兰邮政等。2020 年,意识到海外电商线上获客渠道呈现出碎片化和去中心化的趋势,敦煌网开发并推出围绕中小商户提供整合供应链服务的电商平台 MyyShop,或将成为敦煌网的下一增长曲线。

### 7.4.3　技术模式

#### (1)AI 技术

敦煌网将 AI 技术广泛应用于其平台产品中,具体表现在以下几个方面:通过分析平台内积累的交易数据,自动根据买家的需求向其精确推荐产品,2018—2020 年交易总额中分别有 11.7%、11.4% 和 12.6% 是通过平台上的智能产品推荐获得;敦煌网卖家可依托平台先进的 AI 算法和 17 年大数据积累,完成买家轨迹分析,实现"千人千面"地 AI 智能优惠券定制化投放,高效刺激买家下单,提升优惠券的使用率和转化率;2018—2020 年,敦煌网的 AI 聊天机器人分别处理了 68.4%、70.8% 和 63.4% 的买家查询;开发基于人工智能的工具 Enlitence,该工具会监测其他平台产品的历史价格、评论、销量等信息,通过选择地区和其他变量,Enlitence 能根据敦煌网多年来收集的趋势产品的专有数据,生成产品类别建议。

### （2）云计算

云计算技术是敦煌网计算机网络和系统基础设施的基础,敦煌网同时使用专有私有云基建和国际领先云计算服务提供商提供的公共云服务,采取分散式运算技术提高计算资源的效率和性能,并以此作为构建满足其业务经营需求的计算网络的保证。

### （3）光学字元辨识技术

敦煌网利用光学字元辨识技术识别假冒产品,具体过程是将卖家上传的产品图像和标识与其图像库进行比对,并将拟上架产品的描述与其文字框进行比对,以识别潜在的假冒产品,降低经营风险。

### （4）IT 基础设施建设

敦煌网重视数据和网络基础设施的建设,以支持其快速增长的用户群并处理因业务经营性质而不定期激增的流量。截至 2020 年 12 月 31 日,敦煌网在中国拥有超过 5 000 台混合云服务器和 5 个数据中心,确保中国内地和海外用户的可靠联通。另外,敦煌网还与国际领先的云服务提供商合作,扩展其频宽和计算资源,为突发流量提供支持。根据其测试结果,平台已经达到每秒至少处理 100 000 个请求的基准。

## 7.4.4　经营模式

### （1）轻资产模式

与自营模式相比,敦煌网的平台模式主要成本在于平台建设与服务,属于轻资产模式,经营重点在"流量+运营+资源整合",轻资产运营使敦煌网更易提升品类丰富度与业务多元化,能够根据中小微企业的需求及时选择各种服务提供商,从而增强平台的适应性、及时性和可扩展性;更利于快速积累客户规模和交易量,形成规模效应;也更利于保证资金流的稳健性,实现快速扩张。

### （2）构建双引擎驱动的数字化 B2B 电子商务生态系统

在具体运营上,一方面,敦煌网将全球买家与主要位于中国的卖家联系起来,基于产品交易平台 DHgate,提供一站式批发服务;另一方面,通过基于 SaaS 的分销平台 MyyShop,为入门级商户提供一站式跨境电子商务解决方案,达到扩大敦煌网全球买家基础并打入拥有巨大增长机会的全球 B2C 电子商务市场的目的。

在业务模式上,DHgate 与 MyyShop 形成互补,DHgate 面向全球批发采购商,集约高效,是中心化场景,采用交易型业务模式;MyyShop 面向全球分销人群,是 SaaS 模式的去中心化场景,采用订阅模式,不易受经济下行影响,可为敦煌网提供较稳定的现金流量。敦煌网利用"中心化+去中心化"双引擎驱动模式,吸引更多新增商户入驻其生态系统,同时利用"平台佣金+MyyShop 订阅付费"相结合的收费模式,形成更稳健、抗周期的收入结构。

### (3)销售及营销策略

敦煌网实施多样化的销售和营销策略来推广其服务,吸引更多活跃买家和卖家到其平台。敦煌网主要通过优化搜索引擎来获取买家,建立了对 Google 及 Bing 等搜索引擎友好的关键词数据库和网站结构,提高了卖家产品在搜索引擎上的排名,从而增加平台的流量,同时利用搜索引擎营销来提高其广告的曝光度;利用 Facebook 等社交媒体平台来把握互联网行业带来的机遇,使其广告更加有效地覆盖全球买家网络;通过与各类广告联盟的合作,例如现金返还及价格比较网站等,以提高其广告曝光度。

敦煌网会根据买家的购买模式发起特殊促销活动,例如"黑色星期五"和"网络星期一",以促进销售。在浙江、上海、广东等产业聚集区敦煌网设有专门的业务开发团队,该团队负责与当地卖家保持联络并维持关系,并定期组织及参加行业活动,并与媒体或相关协会联络以获取卖家。2009 年,敦煌网就启动了"敦煌学院",作为针对平台及其他平台上的卖家的培训计划,以使他们掌握与运营线上电子商务业务相关的基本技能,同时提高敦煌网在卖家中的知名度。

### (4)本土化运营策略

敦煌网推出"全球本土化"行动,致力于让来自不同市场的买家受益于其全球供应链网络。敦煌网设立了专门的全球本土化团队,负责优先分配及统筹内部资源以扩充并发展其海外业务。目前敦煌网已经在欧美等主要海外市场布局 11 个海外仓,同时引入分销模式,帮助卖家拓展销售渠道、加快周转、缩短配送时长的同时,显著提升了海外消费者的体验。作为海外仓服务的一部分,敦煌网部分海外仓所在地提供 DTC(数字交易中心,Digital Trade Center)服务,分别是美国的洛杉矶、澳大利亚的墨尔本、匈牙利的布达佩斯、西班牙的马德里、俄罗斯的莫斯科、秘鲁的利马、土耳其的伊斯坦布尔。DTC 是敦煌网海外目标市场推广的重要部署,集展示和仓储为一体,为入驻企业提供展馆运营、物流、仓储、支付、运营、客服等综合一站式服务,为买家提供全方位的本地采购服务,包括检查产品样本、本地快速运输及获得及时的客户支持服务等。

### (5)商户服务评级体系

为了给买家更好的购物体验,敦煌网持续对平台商户的服务能力进行考核评级,优选出服务能力更强、更优质的商户呈现给买家,并给予平台资源和扶持,帮助更多优质商户实现快速增长。商户服务评级每月进行一次,服务分划分为四大能力项:商品能力分、物流能力分、服务能力分以及客户维护能力分,四项能力的考核指标,按照总分值将商户分为优秀(≥90)、良好(≥80)、及格(≥60)和不及格(<60),商户服务考核分与店铺权益密切相关。

### (6)客户服务

敦煌网通过提供高质量的客户服务来优化买家及卖家体验。借助人工智能技术,敦煌网建立了多语言的客户关系管理系统,通过该系统,在销售的各个阶段为客户提供个性化的服务和及时的客户支持,包括咨询及投诉处理、产品退货和争议解决等。专职的内部客户服务代表团队会通过线上查询系统、电子邮件和电话热线与买家及卖家联络。敦煌网向客户服务代表提供全面的培训计划以确保高质量服务。为了提供本地化的客户支持,敦煌网专门聘请第三方服务提供商提供客户服务,包括聊天机器人服务和在线客户服务支持等。

### 7.4.5 管理模式

#### (1)研发团队建设

敦煌网建设有经验丰富的工程师团队,致力于研发工作。截至 2020 年 12 月 31 日,其共有研发人员 140 名,专注于产品技术研发及产品维护,约占员工总数的 25.2%。目前,敦煌网的研究重点包括:利用大数据分析和人工智能算法开发专有技术,包括智能选品、商品描述自动翻译、图片搜索、精准营销、网站设计等;与领先的科技公司合作,探索前沿技术的广泛应用;加强平台与第三方平台的兼容性,提升 IT 基础设施的扩展性等。

#### (2)经营风险管理

针对经营中可能出现的风险,尤其是欺诈风险和假冒情况,敦煌网采取多项措施予以规避。敦煌网与国际领先的第三方欺诈解决方案服务提供商合作并采用其开发的反欺诈验证程序,自动检测交易中的异常情况。针对程序无法确认的情况,由法务人员团队负责做进一步判断。针对已确定参与欺诈的买家、卖家建立黑名单,视其欺诈程度做出不同程度的限制,包括在一定期间内限制交易、限制提取存款和注销账户等。另外,敦煌网还采取一整套制度确保平台上销售产品的真实可靠。首先,在注册环节对卖家进行认真筛选和核实,要求自然人卖家提供身份证明文件,公司卖家提供营业执照、公司注册证书、授权代表的身份证明等,并结合使用自动系统检查和人工检查核验身份证明文件。对于在平台上销售产品的卖家,给予警告、限制销售、注销账户等处罚。其次,采用一系列程序监控和检测上架产品和拟上架产品,并与第三方国际欺诈检测服务提供商合作,进一步降低假冒产品上架的可能性。

### 7.4.6 资本模式

从 2004 年成立至 IPO,敦煌网共经历五轮融资。2010 年 C 轮融资完成后,敦煌网利用该笔资金致力于实现规模化发展,并增加了在服务器等方面的硬件投入来提升客户体验。2014 年 D 轮融资完成后,敦煌网在移动事业及新兴市场等方面开始着力拓展。2021 年 6 月 24 日,敦煌网向港交所递交招股书,拟在香港主板挂牌上市。IPO 前,Idea Edge 持股为 41.75%,禾光国际(英属维尔京群岛)持股为 15.78%,TDF China 持股为 28.98%,TDF Advisors 持股为 1.19%,CGC Dunhill 持股为 6.83%,Everfine Global 持股为 5.47%。其中 Idea Edge 为敦煌网创始人王树彤旗下的信托,禾光国际同样为王树彤控制,总计创始人王树彤一共持股为 57.53%。

### 7.4.7 结论与建议

**(1)成功经验**

中国跨境出口 B2B 电商平台经历了从信息平台到数字化服务平台演变的历程。在这个过程中,敦煌网紧密贴合跨境电商市场发展特征,进行自身产品和服务的优化升级,不断创新商业模式,实现自身的降本增效和业务增长。纵观敦煌网发展历程,其成功经验可以总结为以下几个方面:

1)构建跨境出口生态型 B2B 电商平台,为客户提供一站式纵深服务

敦煌网是线上交易型的跨境电子商务平台,因此挖掘目标客户需求痛点,为其提供一站式、全渠道服务,对其吸引目标客户、促成交易的达成以及提高营收具有非常关键的意义。对跨境出口产业链上游供应商而言,跨境交易链条长、流程复杂、涉及参与方众多,且很多跨境电商供应商缺乏对海外市场的了解,需求跨境交易配套服务及线上店铺运营服务方面的指导。敦煌网针对国内供应商在海外市场痛点进行精准定位,整合相关资源提供在线交易、物流、支付收单、供应链金融、营销推广、关检税收等一站式服务,助力供应商打开海外销售渠道。同时,基于大数据持续助力供应商的精细化运营,也不断优化自身电商运营策略,满足供应商对拓展多渠道、多品类电商运营服务的需求。对跨境电商产业链下游分销商/零售商而言,在缺乏对海外消费者动向数据分析与国内品牌资源直接对接的支持下,他们对整个服务过程和供应链的把控能力较弱。针对这些痛点,敦煌网基于平台数据沉淀,帮助下游分销商/零售商实现精准选品,匹配消费者需求,整合碎片化订单,提高对上游供应商的议价能力,同时依托本地化运营团队与海外仓优势,提供完善的履约和售后服务。

2)双引擎驱动的数字化 B2B 电子商务生态系统符合全球 B2B2C 电商发展趋势

Episerver 在 2020 年 3 月对全球 B2B 决策者进行的一项调查显示,40%的制造商与41%的分销商表示,他们超过 60%的收入是通过 B2B 线上渠道获得的。全球 B2B 电商快速发展,同时 B2B 平台基础设施的完善与数字化趋势都促使更多企业转向线上进行销售与采购,以建立更多的贸易关系并节约成本。与此同时,2020 年受新冠肺炎疫情影响,大量 B 端商家将销售行为转到线上,以无接触采购来满足下游买家的采购需求,疫情促进 B 端线上销售与采购习惯养成,促进 B2B 电商平台上游供应商与下游用户规模的基数增长。另外,全球电商去中心化模式崛起。海外的 Instagram、Youtube、Facebook 等社交媒体上活跃着大量的网红带货达人,线上获客渠道呈现愈加碎片化的特征,去中心化渠道流量汇集能力持续凸显。跨境电商企业不断重视"私域流量"的构建与营销,"私域流量"的构建利于拉新以及对新客户的信任培养,"私域流量"的营销利于对现有用户的精细化运营,并引导老客户复购及推荐。敦煌网正在布局的"DHgate+MyyShop"双平台模式正符合全球电子商务的这一发展趋势,有利于其抢占发展先机,增强行业地位。

3)凭借规模优势形成了广泛的网络效应

从依靠黄页目录进行供需匹配到一站式市场实现无缝交易,敦煌网参与重塑了中国采购跨境 B2B 电商的格局。自 2004 年成立以来,截至 2020 年 12 月 31 日,敦煌网已为超过3 640万用户处理了超过 9 790 万笔订单,商品交易总额约为 90 亿美元,在线商品数量由

2018 年的 1 230 万件翻倍至 2020 年的 2 580 万件,活跃买家数量达到 500 万,交叉销售买家数量占总买家数量的比重达到 33.5%,遍布 223 个国家和地区。究其互联网企业的本质,连接维度越多,进化能力越强;规模越大、品牌越强,网络效应越强,且先行者凭借先发优势,更容易实现强者恒强。敦煌网的产品及双边用户规模在近年来实现持续、高速而良性的增长,进化能力与网络效应充分凸显,进一步提高了卖家、买家、物流合作伙伴、支付服务提供商和其他参与者的黏性和忠诚度。此外,庞大的买家和卖家网络产生了大量的反馈和数据,可进一步用于帮助买家改善其采购决策、帮助卖家完善其产品和服务、帮助平台和第三方服务合作伙伴完善其运营。基于庞大的用户规模,敦煌网也能更有效地吸引新的买家、卖家及合作伙伴,形成正反馈效应。

**(2)应注意的问题**

1)市场竞争的加剧

根据艾瑞咨询报告,目前全球跨境 B2B 电商中国采购市场相对分散,就平台线上成交额计,少数参与者占据主导地位。敦煌网的许多竞争者比其拥有更长的经营历史、更强的品牌认知度、更大的客户群、在某些地区更高的渗透率及更多的营销资源。其中比较有代表性的是全球速卖通、阿里巴巴国际站和 Shopify。全球速卖通成立于 2010 年,是阿里巴巴的出口在线交易平台,主要市场为俄罗斯、巴西以及欧美地区,平台多销售手机配件、首饰、电脑配件等,在产品方面与敦煌网有一定的同质化。速卖通目前正在加大一些重点国家的本地化投入,包括日韩、中东、南美,重点是本地化的语言翻译、本地化社交、市场、营销推广等。2020 年上半年,速卖通新兴市场的 GMV 增长趋势显著。且速卖通依靠阿里庞大的会员基础和相关支持,对敦煌网形成了较大的威胁。阿里巴巴国际站成立于 1999 年,早期国际站的业务主要是为大宗贸易做产品信息的展示。2010 年,收购一达通后,其逐步将 B2B 电商的供应链、支付、通关、物流、金融信贷等一系列服务打通,实现向线上交易和外贸服务的一体化。目前,中小企业是阿里国际站重点发力的服务对象,平台正在加快完善数字化新外贸赛道,将沉淀的数据形成更成熟的解决方案,重构跨境贸易全链路。在用户规模、产品品类、品牌影响力等方面,都是敦煌网强有力的竞争对手。Shopify 2006 年成立于加拿大,主营业务是帮助中小商户挖掘更有价值的私域流量池,对接多渠道提供线上店铺搭建、管理等 SaaS 订阅服务,并提供丰富的建站工具和插件满足个体经营电子商务的需求。与敦煌网的 MyyShop 云商务解决方案形成直接的竞争,且已形成一定的先发优势。

2)与第三方服务提供商的关系

敦煌网依靠物流服务、支付服务、金融服务等第三方服务提供商(包括国内和国际)为其业务运营提供补充和配套服务,因此与第三方服务提供商保持友好而稳定的关系,对其平台运营和提高盈利能力至关重要。目前,敦煌网依靠其用户规模优势和稳定的业务流帮助其与第三方服务商建立较稳固的关系。从长远来看,敦煌网可进一步加强与外部服务商的合作,将平台相关数据向外部服务商进行输出,通过平台数据赋能外部服务商,帮助其优化业务流程;另外,敦煌网也可以通过进一步扩大战略合作范围,提高其产品和服务的质量及稳定性。

3)国家贸易或投资政策的变动对经营的影响

近年来,国际市场状况和国家贸易或投资政策越发受到国家和地区间竞争和地缘政治摩擦的影响。贸易政策、条约和关税的变动,都会对敦煌网的国际和跨境运营、扩张等造成影响。敦煌网48%的买方用户来自美国,中美贸易冲突的持续对敦煌网的业务、经营业绩等可能会造成重大的影响。因此,敦煌网应进一步扩大海外市场,发展新兴市场,降低单一市场对自身经营的影响。据悉,敦煌网已于2021年初开始发力摩洛哥,进而布局非洲市场;同时计划搭建法国本土团队,在西班牙、美国西语区以及墨西哥市场落地并完善西语站服务。此外,爱尔兰、荷兰、波兰、日本、瑞典等站点均已开始筹备搭建。

□ 基于互联网和团队的练习

（1）SHEIN 和 ZAFUL 比较分析

利用互联网收集资料,对 SHEIN 和 ZAFUL 的定位、产品、经营模式等进行全面的比较分析,并撰写一篇分析报告,在各小组间进行交流。

（2）亚马逊、敦煌网比较分析

登录亚马逊和敦煌网了解其产品和服务,并利用互联网收集他们的相关资料,根据这些资料对亚马逊和敦煌网进行全面的比较分析,撰写一篇分析报告。

同时,重点对亚马逊和敦煌网的家用电器品类进行调研,分析该品类热卖品的品牌、产品描述及定价特点,并撰写分析报告,在小组间进行交流。

（3）选品分析

选择某一跨境电商平台,如亚马逊,利用平台及互联网收集信息,进行选品分析。信息收集可围绕平台内类目热卖榜单、平台优秀店铺商品信息、1688 跨境专供商品信息、行业大卖家店铺商品信息、供应商推荐商品信息等进行,撰写一篇选品分析报告,在小组间进行交流。

□ 基于网上创业的学习

利用跨境电商进行网上创业主要实现途径为入驻跨境电商平台开设店铺或自建独立站。二者都必须做好两方面工作:选品调研和运营。因此,必须学习数据分析、店铺运营、网站运营、网站推广、社交媒体推广、SEO、供应链管理等相关技术。

## 本章参考文献:

［1］商务部电子商务和信息化司.中国电子商务报告 2019［R］.北京:中国商务出版社,2020.

［2］Google& 德勤.2021 年中国跨境电商发展报告［R/OL］.［2021-04-02］.

［3］柯林敏,张彦红.跨境电商运营从基础到实践［M］.北京:电子工业出版社,2020.

［4］亿欧智库.如日方升——2021 中国出口跨境电商发展研究报告［R］.亿欧 EqualOcean,2021.

［5］CBEC.2020 中国跨境电商市场发展报告［R］.深圳市行云跨境电商研究院,2021.

［6］安信证券.2020 年跨境电商行业研究报告［R/OL］.［2021-07-22］.

［7］网经社.年终盘点:2020 年中国跨境电商行业八大政策［EB/OL］.［2021-01-17］.

［8］安克创新.2020 年度业绩报告［R］.安克创新科技股份有限公司,2021.

［9］安克创新.招股说明书［R］.安克创新科技股份有限公司,2020.

［10］混沌学园.后出海时代,消费电子品牌如何乘风破浪?［EB/OL］.［2020-08-01］.

［11］史琨,邱季,周博文.安克创新(300866):品牌化跨境电商龙头 自研能力铸就核心壁垒［EB/OL］.［2021-04-07］.

［12］亿邦动力网.安克创新冉冉升起的代运营之路［EB/OL］.［2020-11-19］.

［13］重复之力.安克创新—初步研究梳理［EB/OL］.［2020-08-23］.

［14］隐马数研.安克创新:我不是跨境电商,我是中国超级品牌［EB/OL］.［2020-12-01］.

［15］多克·希尔斯.意愿经济——大数据重构消费者主权［M］.北京:电子工业出版社,2016.

［16］吴伯凡.为什么说 SHEIN 能代表中国制造业的未来［EB/OL］.每周商业评论,2020-10-03.

［17］蔡钰.SHEIN 做对了什么?［EB］.商业参考,2020-11-03.

［18］敦煌网.招股说明书［R］.中国敦煌网集团有限公司,2021.

［19］iRsearch.2021 年中国新跨境出口 B2B 电商行业研究报告［R］.艾瑞咨询研究院,2021.

［20］格隆汇.外贸新业态蓬勃发展,重磅玩家——敦煌网已递表港交所［EB/OL］.［2021-07-16］.

［21］海克财经.敦煌网迷途:巨头阴影下一家 To B 慢公司的求生记［EB/OL］.［2019-10-29］.

［22］金融界.敦煌网携手全球物流巨头 Agility 全力拓展新市场 打造高效供应链服务平台［EB/OL］.［2021-07-10］.

［23］亿邦动力网.聚焦海外"新微商" 敦煌网如何做生态型跨境 B2B 平台?［EB/OL］.［2021-04-19］.

# 第 8 章
# 网上支付模式案例分析

## 8.1　网上支付概述

### 8.1.1　网上支付的定义

网上支付又称网络支付,是指收款人或付款人通过计算机、移动终端等电子设备,依托公共网络信息系统远程发起支付指令,且付款人电子设备不与收款人特定专属设备交互,由支付机构为收付款人提供货币资金转移服务的活动。收款人特定专属设备是指专门用于交易收款,在交易过程中与支付机构业务系统交互并参与生成、传输、处理支付指令的电子设备,如二维码收款设备等。支付机构应当遵循主要服务电子商务发展和为社会提供小额、快捷、便民小微支付服务的宗旨,基于客户的银行账户或者按照国家对电子支付的相关规定为客户开立支付账户提供网络支付服务。

网上支付主要包括直接使用网上银行进行的支付和通过第三方支付平台间接使用网上银行进行的支付,也包括使用在一定范围内流通的虚拟货币进行的支付。而网上支付是电子支付的一种形式。根据 2015 年 10 月中国人民银行发布《电子支付指引(第一号)》规定,"电子支付是指单位、个人(以下简称客户)直接或授权他人通过电子终端发出支付指令,实现货币支付与资金转移的行为。"按电子支付指令发起方式,电子支付分为网上支付、电话支付、移动支付、销售点终端交易、自动柜员机交易和其他电子支付。银行为客户办理电子支付业务,应根据客户性质、电子支付类型、支付金额等,与客户约定适当的认证方式,如密码、密钥、数字证书、电子签名等。

网上支付模式是传统银行以互联网为平台开展的网上银行业务或网络服务提供商通过建立第三方支付平台、发行虚拟货币等形式开展的网上支付业务。

### 8.1.2　网上支付的分类

**（1）网上银行支付**

网上银行是指银行利用互联网技术，为客户提供账户查询、转账汇款、投资理财、在线支付、缴费等金融服务的网上银行服务。客户可以足不出户就能够安全便捷地管理活期和定期存款、信用卡及个人投资等金融业务。网上银行的业务品种主要包括基本业务、网上投资、网上购物、个人理财、企业银行及其他金融服务。

**（2）第三方平台支付**

第三方支付是指具备一定实力和信誉保障的独立机构，采用与各大银行签约的方式，提供与银行支付结算系统接口的交易支持平台的网络支付模式。通过第三方支付平台的交易时，买方选购商品后，使用第三方平台提供的账户进行货款支付，由第三方通知卖家货款到达、进行发货；买方检验物品后，就可以通知付款给卖家，第三方再将款项转至卖家账户。

根据运营模式可以将第三方支付公司分为三种类型，第一种具备担保功能的第三方支付网关模式，由电子交易平台独立或者合作开发，同各大银行建立合作关系，凭借其公司的实力和信誉承担买卖双方中间担保的第三方支付平台，典型代表有支付宝等；第二种有电子商务平台的第三方支付网关模式，由电子商务平台建立起来的支付网关，典型代表如苏宁云商旗下的易付宝；第三种独立的第三方支付网关模式，完全独立于电子商务网站，由第三方投资机构为网上签约商户提供围绕订单和支付等多种增值服务的共享平台，国内以首信易支付、国付宝等为典型代表。

**（3）虚拟货币支付**

虚拟货币是指非政府发行的、在有限范围内执行部分或全部货币职能，并以电子化形式存储与转移的资产。虚拟货币不是靠国家法律强制流通的，不具有法偿性和强制性，是脱离于银行货币体系的，虚拟货币并非真实货币。

### 8.1.3　网上支付的特征

与传统的支付方式相比，网上支付具有以下特征。

**（1）基于数字化技术**

网上支付主要基于互联网等信息技术进行数据传输，进而实现资金的支付、清算、查询统计等，而传统的支付主要通过现金、票据等物理实体的方式完成资金支付。网上支付的工作环境也是一个相对开放的生态系统，传统支付主要局限在银行的内部网络。

**（2）支付形式多样化**

由于信息技术的不断进步，支付形式逐渐呈现多样化趋势，从支付的技术来讲，支付形式有二维码支付、人脸支付、周期付款等；从支付公司来讲有云闪付、微信支付、移动支付等；从支付的工具来讲，支付的形式有手机支付、手环支付等智能终端支付。

**（3）支付增值价值大**

支付价值超越支付本身。虽然支付的目的没有实质改变，但支付活动所能够掌握的客户信息、交易信息等各类信息大大增加,使得支付的价值不再局限于支付本身,支付的基础功能被急剧放大。通过对这些数据信息的收集、整理、分析,能够对客户信用、行为、爱好等进行全面了解和掌握,从而为其他业务提供必要的基础性支撑,为支付服务提供者有针对性地营销客户、维护客户、推销产品和服务等提供有效保障。

## 8.2 案例1——支付宝:从支付担保到数字化生活平台

### 8.2.1 基本情况

支付宝2014年10月正式成立,是基于淘宝网交易的信用担保需求而产生的,在网上的支付过程中起到信用担保和代收代付的作用。目前支付宝通过引入本地生活、政务民生、数字金融等相关领域服务主体,从支付工具转变为数字生活平台,已经成长为一家普惠金融服务的创新型科技企业。在支付宝上,从生活缴费、社保公积金,到电子结婚证,人们可办理超过1 000项城市服务、衣食住行等民生服务,为消费者提供一站式数字生活服务。

支付宝刚成立时扮演着淘宝网信用中介的角色,在买家确认收货之前,由支付宝替买卖交易双方保存支付款的一种增值服务。2004年,阿里巴巴管理层认识到支付宝在初步解决淘宝信用瓶颈后,不应该只是淘宝网的一个应用工具,即"支付宝可以是个独立的产品,成为所有电子商务网站一个非常基础的服务"。2004年12月支付宝从淘宝网分拆,支付宝网站上线并通过浙江支付宝网络科技有限公司独立运营,宣告支付宝从淘宝网的第三方担保平台向独立网络支付平台发展。支付宝的后续业务逐步拓展了支付应用场景,逐步开展理财服务、芝麻信用、红包社交等产品,探索金融、社交、社区、公益等一系列产品。2020年3月支付宝举行合作伙伴大会,宣布打造支付宝数字生活开放平台。支付宝把首页等资源提供给商家,包括首页信息流、首页搜索框、应用中心、生活号等,为商家提供多个场景的"入口"。

支付宝的利益相关者涉及商家/个人、支付宝用户、非淘宝卖家、政务及生活场景服务主体等其,价值网络如图8.1所示。

### 8.2.2 商业模式

#### (1)愿景与使命

支付宝愿景是构建未来服务业的数字化基础设施,为世界带来更多微小而美好的改变。希望每一个个体可以享受到普惠、绿色的金融服务;每一家小微企业拥有平等的发展机会;通过开放合作,让数字生活触手可及。

支付宝的价值观为"客户第一",其员工始终在为倾听和传递消费者的需求努力,孕育出了"全民小二""用户3小时""蚂蚁体验官"等项目,与用户开展深度沟通。近五年来,"全民小二"项目从智能化声音产品,到多场景线下倾听,建立了消费者倾听全链路闭环。通过倾听消费者的需求,保障消费者声音能够快速直达业务,从而激发产品及业务部门对消费者权益和用户体验的重视,不断进行优化和提升。

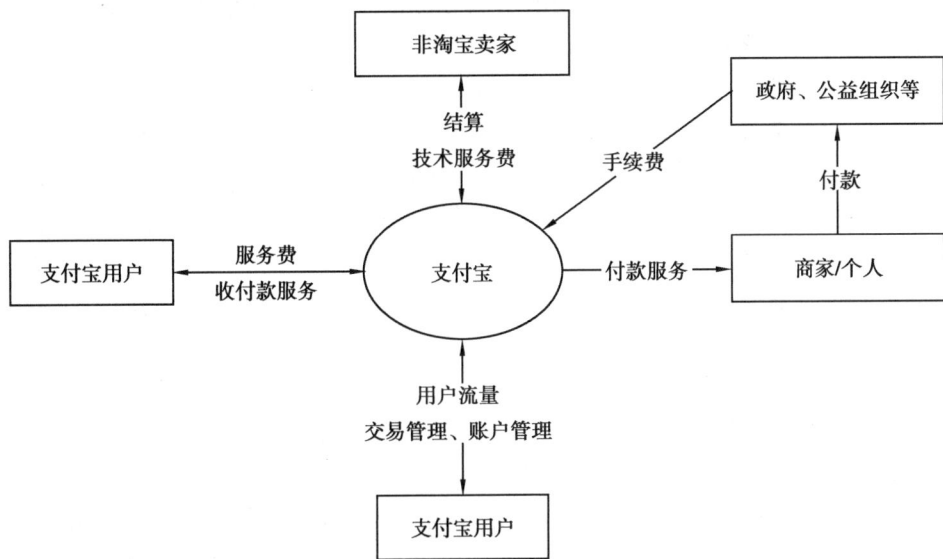

图 8.1　支付宝的价值网络

### （2）目标客户

支付宝刚创立时的目标客户是淘宝网用户,为他们提供一种安全、便捷的支付方式。随着支付宝提出打造支付宝数字生活开放平台,通过自身平台升级、续生态开放,携手服务商推动线下服务业加速变革,从"人找服务"走向"服务找人"。目前支付宝的服务场景已不局限在淘宝在内的网络购物,已经拓展至交通出行、公益医疗、政务服务、理财金融、休闲娱乐、酒店旅行、美食饮品、教育培训、商业服务等各大范畴。支付宝整合本地生活生态,拓宽使用场景的覆盖面,实现从工具到系统的转变,其客户包括生活需求客户、本地生活提供者、政府部门、公益组织等。

### （3）产品与服务

1）第三方支付

作为支付工具是支付宝核心的业务,其支付包括两种形式,一种是担保交易,一种是即时到账。担保交易主要支持淘宝和天猫购物平台,此项功能目前仍然是支付宝的重要业务功能。网上即时到账的支付情况下,买家通过支付宝直接付款给卖家。除了传统网上支付之外,支付宝还具备线下支付收款功能。客户通过扫描商家的收款码,较为便捷地完成支付。或者顾客用支付宝钱包"付款"功能,生成付款条形码,商家用扫描枪或手机客户端扫描条形码完成收款,商户无须购买新的扫描枪,原有收银系统的扫描枪即可收款。收款流程较为便捷,客户一步即可完成。

2）转账功能

转账功能里的细分功能有转到其他支付宝用户、转到银行卡、跨境汇款、红包、商家转账、AA 收款等多种模式。转账到银行卡功能实现了用户在多个银行之间的资金流转,而无须使用网上银行的复杂手续。支付宝在该功能的基础上还建立了信用卡还款功能,除了还款还可以查询信用卡对账单、通过设置预约还款从而实现每月自动还款、查询附近该信用卡所在银行网点等人性化服务。

3) 政务生活类业务

此功能主要是接入了许多与生活息息相关的缴费入口,如支付宝提供的生活号,是支付宝为企业、组织和个体商家提供的直接触达用户的服务平台。入驻商家可以通过生活号对用户进行信息推送、交易场景打通和会员服务管理;疫情期间,支付宝紧急上线的疫情服务专区,将信息查询、买菜购物、医疗教育等用户急需的保障服务做了一站式聚合,让供需最大程度匹配。商家开通所属的生活号,在生活号中为用户提供各类资讯、服务,并与用户形成互动。

4) 理财服务

客户利用支付宝公司的支付平台购买余额宝,其本质是余额宝将基金公司的直销系统内置到支付宝网站里,客户把资金转入余额宝实际上是进行货币基金的购买,相应资金由天弘基金等基金公司进行管理,因此客户所得余额宝的收益也不是利息,而是客户购买货币基金的收益。客户如果使用余额宝内的资金进行购物支付,则相当于赎回货币基金。所以,支付宝公司只是基金公司的第三方支付平台,因而只能获得各种服务费,而不是直接获取货币基金收益的分成。支付宝为余额宝提供了优秀的交易平台,是余额宝与基金买卖之间的桥梁。

5) 社交功能

该功能实现了将个人与个人、企业与个人联系起来。支付宝的社交关系链基于手机通讯录,也就是熟人社交关系。朋友之间通过支付宝可以聊天和群聊,可在生活圈中分享动态,可以在服务窗(类似微信的公众号)中接收企业推送消息,直接与企业连接而无须下载新的应用软件。支付宝创建朋友功能并不是要做一个聊天工具,而是打造基于场景的关系链。

6) 支付宝认证服务

认证服务是由支付宝公司与公安部门联合推出的一项身份识别服务。支付宝认证除了核实身份信息以外,还核实了银行账户等信息。通过支付宝认证后,相当于拥有了一张互联网身份证,可以在淘宝网等众多电子商务网站开店、出售商品。认证内容主要包括"支付宝个人实名认证"和"支付宝商家实名认证"。

7) 芝麻信用

芝麻信用评价基于阿里巴巴的电商教育数据和蚂蚁金服的互联网金融数据,并与公安网等公共部门机构及合作伙伴进行数据合作,数据涵盖了网购、转账、信用卡还款、水电费、社交关系等,包括电商数据、互联网金融数据、公共机构数据、合作伙伴数据、用户上传数据等。

(4) **盈利模式**

1) 支付产品服务费

一是当面付。在国内线下场景,商家可通过以下任一方式进行收款,提升商家收银效率,资金实时到账。商家通过扫描线下买家支付宝钱包中的条码、二维码等方式完成支付。线下买家通过使用支付宝钱包扫一扫,扫描商家的二维码等方式完成支付。在这种情况下,支付宝会根据每笔交易金额按照一定比例收取支付费用。二是周期扣款。如会员费自动续费,周期租赁费、定期还款、定期缴费等周期自动扣款的业务和场景。三是 App 支付。商家 App 集成支付宝提供的支付能力。在线上收款时用户在商家 App 消费,自动跳转支付宝完成付款,付款后自动跳回。

2)用户支付转账手续费

支付宝对个人用户部分服务进行收费,这种情况下的收费主要依据两个标准,第一是转账渠道不同而设置不同收费比例,如从电脑端到支付宝账户、从支付宝账户到银行账户、从支付宝账户到支付宝账户;第二个标准是根据转账金额设置一个最高最低收费标准。

3)金融服务费

一是花呗分期。花呗分期是蚂蚁金服推出的消费金融产品,用户在商家端网站或线下门店购物时使用花呗分期支付,订单全额实时支付到商家支付宝账户中,用户分期偿还花呗。二是资金管家。为商家提供结算资金的一站式管家服务。通过多账户集中管理,自动提现转账,智能存款增利,助力商家资金配置效率。

4)芝麻信用使用费

商家在使用支付宝芝麻信用时,支付宝按照次数收费 0.10~1 元不等,针对使用芝麻信用较大的用户,按照不同量级档位分别计费;类似芝麻信用的产品还有支付宝的身份验证功能。支付宝客户端提供实名认证能力,快速解决线上开户、账号认证、账号登录等实人场景中的个人身份识别问题。同样按照使用规模按照 1~0.4 元每次不等。

**(5)核心能力**

1)支付工具的技术优势

支付宝是首批获得支付牌照的企业之一,通过打造自身专业支付平台,各种业务的开展都以"支付"为核心,完美的支付功能甚至拓展到其他支付和融资平台,在整个业务流程中拥有更专业、更明确的支付目的。最初的功能较为简单,仅是作为第三方的托管平台,其支付途径也是传统的"输入密码"式的转账方式。随着二维码的运用与普及为支付宝线下支付打开了市场,用户在转账时不再需要输出烦琐的支付宝账号,而是可以通过扫描对方二维码的方式,来识别对方账号,简化了转账流程。在此基础上,支付宝推出了"付款码"的概念,用户出示自己的付款码,由商家进行识别,不需要密码直接付款,"付款码"实时刷新,用户无须担心被商家记录下"付款码"而无限支付。除此之外,支付宝公司还推出了与"付款码"相类似的"咻一咻"支付,通过识别声波进行支付。专业化的支付方式极大地促进了其线下交易的使用量,极大便利了人们的支付方式。支付宝还有着足够的安全防盗系统,多重密码保护,全方位采用 SSL、128 加密通道和 PKI 密钥技术等,全方位为用户提供保障。支付宝的支付方式从最初的快捷支付、手机支付发展到二维码支付,以及其交易防盗系统,不仅逐步简化了支付形式,而且也提高了安全保障程度。

2)全面的支付生态体系

支付宝基于客户对消费场景多样化与支付快捷的需求,构建数字生活开放平台,通过打造服务业数字化的"新基建",将便捷、快速的支付技术嵌入到订购和销售具体环节当中去,形成了多种模式,比如线上下单线下取货、线上预约线下支付等。支付宝从支付扩展到理财,从线上购物扩展到线下生活,将用户生活需求不断纳入支付宝中,便利了群众日常生活需要,进而提升了用户黏性。这种将应用场景与支付方式结合在一起的捆绑销售,使得商户和支付宝之间的网络外部性影响更加强劲。

3)多样化的增值服务

支付在金融层面开发余额宝、蚂蚁借呗、花呗、芝麻信用、保险服务等财富管理项目。余额宝与货币基金对接,用户将账户余额存入余额宝,获得远高于银行定期存款的稳定收益。余额宝收益性与流动性并存,余额可随取随用、灵活变现,大大降低了消费者的时间成本。而类似于信用卡的花呗和蚂蚁借呗,则以消费金融形式出现,支付宝根据用户消费和交易行为数据形成芝麻信用,并以此为基础授予信用额度,用户可利用花呗、蚂蚁借呗提前消费,进一步增强了用户黏性。支付在公益层面新增蚂蚁森林、蚂蚁农场及爱心捐赠等公益性功能。鼓励消费者使用手机支付宝进行线下消费,积累公益积分,进一步增加了支付宝的使用频率和主动性,提升了消费者的社会责任感。

4)信用化的产品体系

支付宝将互联网信用体系延展应用到相关生活应用层面,一方面降低了买卖双方的交易成本,另一方面进一步提升了用户对支付宝的依赖程度。支付宝利用用户在互联网上的各类消费数据及行为数据,通过挖掘和信用表现有稳定关联的特征,形成人脉关系、行为偏好、身份特质、信用历史、履约能力五个维度的信用评价体系。支付宝较多业务板块基于信用评价体系开展,应用已经覆盖信用金融、信用租车、信用酒店、信用租房、信用婚恋、信用签证等上百个场景为用户、商户提供信用服务,普通老百姓能够简单、直观地感受到信用的价值和便利。

5)形成规模效应的海量用户

支付宝的诞生是基于淘宝、天猫网线上支付的需要,商家和消费者两端的流量资源直接支撑支付宝的支付功能,众多电商用户成为支付宝发展的起点,积累了大量电商用户群体。而支付宝的下游有余额宝、天弘等系列基金,以及透支功能——花呗以及由此诞生的芝麻信用等等,这一切构成了巨大的规模效应。在发展过程中,支付宝转型为综合性支付平台,先后与美团、携程旅行等平台合作,推出代为支付和理财等服务,群众偏向于使用支付宝去完成相关平台操作,使支付宝电商用户不断增多。随着支付宝向数字生活开放平台转型,其在客户的覆盖、产品业务的拓展方面有着巨大潜力,其服务范围从休闲娱乐到政务服务、从生产到生活、消费到支付、从网购到理财,服务边界是无限的。全方位覆盖生活场景使得支付宝在中国的非金融机构第三方支付平台中具有强有力的核心竞争力。

### 8.2.3 技术模式

(1)IoT 技术

万物互通互联是 IoT 技术的核心,也是支付宝的重要技术战略。通过使用 IoT 技术,全面提升支付宝相关的金融生活服务能力,为用户创造更便捷的服务和更大的价值。IoT 技术已经应用到了包括无人值守、无感支付、智慧门店、智慧出行等多个场景。如 2016 年 8 月,在支付宝支持下,杭州在全国首次实现刷手机二维码乘公交。

### （2）OceanBase 分布式数据库技术

基于通用硬件的 OceanBase 分布式数据库、SOFA 分布式中间件等创新，开创了国产自主研发和世界级分布式计算的新格局。蚂蚁金服自研 OceanBase 卫冕数据库基准性能测试（TPC-C）世界纪录，tpmC 成绩 7.07 亿，比七个月前的自己提升超 11 倍。

### （3）区块链技术

区块链技术构建新一代的信任机制，提高价值流转和多方协同的效率，赋能实体经济，成为推动数字经济发展的引擎。蚂蚁链是我们自主研发、国际领先的金融级联盟区块链平台，具有高性能、高可靠、高安全的特点，能够支撑 10 亿账户×10 亿日交易量的超大规模应用。目前，蚂蚁链区块链专利申请和授权量均为全球第一。如 2018 年 6 月，AlipayHK 联合菲律宾电子钱包 GCash 上线全球首个区块链跨境汇款服务，为中国香港和菲律宾居民提供便捷、安全、透明、低成本的汇款服务。

### （4）人工智能与安全科技

通过机器学习、图识别、人脸识别、NLP 等 AI 领域技术，提升自身风控决策能力、改善服务体验等。如人工智能技术的应用，网商银行让原先耗费在人工上的成本被计算机与人工智能所取代，实现了网商银行的 3 分钟申请、1 秒钟放款、0 人工介入。提高了效率，更让小微企业降低了贷款成本。

智能风控引擎 AlphaRisk 使得支付宝交易风险率不到千万分之 0.64，针对支付宝平台上每天的上亿笔交易，AlphaRisk 可以在 0.1 秒不到的时间内，对每笔交易进行 8 个维度的风险检测，如用户行为、交易环境、关联关系等。AlphaRisk 拥有近 500 条量化策略、100 个风险模型，对用户交易支付进行 7 * 24 小时的实时风险检测扫描及保护，能在数亿交易中精准识别用户的账户异常行为，打造金融级的账户安全。

为了进一步提高安全性，降低盗刷的风险，除了智能风控系统外，支付宝还采用生物识别技术。如果风控系统识别到账号可能被盗用，会根据情况需要操作者进行人脸识别校验。这样即便密码泄露或手机丢失，也有可能识别风险，终止交易。自支付宝在行业里率先引入人脸识别技术后，在用户登录、实名认证、找回密码、商家审核、支付风险校验等场景，该技术作为主要身份验证方式被全面应用。

## 8.2.4　经营模式

### （1）由交易担保向独立支付工具演化

2003 年支付宝诞生于淘宝网，其初始目的是提供交易担保。运作的实质是以支付宝为信用中介，在买家确认收到合格货物前，由支付宝替买卖双方保存支付款的一种增值服务。这种模式有效解决了电子商务发展过程中的支付问题和信用问题。生于淘宝的支付宝，与同期大多数凭借独门的技术优势进军第三方支付产业的逐浪者最大的不同是，支付宝从诞生之初就紧密结合了网络购物，而且是基于清晰的客户需求，即破解了网上购物的信任问题。

除了信用问题，支付手段的便捷性也是电子商务发展的必要条件。网上购物兴起后由于支付流程问题,作为电子商务供需两端的消费者和商户迫切需要一种便捷、直接的支付方式。支付宝便集成了这两端,优化支付流程,商户和消费者通过支付宝接入银行,完成支付。2004年,各大银行先后推出了自己的网银系统,但都缺乏相关应用业务,支付宝接入各大银行平台后,解决了银行的业务难题,拓宽了网上银行的发展渠道。随着中国电子商务的不断发展,支付宝作为电子商务基础服务应用的地位越来越突出。2004年12月,浙江支付宝网络科技有限公司成立,支付宝正式从淘宝网独立,整个业务流程与淘宝网的业务流程剥离,支付宝网站上线并独立运营,支付宝开始从第三方担保平台逐渐向在线支付平台转变。

目前支付宝拥有多种支付方式。如当面付,扫码或出示付款码支付后,资金即可到账;周期扣款,周期内自动收款;App、网页支付,第三方商家App、网页接入支付宝,使用支付宝进行支付;刷脸付,无须携带手机,凭借刷脸即可完成支付;预授权,线上预授权后,等服务完成之后再结算扣费。

### (2)积极拓展全面准确的电子政务服务

支付宝借助数字技术优势开展市民服务、企业服务、公安交管、人才就业、房产服务、税务等政务服务,逐渐成为互联网+政务服务的重要纽带。支付宝为企业、政府、媒体、个体工商户、电子商务所有者地方性商家等相关主体提供与生活息息相关的政务服务,成为其进入城市服务的重要切入点。支付宝政务服务的便捷性与准确性大大提升了用户的忠诚度。公积金查询、医保查询、交通违章查询、交罚缴纳、一键挪车、出入境查询、公交查询、港澳通行证续签、实时路况和ETC充值这些政务服务与生活息息相关,是支付宝城市服务的重要切入点。无论是对于微信来说,还是对于支付宝而言,互联网+政务服务是打通智慧城市生活的重要一环,对于未来智慧城市的布局起到至关重要的作用,也是支付宝积极拓展市场空间的重要经营模式。

### (3)产品推广的免费策略

在进行市场拓展时支付宝采取免费策略,而商业银行支付结算业务都会收取一定的费用。在此背景下,支付宝的免费策略以最快的速度获得用户认可,以较快的速度抢占支付市场,形成巨大的用户规模。如目前支付宝推广的现金红包功能,普通用户之间互发红包,以及商家给用户发放营销红包。该红包支持多种场景、多种玩法,可促进用户活跃,提升客流量;再如支付宝的"商户会员卡"功能,该功能可以让商家根据业务场景,自由组合实现电子会员卡功能:引导用户开卡、积分查询、交易记录查询等,且可将卡信息同步到支付宝卡券包。用户无须填写会员信息,只需一键授权即可自动开通会员卡。目前支付宝的该功能同样免费对商家开放。

### (4)多元化用户保障计划,打造安全信用体系

2019年6月支付宝宣布"你敢付我敢赔"正式升级为2.0,推出"定案秒赔"和"疑案先赔"的1+1服务。而"你敢付我敢赔"是支付宝在2005年推出的用户保障,在延续15年后现在升级为2.0,率先推出了"定案秒赔+疑案先赔"。"秒赔"服务基于支付宝的AI技术。如果用户遭遇账户异常,可拨打客服电话95188或在支付宝账单页申诉,并提供相应资料。如果资料提供无误,经系统核实确系账户被盗,会自动完成理赔,处理时长可缩短至"秒级"。

目前支付宝的交易资损率已低于 5/10000000（千万分之五），远低于国际同行，被盗已是极小概率事件。而即便发生了被盗的小概率事件，支付宝也承诺 100% 全额赔付。

### （5）积极拓展境外支付业务

除了为国内用户提供服务之外，支付宝还为全球商户提供专业的网上支付方案。2017 年 2 月，隶属于运营商 Globe Telecom 的数字金融公司 Mynt 宣布，将引入蚂蚁金服及菲律宾公司 Ayala 的注资，Mynt 旗下拥有菲律宾最大的电子钱包 GCash。蚂蚁金服与韩国互联网领军企业 Kakao 达成战略合作，双方将一起在韩国推进普惠金融服务。2017 年 7 月蚂蚁金服和马来西亚资产规模第二的银行 CIMB 的子公司 Touch'n Go 成为合作伙伴，双方宣布联手打造本地版电子钱包；2018 年 3 月蚂蚁金服出资 1.85 亿美元购入 TMB45% 股权，帮助 TMB 在巴基斯坦推出的手机金融服务平台 Easypaisa 成为当地版"支付宝"；2018 年 3 月蚂蚁金服与印尼 Emtek 集团推出"印尼版支付宝"的电子钱包"DANA"；2018 年 4 月蚂蚁金服与孟加拉国最大的本地钱包 bKash 达成战略合作，向 bKash 进行投资和技术支持，打造当地版的"支付宝"。2019 年 5 月蚂蚁金服正式获得香港虚拟银行牌照，推动金融科技和普惠金融在香港的发展，用科技为香港的消费者和小微企业带来更多平等的发展机会。2019 年 11 月支付宝推出面向外国游客的"支付宝海外版"。2020 年 4 月支付宝正式开通港澳跨境电子支付服务。香港电子钱包 AlipayHK 成为继内地支付宝及韩国 kakaopay 之后，第三个在澳门投入服务的跨境电子钱包。

## 8.2.5　管理模式

### （1）五维度人才培养体系

员工是支付宝基业长青的基石，也是支付宝能够健康迅速发展的重要保证。支付宝重视员工自身状况，保障员工的基本权益，健全员工发展体系，为员工创造良好的工作氛围，关爱员工的生活，关注员工的职业发展，为多元化的员工提供多种价值实现通道。对人才的培养，重点通过选、育、用、励、汰五个维度重点跟进，帮助员工实现个人价值。选人维度上重点是明确选人标准；用人维度提倡合适的人做合适的事，鼓励员工在内部自由轮岗，在组织层面强制轮岗，从横纵不同领域鼓励人才全方面发展；育人维度重点是以战养兵，实践出真知，在此基础上，加强复盘和沟通反馈，最后是基础的分享，交流和培训，培训的重点在新人和管理层；激励维度上认为工作意义和价值是最好的激励，一群有情有义的人一起快乐地做一件有价值、有意义的事情。在此基础上，有明确的绩效管理体系，鼓励协同，鼓励不断挑战新的目标和高度，鼓励透明、公平的激励体系；人才淘汰维度，对于不适合组织的人，有训练调整，实在不行的进行淘汰。

### （2）平等雇佣关系

严格遵循国家人权、劳工相关的法律法规和国际公约，遵守运营所在地相关劳工政策，制定了详细的反歧视、公平招聘的章程。在招聘、选拔、升职、处分、员工发展、福利和劳动合同终止等方面禁止任何因为人种、肤色、国籍、语言、财富、社会出身、社会地位、年龄、性别、性倾向、种族、残疾、怀孕、信仰、政治派别、社团成员或婚姻状况等歧视。

不使用任何形式的强迫劳工,明确与员工切身利益相关的事项变更的最短通知期。公司不容忍任何由管理层或同事,现场或非现场实施的骚扰。不采用任何形式的体罚、精神或身体压迫或口头辱骂。公司尊重所有员工自由加入或不加入协会的权利,包括工会组织、集体谈判的权利等。依法与员工签订劳动合同,严格按照规定缴纳社会保险,保护员工个人隐私,不断完善劳动用工的管理基础。

**(3)完善的薪酬福利体系**

为了吸引更多优秀的人才,支付宝不断完善岗位薪酬制度,将员工的能力、岗位和绩效紧密结合,创建长效激励,提升员工薪酬的公平性和竞争性。公司完善福利保障体系,在足额缴纳各项法定社会保险,为全体员工保证基本福利的前提下,还为员工提供更多的员工关爱项目。如五险一金,为全体提供养老、医疗、失业、工伤、生育等法定社会保障住房公积金社会福利;年度商保,更好地保障员工在遭受意外事故或患病时的经济利益,为全体员工投保综合福利保障计划,计划包括人身保障和综合医疗保障。同时员工可以选择将符合投保条件的子女、配偶、父母加入自费的保障计划;年度体检,旨在帮助员工及时了解自身和家人的健康状况,早防范、早治疗;健康中心服务,专业团队为员工的健康问题及心理困惑提供专业的指导、培训和咨询等服务,帮助员工及其家人提升身心健康水平;惠民月活动,为员工提供大宗商品(如房产、汽车等),金融类产品(如贷款等)等对员工民生有较大影响的商业特惠服务。除在线优惠内容公布外,每年在4月的和10月组织两次覆盖全集团、多城市的线下优惠活动。

**(4)认真生活、快乐工作的管理理念**

支付宝为员工提供包容、多元、灵动、有趣的工作和生活平台,一个和谐的办公和休闲空间,进而营造一种自由开放的工作环境和温馨的团队氛围,实现"认真生活,快乐工作",支付宝始终倡导的理念。如在具体管理中的"真心话,喝一杯"活动,通畅的员工交流渠道。支付宝通过"真心话,喝一杯"的模式,鼓励新员工下班后用一杯酒的时间,跨部门、跨司龄找师哥师姐聊天,聆听不同故事,为更好地走进支付宝的生活提供通畅的交流渠道。

"蚂蚁战疫情"活动中,2020年3月,为纪念支付宝员工为抗击疫情努力奋斗的这个特殊的春节,支付宝发起"为你点赞,战疫有你"主题活动,并设立了"蚂蚁战疫情"的特别奖项,以激励为抗击疫情挺身而出、做出努力的支付宝人。而这些获奖人共同决定,将奖金捐赠出来,在武汉种下蚂蚁战疫情公益林。

## 8.2.6 资本模式

支付宝由蚂蚁科技集团股份有限公司出资150 000万人民币,100%控股。蚂蚁科技集团股份有限公司起步于2004年成立的支付宝,于2014年10月正式成立。旗下业务包括支付宝、支付宝钱包、余额宝、招财宝、蚂蚁小贷和网商银行等。杭州阿里巴巴网络科技有限公司、杭州君瀚股权投资合伙企业(有限合伙)、杭州君澳股权投资合伙企业(有限合伙)、全国社会保障基金理事会以及置付(上海)投资中心(有限合伙)为蚂蚁科技集团股份有限公司的前5大股东。

### 8.2.7 总结与建议

**(1)成功的经验**

1)安全信用体系解决了买卖双方之间的信任问题

支付宝依托于阿里消费场景建立起大数据资产,以区块链、云计算等技术创新打造护城河,优化移动支付、方便人们日常生活,依托大数据征信和风控让金融资源惠及更多长尾客户。支付宝可以对买卖双方的交易进行记录,为后续交易中可能出现的纠纷提供证据。不管是全额赔付还是交易全程监控,支付宝都充分保证交易双方的资金安全,增加交易双方的信任。它适应了中国网络购物的本土化特征,满足了客户多样化需求,为支付宝吸引了大量"粉丝"。

2)全面的支付体系

商家和客户通过支付宝可以有效地解决钱货不对称问题,银行可以扩展业务范畴,也节省了为大量中小企业提供网关接口的开发和维护费用。支付宝立足自己的信用担保优势,将自己的平台发展成一家一站式互联网金融服务综合体。

3)以互联网思维切入金融科技各个赛道

依托于阿里巴巴、淘宝、天猫等平台的先天优势,已经让众多竞争对手望尘莫及,在巩固市场份额以及对未来的市场开拓等方面产生深远影响。除此之外,天猫、淘宝的交易绝大部分是依靠支付宝实现在线支付的,因此,淘宝平台上庞大的会员群和巨大的成交额有力地支撑了支付宝的发展。通过"爆款产品、开放平台、打造生态"环环相扣,以互联网思维切入金融科技各个赛道,将客户由原来的商家、消费者拓展到金融机构、公益组织、政府部门等,数据、技术、运营经验成为支付宝相关公司的核心竞争力。

**(2)发展建议**

1)科学定位市场边界

支付宝虽然有技术和数据保驾护航,但是花呗等互联网借贷业务存在较大隐性风险,一旦出现极端环境、风控模型失灵,社会隐性成本将难以估量。同时数据安全、用户隐私、垄断等新问题逐渐凸显。目前金融监管力度加大,商业银行强势介入,这就要求支付宝要从宏观审慎角度出发,预判风险,防止系统性风险发生,保护消费者和中小投资者的利益,促进金融科技企业向着合规、普惠、硬实力方向更好发展。随着数字经济、新基建上升为国家战略,科技赋能传统产业、企业级用户需求拓展成为金融科技未来主战场,支付宝相关公司主体积极利用用户积累、数据获取、技术输出等技术,助力金融科技赋能传统产业、企业级用户需求,为国家的数字经济、新基建战略贡献技术优势。具体而言:第一,回归支付本源,提升交易信息的透明水平,遵守市场秩序,防止出现不正当竞争;第二,按照法律法规相关政策经营芝麻信用等个人征信业务,注重用户私人信息保护;第三,落实相关部门的监管要求,设立金融控股公司,保证资金合理流动,关联交易符合规定;第四,完善公司治理体系,按照监管要求认真处理现有金融业务中违规的信贷、理财保险等;第五,在法律法规许可的范围内开展相关的基金证券业务,注重证券类机构治理,合规合法开展资产证券化业务;第六,处理好政务生活服务与主要盈利模式的关系。

2)以消费者需求为导向实现社交互动

自 2010 年第三方支付牌照发放后,第三方支付逐步向政策包容、市场成熟、用户依赖迈进,生活化、移动化和金融化的支付方式使消费者的生活方式和消费场景正在被重塑,同时也使第三支付行业间的竞争加剧,产品和服务以及营销方式虽能迅速被市场复制,支付宝需要合理进行客户维护,提升客户忠诚度。而社交互动是微信与支付宝争夺市场的有效利器,同样也是有效提升客户黏性的重要途径,支付宝需要在原有的社交互动基础上,继续推出更有效、更有针对性的社交活动,以"信任"为中心转向以"社交互动、人文情感"为主。如支付宝可以结合产品功能、创造信息或者活动与消费者需求之间的联系,充分抓住用户自我表现、表达情感、自我形象塑造等,激发消费者参与到互动。

# 8.3 案例 2——微信支付:从微信红包到智慧生活平台

## 8.3.1 基本情况

微信支付是由微信及第三方支付平台财付通于 2013 年 8 月联合推出的移动支付产品,主要为用户和企业提供安全、便捷、专业的在线支付服务。微信支付不仅为个人用户创造了多种便民服务和应用场景,也为企业以及小微商户提供了专业的收款、资金结算、运营、安全保障等解决方案。微信支付通过微信将企业、商品、门店、用户连在一起,深度融入社会众多行业,构成了数字生态共同体。微信支付与公众号、小程序等新生产工具成为众多行业的数字化助手,助力新基建和产业互联网深度融合,大大降低了就业门槛,让中小创业者投身数字经济大潮。目前以微信支付为核心的"智慧生活解决方案"至今已覆盖数百万门店、30 多个行业,用户可以使用微信支付来看病、购物、吃饭、旅游、交水电费等,微信支付已深入人们生活的方方面面。

微信支付的利益相关者涉及商家/个人、微信支付用户、其他商户、政务及生活场景服务主体等,其价值网络如图 8.2 所示。

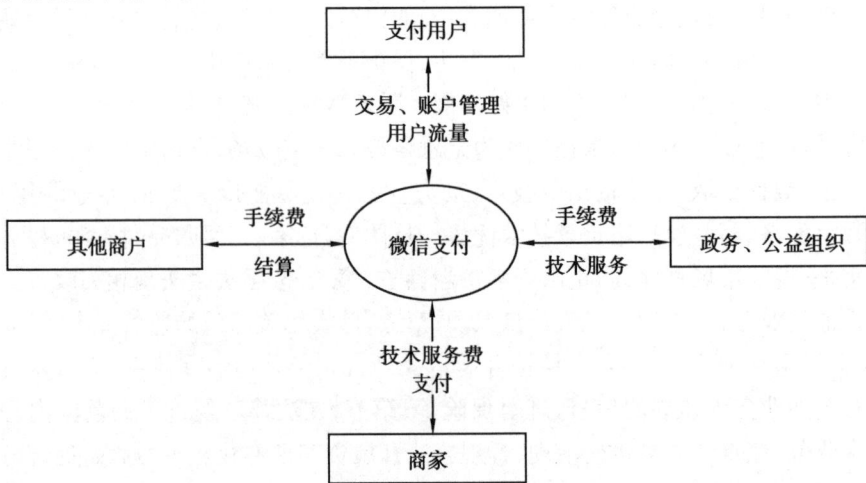

图 8.2 微信支付的价值网络

### 8.3.2　商业模式

**（1）愿景与使命**

微信支付以"不止支付"为核心理念，为个人用户创造了多种便民服务和应用场景，为各类企业以及小微商户提供了专业的收款能力、运营能力、资金结算解决方案，以及安全保障。通过微信把企业、商品、门店、用户连在了一起，让智慧生活变成了现实。

**（2）目标客户**

微信产品推出初期是为了打造一个深度社交应用，随着移动互联网的不断发展以及线上电商的蓬勃发展，在商家和个人用户中不断涌现出资金往来的需求，微信在财付通平台的基础上推出了具有第三方支付功能的微信支付。目前微信支付从线上的好友间转账，延伸到"智慧生活"，把线上线下的商家和用户以及产品联系在一起，为他们提供更为安全、便利的支付方式。微信支付的服务场景已不局限在简单的扫码支付环节，已拓展至交通出行、公益活动、医疗服务、政务解决、理财金融、休闲娱乐等各大范畴。微信支付通过整合本地生活生态，拓宽使用场景的覆盖面，实现从社交工具到智慧生活全生态的转变，其客户包括生活需求客户、本地生活提供者、政府部门、公益组织等。

**（3）产品与服务**

1）第三方支付

作为电子支付工具的微信支付，主要实现在商户和顾客之间的无现金即时交易。微信支付的无现金交易主要依靠微信 App 里的钱包零钱和绑定的银行卡，支付形式包括小程序支付、App 支付、付款码支付、线下用户扫码支付（JSAPI 支付）、H5 支付、刷脸支付等。微信支付是微信 App 的核心业务之一，基于微信庞大的用户基础，这几种支付形式都在生活中应用极为广泛，使得微信支付成为国内主流的支付工具。

2）钱包转账与理财功能

微信支付的转账功能包括直接转账和红包两种形式，可以通过微信好友和微信群聊来实现。微信支付的转账和红包操作消息通知及时，使用方便。微信支付还可以在收付款界面下方通过手机号转账、转账到银行卡，以及面对面红包实现转账。钱包功能包括零钱账户和账单明细、银行卡、亲属卡等功能。微信支付的金融理财主要有信用卡还款、零钱通、理财通项目。用户可以通过信用卡还款窗口实现免费办理信用卡、添加银行卡实现便捷还款服务，以及分期还款记录的显示，还包括信用卡使用和申请相关的最新资讯展示和相关问题解答。零钱通和理财通都是作为理财的一种手段。其中零钱通是腾讯下属公司和多家金融机构合作创建的，由基金销售机构提供货币基金产品的销售服务。用户将资金转入零钱通，即购买其选择的货币基金产品，并享受货币基金收益。

3）生活与公益服务

生活与公益服务包含了日常生活缴费、交通出行、购物消费等模块，手机一键操作便可以快捷缴纳手机话费、生活水电费、燃气费、宽带有线电视、加油费和供暖费等,基本上囊括了最常见的日常生活缴费项目。城市服务里更多包含了看病就医、政务查询和交通出行以及五险一金等的缴费查询入口,集多项服务内容于微信支付内,涉及生活服务内容广泛。微信支付还提供医疗健康和腾讯公益的内容。腾讯公益平台依托移动互联网科技和社交媒体,以社交化、移动化、透明化为主要特色,涵盖公益慈善领域各类议题。腾讯公益广泛连接政府部门、慈善组织、公众和企业,共同打造人人公益的生态,倡导更加理性的公益慈善文化。医疗健康功能提供了在线咨询、预约挂号、疾病百科、医疗资讯等内容,帮助用户足不出户,简单守护身体健康状态。交通出行和购物消费板块更是帮助用户通过微信小程序一键登录对应平台,实现便利交通和快捷购物,既节省了手机内部储蓄空间,又帮助用户综合购物渠道,方便用户消费选择,便捷消费,安全支付。

4)运营服务产品

微信支付通过聚焦互联网与产业生态关系,将数字技术与行业经验深度融合,深入生活行业的现实痛点,将十亿用户与传统产业相连,为每个传统行业提供最优的数字化工具。微信支付向商家提供的运营产品主要有现金红包、代金券、立减与折扣和数据推送等,通过提供相关的运营服务,提升入住客户的经营效率。资金管理及应用是为商家提供安全、便捷、可配置的资金管理功能及各种资金应用。在交易管理中,商户可以在微信支付平台查询交易订单的情况,包括订单状态、订单支付方式、订单成功时间、订单是否享有优惠等,并可以针对某笔交易订单发起退款;账务管理中,为商户提供已结算查询、交易账单、资金账单,从不同维度辅助商户进行便捷的对账。

5)跨境支付产品智能方案

2017年7月微信支付上线全新微信支付境外开放平台,让境外商户的接入门槛降低、接入效率提高、信息透明化。境外商户及服务商只需通过3步即可轻松完成申请,告别以往人工对接、效率不高等问题,进一步降低境外商户接入门槛。境外商户还可以通过开放平台在线查询与微信支付合作的正规海外机构服务商名单。

6)支付分和安全保障

微信支付分根据用户的身份特质、支付行为、使用历史等情况得出综合评分,其中包括实名信息、身份信息的稳定性、使用微信支付的活跃度、使用微信支付分服务的按时支付情况等评分角度,通过综合评分的不同水平可以实现免押金共享租物,先用后付出行交通,优惠先享进行购物娱乐,以及免押金进行住宿预订、享受生活服务功能,用户能够更加方便地享受微信支付,实现生活便利。微信支付的身份认证通过上传身份证正反面以及输入基础个人信息从而完成本人实名认证,据微信支付披露的信息,实名认证的目的是验证用户所绑定的账户是否属于本人,确保账户中的资金只可被提现到用户本人的银行卡中,保障用户资金安全。同时,微信支付内的安全保障服务也是为用户的账户和资金安全提供了进一步的保障,通过数字证书、支付环境保镖、安全锁、金额隐私保护、百万保障多重保护用户资金和支付安全,方便用户放心使用微信支付。

（4）**盈利模式**

1）支付产品的技术服务费

微信支付根据其向商家或个人提供的资金服务支持进而收取一定的技术服务费,微信支付费率与其他平台持平。一是周期扣款,主要包括会员自动续费、周期租赁费、定期还款、定期缴费等周期自动扣款的业务。用户只需授权商家端进行扣款,并在授权同时约定后续扣款周期、间隔时间、扣款金额等信息,授权成功后商家获取授权扣款协议号,后续按照约定的扣款规则进行自动扣款。微信支付平台会按照支付场景和业务内容收取一定的单笔交易费用。二是 App 支付。商家 App 集成微信支付提供的支付能力。在线上收款时用户在商家 App 消费,自动跳转微信平台完成付款,付款后自动跳回。微信支付会根据合作的不同商家按照不同的费率收取服务费,手机网站支付和 App 支付收费类似,此时商户无须开发 App,用户在商家手机网站消费,通过浏览器自动跳转微信 App 完成付款,实现和 App 支付相同的支付体验。三是面向第三方的技术服务。微信提供火车票机票、滴滴出行、京东优选、美团外卖、电影演出赛事、吃喝玩乐、酒店、拼多多、摩拜单车、蘑菇街女装、唯品会特卖、手机充值、信用卡还款、生活缴费等相关服务,也会向这些服务商收取一定的技术支持费用。

2）用户提现手续费

2016 年 3 月起,微信支付开始对转账、提现收费,微信支付对外宣布信用卡还款也要开始进行收费。用户不仅可以利用微信支付内的零钱在微信平台实现收付款交易,同时也可以将零钱提现到微信绑定的银行卡内,在提现金额累计满 1 000 元的情况下,每提现一笔钱就会按照 0.10% 的手续费率,并且手续费用会扣除到小数点后两位。

3）广告费

广告费也是微信支付一个重要的盈利模式,微信支付对商家用户投放在小程序、朋友圈、公众号等场景下的广告收取一定费用。广告主在正式往微信投放广告之前,需要先向微信支付缴纳一定的接入费用。微信支付中的广告收费主要有按点击收费（CPC）和按千次广告展示计费（CPM）两种形式,CPC 收费主要是按点击次数收费,只浏览不点击免费用,CPM 收费形式按浏览次数收费。目前公众号广告和小程序广告多为 CPC 收费形式,朋友圈广告由于是按微信用户的浏览习惯进行广告推送,因此多为 CPM 收费形式。

（5）**核心能力**

1）先进的支付能力

微信支付依靠微信社交平台联合财付通推出的移动支付创新产品,各种业务的开展都以"支付"为核心,支付功能甚至拓展到其他支付和融资平台,在整个业务流程中拥有更专业、更明确的支付目的。微信支付最初的功能较为简单,支付具有一定的局限性,其支付途径也是传统的"输入密码"式的转账方式。微信支付也及时应用了"付款码"的概念,简化了转账流程,极大便利了人们的支付方式。微信支付从产品体验的各个环节考虑用户心理感受,形成了整套安全机制和手段。这些机制和手段包括:硬件锁、支付密码验证、终端异常判断、交易异常实时监控、交易紧急冻结等。这一整套的机制将对用户形成全方位的安全保护。

2）灵活的资金应用场景

微信支付致力于为用户和企业提供安全、便捷、专业的在线支付服务，以"微信支付，不止支付"为核心理念，基于客户对于消费场景多样化与支付快捷的需求为个人用户创造了多种便民服务和应用场景。同时为各类企业以及小微商户提供专业的收款能力、运营能力、资金结算解决方案，以及安全保障。用户可以使用微信支付来购物、吃饭、旅游、就医、交水电费等。企业、商品、门店、用户通过微信连在了一起，让智慧生活变成了现实。微信支付在金融理财方面开发了零钱通、信用卡还款、理财通等理财项目。零钱通和指定货币基金对接，用户将零钱或者银行卡的资金存入零钱通，可获得高于银行定期存款的稳定收益。微信支付平台还依据用户信用卡的消费和交易行为，在此基础上形成支付分，用户可以利用支付分免押消费，增强用户黏性。

3）构筑强大的智慧生活体系

依托自身成熟的云计算能力、强大的社交平台和丰富的用户基础，微信支付构建了统一的生活政务平台。通过云政务、智慧城市、数字化推动经济发展等措施，微信支付与企业、服务商、政府，以及生态共创开发智慧场景与智慧升级产品，并不断推动产品应用创新，将数字化技术融入，改变着人民的生活。如微信支付结合自身产品和服务内容，助力解决缴税、社保、工商等政务服务中常常出现的"办事难""办事慢"等问题，通过便捷、快速的使用方式，节约人们寻找服务入口的时间与精力，帮助民众节省出行、排队时间。微信支付通过技术创新也帮助政府部门节省人力物力，提高政府效能和民众满意度。

4）产品体系信用化

微信支付将互联网信用体系延展应用到相关生活应用层面，进一步提升了用户对微信支付的依赖程度。微信支付主要基于用户在互联网上的各类消费数据及行为数据，通过挖掘和信用表现有稳定关联的特征，形成身份特质、支付行为、使用历史几个维度的信用评价体系。目前微信支付中的一部分业务板块已经基于信用评价体系展开，应用已经覆盖共享租物、出行交通、购物娱乐、生活服务、住宿预订等上百个场景为用户、商户提供信用服务，普通老百姓能够简单、直观地感受到信用的价值和便利。腾讯征信则利用腾讯平台的活跃用户，基于用户使用社交、门户、游戏、支付等服务，通过海量数据挖掘和分析技术来预测其风险表现和信用价值，为其建立个人信用评分，并通过多渠道让用户建立起"信用即财富"的观念。

5）基于社交黏性的海量用户

微信支付的产生是基于移动通信的迅速发展和线上商家和交易量不断增加的背景，此时，商家和消费者两端的流量资源直接支撑微信支付的支付功能，众多电商用户也成为微信支付发展的起点，积累了大量电商用户。微信支付的下游有零钱通、理财通等系列基金，以及信用评价和应用体系，这些应用构成了巨大的规模效应。在发展过程中，微信由单纯的社交平台转型为包括社交、线上线下交易、生活服务、金融理财在内的综合性平台，使微信支付平台用户不断增多。随着微信支付向数字生活开放平台转型，其在客户的覆盖、产品业务的拓展方面有着巨大潜力，其服务范围从休闲娱乐到政务服务、从生产到生活、从消费到支付、从网购到理财，服务无边界。全方位覆盖生活场景使得微信支付在中国的非金融机构第三方支付平台中具有强有力的核心竞争力。

### 8.3.3　技术模式

#### （1）AES-256-GCM 加密技术

为了保证交易的安全性,微信支付在回调通知和平台证书下载接口中,对关键信息进行了 AES-256-GCM 加密。AES-GCM 是一种 NIST 标准的认证加密算法,是一种能够同时保证数据的保密性、完整性和真实性的一种加密模式。证书和回调报文使用的加密密钥为 APIv3 密钥,该密钥基于 HTTPS 协议。而 HTTPS 提供了微信支付服务器的身份认证,并保护传输数据的私密性和完整性。

APIv3 密钥使用基于非对称密钥的 SHA256-RSA 的数字签名算法,遵循统一的 Restful 的设计风格,使用 JSON 作为数据交互的格式,仅支持 UTF-8 字符编码的一个子集,使用一至三个字节编码的字符,不再使用 XML、MD5 或 HMAC-SHA256。由于加密密钥 APIv3 与 API 密钥是隔离的,进行密钥设置时,不会导致 API 密钥发生变化。APIv3 密钥遵循统一的 Restful 的设计风格,使用 JSON 作为数据交互的格式,不再使用 XML,这些技术的使用为微信支付提供了安全保障。

#### （2）TBase 数据库管理

TBase 数据库管理可以支撑微信支付中百 TB 级数据规模的高并发交易型业务和等量级数据规模的分析型业务。该技术采用分布式架构的标准关系数据库系统,支持 ANSI SQL-99/2003 标准,支持 JDBC/ODBC 标准接口,继承关系型数据库 ACID 的事务属性,适用于 OLTP 海量交易和 OLAP 海量数据处理等场景。TBase 数据库管理还支持集群在线扩容,通过动态向集群加入新主机实现集群数据存储和计算能力的线性提升,按需解决业务快速增长的扩容问题。TBase 在线扩容对业务透明,即保证数据高一致性的同时不影响业务服务的连续性。针对业务数据散列(sharding)存储后出现的分布不均匀问题,TBase 结合多种数据分布策略,识别倾斜数据,并采用二维散列逻辑实现存储和负载的均匀化,有效解决业务数据倾斜问题,保证不同数据规模的业务交易处理具有一致的响应性能。

#### （3）Hermes 实时多维分析平台技术

目前微信支付日志单日最大入库总量已达到万亿级,单日入库存储量达 PB 级,而在春节等重大节假日,预计整个日入库规模会有进一步的增长。微信支付日志业务采用的是 Hermes 集群,单集群日入库规模也已经突破了万亿级每天,节点部署有二百多台,单集群存储总量达到 PB 级。Hermes 实时多维分析平台基于搜索引擎技术,实现索引和搜索功能,可根据用户自定义数据分析需求,对多个字段进行关键字全匹配或模糊匹配检索,并可对检索结果集进行分组、排序、计算等统计分析操作。

### 8.3.4　经营模式

#### （1）由社交平台向支付工具延伸

微信 App 最初被腾讯公司定位为一款社交工具,这是微信的基本属性,它可以通过手机网络发送语音、图片、视频、文字等。随着个人移动终端的不断发展,以及线上电商的不断兴起,线上支付的需求不断增加和移动网络技术的进步和发展,微信平台不仅仅作为社交平台发展,更向支付理财工具延伸。微信支付基于社交化的应用场景快速拓展了第三方支付市场,尤其是凭借"微信红包"功能吸引了大量新用户,逐渐从第三方支付市场中处于垄断地位的支付宝手里"抢走"半壁江山。2014年微信红包在除夕到初八这段时间里吸引了超过800万的用户参加,共有超过4000万个红包被领取,微信红包引发了越来越多人的关注和参与。2015年春节微信支付联手央视春晚,让摇红包成为春晚的互动方式,除了现金红包之外,用户还可以摇到祝福语、互动页面、祝福贺卡,甚至上传全家福等等,这都让红包内容更加丰富和生动。微信支付通过春节期间新增的"拜年红包"以及除夕前期的预热活动有效培养了用户使用微信支付的习惯。微信支付除向个人开放红包的支付方式之外,还向商户、服务商全面开放。通过微信支付模块实现线上好友间的转账、发红包,再发展到购物消费、交通出行和金融理财,实现了线上线下相结合的商家和用户的交易功能。同时通过和理财通合作,保障微信支付过程和资金的安全性,形成线上线下相互连通的完整通道。此时微信支付已经让微信不再局限到社交领域,而是基于社交化的支付场景满足多样化的生活需求。

### (2)基于数字化优势服务中小商户数字化转型

微信支付结合企业需求,以开放的理念和技术为相关当事人制定专属、个性化、全流程服务,提升企业运营效率,降低运营成本。针对线下中小商户的获客成本高、收入压力大、存量维系难等市场痛点,通过微信支付、小程序,建设微信生态体系,为中小商户提供数字化经营工具,帮助企业积累客户偏好数据。微信支付通过嵌入运营商全渠道、全流程管理,提高支付效率,提前预测销售量,提升店面选址效率,尤其是解决线下现金清点及运输问题。微信支付借助微信公众号、小程序的强大生态,获取去中心化流量,壮大运营商用户触达能力,全面促进用户活跃及业务发展。通过数字化技术优势帮助中小商户破解获客难、留客难、记账算账难、管理门店难等实际经营难题,提供便捷、优质的客户服务,助力运营商提升用户服务水平和业务发展效率。

微信支付还结合自身多渠道的数据来源、完备的产业体系、成熟的技术能力、完善的一体化自立模式、快速的服务计入等自身流量、数据、技术与生态优势,通过腾讯优评、腾讯优Mall、腾讯优客、营销风控等智慧零售行业产品,实现从线上到线下的智慧连接,优化零售业务场景。微信支付还为零售行业提供安全可靠的架构,帮助线下零售业态提升营销、门店管理以及数据分析效率,助力产业数字化升级。

### (3)多元化的产品推广策略

在进行市场拓展时微信支付采取免费策略,而商业银行支付结算业务都会收取一定的费用。在此背景下,微信支付的免费策略以较快的速度获得用户认可并且快速抢占支付市场,形成巨大的用户规模。如目前微信支付商家可免费申请多款式二维码,直接张贴或者摆放在店铺内供用户用微信支付,扩大了微信支付的市场。微信支付还形成了其他多形式的支付方式,例如:付款码支付、小程序支付、Native支付、App和H5调用微信支付、刷脸支付等形式,多场景和多形式的微信支付方式帮助微信支付实现更大范围地推广,提高微信支付的活跃度,提升微信支付的用户量。

#### (4)红包推广策略快速拓展市场

微信支付基于社交化的应用场景快速拓展了第三方支付市场,尤其是凭借"微信红包"功能吸引了大量新用户,逐渐从第三方支付市场中处于垄断地位的支付宝手里"抢走"半壁江山。2014 年微信红包在除夕到初八这段时间里吸引了超过 800 万的用户参加,共有超过 4000 万个红包被领取,微信红包引发了越来越多人的关注和参与。2015 年春节微信支付联手央视春晚,让摇红包成为春晚的互动方式,除了现金红包之外,用户还可以摇到祝福语、互动页面、祝福贺卡,甚至上传全家福等等,这都让红包内容更加丰富和生动。根据微信官方提供的数据显示,微信春晚"摇一摇"向全国人民发放 5 亿现金红包,除夕当日微信红包收发总量达到 10.1 亿次,在 20 点到次日凌晨零点 48 分的时间里,春晚微信摇一摇互动总量达到 110 亿次,互动峰值出现在 22 点 34 分,达到 8.1 亿次/分钟。微信支付通过春节期间新增的"拜年红包"以及除夕前期的预热活动有效培养了用户使用微信支付的习惯,进而打破了支付宝在网络支付市场中的垄断地位,获取较广阔的市场份额。

#### (5)打造安全信用和支付体系

目前微信支付绑卡用户已超过 8 亿,已与近 400 家银行进行合作,并拥有超过 3 万家服务商。为了保障商家以及用户的账号和资产安全,微信支付设置了完善的身份信息认证和安全保障体系,严格认证个人身份信息,保证个人微信支付账户和银行卡联系的安全性,并且通过数字证书、支付环境保镖、安全锁、金额隐私保护、百万保障五重保护,保护用户支付环境的安全。同时联合中国人保,保障用户账户资金安全,在用户使用微信支付期间微信支付账户因被他人盗用而导致的资金损失,按损失金额承诺赔付,不限赔付次数,每年累计赔付金额最高 100 万,用户在安全保障内进入赔付流程就能开始赔付。

#### (6)积极拓展境外支付业务

2018 年 10 月 1 日起,微信香港钱包正式为香港用户提供内地移动支付服务。用户于内地商户消费时,微信香港钱包会将所需支付的人民币金额自动换算为对应的港币金额。服务推广期间,用户使用微信香港钱包在内地商户消费,无须支付手续费。微信支付与 LINE Pay 在日本东京举行发布会,宣布双方将合作在日本共同推广移动支付。此外,为进一步提高影响力,微信支付还将利用自身社交功能的优势,开发各种促销产品,为消费者提供分享交流购物心得的平台。2020 年 2 月上旬,微信支付取得了尼泊尔央行的运营牌照。2020 年 7 月 28 日,中国工商银行(土耳其)股份有限公司、腾讯、伊斯坦布尔新机场运营公司和新机场免税店联合举办微信支付业务线上签约活动。目前微信支付的跨境业务已经支持 49 个国家或地区的合规接入,支持 16 种货币的交易。

### 8.3.5 管理模式

#### (1)弘扬包容文化

作为腾讯集团重要产品的微信支付,同样具有腾讯集团重要的管理理念和模式。该公司支持员工试错,鼓励员工独立思考。员工有任何创新想法都可以和负责人沟通,只要有一定的成功率,公司都会给员工配置所需的一切资源,帮助员工将创新想法落地。同时还坚持正直价值观,严惩"高压线"触犯者。将正直理念扎根于腾讯人心中、融入腾讯人血液,确保腾讯人"知、言、行"的高度统一。公司充分尊重每一位员工,鼓励员工发挥主人翁精神参与公司发展,为广大员工提供有效的民主管理渠道、搭建畅通的沟通平台,保障员工的民主权利。

### (2)多层次培训推动员工成长

腾讯希望通过完善、全面、科学的培训体系助力腾讯人成为独立思考、全面发展的人,激发每个人的活力。腾讯一直高度重视员工的发展,建立了专业和管理"双通道"职业发展体系,帮助每个员工结合自身意愿制定全面的职业发展路径。在实现能力提升的同时,每个腾讯人的成长贡献都能通过职级体系得到及时明确的体现。

### (3)为员工提供全面福利

微信支付坚持人才是最宝贵的财富,为员工提供具有市场竞争力的工资,并根据工作和岗位需要提供通信、交通、派驻、差旅等补助或津贴。为体现员工与公司的共同成长、共同分享的理念,还在年底为员工发放绩效奖金和服务奖金,颁发"星级员工""星级团队"等专项奖励。员工享受全方位的健康管理,包含年度体检、24 小时健康咨询顾问、健康餐饮、运动场馆、专业私教、"心灵解压舱"心理咨询服务等。在五险一金等基础保障外,还为员工及其家属提供可灵活定制的专属商业保险,减轻其医疗负担。

### (4)平衡员工工作与生活

该公司注重平衡员工的工作和生活,开展别具一格的腾讯文化日、暖心有爱的家属开放日、场面宏大的圣诞晚会等缤纷多彩的文娱活动,帮助员工缓解工作压力,丰富员工业余生活,满足员工精神文化需求。公司设置腾讯文化日、开年"派利是"、家属开放日等活动,其中,腾讯文化日是每年腾讯的生日(11 月 11 日),所有腾讯人都会穿着由自己同事设计的充满腾讯特色的文化衫,共同度过盛会般的一天。通过文化日活动,增强了员工之间的凝聚力,形成了团结友爱、积极向上的良好氛围;家属开放日基于"从家到家,同样温暖"的理念,腾讯的发展离不开辛勤付出的员工,也离不开默默支持的家属。每年 7 月,腾讯通过举办家属开放日,在衷心感谢家属的同时也让家属更理解、支持员工的工作。

## 8.3.6 资本模式

微信支付是财付通与微信的一个支付产品,其资本来源主要依赖于财付通及其母公司腾讯集团。根据天眼查数据显示,目前财付通分别由深圳市腾讯计算机系统有限公司和深圳市世纪凯旋科技有限公司两个公司持股,前者认缴出资 95 000 万人民币,持股 95%,后者认缴出资 5 000 万人民币,持股 5%。2010 年 12 月注册资本由 10 000 万元人民币变更为50 000万元人民币,2014 年 6 月实收资本由 50 000 万元人民币变更为 100 000 万元人民币。

财付通还持有金保信社保卡科技有限公司和网联清算有限公司两家公司股份,对前者投资 7 500 万元人民币,持股 15.00%,对后者投资 19 220 万元人民币,持股 9.61%。

### 8.3.7　总结与建议

**（1）成功的经验**

**1）基于社交化的支付场景深耕生活服务领域**

微信是一个天然的高黏性的社交平台，因此微信支付不仅局限于第三方支付，还通过微信的社交性进行品牌维护、口碑营销以及产品推广。再加上微信支付通过多重身份认证和安全保障，保护用户的资金和支付安全，实现用户的安全交易，并且标出具体的保障赔付措施，加深了用户的资金在平台上使用的信任度。随着移动互联网的不断发展，用户对生活便利化的需求不断提升，微信支付在场景化发展中也不断深入，满足用户的切实需求和生活化，实现了金融理财、生活服务、交通出行和购物娱乐的多样化发展，用户立足于社交应用实现生活便利化，微信支付也得以保持高活跃度。

**2）深厚的用户基础**

微信支付依托于微信用户得以不断发展，2021 年腾讯最新财报显示，微信月活跃用户突破 12 亿，成为中国互联网历史上第一款月活用户突破 10 亿的产品。基于深厚的用户基础，依靠微信的活跃度，加上微信支付的智慧化发展，微信支付应用的广泛性和用户活跃度可以预见都会出现显著的提升。微信支付相关的微信小程序已深入电商、零售、生活服务、政务民生等多个行业，人们也越来越习惯在各种生活场景中使用小程序。

**3）多样化的支付形式**

微信支付的多样化支付形式也是微信支付不断发展，占据市场地位的重要工具，除了较为传统的扫码转账支付外，小程序支付、Native 支付、App 和 H5 调用微信支付、刷脸支付也是微信支付得以占据重要市场地位的重要因素。商家可以为顾客提供更加多样化和便利化的支付手段，提升用户的支付体验，商家和用户关系在支付工具上实现良性循环，从而在微信社交的基础上进一步增强商家和用户对于微信支付的黏性。

**（2）发展建议**

**1）保护用户隐私，合理定位产品功能**

注重对用户数据资料及其他敏感资料的隐私保护，坚持合法合规经营，进一步将公司内部合规政策纳入关于隐私保护的法律及监管要求，设立专门隐私团队，制定严格程序收集和处理用户数据资料。在新产品推出前进行隐私风险评估，对员工进行隐私保护相关培训。在数据安全技术上，进行科学的数据加密、数据脱敏、去识别化、量子加密等，通过事前防范、事中保护和事后追溯，全方位保障用户数据安全。

**2）打通信用评估循环，提升产品应用场景**

微信支付的信用评估由支付分来具体呈现，支付分主要受用户身份特质、支付历史、使用历史三者综合得出，而且支付分在微信支付中主要用于生活娱乐的免押免租金等项目的使用，适用范围偏小，权威性偏低。为了提高微信支付分的权威性，可以增加多重因素考察用户的信用程度，从而得出评估分数。同时支付分也可以更多应用于具备严肃性的场景化应用而不仅仅局限于生活娱乐方向，总体提高用户的信用度，可以帮助微信支付丰富金融理财等场景应用,提高微信支付对用户的吸引力。

## 8.4 案例3——云闪付:银行业统一的移动支付平台

### 8.4.1 基本情况

云闪付是在中国人民银行的指导下,于2017年12月由中国银联股份有限公司联合众多商业银行共同开发建设、维护运营的移动支付入口,是银行业统一的移动支付平台。云闪付聚合了银行业与中国银联的金融业资源,以跨行账户管理为核心,融合二维码支付、无卡支付、刷脸支付、手机闪付等多种支付方式,成为一个集转账、零手续费信用卡还款、财富管理等一站式金融服务平台。

消费者可以通过云闪付进行各类银行账户的绑定和管理,并使用各家银行的移动支付服务及优惠权益,如银联二维码扫码支付、各类手机Pay开通申请、信用卡全流程服务、Ⅱ、Ⅲ类账户开户、个人实时转账、各类场景消费支付等。目前云闪付支持40多家银行在线申请700余种信用卡,支持150多家银行信用卡0手续费还款、600多家银行借记卡余额查询。同时,云闪付App可在境内外超过2 000万家线下商户使用,基本实现电子账户的联网通用,境外61个国家和地区已支持包含银联二维码和银联手机Pay在内的银联移动支付服务。2021年6月,中国银联联合商业银行、主流手机厂商、重点合作商户及支付机构,发布银联统一收银台及全新的银联手机闪付。

云闪付通过搭建开放全面的服务平台,自推出以来便成为众多消费者的支付、财富管理、生活、政务的金融服务管家。一方面,云闪付通过聚合银行业务场景提供移动支付、银行卡管理、资金财富管理、优惠活动、政务服务等进而获取消费者;另一方面,云闪付又基于消费者用户的活跃实现银行业务场景的活跃。云闪付所提供的便捷金融服务和生活服务快速得到用户认可,使其在移动支付市场上占据一席之地。

云闪付的价值网络以云闪付为核心,解决用户日常高频次支付需求和银行账户管理需要,其相关主体主要有用户、商户、银行、监管机构等,如图8.3所示。具体而言,银行持卡用户是云闪付的直接使用者,也是云闪付发展的基础;云闪付中的参与商户同样也是云闪付发展的重要基础,这些商户主要对支付、资金结算等金融服务有强烈需求,也为云闪付提供用户流量数据等;银行也是云闪付相关业务的主要支持者,只有具备了银行卡账户才能开始有金融业务,银行凭借银行卡发行就具备在支付环节中的自身业务,进而存在获取固定收益的可能;中国人民银行和支付清算协会主要担任监管机构的角色,保证云闪付以及其他支付工具能够合法合规经营,保证正当的市场竞争。

### 8.4.2 商业模式

#### (1)愿景与使命

作为银行业统一移动支付平台的云闪付是中国银联重要的支付产品,其同样坚守"支付为民"理念,践行支付为民,积极防控支付风险,引领产业发展,构建安全稳定支付环境。云

```
                          ┌──────────┐
                          │  支付用户  │
                          └──────────┘
                               ↕
                         交易、账户管理
                          用户流量
                               │
  ┌──────────┐   银行账户发卡          指导监管   ┌──────────────┐
  │  商业银行  │ ←─ 支付结算 ─  云闪付  ─ 接受监督 → │ 中国人民银行等 │
  └──────────┘   支付渠道              └──────────────┘
                               ↕
                          技术服务费
                            支付
                               │
                          ┌──────────┐
                          │   商家    │
                          └──────────┘
```

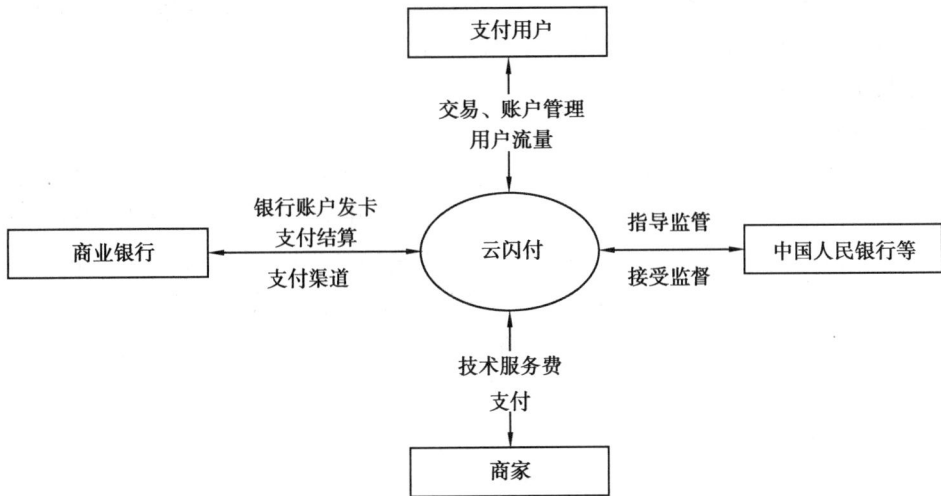

**图 8.3　云闪付的价值网络**

闪付还围绕百姓日常生活的刚需场景,在部分领域推动了行业整体支付方式的迭代跨越,云闪付还积极构建产业同盟,推动各方协同发展增强产业合力。云闪付通过追踪、分析小微企业消费数据,服务小微企业综合授信、融资增信,为银行客户识别、风险管理、融资信贷等提供支撑,助力民营经济和实体经济发展。与此同时,云闪付也努力为股东、客户、员工等在内的所有利益相关者和社会持续创造价值。

（2）**目标客户**

云闪付的客户是各个银行的持卡者,多数人属于具有一定经济能力的青年和中年群体。云闪付以金融服务、生活服务的相关优惠信息为出发点,又兼备扫码支付的第三方支付功能,再加上中国银联的品牌效应,用户对云闪付的认可度与银行地位大致相当,对其有着更高的信任感。

云闪付还支持全国商业合作机构和符合安全技术要求的行业机构接入。云闪付页面向个人用户推送相关优惠满减、立减信息,可帮助入驻商户获取客户,提升商品销量,进而提升商户收益。

（3）**产品与服务**

1）移动支付服务

一是二维码支付。二维码支付产品是云闪付的成员机构重要的移动 App 应用,也是一个重要的跨行转接交换产品。通过二维码、条形码等交互方式,实现了个人之间、个人与商户之间,以及商户之间的资金收付、消费、转账和取现等功能。云闪付向商户等群体提供银联二维码,商户可以进行快速收单接入,付款人通过扫取小微商家的收款二维码后,交易信息经银联转接处理后,通过类"转账"的方式,实现跨行、面对面的"实时、便捷"小额支付。产品适用菜场、流动摊点等日常民生场景,外卖、物料等货到付款场景,农村普惠金融场景等。小微商家可选开通信用卡支付,纳入收单业务管理范畴后与收单机构签订收单业务协议,接受相应管理。二是无感支付。云闪付 App 无感支付又称云闪付签约免密支付,用户授权签约后即可在额度范围内进行免密支付。商户凭借签约协议号发起后台扣款,这一产品功能主要适用于小额高频、定时扣款、先用后付场景。

2)银行卡账户管理

云闪付 App 一键绑卡业务中,用户向内容服务方授权,可以将当事人的银行卡聚合到云闪付 App 中。云闪付的接入合作方较多,一键绑卡接入合作方包括全国多家大中小银行、非金机构等。云闪付 App 还提供Ⅱ、Ⅲ类账户管理服务。作为合作的Ⅱ、Ⅲ类银行账户产品面向用户的操作入口,云闪付 App 将向用户提供合作账户产品的全生命周期管理功能。此外,合作账户产品在云闪付 App 绑卡、手机 Pay 开通、消费使用等功能上,后台逻辑与Ⅰ类银行账户完全相同。不同之处在于,将根据Ⅱ、Ⅲ类银行账户的特点,在云闪付 App 上采取特殊的前端交互流程,引导持卡人更好地使用相关功能。

3)信用卡申请

云闪付 App 在线申卡平台是中国银联推出的信用卡在线申请的综合服务平台,基于云闪付广泛、优质的客户群体,为银行机构信用卡申请提供引流服务。这一在线申卡平台是依托云闪付亿级用户为发卡机构提供信用卡发卡引流服务,云闪付在线申卡平台采用全字段接口并支持持卡人查询申卡进度,旨在简化用户申卡流程,提高用户申卡转化率,提升用户体验,从而打造一站式信用卡申请综合服务平台,助力发卡机构信用卡的发行,以应对互联网信贷产品的市场冲击。自平台上线以来,依托于云闪付 App 强大的业务场景,从申卡,核卡,激活到活卡都保持着业界领先的转化率。

4)外部授权支付接口

云闪付授权登录产品可以向云闪付合作商家或者行业机构的 App 输出云闪付用户信息产品。云闪付 App 作为银行业统一 App,通过建设自身开放能力,实现云闪付 App 的支付、营销以及支付场景(持续建设中)能力以 H5 的形式开放给合作机构,通过外部授权支付接口可以帮助合作机构迅速获得统一标准的支付能力、营销能力以及应用场景,保持统一的用户体验,实现资源的共享。目前云闪付已经支持全国大部分商业合作机构和符合安全技术要求的行业机构接入。

5)面向线下商户的增值服务

为银行、收单等机构用户、商户用户提供精准营销服务。精准营销服务是基于银行卡信息交换网络,为商业银行和商户提供开放式的精准营销服务,依托银联网络和云闪付 App,对外提供多种 O2O 营销工具帮助各方开展营销活动,提升营销效果和投入产出比。包括奖励直接发放、资格抽奖、优惠券对接等接口。可应用于银行、机构、商户等,借助银联网络实现营销服务。云闪付还为商户提供票券承兑相关服务。查询用户信息,根据优惠券代码查询该票券历史交易明细。

6)面向银行的营销服务

云闪付的营销产品是基于中国银联营销增值服务平台和银联卡跨行网络打造的面向银行、收单机构和商户的一个 O2O 全流程闭环营销产品,为各方提供票券、消费立减等营销形式,满足各方多样化的营销诉求和营销场景。优惠权益展示产品集合了各合作机构和商户的优质营销或权益信息,为持卡人提供查询银联卡好处的内容平台。用户可通过云闪付

App 浏览、查询、选择各类银联卡优惠和权益。

7) 用户生活服务

云闪付智慧生活主要包括水电燃气、周边美食、云闪付商城、智慧停车、手机充值等,云闪付商城中还有众多知名品牌商入驻。云闪付还提供优惠与权益,用户可以实时查看周边优惠,一站式查询专属权益。

8) 政务服务

云闪付还为用户提供征信报告查询、公益活动、党费缴纳、公积金查询、医保服务、社保缴纳等相关的政务服务。如云闪付联合中国人民银行征信中心提供了个人信用报告查询服务,目前,云闪付个人信用报告查询服务扩围至 36 个城市,自这一功能上线以来服务超 200 万人次,为超过 30 万人提供了个人信用报告,后续将持续扩大服务范围,帮助更多用户安全、便捷获取本人信用报告。

(4) **盈利模式**

云闪付主要为商业银行提供一个统一的移动支付平台,其重要的功能是为各个银行带来用户流量,通过用户基础促进银行业务发展,继而提升用户体验,促进用户的增长。在此基础上,云闪付在以下几个方面还存在一定的盈利可能性。

1) 支付产品服务费

云闪付向商户提供统一收银台、二维码支付、刷脸付、无感支付、手机网页支付、外部接入云闪付支付等支付产品,这些产品可在网络商城、无人超市、加油站、线下超市等支付场景使用。商户使用某些支付技术或者特定的支付场景时,需要向云闪付交纳一定的技术服务费或者进入服务费。

2) 技术服务费

云闪付向商家提供一些相关的小程序,向合作伙伴开放云闪付 App 的用户流量与产品能力,为用户提供多样化产品与服务,全面助力合作伙伴经营升级。云闪付还向银行、收单机构等机构用户、商户用户提供精准营销服务,如为这些商户提供优惠券、定向红包等营销工具,还针对这些商户的经营特点,提供跨场景营销、单品营销等产品形态,进而提升他们的营销效果和投入产出比。云闪付通过向合作伙伴提供营销服务为云闪付的未来经营提供持续的盈利增长点。

3) 会员费

云闪付上线了 62VIP 会员,这也是中国银联在会员体系上的一次新探索。这一会员卡中,用户每年需要交纳 62 元会费,在未来云闪付还将推出月卡、季卡会员,这些都将为云闪付带来一定盈利的可能性。

(5) **核心能力**

1) 品牌与资源优势

云闪付是由中国银联与各商业银行共同推出的移动支付平台,银行是其背后重要的经营基础,这也是用户对云闪付认可的重要因素。长期以来,中国银联在传统银行卡之间的支付清算、收单、资金财富管理等业务方面占据主导地位,再加上众多商业银行的加入,这也为云闪付的经营推广进行了一定的背书,在银联的品牌地位与银行的参与方经营的双重叠加下,保证了云闪付的市场地位。除了中国银联的品牌效应外,中国银联的基础设施也为云闪付的快速发展提供了保障,如中国银联已经建成完备的资金转接清算系统,能够为银行等相关机构提供安全便捷的资金清算业务;中国银联还拥有广泛的渠道系统、综合业务平台,具备优质的供应商与渠道分销商。

2)多样化的支付生态体系

云闪付除了汇聚了二维码支付、在线支付、POS 支付等支付外,还提供了众多的支付应用场景。云闪付强大的资源整合能力覆盖了所有商业银行的银联卡种,除了具备生活场景服务、民生服务等方面的移动支付功能之外,云闪付也兼具有大部分商业银行手机银行的功能,能够在客户服务上实现普适性与差异化的协同。在强大的支付技术支持下,云闪付也为商户也提供了全面的营销服务体系。云闪付向大型连锁企业、旅游 OTA、汽车销售集团、跨境电商等中心平台企业提供符合资金监管要求的支付资金多级结算服务,支撑入驻品牌、加盟商、运营方等不同角色的资金清算需求,推动大商户 AT 业务、资金结算业务接入银联网络。云闪付对外提供的服务还有小微商户入网、商户收款、店铺管理等基础商户服务,并具备银行、收单、服务商等机构的内容接入能力。机构可通过将内容接入云闪付商户通 App,为商户提供增值服务的同时,增加机构产品的曝光率及受众率。云闪付通过在餐饮、蛋糕鲜果、商旅出行、生活便利、视听娱乐、艺术摄影等品类的数字礼券等营销服务内容,通过打造服务商自主创新的服务生态,助力商户获取增值服务收益。

3)多重安全交易保障

作为中国银联重要产品的云闪付同样对业务安全问题非常重视,一直致力于保障持卡人、成员机构、商户等的信息安全。云闪付通过银联安全应急响应中心(USRC),强化与安全业界各方的密切合作,来提升云闪付的整体安全水平。云闪付还借助 USRC 平台与安全业界各方人士深入合作,共同打造安全的银行卡产业生态圈。与此同时,云闪付紧跟技术发展趋势,深入应用金融科技,借力大数据、云计算、物联网、人工智能以及区块链等新兴技术,创新支付发展,为产业各方提供更安全、全方位、多层次、立体化的支付清算服务,不断创新支付生态、拓宽支付场景,满足产业各方和用户的需要。

### 8.4.3　技术模式

#### (1)云服务技术

云闪付基于中国银联的云支付终端及云终端后台系统项目,其中中国银联基于云计算的电子支付和电子商务综合服务平台项目是国家云计算示范工程项目,云支付终端及云终端后台系统项目是其中一个子项目,该项目称为云服务(云 POS)产品。该产品包括云支付终端(云支付终端硬件、Android 操作系统定制、银联支付应用客户端、银联应用市场客户端),以及云支付终端后台(银联支付应用后台系统、银联应用商店、银联云终端商户服务平台、银联云终端管理平台)。

银联云服务(云 POS)产品是银联联合各方资源、针对 B 端合作客户提供基于云终端的综合支付解决方案。银联即是资源整合方,整合了餐饮、物流、金融、电商、商超等行业方案提供方(以下称应用开发商)、云终端厂商,银行、非金机构等收单方及商户拓展方,银联支付通道及其他第三方支付通道;银联又是平台服务方,建立了公共、开放的银联云服务平台及平台运营规则,B 端合作客户(买方),行业方案提供方、云终端厂商、收单机构及商户拓展方(卖方)通过该平台及配套运营服务进行业务撮合,并达成合作意向。

### (2)安全交易技术

云闪付基于中国银联系列安全交易技术,确保用户资金安全,主要内容有银联黄牛侦测服务、多维度细粒度的安全攻防平台、智能计算新架构、区块链等。其中,银联黄牛侦测服务由中国银联自主研发,是利用人工智能技术对用户行为进行建模、预测用户行为是否安全、判断是否为真实人类行为的服务,基于千万级大数据价值探索实现黑产欺诈交易风险智能防范。

## 8.4.4　经营模式

### (1)构建多场景的移动支付生态体系

云闪付打造以支付为基础、以金融服务为核心的开放式平台,在电子账户赋能、场景赋能、商户服务、支付增值服务共享等方面着力提升服务能力,营造规范、健康的移动支付生态体系。基于云闪付合作伙伴开放平台,近千家服务商围绕云闪付产品服务完善和场景建设共同发力,应用轻量化收款方案、云码枪、云喇叭等增值服务工具,为包括小微商户在内的广大用户提供更加个性化、多元化的增值服务。同时,通过风险商户黑名单、服务商评级、商户交易追溯查询等信息共享服务,保障用户交易安全,规范市场创新发展。

云闪付以支付结算、银行卡及财富管理等功能体系为牵引,推动银行业务场景带动用户活跃。而用户的活跃带动银行业相关业务的发展,如云闪付持续开展移动支付受理场景建设及改造,让支付服务聚焦于解决民生痛点问题,以支付带动产业全局,构建了由资金流驱动的全产业链普惠生态。云闪付并非依靠支付手续费获取利润,甚至而且还通过补贴支付入口进而占据更多的移动支付市场份额。云闪付将支付业务完整地融入各类交易场景中,获取移动支付带来的一系列增量价值、衍生出庞大的创新生态,云闪付的业务逻辑在于通过支付通道所衍生出的相关增值服务与产业链。

云闪付全面打造支付生态系统,构建多样化移动支付产品体系,设置公交地铁、公用事业交缴费、医疗健康等便民场景。云闪付围绕用户日常生活的支付刚需场景,推动了行业整体支付方式的迭代跨越。云闪付根据用户在日常的消费行为进而了解用户的消费水平,从而可以根据支付数据情况为消费者和商户画像,在此基础上开展信贷服务、理财服务等;云闪付吸引一些金融投资理财机构进驻支付平台开展相关金融服务,对云闪付的用户进行相关理财产品的精准化营销推送。云闪付基于信贷推送,理财产品推荐,免押金、借款和分期服务等,既增加用户黏性,也发展了更多的商业伙伴参与产业生态圈的建设,也进而推动支付行业的发展。

### (2)利用优惠活动快速推广

云闪付在推向市场时便采用高强度的优惠活动来获取用户。联合各银行采用"自上而下"的方法进行优惠活动推广,如消费满减促销的活动、奖励类红包间接促销活动等形式持续获取用户,逐步获取用户的依赖,形成较为稳定的客户忠诚度;云闪付还通过个人用户的"自下而上"的策略,邀请注册云闪付,让用户进行推广宣传,如为其他潜在用户讲解云闪付能解决哪些问题,可带来什么好处。布局线下与线上相结合的营销手段,在较短时间内拓展海量移动支付用户;为进一步通过优惠活动获取市场,巩固线下消费者的消费黏性,云闪付持续拓展共赢性红包码产品,结合小微商户进行收款码和红包码的促销。支持小商户申请云闪付的收款码,为其提供资金的相关利好政策。云闪付通过系列优惠活动,扩大银联云闪付的市场影响力,快速占据一定市场空间。

### (3)利用科技手段构建金融产业协同创新

作为中国银联的重要支付产品,云闪付积极构建产业同盟推动各方协同发展增强产业合力,通过资本、技术和业务对接等方式构建开放合作生态,寻求能力拓展,同时也带动了一批新兴技术服务商的发展,推动支付服务向数字化、场景化转变。云闪付利用科技赋能金融不断深化,云计算、人工智能、5G等新兴技术担负起重要的金融科技基础设施角色,各方前端线上化、智能化应用和后端系统云化迁移快速发展。中国银联的跨机构、跨行业的开放生态通过以API为主要形式的轻量化、便捷化对接,为市场各方快速响应市场需求、开展产品创新提供高效途径,驱动各类创新支付服务加快试点和落地。云闪付还与产业各方加快发卡和受理市场数字化建设,通过推出银联无界数字银行卡、一键绑卡、健康码、消费券等创新服务,满足商户和消费者在疫情中的支付新需求。并通过"重振引擎"等助商惠民计划,联合产业各方通过云闪付App发放消费券,助力各地消费市场复苏,同时为健康码等民生服务以及商业服务快速接入云闪付App、触达广大用户提供便利。中国银联还利用区块链底层核心技术助推区块链应用创新,共建金融协作新机制。

### (4)利用先进技术智慧化运营

云闪付利用多种识别方式,打造线上线下安全支付新体验。银联提供人脸识别、声纹识别、指纹识别、指静脉识别等多种生物识别方式,可广泛应用于远程开户(网上银行)、电话客服身份验证、App登录、App支付转账、ATM机取款等业务场景。由于生物信息具有不易篡改、安全性高的特性,适合用于金融领域作为辅助认证手段,或作为密码的替代品,提升账户使用的安全性和用户体验。利用智慧金融价值再挖掘,构建汽车、零售、家居等行业物联智能支付新生态。

云闪付还通过人工智能降低运营成本。银联人工智能服务提供语义分析处理、智能语音交互、人机对话能力以及图像识别、处理等服务。语义分析处理服务可应用于客服对话智能小结、工单智能化分析、营销效果评估等场景;智能语音交互、人机对话能力服务可应用于企业运营部门的自助化服务以及产品的智能助手场景;图像识别、处理服务可应用于运营部门商户入网图像审核、银行卡准入审核等场景,助力企业机构提高整体运营服务智能化水平,提升服务效率,降低人力成本。

### (5)积极拓展境外业务

云闪付积极拓展在境外的支付业务,服务、技术、标准和网点的输出,积极向海外输出支付技术标准和相关服务,协助境外相关国家和地区制定二维码支付标准与实施方案,还积极拓展境外的分期支付、O2O 生活服务、数字银行等相关业务。通过与多家境外商业银行、电子钱包公司开展虚拟卡发行,云闪付在中国香港、东南亚、美国等地推出线上支付创新产品,满足境外市场的远程交易需求。通过与境外支付机构的银联二维码标准合作,提升了当地持卡人的便捷支付体验,多家非银行支付机构在中国港澳台和东南亚部分地区独立或与当地机构合作发行本地版手机钱包,丰富了相关市场的支付服务内容。中国银联通过国际开发者平台将银联标准的技术开放给境外开发者,并与泰国、老挝、塞舌尔等国合作开展当地支付清算系统网络和标准的建设。云闪付还积极投资境外具有流量入口、技术和场景优势的支付服务商,同时加大与境外金融科技公司的资本合作,以强化自身技术能力并扩大海外市场影响力。

### 8.4.5 管理模式

云闪付部为中国银联的一个子部门,也遵循中国银联的"践行以人为本,关注员工身心健康和职业发展"的相关管理模式。中国银联积极适应市场化转型要求,创建人尽其才的选人用人环境,进一步优化职位级别体系,拓宽员工职业发展路径,依托中国银联支付学院,通过网络学院、面授培训、研讨会、业务及技术讲座等多种形式,满足全体员工的培训需求,提升员工职业能力和综合素质。银联还通过多种形式关爱员工身心健康,切实维护员工合法权益;传递对员工及员工家庭的关爱,增强员工归属感和企业凝聚力;持续推进员工心理减压工作,建立心理减压指导员队伍,开展辅导员培训和试点部门的员工专项培训。

### 8.4.6 资本模式

云闪付隶属中国银联股份有限公司,本部分主要介绍一下中国银联的相关资本情况。根据企查查等相关数据库信息显示,中国银联股份有限公司注册资本 293 037.438 万元人民币,为非上市型股份有限公司。企查查最新公示数据显示中国银联股份有限公司拥有 76 个股东,前六大股东分别是中国印钞造币总公司、中国建设银行股份有限公司、中国工商银行股份有限公司、交通银行股份有限公司、中国银行股份有限公司和中国农业银行股份有限公司。其中,中国工商银行股份有限公司、交通银行股份有限公司、中国银行股份有限公司和中国农业银行股份有限公司持股数相同,都为 5.26%,中国印钞造币总公司、中国建设银行股份有限公司分别持股 7.00% 和 6.88%,这也说明中国银联股份有限公司的股权相对分散。该公司在 2008 年 6 月,实收资本由 165 080.87 万元人民币变更为 288 687.44 万元人民币,增长 74.88%。2009 年 6 月进行了相应的股权变更和实收资本变更,实收资本由 288 687.44 万元人民币变更为 293 037.438 万元人民币,增长了 1.51%。

### 8.4.7 总结与建议

云闪付的推出重构了移动支付市场的竞争格局。长期以来,支付宝和微信支付占据移动支付市场的主导地位,支付宝基于在电子商务领域的信誉担保功能获取先发优势,将以支付为核心的一系列业务渗透进日常生活中,逐步开展理财服务、芝麻信用、红包社交等,探索金融、社交、社区、公益等一系列产品,构建了全面的支付生态体系;微信支付依靠在社交领域的流量入口优势,基于社交化的应用场景快速拓展了第三方支付市场,通过将企业、商品、门店、用户连在一起,深度融入社会众多行业,构成了数字生态共同体。云闪付则以支付业务为起点,通过聚合银行相关业务得到快速发展,云闪付的快速成长为第三方支付市场注入了新的活力,其成功的关键因素和未来发展建议主要有以下几个方面。

**(1)成功的关键因素**

1)利用中国银联与各商业银行资源优势构筑支付生态体系

云闪付是由商业银行、产业各方与中国银联共建共享的移动支付战略产品,其聚合了银行业资源与中国银联业务体系,提供了跨行账户管理、移动支付、金融理财、生活政务服务等业务。中国银联作为我国的银行卡联合组织,其在银行卡业务中处于核心枢纽地位,是银行业发展的重要基础。中国银联的业务系统实现各个银行之间的跨行交易清算、业务互联互通,进而实现银行卡在不同银行之间、不同地区之间的便捷应用,促进了商业银行系统间的资源共享。中国银联为云闪付的发展提供了庞大的渠道资源与品牌支持,使得云闪付具备得天独厚的技术优势、渠道优势和客户优势。云闪付还聚合了众多商业银行业务,商业银行所蕴含的资源优势也是云闪付快速发展的重要保障。如商业银行的账户信息、优惠信息、理财业务等都可以在云闪付平台上进行聚合展示,极大便利了用户的资金管理、生活服务等。云闪付平台用户快速发展也带动了中国银联、各商业银行的业务发展,用户与企业之间的良性互动促进了云闪付生态体系的构建。云闪付除了在银行业体系布局外,在多样化移动支付产品体系基础上,围绕用户的支付需求,推出生活服务、政务服务等,基于用户消费数据基础为商户、银行等提供精准营销服务、产业链共建,积极吸收商业伙伴加入云闪付的产业生态体系。云闪付以银联和商业银行的优势资源为基础,以支付业务、账户管理为出发点,打造了开放式融服务平台,进而赋能线下中小商业用户、银行业务、支付增值等,构建良性的生态支付体系是云闪付成功的关键因素之一。

2)全面高强度的优惠营销推广

集合众多商业银行和商户联合互动,向用户提供有力的优惠活动方案是云闪付快速占据市场的重要因素之一。目前云闪付在生活生鲜、精品海淘、便利商超、生鲜零售、餐饮美食等领域3000家品牌开展优惠活动,这些全方位的优惠活动让云闪付用户规模快速增长。中国银联有效发挥银行卡组织平台作用,联合工行、农行、中行、建行、邮储、交行、光大等商业银行和餐饮、零售、文旅等品牌商户,在2020年全国"消费促进月"期间开启多种多样的优惠活动;2021年初,中国银联携手各大商业银行及合作商户正式启动"银联优惠日 相约6+2"年度主题优惠活动,在全国推出助商惠民促消费系列活动。活动期间用户享受抢券、折扣等多种优惠活动。云闪付面向用户提供多元化的优惠折扣,较快促进云闪付用户的增长和活跃度,也是云闪付能够快速占据较大市场份额的重要因素之一。

**(2)发展建议**

1)强化金融定位,优化支付场景

与支付宝、微信支付相比,云闪付作为单纯支付工具的使用场景还相对单薄,缺乏电子商务、社交平台等多元性功能的支持,可替代性较强,若不能触及用户痛点,很难在市场竞争中处于领先地位。支付宝源于电子商务交易中的担保与支付需求,微信支付基于社交场景而快速发展,这二者都以垄断性的场景作为发展支撑。但云闪付背后拥有众多商业银行和中国银联的支持,需要充分挖掘金融业务的相关场景,提升云闪付的金融服务能力,形成个性化的竞争优势。如云闪付充分发挥银行卡组织和个人银行账户分类管理制度的政策优势,进一步完善银行业统一的账户管理平台功能。云闪付还可以结合平台用户数据,为金融信用业务提供相关的信用报告,并在此基础上合理整合各家银行的理财产品,用户只需要在云闪付这一平台上就可以掌握各家商业银行的理财产品。云闪付依靠金融理财业务获取购买者的加入,这也可以提升云闪付的用户黏度。云闪付还可以借助中国银联的境外资源优势,扩大境外上线云闪付业务的商户数量,即便用户在海外也可以享受到移动支付的便捷,云闪付通过丰富使用场景进而带来业务的发展。

2)树立良好社会形象,积极吸纳政务业务

中国银联处于国内支付产业的核心枢纽,其重要职责是积极顺应国家社会经济发展和人民群众用卡需要,在构筑普惠金融网络、便利居民消费、加速社会资金流转、服务实体经济发展等方面发挥了重要的基础性作用。中国银联需要继续坚守"支付为民"理念,谋民生之利,解民生之忧。在国内清算市场放开的环境下,中国银联依旧肩负着配合国家政策的社会职责,如助农业务、灾民卡、国产密钥安全改造等。云闪付作为中国银联在移动支付市场的重要布局,可以继续扩大政务相关业务,加强与政府合作,如政府优惠券发放、个人征信报告、社保信息等。在良好的社会形象下,为用户提供丰富的政务服务,进而提升云闪付用户的忠诚度,这也是云闪付可以在未来发展的重要方向。

□ 基于互联网和团队的练习

(1)**分析支付宝的闭环支付服务生态系统**

打开支付宝,了解其主要产品和服务,重点从支付方式、产品营销推广、线下信任机制、用户流量扶持等角度分析支付宝如何提升用户活跃,增加服务消费频次,进而基于本地生活为本地线下商家进行整体系统支持。小组内同学分工合作撰写一篇分析报告,在各小组间交流。

(2)**总结芝麻信用的评分规则和产品应用案例**

从支付宝界面查找到芝麻信用,了解其评分规则、芝麻信用的相关产品体系。在前述工作的基础上,进一步思考个人保持良好信用体系的重要性,分析通过网络借贷进行不合理消费的风险与危害。小组内同学分工合作形成一份总结报告,在各小组间交流。

(3)**查找相关资料,简要总结中国货币的发展历史,了解现代中国支付方式的变迁和重要成绩**

中国是世界上最早使用货币的国家之一,使用货币的历史长达五千年之久,从秦朝统一货币,再到宋朝流通纸币,近代的使用现金付款到刷卡消费、移动支付。请小组内同学合理分工后收集相关资料,梳理中国货币变迁历史,总结我国在移动支付领域取得的重要成绩及其原因。在此基础上形成一篇总结报告并在各小组间交流。

（4）梳理总结微信支付的智慧零售解决方案

根据微信支付产品和服务内容，有目的地选择一家合适的便利店，了解微信支付是如何基于支付场景赋能便利店的数字化运营的。小组内同学分工合作撰写一篇分析报告，在各小组间交流。

（5）总结云闪付的核心业务能力

登录云闪付界面，了解其业务体系，找出云闪付的核心业务，分析云闪付独具竞争力的优势。小组内同学分工合作形成一份总结报告，在各小组间交流。

（6）拓展学习虚拟货币案例

选择一个虚拟货币的典型案例，总结其商业模式、经营模式等相关内容。小组内同学分工合作形成一份总结报告，在各小组间交流。

## 本章参考文献：

［1］雷兵,司林胜.电子商务案例分析教程［M］.2 版.北京:电子工业出版社,2016.

［2］陈彩霞.电子支付与网络金融［M］.北京:清华大学出版社,2020.

［3］陈萍,卿文芳,曹玮.云闪付市场竞争现状与发展策略研究［J］.区域金融研究,2019（05）:30-34.

［4］胡冬鸣.支付宝 网银 微信支付［M］.北京:中国财政经济出版社,2017.

［5］九官.2020 年度微信生态科技企业 TOP50［J］.互联网周刊,2021（07）:48-49.

［6］李俊斌,王旭,蒋增增.运用金融科技产品认证 提升微信支付安全性［J］.质量与认证,2021（04）:40-41

［7］李琪,李佩.虚拟货币特征及其相关理论探析［J］.湖北社会科学,2015(09):86-91+125.

［8］马继华.众赢:蚂蚁金服的财富密码［M］.北京:电子工业出版社,2017.

［9］乔晗,贾舒喆,张思,等.商业模式二次创新和制度环境共演的过程与机制:基于支付宝发展历程的纵向案例研究［J］.管理评论,2020,32(08):63-75.

［10］史浩.互联网金融支付［M］.2 版.北京:中国金融出版社有限公司,2020.

［11］腾讯企业责任报告［EB/OL］.［2021-08-27］.

［12］王英姿.基于互联网金融背景下第三方支付的发展研究——以微信财付通为例［J］.时代金融,2019(31):62-63+66.

［13］由曦.蚂蚁金服［M］.北京:中信出版社,2017.

［14］于木.支付宝运营:从微商到支商［M］.北京:电子工业出版社,2016.

［15］张子建.网络营销创新模式在电子商务中的应用——基于第三方支付平台［J］.商业经济研究,2021(12):88-90.

［16］长青,孙宁,张强,等.机会窗口、合法性阈值与互联网创业企业战略转型——支付宝 2004~2019 年纵向案例研究［J］.管理学报,2020,17(02):177-185.

［17］赵庭旭.互联网技术发展下的第三方移动支付创新——以财付通微信支付为例

［J］.金融经济,2017(10):75-76.

［18］支付宝责任报告［EB/OL］.［2021-08-27］.

［19］宗利成,刘明霞.移动支付企业的创新选择:技术能力与 CEO 经验的双重视角——基于支付宝与财付通的双案例研究［J］.中国软科学,2019(04):133-141.

［20］中国人民银行公告〔2015〕第 43 号［EB/OL］.［2016-07-01］.

# 第9章
# 网络娱乐模式案例分析

## 9.1 网络娱乐模式概述

### 9.1.1 网络娱乐的定义

网络娱乐是指以互联网为依托,可以单人或多人同时参与的娱乐项目,如网络聊天、玩游戏、看电影、听音乐、看直播等使个人或他人身心愉悦的娱乐活动。与传统娱乐相比,网络娱乐不再需要特定的工具(比如,在网上看电视不再需要电视机,打牌不再需要扑克),网络娱乐只有一种道具,那便是计算机或手机。用户选择体验什么娱乐项目,使用 JAVA 程序就可以操控计算机,将其马上变成用户需要的道具,让用户在虚拟的世界享受真实的娱乐体验。而网络娱乐模式是指网络娱乐运营商通过自主制作或取得其他娱乐项目制作商授权运营网络游戏、网络音乐、网络视频等网络娱乐项目,或借助社交平台通过直播等功能与观众互动并进行产品营销,以出售娱乐项目、相关服务、内置广告、产品销售等方式获得收入的互联网运营模式。

### 9.1.2 网络娱乐的特征

#### (1)休闲性

网络娱乐依托网络音乐、网络视频、网络游戏、网络文学以及网络直播等形式,为人们的休闲娱乐提供了新的方式和机会,让用户得到身心的放松以及时间的消磨,在一定程度上缓解了用户的压力,逐步成为人们尤其是青年群体日常生活的重要组成部分之一。青年群体在网络游戏、网络音乐和网络视频有着较高的黏着度及参与度,正成为青少年群体最主要的休闲娱乐方式。

#### (2)互动性

由于互联网具有开放性的特点,随着社交媒体的发展,以互联网为主要传播媒介的网络娱乐天生带有互动性的特征,用户可以通过参与评论、讨论、投票、打赏、合作等互动方式提高娱乐体验,甚至影响网络娱乐内容(如网络文学)的后续创作。创作门槛的降低使互联网用户由网络内容浏览者变成网络内容的创作者。为了提高用户的娱乐满足感,网络娱乐提供商也越来越注重对互动性功能的挖掘和建设。

#### (3)导向性

网络娱乐的导向性的主要表征在于其本身所具有的价值观念、意识形态的倾向性对接受者会产生正面或负面的影响。每一种类型的网络娱乐都具有其独特的导向功能,无论是网络视频、网络文学还是网络游戏,都是通过其内容的呈现,在潜移默化中渗透入人们的意识中,从而引导人们的思维方式、价值观念和道德判断。一方面,对于接受者而言,网络娱乐具有极强的导向性;另一方面,作为网络娱乐内容的创造者和发布者,为了获取用户的关注度、传播某种价值观,也通过网络娱乐内容输入到接受者脑海中,从而引导接受者按照特定的思维与价值选择去行动。为了规范网络娱乐的内容,达到正确的价值引导,国家也出台了相关的政策规范,如国家新闻出版署印发的《关于进一步加强网络文学出版管理的通知》和《关于开展文娱领域综合治理工作的通知》等。

#### (4)版权性

在网络娱乐的几种类型中,网络音乐、网络视频、网络文学、网络游戏等都具有极强的版权性质。网络环境下由于多媒体技术的应用,使得侵权者对网络娱乐内容的复制、改编、再创作、再传播变得容易得多。为了保护版权方的利益,国家在这方面也出台了相关的政策法规,如《中华人民共和国著作权法》《信息网络传播权保护条例》等。随着国家版权保护力度的加大和人们版权意识的提高,网络娱乐行业的盗版问题也得到了一定程度的解决。

### 9.1.3 网络娱乐的分类

目前,网络娱乐的形式主要包括网络音乐、网络游戏、网络视频、网络文学和网络直播。

#### (1)网络音乐

根据 2015 年 11 月文化部印发的《关于进一步加强和改进网络音乐内容管理工作的通知》,网络音乐是指通过信息网络传播的音乐产品,包括歌曲、乐曲以及有画面作为音乐产品辅助手段的音乐视频(MV)等。网络音乐的主要特点是形成了数字化的音乐产品制作、传播和消费模式。

#### (2)网络游戏

根据游戏工委的定义,网络游戏(Online Game),又称"在线游戏""网游",通常是指以个人电脑(PC)、平板电脑、智能手机等载体为游戏平台,以游戏运营商服务器为处理器,以互联网为数据传输媒介,必须通过广域网网络传输方式(Internet、移动互联网、广电网等)实现多个用户同时参与的游戏产品,游戏玩家通过操控游戏中的人物角色或者场景实现娱乐、休闲、交流和取得虚拟成就等目的。根据游戏类型的不同,网络游戏可以分为角色扮演类、模拟策略类、棋牌休闲类、竞技娱乐类和社交游戏等。

### （3）网络视频

网络视频是指在网络上以 WMV、RM、RMVB、FLV 以及 MOV 等视频文件格式传播的动态影像，包括各类影视节目、新闻、广告、FLASH 动画、自拍 DV、游戏视频等。根据视频时间的长短，网络视频可分为长视频、短视频和中视频。长视频，又称综合视频，主要指网络剧、网络综艺和网络电影等，时长在 30 分钟以上，有代表性的长视频平台为爱奇艺、腾讯视频、芒果 TV 等。短视频的时长一般控制在 5 分钟以内，适合用户在移动状态或短时间的休闲状态下观看，内容呈现具有碎片化、时效性强等特点，有代表性的短视频平台为抖音、快手等。中视频的概念首次在 2020 年 10 月由西瓜视频总裁任利锋提出，时长一般在 30 分钟以内。与短视频相比，中视频绝大部分是横屏，PGC（Professional Generated Content，专业生产内容）创作者占比更高，需要创作者投入更多精力专门制作。

### （4）网络文学

网络文学是指首发于互联网，以网络为其主要传播途径（有些发表后又被出版社出版为实体书发行），在网络创作过程中不断得到读者的反馈并根据读者要求进行修正的文学作品。网络文学的题材类型相较于传统文学更加丰富，包括都市、历史、游戏、二次元、体育、科幻等二十余个大类、200 多种小分类。网络文学的首要特质为开放性与参与性，网络文学社交共读、粉丝社群、粉丝共创的"粉丝化"特征日益突出。网络文学行业产业链由网络文学内容版权提供方（网络文学作者）、网络文学网站/App、用户组成，版权改编费、会员订阅及打赏费及广告费等是目前网络文学行业的主要盈利方式。

### （5）网络直播

网络直播是由网络主播提供的不经录像或录音，依托互联网和手机或电脑等直播工具，在互联网直播平台上同步进行实况播送、多方展示，与受众通过弹幕或评论及时互动的网络内容服务形态。网络直播大致分为两类，一类是在网上提供电视信号的观看，例如各类体育比赛和文艺活动的直播，这类直播原理是将电视（模拟）信号通过采集，转换为数字信号输入电脑，实时上传到网站供人观看，相当于"网络电视"；另一类是人们所了解的"网络直播"：在现场架设独立的信号采集设备（音频+视频）导入导播端（导播设备或平台），再通过网络上传至服务器，发布至网址供人观看。常见的网络直播类型有电商直播、游戏直播、真人秀直播、演唱会直播和体育直播等。

## 9.2　案例 1——抖音：精准推荐的力量

### 9.2.1　基本情况

抖音隶属于字节跳动科技有限公司，是一家以短视频为主要媒介满足用户休闲娱乐、社交、信息分享、信息获取等内容消费需求的短视频分发平台。2016 年 9 月 26 日以"A.me"为名上线，同年 12 月 10 日正式改名为抖音短视频。抖音上线后并没有迅速开始运营扩张，而是致力于摸索主流目标用户的特点，围绕产品核心功能不断打磨产品，例如增加滤镜、特效等功能,为用户制作短视频提供产品支持。随着产品不断完善,抖音开始大规模地运营推广,导入 KOL(Key Option Leader,关键意见领袖)和承接头条的明星资源,投资爆款综艺,策划各种营销活动,抖音用户规模开始爆炸式增长,目前已成为国内用户规模最大的短视频平台。在企业快速发展的同时,抖音也不断丰富平台内容,打造以内容带动平台发展、以平台发展带动内容丰富的循环生态。

抖音的利益相关者涉及普通用户、内容创作者、广告商等。抖音平台提供视频拍摄、背景音乐等功能,普通公众从被动的信息接受者变为了主动的视频内容制作者,亲子视频、美食视频、搞笑视频、网络原创音乐等用户自创内容被广大用户所接受。抖音平台聚集的海量用户也吸引了众多广告商、产品销售者。其价值网络如图 9.1 所示。

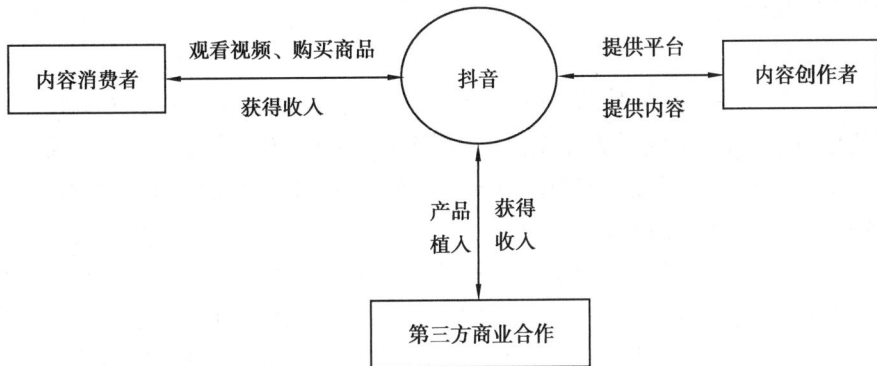

图 9.1　抖音的价值网络

## 9.2.2　商业模式

### (1)使命与愿景

抖音的企业使命是"激发创造,丰富生活"。秉承企业使命,抖音从产品研发开始就着力于降低内容创作者创作视频的难度,配备完善的音乐库,激发全民创作的热情。同时在先进的推荐技术和算法逻辑支持下,抖音不断将用户喜欢的视频推荐给用户。

抖音在 2016 年 9 月上线时的平台定位是垂直类音乐短视频平台,同时推出了平台的 Slogan"让崇拜从这里开始"。在此基础上抖音发展初期专注于做年轻人的音乐短视频分享社区,抓住年轻人尤其是新生代网民富有个性、爱追逐潮流、尝试新鲜事物的特点,提供潮流炫酷的音乐库供用户选择,构建 15 秒音乐短视频社区,走垂直化差异化路线获取用户,占领市场份额,收获第一批忠实用户。2018 年 3 月 19 日,抖音举行了线上品牌发布会,顺势启动了自己的新 Slogan"记录美好生活",新 Slogan 的提出是转型的信号,确定了抖音原创短视频分发平台的定位。现在的抖音是面向全年龄段的短视频分发平台,采取"中心化"流量分发模式,给用户推荐其感兴趣的优质内容。

### (2)目标市场

1)抖音的目标用户

抖音作为短视频分发平台,其服务的两端为内容浏览者和内容创造者。在抖音创立之初的平台定位是音乐短视频社区,主打潮流炫酷,其目标用户主要是喜欢时尚潮流的年轻群体,特别是"90后""00后"。随着用户的增长,抖音开始改变理念,主张"多元表达",用户逐渐向低线城市、中青年人群覆盖。目前,抖音已经成为面向全年龄段的内容分发平台。

2)抖音的目标客户

抖音内容采取中心化分发,由平台对内容进行推送,界面采用上下滑动的模式,用户无须选择内容。这种分发模式和庞大的用户群体使得抖音吸引了推广自营产品的各行业的品牌商、零售商以及第三方广告机构成为抖音的客户。此外,抖音还吸引了成千上万各种规模的商家在抖音的电商平台销售产品以及与第三方供货商合作,向电商商家及主播提供平台开店、供应链管理及客户关系管理等服务。

**(3)产品与服务**

1)抖音应用程序

抖音为用户提供一系列的移动端应用(包括抖音、抖音极速版及抖音火山版等)。抖音应用程序使用方便,易于浏览,能够让用户发现和寻找内容、与他人社交互动以及创作内容。

①内容推送。抖音应用程序专为用户推送有趣、有用及有意义的内容而设计,其一大特点是短视频和直播的个性化内容推送,通过上下滑个性化推送模式来呈现,能根据用户的兴趣推送优质内容。抖音的搜索功能除了猜你想搜之外,还提供了多个搜索榜单,包括热点榜、明星榜、直播榜、品牌榜和好物榜。而搜索结果有综合、视频、用户、音乐、话题、地点、商品这7个子类。综合的搜索结果呈现类似于微博中的视频,视频的搜索结果则采取瀑布流的形式呈现。

②社交功能。用户可以在抖音中互相关注、点赞、评论及分享彼此的内容,在直播间社交互动,以及与平台提供产品及服务的商家进行交易。

③创作内容。抖音鼓励用户创作及分享短视频、直播等形式的内容。抖音应用程序提供功能强大且操作直观的内容创作工具,帮助用户直接在手机上创作有趣的内容。在应用程序内,用户可轻松录制视频、使用减慢或加速特效、添加音乐及照片,以及使用滤镜及特效。此外还推出了内容制作辅助工具剪映,带有全面的剪辑功能,支持变速,具有多样滤镜效果以及丰富的曲库资源。

2)内容

①短视频。短视频是用户在抖音上生产和消费的主要内容形式,它通过动态影像传递丰富的视觉与听觉信息,可以展现出生活的美好瞬间,具有快速、广泛传播的特点。抖音提供的短视频的内容主要有 PUGC(Professional User Generated Content,专业用户生产内容)和 UGC(User Generated Content,用户生产内容)两种类型。

②直播。直播是抖音发展非常快速的内容形式,于 2017 年 11 月上线。直播是短视频的自然延伸,用户可进行实时社交及参与活动。直播可以多种形式进行,包括一对多、小时榜、PK 及多人直播。与短视频类似,抖音为普通用户提供易于访问且功能强大的可与其他用户进行直播及互动的平台。

③其他类型。抖音也让用户用图文结合的方式上传图片以及用图片和文字形式发布动态,与粉丝分享想法。

3）其他产品和服务

①广告。抖音的广告可以分为 5 大类型，包括信息流广告、开屏广告、搜索广告、KOL 植入和企业号。其中信息流广告是最主流的广告形式。信息流广告以短视频形式内嵌到视频流量中，包括单页信息流和原生信息流，使用户观看体验升级，更易接受观看；开屏广告是打开抖音短视频立刻展现的广告页面，具有强烈的视觉冲击，能够触及更广用户，这两种广告是抖音官方提供的广告形式。此外抖音还提供了搜索广告、KOL 植入和企业号三种互动内容广告。

②抖音小店。用户可像在传统电商平台一样直接在抖音小店购买产品及服务。用户直接通过抖音应用程序或内容创作者在直播、短视频或用户数据页面中提供的链接访问抖音小店。由于抖音主播及短视频创作者可通过直播或短视频向粉丝直观介绍产品的外观及使用感受，起到了很好的营销效果，因此众多品牌及零售商在抖音小店设立店铺，以发挥短视频或直播的特色功能。

③第三方电商平台导流。通过抖音，用户可从直播、短视频或用户数据页面中点击主播及短视频创作者提供的链接，获得第三方电商平台（淘宝、京东、唯品会、苏宁、网易考拉等）的产品及服务。

④"DOU+"服务。"DOU+"服务是抖音为用户提供的提升内容人气和关注的有偿技术服务，以综合利用各种技术手段增加内容展示为目的，将内容制作者的推广内容根据其选择的媒体或场景进行投放，该服务还支持代投他人视频，鼓励用户帮助自己喜爱的创作者和内容进行推广。

⑤网络游戏。短视频用户与庞大游戏爱好者用户画像重合度高，且短视频平台已成为重要的流量入口，抖音于 2018 年 8 月开通抖音游戏官方账号。抖音提供自身开发的游戏及第三方制作的游戏，用户可于抖音应用的游戏标签页面查看移动端游戏，继而会被导向抖音应用内直接玩小游戏或下载。

⑥小程序。用户可以在抖音上使用各类小程序（主要是字节跳动系的产品），这既将抖音作为一个流量入口的平台，同时也有助于增强用户的使用市场和黏性。

（4）**盈利模式**

抖音的收入主要来自广告，抖音的沉浸式体验对于信息流广告的投放较为友好，用户的消费潜力巨大。除了广告之外，平台抽成（星图+直播分成+电商导流）、DOU+流量推广也是其重要的收入组成部分，未来有望逐步释放游戏、电商、知识付费等方面的变现潜能。

（5）**核心能力**

1）独特精准的算法推荐系统

抖音独特精准的算法推荐系统实现了平台内容生态的良性循环。对于普通用户，抖音通过算法进行深度用户分析，根据其行为作出判断，计算出用户兴趣，为其贴上精准标签，并在短时间内完成内容的挖掘与精准推荐，这让用户在抖音上停留的时间越来越长，增加了用户黏性。对于有推广需求的广告商而言，抖音为其引流的用户都是对其内容或产品高度感兴趣的用户，帮助其实现了精准营销。

2）良性的内容生态系统

抖音通过专注于记录美好生活，依靠提供优质内容来吸引用户，而庞大的用户群体又不断吸引优秀内容创作者加入抖音，形成了良好的内容生态循环，这也为抖音的精准算法推荐系统积累了海量数据池。抖音再利用人工智能及大数据技术提供个性化推荐，让用户接触到更多优质的内容和内容创作者。抖音提供能智能简化内容创作工作的工具，帮助普通人进行创作和分享。对于应用程序设计，抖音提供上下滑个性化推送格式，且推出数个不同类型的抖音应用，来吸引拥有不同需求和偏好的用户。抖音生态系统中天然产生的用户需求也为抖音创造了大量的变现机会。

3）与字节跳动的显著协同效应

抖音与字节跳动享有显著的协同效应，字节跳动在人工智能技术、视频播放技术、平台运营、互联网流量、数据和内容等多个领域给予抖音全方位的支持。在字节跳动的大力支持下，抖音迅速成为短视频领域的龙头平台之一，同时抖音也为字节跳动的其他产品引流，促进公司业务的快速发展。

### 9.2.3 技术模式

抖音依靠今日头条、西瓜视频等字节系产品进行用户导流，并共享了字节系产品积累的数据标签与个性化推荐技术，因此抖音上线时就具备了比较扎实的数据和技术基础，迅速成为短视频领域的爆款产品。在发展过程中，抖音根据业务场景的不同对推荐模型进行相应的调整，形成了抖音特有的内容推荐算法。抖音的内容推荐算法分为以下几步：

**第一步：双重审核**

在抖音，每天有数量庞大的新作品上传，双重审核成为抖音算法筛选视频内容的第一道门槛。

机器审核：通过提前设置好的人工智能模型来识别上传视频的画面和关键词，它主要有两个关键作用：其一，审核作品、文案中是否存在违规行为，如果疑似存在，就会被机器拦截，通过飘黄、标红等提示人工注意；其二，通过抽取视频中的画面、关键帧，与抖音大数据库中已存在的海量作品进行匹配消重，内容重复的作品进行低流量推荐，或者降权推荐（仅粉丝可见、仅自己可见）。

人工审核：主要从视频标题、封面截图和视频关键帧三方面进行审核。针对机器审核筛选出疑似违规作品，以及容易出现违规领域的作品，抖音审核人员进行逐个细致审核。如果确定违规，将对违规抖音账号进行删除视频、降权通告、封禁账号等处罚。

**第二步：冷启动**

抖音的推荐算法机制是著名的信息流漏斗算法，也是今日头条的核心算法。通过双重审核审核的作品，系统会分配给这个视频一个初始流量池，也叫冷启动流量池曝光，通常这个曝光数量是 200～300 个在线用户（也可能有上千个曝光），或者是内容创作者粉丝数的 10%。

**第三步：数据加权**

抖音会根据初始曝光所产出的数据（完播率、点赞率、评论率、转发率、关注率、吸粉率、播放时长、游览深度等),结合内容创作者的账号分值来分析是否给视频加权。这些数据决定着抖音是否对视频进行第二轮推荐及推荐力度。

**第四步:加大流量推荐**

针对上一步表现前 10% 的优质短视频进行更大的加权,并且会在第三步强化人群标签分发,让内容分发更加精准。账号的权重反过来又会影响初始流量池的大小,所以对于内容创作者而言,要坚持定期发布视频,保证视频内容的优质与专注。

**第五步:进入精品推荐池(抖音的顶级流量池塘)**

进入精品推荐池的视频会得到大规模曝光,一旦进入精品推荐后,人群标签会被弱化,视频就会被更多元的用户看到。

抖音通过这种中心化的内容推荐机制,让视频曝光一直随热度增加而增加,从而使得优质爆款成为可能。这种推荐机制坚持的本质是优质内容,从而使得抖音在短视频传播上更重视内容的质量,这对视频浏览者是非常好的体验,用户很容易沉浸其中。而这种推算法也导致抖音在盈利模式上广告是其主要的收入来源。

### 9.2.4 经营模式

**(1)聚焦内容建设,积累高质量原创视频**

高质量视频是抖音迅速发展的关键点之一。首先,抖音通过多种方式来引导用户参与创作。抖音持续更新模板库,提供有意思的音乐和拍摄示例,很大程度上预防了用户对相似内容的倦怠。在抖音 App 内引入抖音小助手,用来引导教学。经常举办专题活动、挑战类活动等,通过比赛奖励鼓励创作者拍摄视频发起挑战,同时也丰富了抖音的原创内容。其次,为了丰富平台内容,满足用户对内容多样化的需求,抖音对内容创作者创作的内容进行引导,特别是对抖音渗透率较低的、垂直类内容加大支持力度,教育、知识、ACG、体育、汽车、旅游等垂直分类领域都是抖音的扶持重点。在知识分类方面推出"DOU 知计划",号召科研机构、科研人员及其他有科普内容创作能力的机构和个人,在抖音短视频平台上进行以科普为目的的抖音运营,来积极创作、发布科普短视频。在旅游类目方面推出"Dou 说家乡美——区域创作人扶持计划",并在云南、天津、山西、山东、陕西、海南、河南、贵州 8 个省市首批上线活动。在音乐分类方面宣布"抖音音乐人亿元补贴计划"向全体音乐人开放,首批签约对象将以 500 粉丝以上抖音认证音乐人或看见音乐计划参赛选手为准入门槛。同时,抖音还为优质音乐人开启绿色通道,帮助音乐人直接触达音乐团队,获得定向扶持和护航。

**(2)吸引内容创作者,完善内容生态建设**

成立之初抖音就从各大艺术院校邀请时尚年轻人群体成为种子创作者群体,并主动联系直播平台家族公会、从美拍批量导入 KOL;并在度过了上线头几个月的产品打磨期后,就开始加大力度邀请明星入驻、举办营销活动事件等,可以说抖音的冷启动过程中,平台在内容生产者侧的运营功不可没。此外,抖音还会对创作者进行分级管理,2020 年上线了"创作者等级体系"(针对开通了"商品分享权限"的创作者),内容质量、内容影响力、粉丝影响力和商业影响力四个因素决定达人的等级,达人内容创作能力越高,级别越高,获得的资源和扶持就会越多。抖音不断推出创作者成长和激励计划,激发内容创作者的创作热情,例如2019首届抖音创作者大会,推出"创作者成长计划",通过优化流量扶持、提供更多创作工具、更完善的服务后台等全方位助力内容创作者的生产、分发和变现。

**(3)总结方法论,为内容创作者和企业电商运营提供指导**

推出方法论模型,近年来已经成为各大平台在存量竞争中,为吸引规模化数量的用户和商家到自己平台来并做出资源投入倾斜的重要手段之一。在这一大背景下,抖音同样重视对体系化、可复制的经营增长方法论的总结和传播,旨在让内容创作者和企业相信平台能够为其赋能。具体表现在以下几个方面:发布《抖音知识创作手册》,从用户心理、学习规律等角度出发,梳理出知识短视频创作方法论,即"火花(SPARK)"原则;发布《抖音电商商家经营方法论白皮书》,提出"FACT经营矩阵"模型,助力品牌电商在抖音的布局和格局搭建;推出"创作者学院",为创作者提供关于视频制作、运营、涨粉、变现方法在内的官方指导课程等。

**(4)打造兴趣电商,帮助用户发现潜在需求**

抖音的电商形态聚焦于兴趣电商,这与其内容运营思路相吻合。兴趣电商的核心是主动帮助用户发现其潜在需求,满足用户潜在购物兴趣,提升消费者生活品质。即用户的需求是不明确的,抖音基于对用户浏览视频内容特点的分析,帮助用户发现其潜在需求,帮助商家把商品推荐给感兴趣的人。消费者的需求,除刚需外,还有很多对美好生活的需求尚待挖掘,兴趣电商可以告诉消费者"生活原来还可以这样过",这一经营理念也与抖音的Slogan"记录美好生活"相吻合,同时也是抖音为其算法推荐系统寻找的另一个应用场景。

**(5)提高用户体验,增加用户对产品的依赖**

抖音在产品内部的运营主要围绕增加用户的活跃和留存展开,利用多种手段提高用户的体验,增加用户对产品的依赖,打造产品口碑。对于内容创作者,抖音通过为其提供视频拍摄引导和培训帮助他们高效率地产出高质量的短视频,通过用户互动和产品变现让其产生荣誉感和满足感;对于视频浏览者,抖音通过随时随地为其提供感兴趣的短视频及流畅的产品体验提高其产品黏性。在关注用户创作和观看体验的同时,抖音同样注重对用户权益的保护。

**(6)利用明星和官媒公众效应,扩大产品影响力**

抖音上线之初,就邀请众多明星入驻,在明星的带动下,抖音受到的关注度得到快速提升,也增加了其话题度。同时,抖音着力邀请各类企业入驻,通过企业加蓝V标识等方式,在帮助企业进行传播的同时也扩大了抖音内容的权威性和官方性。另外,相较于其他短视频平台软件,抖音较为特殊的一点是与大量官方媒体和机构进行战略合作,如人民日报、中华网、环球网、共青团中央、中国核电、七大博物馆等,在传播社会主义核心价值观的同时,抖音也利用其强大的公众效应,迅速得到了传播。

### 9.2.5 管理模式

抖音是隶属于字节跳动旗下产品,因此对其管理模式的分析围绕字节跳动展开。

（1）**大中台小前台的组织构架**

不同于一般互联网公司按照项目分组的方式，字节跳动旗下可以分成中台和前台两大业务条线，其中中台主要包括增长、商业和技术三个部门，增长主要对接所有产品的用户增长获取，形成了字节跳动特有的、普适性的方法论，集技术团队、运营团队和产品团队一体的增长团队目前是国内最顶尖的增长黑客团队；商业化部门主要负责产品的变现工作；技术平台则分为平台、技术、垂直产品等组别，负责提供推荐、算法等策略。在这样的体系下，字节跳动的前台团队均非常小，一个产品的拉新、留存和变现由中台部门负责实现，前台部门只需要 10 人以下便可以组建一个小型的产品团队。大型敏捷的中台相比一般互联网公司按照项目分组的形式好处在于：

① 小前台的敏捷性更高，试错成本更低；

② 协作效率极高，保证了资源的最大化利用和成功方法论的复用；

③ 容易打通数据墙，项目组不容易板结成利益山头。

大中台、小前台的管理架构使得字节跳动的员工层级非常扁平化。根据 Information 报道，创始人张一鸣旗下主要有 14 位各个业务条线的负责人各司其职；如张楠作为抖音总裁，也负责互动娱乐服务，柳甄作为企业发展高级副总裁主要负责国际化业务等。

（2）**"字节范"企业文化**

字节范是字节跳动全员共享的工作风格和方法，也是字节跳动企业文化的重要组成部分。抖音的企业文化也承袭了字节调动的企业文化。字节范最早由字节跳动创始人兼 CEO 张一鸣提出于公司成立六周年年会上，共包括五条内容："追求极致、务实敢为、开放谦逊、坦诚清晰、始终创业"。2020 年 3 月 11 日，字节跳动公司在成立八周年之际更新了企业文化，新增"多元兼容"，旨在打造多元化的全球团队。据字节跳动文化官方账号"字节范儿"称加入第六条核心原则"多元兼容"。字节跳动将字节范与各类工作场景结合，通过线上答题、工区小报和漫画手册等形式，增强员工对企业文化的理解。同时，在全公司范围内发起"ByteDance"面对面"字节跳动吐槽会"等活动，并借助"随时反馈"小程序和一对一访谈调研的方式，努力创造坦诚沟通、有效反馈的机会，让字节范帮助员工更高效快乐地创造价值。

（3）**健全且富有人文关怀的员工福利体系**

字节跳动十分重视每一位员工的身心健康，倡导工作与生活的平衡。通过提供年度体检、"字节心晴"心理关怀、按摩理疗、商业保险等项目，更好地关注和保障员工健康。此外，字节跳动还在节假日为员工和家人送上暖心祝福，策划了征友主题的"香苹计划"和其他主题的关怀活动，致力于让员工收获满满的归属感与幸福感。在字节跳动，员工拥有丰富的学习资源和广阔的发展空间。新员工经由系统培训快速融入后，在各业务线也能获得具有针对性的专业能力培训，从而更好地胜任工作，提升职业竞争力。除培训外，公司还通过内部分享、知识库等形式，全力促进信息流通和资源共享。在职业发展路径上，公司也充分提供开放自由的选择机会，支持员工内部转岗或调整职业方向，尽可能给予畅通的成长通道。

## 9.2.6　资本模式

抖音隶属于北京微播视界科技有限公司，曾在 2017 年 1 月 9 日获得来自字节跳动数百万人民币的天使轮投资,可以说是字节跳动的孵化产品。抖音在发展过程中,通过合并与合作,不断扩大市场范围、用户范围、内容范围和产品广度。

2020 年 1 月 8 日,火山小视频和抖音正式宣布品牌整合升级,火山小视频更名为抖音火山版,并启用全新图标。火山小视频是字节跳动在 2016 年推出的短视频产品,它的产品定位是下沉市场加直播。对于抖音,合并火山后能覆盖更多的用户,成为了国内用户规模第一的短视频平台,带来更强的网络效应,同时用户可以在一个产品中消费更多内容。而创作者普遍也需要一个覆盖更多用户的平台,来实现更好的内容分发,合并火山短视频后的抖音平台,对用户和创作者的吸引力都有提升。

2020 年 8 月,网易云音乐和抖音达成合作,共同致力于"音乐+短视频"内容生态建设,加强了对音乐人和音乐作品的扶持,有助于发觉音乐的多样性,助推更多优秀音乐人和作品。

2021 年 1 月,苏宁易购与抖音电商达成深度合作,双方在供应链服务和直播品牌 IP 打造等方面展开全方位融合,苏宁易购的供应链优势也补齐了抖音的电商短板。

### 9.2.7 结论与建议

**(1)成功的经验**

**1)中心化的内容分发机制**

抖音独创的流量分发机制是它成功的一个关键原因。抖音首先根据用户标签与该类用户喜爱的内容进行匹配,向 200~300 名用户的初级流量池投送。然后根据用户点赞、评论、转发等反馈效果判断内容效果,若得分较高就进行二次推荐,向更高等级流量池进行一周的推荐,叠加推荐形成爆款内容。抖音经过多级流量池层层筛选,最终呈现大量头部精品内容。中心化的内容分发机制使得抖音更容易产出优质内容,而优质内容又吸引用户不断进入抖音,形成了良好的内容生态循环。

**2)重视内容运营**

抖音成立以来就十分重视对内容创作者的主动运营和管理。通过大力邀请官方媒体、明星、知识类工作者、视频达人、艺术院校的时尚年轻人群等加入平台,增加平台内容的多样性;通过提供视频创造培训指导和各类工具提高视频内容创作的质量和效率;通过良好的内容分发机制向优质内容倾斜并加大扶持力度。

**3)沉浸式的产品设计**

平台推荐内容使得抖音具有较好的易用性和全屏模式的沉浸式体验,让用户在使用产品的时候能够更加专注于短视频的内容质量。趣味十足的优质内容也是用户愿意使用抖音这个视频平台的关键,平台自带的丰富的背景音乐和一些特效的选择,能让普通用户制作出个性化、动感十足的短视频,能让用户获得创造的愉悦感,也能获得更多的认同感。

**(2)发展建议**

随着 5G 的普及,短视频+直播的应用范围将越来越广泛,不局限于休闲娱乐的场景。抖音在基础设施、技术、算法、数据积累方面具备领先优势,服务更多用户和更多场景,商业化也随之加速。但是随着越来越多的内容媒体、电商平台开始引入直播、短视频的产品形式,行业竞争有加剧趋势;抖音用户数和人均时长已经达到较高水平,如果产品、运营端没有重大突破,用户数和使用时长的增长有陷入瓶颈的风险;随着抖音的用户和内容体系的增长,如果公司的运营团队和内容监管机制的成长速度跟不上用户和内容的增长速度,会出现内容监管疏漏的风险;直播电商的增长速度不及预期:抖音在直播电商领域都还处于起步阶段,如果不能持续完善相应的产品体系、引入合作伙伴,将会面临业务增速不及预期风险。

为此抖音在今后应注意以下问题:

①继续重视内容运营,包括头部内容和垂直类内容运营、达人运营、工具、平台活动、激励机制等。

②继续完善平台社交功能,增加用户和时长。抖音已内测"连线"和"熟人"两项新功能,分别指向陌生人社交和熟人社交,首页 tag 亦突出关注、朋友两大模块。除应用模块外,抖音为其独立视频社交 App 多闪提供了流量接口。多闪主打美颜视频聊天功能,以"内容+兴趣"为切口加强人与人之间的联系。迁移多闪模式,社交 App 飞聊结合即时通信和兴趣小组,是抖音发力社交的又一尝试。

③继续完善直播电商布局,持续提升盈利能力。

## 9.3 案例 2——爱奇艺:视频付费先行者

### 9.3.1 基本情况

爱奇艺是国内领先的娱乐视频平台,于 2010 年 4 月 22 日正式上线,秉承"悦享品质"的品牌口号,积极推动产品、技术、内容、营销等全方位创新,为用户提供丰富、高清、流畅的专业视频体验,致力于让人们平等、便捷地获得更多、更好的视频。目前,爱奇艺已成功构建了包含电商、游戏、文学、漫画、体育、知识、票务等业务在内、连接人与服务的视频商业生态,引领视频网站商业模式的多元化发展。与腾讯视频依靠腾讯强大的社交关系链不同,爱奇艺主打青春时尚,以 IP 为中心深度挖掘各项业务,打造多元化产品品牌矩阵,形成爱奇艺"苹果园"生态系统,通过 AI 和精细化运营打通不同内容和服务,打造一个集综艺、影视、文学、漫画、知识、社区、艺人经纪于一体的综合性娱乐平台,满足用户的多元需求,构建优质的品牌体验。

爱奇艺的利益相关者涉及普通用户、第三方广告代理商、爱奇艺联合内容制作方等,爱奇艺通过提供海量的视频内容,同时又鼓励用户上传自制视频等内容,逐步成为众多用户观看视频的重要平台。爱奇艺平台上聚集的用户自然也会受到第三方广告代理商的关注,也是爱奇艺重要的利润来源方。其价值网络如图 9.2 所示。

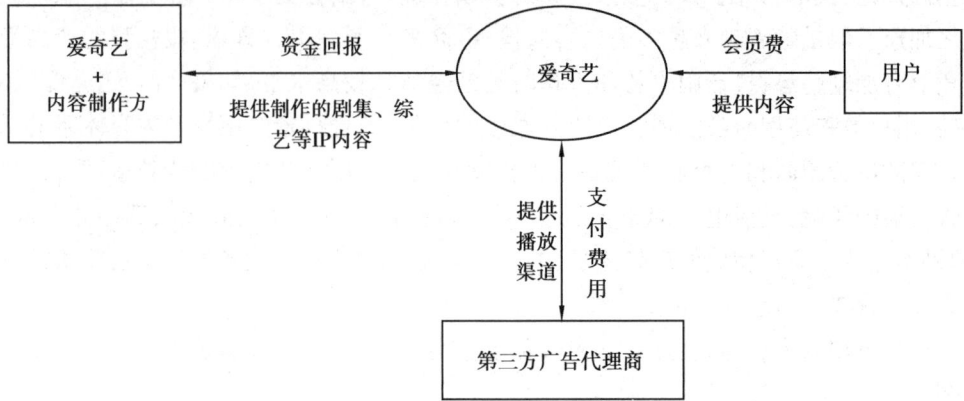

图9.2 爱奇艺的价值网络

## 9.3.2 商业模式

### （1）使命与愿景

爱奇艺的使命是"让梦想绽放，让快乐简单"。在创新的 AI 科技赋能下，爱奇艺凭借自身的原创能力与 IP 生态的协同效应，以丰富、优质的内容激发用户的想象力与创造力，拓宽他们获得快乐的维度，让每一个用户尽情于追求美好生活的想象，也让他们拥有憧憬未来的勇气和敢于追梦的自信。

爱奇艺的企业愿景是"做一家以科技创新为驱动的伟大娱乐公司"。"科技创新"与"伟大"是其打造娱乐王国的核心关键词。爱奇艺在"技术+娱乐"的双螺旋基因主导下，爱奇艺不断发力，将以 AI 为核心的技术应用在了内容创作、生产、分发、推荐、变现等链条上的每一步，不仅提升了内容制作效率，为艺术家和内容行业创作者降低了创作的难度和复杂度，让他们有更多的时间和精力去做更好的创意、提升作品的品质。也更让用户行为喜好与海量娱乐内容得以轻松匹配，使他们直接地获得更多优质内容，提升了观看体验。

爱奇艺品牌口号为"悦享品质"。"悦享品质"表达了爱奇艺高度追求品质的经营理念，作为国内首家做正版高清视频播放的平台，爱奇艺从流畅的观映体验、高清的视觉效果、贴心地分享感受等多个方面将"品质"做到极致，满足用户"悦享品质"的生活追求。

### （2）目标用户

#### 1）视频终端消费用户

作为在线视频综合平台，爱奇艺致力于给用户提供多品类的视频内容，其目标用户为有娱乐视频需求且具有一定线上消费能力的用户群体。爱奇艺凭借优质的内容和极致的用户体验，不断扩大用户规模，成为国内视频行业（长视频）的领军企业之一。爱奇艺将该类用户进行了客户细分，分为注册用户和会员用户。2011 年 5 月，爱奇艺上线刚刚一年就推出了会员专区，是国内首家推出会员付费服务的在线视频平台。会员用户能够享受去广告、快速缓冲以及超高清的功能体验。

2)广告客户

爱奇艺平台 B 端用户主要是有产品推广和品牌宣传需求的企业客户。随着爱奇艺用户规模的不断扩大以及技术的不断进步,爱奇艺不仅为广告客户提供传统的片头广告和弹窗广告,还推出了各种创新的广告产品和解决方案,例如,当视频显示与广告产品相关的内容时,屏幕上会出现视频输出广告。

### (3)产品与服务

爱奇艺作为高品质视频娱乐服务提供者,致力打造泛娱乐商业闭环,主要为用户提供包括网络视频、网络游戏、直播、网络文学、动漫、电子商务和社交媒体平台在内的各种产品和服务,已基本形成以影视视频为核心,游戏、小说、商城等多元素围绕的业务模式。

1)网络视频

爱奇艺制作、汇总和分发各种专业制作的内容,以及各种格式的其他视频内容。

①专业制作的内容(PPC)。专业制作的内容包含两种类型:爱奇艺自制内容和爱奇艺购买的第三方内容制作机构制作的内容。爱奇艺自制专业内容包括四种:由爱奇艺自己的团队及工作室制作、与外部工作室合作、定制、参股或者投资现有影视公司。爱奇艺还将优质视频 IP 改编成多种娱乐产品,如网络游戏、动漫、网络文学、衍生商品等。爱奇艺利用先进的技术甄别第三方的优质内容进行购买,构建了丰富的内容库,内容库中既包含热门综艺和热门剧集,还包括丰富的电影、动画、纪录片和其他内容。此类产品为爱奇艺的核心产品。

②其他视频内容(UGC 和 PUGC)。除了专业制作的内容,爱奇艺还提供各种类型、格式和时长的其他视频内容,例如网络电影和电视剧、迷你综艺和动画、互动视频、垂直或水平视频,以及草根或有影响力的人上传的视频、编辑过的视频剪辑和视频博客或 Vlog 等。其他视频内容扩展了爱奇艺的视频资源,能够使爱奇艺扩展更广泛的用户群,推动用户参与并增强用户黏性。爱奇艺的其他视频内容由众多内容提供商创建并上传到平台。内容提供商包括普通注册用户、业余爱好者、半专业合作伙伴、互联网影响者、多渠道网络和自媒体等,它们共同为发展爱奇艺的创意用户社区做出了贡献。内容提供商将他们的视频上传到他们的爱奇艺合作伙伴账户,爱奇艺合作伙伴账户是爱奇艺提供的一个开放平台,用于分享、分发和货币化普通用户创建的视频内容。用户可以订阅和关注他们最喜欢的爱奇艺合作伙伴账户。

2)其他产品与服务

①网络游戏、文学和漫画。爱奇艺发行多种形式的网络游戏,包括手机游戏、网页游戏和 H5 游戏。除了第三方游戏,爱奇艺还推出了多款改编自同名 IP 内容的热门网络游戏,如文学、电视剧和电影。网络文学和漫画在优质 IP 孵化中发挥着关键作用,因为其用户群与爱奇艺的视频内容高度重叠,从而使爱奇艺能够监控用户品味趋势并确定最合适的 IP 进行改编。优质原创网络文学和漫画作品改编为衍生娱乐产品的剧本。同时,部分优质视频内容也被开发为网络文学和漫画,以进一步拉动用户对爱奇艺平台的黏性。

②爱奇艺秀。爱奇艺秀是爱奇艺的直播服务。爱奇艺秀让用户可以通过直播实时关注自己喜欢的主持人、名人和节目,具有强大的互动功能,可增强用户互动和参与度。爱奇艺公司还将精选的直播内容编辑成短视频,以帮助直播主扩大粉丝群。

③爱奇艺商城。爱奇艺商城是一家专注于销售 VR 眼镜等娱乐相关商品的电子商务平台。爱奇艺商城还销售其他消费品,如电子产品、服装和配饰、美容和护肤产品。

④随刻。随刻是爱奇艺开发的短视频社区,旨在为用户带来视频观看、创作分享、社区互动等体验。随刻覆盖了影视、综艺、高效、游戏、动漫、开箱、百科、音乐等众多垂直类目,拥有 2000 多个吸粉兴趣专属频道。

⑤爱奇艺泡泡。爱奇艺泡泡是爱奇艺旗下以娱乐为主的社交媒体平台,为粉丝搭建社区。它将粉丝与名人以及他们感兴趣的内容连接在一个平台上,粉丝可以在这个平台上快速方便地以各种形式传播信息。而且,爱奇艺线上线下频繁组织明星在爱奇艺泡泡上与粉丝互动,有助于吸引和留住用户。平台通过加强粉丝、明星和内容之间的联系,增强用户参与度和黏性,将爱奇艺泡泡打造成粉丝社交媒体平台。

(4)**盈利模式**

爱奇艺的收入来源主要包括会员服务收入、广告收入、内容分发收入和其他收入等。

1)会员服务收入

爱奇艺的会员收入包括会员费和会员超前点播付费。超前点播模式是爱奇艺推出的一项增值服务,在会员的基础上再付费,可以提前解锁剧集内容。

2)广告收入

爱奇艺的主要广告形式分为硬广和软广两大类,其中硬广包括首页开屏广告、信息流广告(推荐页信息流广告、电视剧电影等频道页信息流广告)、搜索结果页广告、影视剧前的贴片广告、播放页下方的推荐广告以及影视中的浮层中插广告等多种类型;而软广主要指在爱奇艺视频中插入的广告和公司本身自制节目当中的植入广告。

3)内容分发收入

内容分发收入由自有版权数量、自有版权出售数量和出售价格共同决定。依靠经验丰富的团队,爱奇艺逐步打造了一个成熟的自制体系,随着爱奇艺自制内容能力的增强,内容分发收入在企业总营收中的比重实现了连续增加。

4)其他收入

爱奇艺的其他收入包括网络游戏、直播、IP 授权、经纪公司、网络文学和电子商务。在流量引流方面,爱奇艺视频 App 自制剧下往往伴随同 IP 小说推荐,因此爱奇艺阅读承担了影视小说流量互动的功能;直播则由奇秀直播、啪啪奇、姜饼短视频等模块承担;游戏板块此前主要是部分联运和发行的游戏收入,而 2018 年第三季度后公司并购了游戏 CP 商天象互娱,在游戏领域持续发力。近年来,爱奇艺着力拓展多元化业务,形成了集直播、商城、知识、漫画、文学等于一体的"苹果园"生态系统,随着这一生态系统的扩大,其他收入在爱奇艺营收所占比重不断增加,是爱奇艺不断推进的盈利增长点。

(5)**核心能力**

爱奇艺自成立以来,通过持续不断的技术投入、内容制作和产品创新,改变并引领着快速成长的中国网络视频行业。

1）行业领先的内容自制能力

经过多年的发展,爱奇艺已经形成了行业领先的内容原创和自产能力。爱奇艺通过制作广受欢迎、引领潮流的原创内容,吸引了庞大的用户群,并使爱奇艺提供的内容与竞争对手有着明显的差异性。打造了第一部现象级网剧《盗墓笔记》,从此网络平台自制内容开始朝精品大制作转型。公司奉行"良竞争、广合作、强定制"原则,更多的是合作伙伴制作内容,公司发挥平台数据优势进行内容深度辅导,比如提醒合作者项目的市场风险等,但不过多干涉一线制作团队的创作。

2）提供优质的第三方内容的能力

爱奇艺与优质内容提供商建立牢固的合作伙伴关系,同时受益于预测算法和海量数据的支持,公司拥有行业领先的第三方内容筛选能力。爱奇艺与具有良好业绩或潜力的内容提供商合作,并开发了互联网内容开放平台爱奇艺合作伙伴账户,以培育一个充满活力的合作伙伴生成内容系统。爱奇艺帮助内容提供商以多种方式将其内容货币化,例如付费视频观看次数、虚拟物品奖励和广告,并通过分账模式加强了企业间合作伙伴关系。因此,内容提供商可以在平台上有效地分发和货币化他们的内容,并有动力为爱奇艺不断创造流行的内容,这进一步丰富了企业的内容产品,能够吸引更多的用户,创造一个良性的自我强化循环。爱奇艺通过与各类内容提供商合作,建立了一个庞大而多样化的专业制作内容库,满足了用户不同领域的内容需求,特别是用户的长尾内容兴趣,这些用户单独产生较低水平的视频观看量,但共同构成了重要的内容需求。爱奇艺的内容库包括剧集、综艺节目、电影、少儿节目、纪录片、动画、体育节目以及其他各种类型的节目,涵盖 30 多个内容类别。这个庞大而多样化的内容库帮助爱奇艺吸引了不同年龄和背景的用户,并提高了用户参与度。

3）先进的技术创新能力

作为业内领先的视频平台,爱奇艺拥有海量内容与用户数据库。爱奇艺利用 AI 技术助力精准挖掘用户需求,从而有效提高内容制作分发效率并给用户带来个性化的互动观看体验。爱奇艺自 2014 年起开始布局 AI 战略,首先建立起了基于搜索和视频数据的大数据平台——爱奇艺大脑。自此爱奇艺不断加强大数据与人工智能技术的应用落地,目前爱奇艺多项 AI 技术已落地到日常运营中。

在内容制作环节,AI 技术为自制内容脚本制作与角色选择、版权内容采购立项提供了强有力的数据支撑。内容题材选择和版权内容采购方面,爱奇艺基于深度学习的多时间窗口预测技术可较为精准地预测影视剧的收视情况,这为业务线和管理层的采购决策提供了良好的辅助材料,大大降低了成本风险。

此外,爱奇艺针对自制内容后期制作推出了爱创媒资系统,通过使用身份识别、表情识别、声纹识别、动作识别和语音识别等技术,为不同视频素材对应相关关键词,从而辅助字幕输出,智能生成剪辑片段,协助后期制作人员高效处理海量视频数据。该技术将后期制作的工作效率提高 20%～30%,极大提升了创作和生产效率,节省了内容和人力成本。

4）产业链上下游拓展能力

为加强爱奇艺商业变现能力并获得长期竞争优势,爱奇艺不断进行产业链上下游业务拓展,发力娱乐生态构建。2018 年爱奇艺"苹果园"生态模型初步成型。爱奇艺以视频为依托,通过 IP 将文学、漫画、轻小说、直播、游戏、商城、电影票等业务串联。除广告和付费会员外,通过经纪、直播打赏、出版、发行、授权、游戏分发、电商等货币化方式最大化实现优质 IP 的商业价值。各业务间的协同效应可满足用户的多元场景需求,从而降低获客边际成本,有效扩充爱奇艺营收点。

### 9.3.3 技术模式

爱奇艺是科技创新驱动的娱乐公司,大约有一半的员工(不包括一般员工和行政员工)是致力于技术创新和突破的工程师。爱奇艺利用人工智能技术驱动整个业务,包括视频内容创作、购买、制作、标记、分发、货币化和客户服务,实现整个业务流程的自动化和智能化,利用先进技术实现了更好的内容制作、更高的运营效率和卓越的用户体验。

#### (1)提高内容生产和运营效率的技术

爱奇艺通过应用各种技术来赋能内容生产和货币化周期。利用海量的用户数据和大数据分析,爱奇艺开发了一个用于脚本评估和铸造的综合系统,该系统通过先进的算法来支持内容投资策略,预测视频观看次数和电影票房,从而带来更多的货币化机会和更高的用户价值。爱奇艺通过优质内容获得收益进而有能力在爱奇艺平台上产生和分发更多优质内容,从而形成良性循环。

爱奇艺用技术来提升企业的运营效率。爱奇艺利用人工智能、大数据和云计算技术将平台的海量内容准确地分发给目标用户。用户和内容标签系统精确分析用户资料并进行内容推荐。爱奇艺通过智能推荐提供个性化的内容分发。爱奇艺通过利用针对视频场景、视频输入、视频输出和其他广告营销技术定制的个性化和自动广告来平衡用户体验和视频货币化。爱奇艺还通过基于人工智能的自主服务机器人和在线客服中心提供及时的响应和反馈服务。

#### (2)增强用户体验的技术

爱奇艺利用先进的视频、音频和人工智能技术以经济高效的方式为用户提供卓越的观看体验。爱奇艺是国内少数提供并发 4K 高清视频质量、HDR(高动态范围)成像、杜比全景声音频效果和沉浸式体验的互联网视频流服务之一,通过 360VR 进行实时视频流。爱奇艺通过自适应编码技术为用户提供清晰流畅的视频播放。利用爱奇艺的大数据分析,AIRadar 和 WatchMeOnly 等功能支持实时识别和搜索视频图像中的信息,或允许用户仅查看特定艺术家的片段。爱奇艺是拥有世界上最大的基于 P2P 和 CDN 的 HCDN(混合内容交付网络)平台之一,它以高质量和低带宽成本无缝分发和传输海量互联网视频。爱奇艺将先进的深度学习技术应用于高级内容标记、用户分析、开发知识图谱和内容推荐等领域,根据用户标签的自动分类向用户提供建议。此外爱奇艺 VR 版应用程序通过 360VR 为用户提供身临其境的观看体验。

### 9.3.4 经营模式

#### (1)不断完善会员机制

2011 年 5 月爱奇艺上线会员专区,会员能够享受去广告、快速缓冲以及超高清的功能体验,自此开创中国视频付费会员制的先河。为提高会员对平台的黏性,爱奇艺在提供丰富内容产品的同时,也在不断完善会员机制,并通过外部合作来满足会员的多样化需求,从而有效提高付费转化率与会员留存率。2015 年,爱奇艺调整会员权限,首创了会员抢先看模式。2019 年,爱奇艺对部分头部内容采用了创新的排播方式,将此前的会员抢先看等模式升级为会员一次性看全集模式。这两次会员权益调整吸引了大量首次订阅用户,并有效拉动了会员续订及会员留存。其次,爱奇艺引入了定制 VIP 会员卡和综艺节目投票特权,与爆款综艺节目绑定,通过粉丝效应联结深度用户。同时,公司打造了会员成长体系,用户可通过开通或续费会员、累计观影时长和完成任务等方式获得成长值,并转化为可享受的优质特权,进一步加强用户黏性。此外,公司积极拓展与外部公司的合作,推出联合会员机制以满足用户在不同场景下的多元化需求,从而有效扩大会员基数。如公司与京东的会员权益互通项目,扩大了双方的目标用户群,上线一周联合会员数即突破百万,有效助力公司年度订阅用户的稳定增长。目前爱奇艺"会员+"模式已经涵盖电商、出行等多领域,通过内外部资源的打通,为用户提供更多更好的服务,形成强大的协同共赢效应。

**(2)重视内容生态建设**

1)通过版权购买与自制构建头部内容

现在视频行业内容产出非常丰富,内容产业的二八效应十分明显,头部内容对视频平台活跃用户及付费用户的拉动效应显著。爱奇艺构建了包含电影、电视剧、综艺、动漫在内的十余种类型的丰富的正版视频内容库,并通过实施"平台自制"打造视频内容差异化的战略,让"纯网内容"进入真正意义上的全类别、高品质时代,构建了内容壁垒,有效提升了用户规模和黏性。同时,作为拥有亿级付费用户的视频网站,爱奇艺倡导"轻奢新主义"的 VIP 会员理念,主张人们对高品质生活细节的追求,为 VIP 会员提供专属的海量精品内容,极致的视听体验,以及独有的线下会员服务。为增强头部内容组合,爱奇艺从采购优质版权与提高自制能力两方面出发,并通过主打独播自制战略以提高用户黏性。出于其互动性较强与用户黏性较高的特性,剧集与综艺成为了爱奇艺重点布局的头部内容类型。在版权内容购买上,爱奇艺与国内外知名内容制作商建立稳固的合作关系,并开发系统提升购买优质内容的能力。在自制内容方面,作为业内率先布局自制战略的视频平台,爱奇艺已推出多部广受欢迎的自制剧综。公司不断扩充内容增强计划的覆盖范围,新增了文学、漫画、影业等,有效推动内容产业的 IP 联动效应。

2)构建多元内容满足中长尾需求

除头部内容外,内容产业的长尾需求不容忽略。为覆盖更广泛的用户群体、精准匹配用户的小众内容需求,爱奇艺打造了内容开放平台"爱奇艺号",建立了集内容、分发、商业于一体的强大生态体系,也为优秀的内容创作者提供了更广阔的个人发展空间。原创内容提供者可通过爱奇艺号进行内容发布、播放数据监测、粉丝互动等运营活动。内容类型由传统的网剧与网络大电影扩充至自媒体、短视频、漫画、文学等多元内容形式。基于爱奇艺强大的平台运营实力以及庞大的用户基数,开放平台系统不仅促成原创内容变现、丰富平台内容组合,更进一步推动国内原创内容产业的发展,并提高了爱奇艺在业内的话语权。

爱奇艺在全球范围内建立起基于搜索和视频数据理解人类行为的视频大脑——爱奇

大脑,用大数据指导内容的制作、生产、运营、消费。并通过强大的云计算能力、带宽储备以及全球性的视频分发网络,为用户提供更好的视频服务。在技术与内容双核驱动的新体验营销时代,爱奇艺创造性地提出了"iJOY 悦享营销"客户服务价值观和方法论。通过多屏触点、创意内容、技术优化、互动参与、实现购买等路径全面提升 ROI,让客户享受到创新营销带来的成功与快乐。

3)分账模式激发多元内容创作者的创作热情

爱奇艺通过与合作方的分账模式,有效补充平台中长尾内容、完善内容组合,同时也降低内容成本与投入风险,极大地激发了内容创作者的创作热情。目前,爱奇艺付费分账模式已覆盖网剧、电影、综艺、动漫、纪录片、儿童内容等多个领域,分账内容已成为爱奇艺内容储备的重要力量。

### (3)重视内容监管工作

作为一家视频网站,爱奇艺对其平台上的内容审核高度重视。爱奇艺内容监管包含内容机器筛选和人工审核两重机制。爱奇艺开发了机器识别系统自动筛选文本、图片和视频内容。文字识别系统根据预设筛选文字内容关键词;图片识别系统基于光学字符识别和色情内容检测对图片内容进行筛选;视频识别系统根据视频数据库的相似度分析筛选视频内容,分析视频内容的每一帧每一秒。内容经机器筛选之后产生三种结果:屏蔽被识别为非法或不当的内容,发布通过筛选的内容,或在系统无法做出判断时标记以供人工审核。内容监控团队人工审核被标记的内容,判断是屏蔽还是释放,机器识别系统则根据人工审核的判断继续进行自动学习。内容监控团队还会对通过机器筛选过程的内容进行随机抽查。为了确保内容合规,爱奇艺会定期与相关政府部门沟通,及时了解相关法律法规,并为其内容监控团队提供定期和全面的培训,以确保并增强他们对监管要求的理解。此外,爱奇艺还使用机器筛选和人工审核实时监控平台上的所有直播内容。

除了内容审核之外,爱奇艺也要求内容创作者提供身份证明材料以对其进行身份认证。内容创作机构需向爱奇艺提供注册信息和组织机构代码证的复印件,内容创作个人用户需向爱奇艺提供政府官方身份证件的复印件和使用注册的手机号码以便验证身份。

## 9.3.5 管理模式

### (1)企业文化

爱奇艺的企业文化是"简单法则"。"简单想、简单做"构成了爱奇艺简单法则的核心关键词。"简单想、简单做"就是以最简单的方式去处理可能出现的复杂问题。简单想指的是在处理人与人的关系上快乐、阳光、充满正能量,从内心认为每个人都是善良的,值得被信赖的。不胡思乱想,不猜疑,没有不必要的顾虑,同事之间相互信任,有了问题直接找当事人沟通,不拐弯抹角,不臆断。简单做,指的是在业务上化繁为简,渴望创新,善于抓大放小,抓住事物的本质,保持专注,敢于扔掉固有的约束,勇于试错,发现错误,及时纠正,快速迭代,以结果论成败,并拥有创业精神和责任感。

### (2)企业行为准则

爱奇艺在发展的过程中,在"简单想 简单做"文化的指引下,沉淀了自己独有的做人做事的方式"言辞平和、内藏锦绣、令行禁止、清廉自守"。激烈的行业竞争,也要求爱奇艺人能够具备敏锐的创新力、卓越的执行力和专业力,并富有激情。

### (3)"内容+技术"的双螺旋人才战略

爱奇艺认为内容是视频网站的立身之本,而技术是视频网站实现品牌好感的关键。因为纯粹依靠内容引流带来的用户是缺乏忠诚度的,花巨资购买或打造的头部内容在一段时间内会吸引巨大的流量,但也很容易跟随新的内容转移到竞争对手的平台,基于技术创新带来的良好体验对于用户产生品牌好感乃至忠诚度至为关键,因此在人才结构上爱奇艺实行"内容+技术"的双螺旋人才战略,两方面人才招聘比例始终保持1∶1。一方面,高度重视技术人才,另一方面,抢挖顶尖内容人才,实现技术团队与内容团队的相互促进。爱奇艺提出价值口号:艺术梦想撞入极客世界,鼓励两个团队的碰撞与沟通,引导团队融合。

### (4)鼓励跨部门沟通与跨领域学习

爱奇艺通过考核奖励机制鼓励各团队进行跨部门沟通,比如针对某些着眼于培养新人、新导演的自制剧,爱奇艺不会将盈利作为考核指标,而是鼓励团队在衍生品、电商合作等方面开展创新尝试。这个过程必然会设计内部资源配置,项目负责人必须积极开展跨部门沟通,在内容推广、衍生品开发等方面赢得支持。爱奇艺也设有一系列定期及不定期的内部培训,包括线下培训、线上直播及点播等,为员工提供了解各领域专业知识及跨部门解除的机会,也会通过采取跨部门混合分组的形式,鼓励团队学习跨领域内容。

### (5)合理的团队管理模式

爱奇艺突出的自制能力主要依托于公司的人才储备与合理的团队管理方式。公司自2014年起启动工作室计划,发力自制综艺。2017年,公司进行了工作室制度改革,设立四大中台部门负责宣推运营、内容营销、后期制作与线下运营,而工作室则只负责核心内容制作,这大大提高了其内容制作效率。目前,爱奇艺已有超过60个工作室,分别聚焦于剧集、综艺及其他内容。经过多年布局,爱奇艺的综艺自制团队已相对成熟,目前公司多数的自制综艺均为内部制作,即制片人、导演、制作人员等均属于公司内部团队。综艺方面的制作团队主要包括推出《中国有嘻哈》的节目制作中心、制作《偶像练习生》的节目开发中心及偏向体育综艺的奇观工作室。自制剧集目前主要采取与第三方内容制作公司合作制作的方式。公司自制剧团队主要包括重点关注现代剧的爱奇艺自制剧开发中心(主要作品包括《最好的我们》《无证之罪》《你好旧时光》等)和倾向古装玄幻题材的爱奇艺奇星戏剧工作室(主要作品包括《老九门》《河神》《黄金瞳》等)。

## 9.3.6 资本模式

### (1)融资

从2010年成立到2018年上市,爱奇艺进行了四轮融资,融资历程如表9.1所示。爱奇艺的前三轮融资的投资方都有百度,随着百度资金的注入,爱奇艺同时获得了百度在技术、流量等资源的支持。

表 9.1 爱奇艺的融资历程

| 披露日期 | 融资轮次 | 投资方 | 交易金额 |
|---|---|---|---|
| 2010.04.01 | A 轮 | 百度投资并购部 | 5 000 万美元 |
| 2014.11.19 | B 轮 | 百度投资并购部/小米科技/顺为资本 | 3 亿美元 |
| 2017.02.22 | 债权融资 | 襄禾资本/红杉中国/光际资本/IDG 资本/润良泰基金/博裕资本/高瓴资本/百度投资并购部 | 15.3 亿美元 |
| 2018.03.29 | IPO 上市 | 纳斯达克公开发行 | 22.25 亿美元 |

数据来源:天眼查。

### (2)合并

2013 年 5 月 7 日,百度以 3.7 亿美元收购 PPS 视频业务,并将 PPS 视频业务与爱奇艺进行合并,现名为爱奇艺随刻。合并后,爱奇艺吸收 PPS 视频业务的优势,在其视频内容的布局上进行了调整,除最初专注的正版长视频外,还强调对自制剧的强化和 UGC 业务的启动,为其现在的业务模式奠定了基础。

### 9.3.7 结论与建议

#### (1)成功经验

1)不断完善内容矩阵,满足用户娱乐消费需求

以长视频为基石,爱奇艺构建的泛娱乐内容矩阵为用户提供了多样化娱乐服务,包括爱奇艺、奇巴布等内容 App、电视果、奇异果 TV、VR 等硬件服务,建立起覆盖影视、综艺、游戏、漫画、文学、游戏、电商、直播等的娱乐生态。通过充分挖掘生态优势,爱奇艺以娱乐为连接点,展开全行业跨界合作,与全球众多顶级技术提供商达成深度合作,提升用户观看体验;与百度及歌华有线、四川广电网络联合发布新一代兼具电视直播和视频点播的 AI 融合机顶盒——“歌华小果”“蜀小果”打造智慧家庭娱乐服务;与京东达成会员权益互通的独家战略合作、双方在会员服务领域实现大规模的权益互通,借助此成功模式升级打造“娱乐会员+”计划,拓展携程、酷狗音乐、中国移动咪咕合作,丰富会员权益。爱奇艺的娱乐生态构建及跨界深度合作,丰富用户服务,使爱奇艺在视频行业中后来居上,成为行业的领头羊。

2)创新引领行业发展

在爱奇艺的发展历程中创新推动企业快速发展,引领行业进步。爱奇艺在内容与商业变现、技术、标准等方面始终创新领跑。在内容方面,从制播机制、多元题材挖掘,到娱乐细分市场开拓等领域,爱奇艺不断进行创新,如打造中国第一档现象级网络综艺《奇葩说》、第一部破百亿自制剧《老九门》等,并不断涌现新的优秀作品。在技术方面,爱奇艺以科技驱

动,为行业上中下游的多个环节提供创新的效率工具,用 AI 助力打造优质内容、提升用户体验、挖掘商业变现。在商业变现上,爱奇艺开创了付费会员模式并不断完善付费会员机制,成为行业内首家付费会员破亿的企业。在行业标准方面,提出网络大电影概念、施行付费分账网剧合作模式、关闭前台播放量等,通过率先规范行业标准,推动行业革新。

（2）面临的风险及应对建议

1）行业竞争加剧的风险

在线视频行业竞争激烈,不仅面临与同样扎根互联网在线视频行业的腾讯视频、优酷和芒果 TV 的竞争,还面临与电视台等传统媒体的竞争。腾讯视频、优酷背后有强大的母公司腾讯和阿里集团的支持,在资金和经营经验上更为雄厚和丰富,芒果 TV 拥有湖南电视台优质内容创作团队的支持,使得爱奇艺在运营过程中与三家企业存在全方位的竞争,这些竞争体现在企业经营的方方面面,例如互相争夺用户和广告客户、获得内容的知识产权、进行品牌推广和其他营销活动等。此外,还面临来自其他互联网媒体和娱乐服务（例如互联网和社交媒体平台以及短视频平台）的竞争。短视频平台增长迅速,对长视频平台在用户规模和用户活跃度、用户留存上都产生了较大的冲击,这些互联网流媒体平台也在不断进行长视频的投资来吸引用户,使得行业竞争加剧。

2）内容监管政策风险

从 2016 年底国家新闻出版广电总局发布《广电总局关于进一步加强网络原创视听节目规划建设和管理的通知》至今,广电总局通过发布多条政策文件通知严格规范视频行业的发展,政策涉及电视剧集、综艺节目、明星片酬、节目收视率、广告宣传和违规节目的处罚等多个方面。因此爱奇艺在经营过程中也面临监管体系不断完善带来的风险。从 2016 年至今,爱奇艺已有多款剧集和综艺被整改和下架。例如,2018 年《奇葩大会》第 2 季视频全面下架。2021 年爱奇艺综艺节目《青春有你 3》打榜倒牛奶事件,引起了社会的强烈关注和谴责,最终爱奇艺终止了节目总决赛的录制。

3）会员付费率增长缓慢带来的风险

在线视频行业用户付费规模已经接近国际领先的视频平台奈飞,行业人口红利已经接近尾声。会员收入是爱奇艺的第一大收入来源,单纯依靠付费会员人数的增长来维持企业营收的高速增长,已不现实。企业需要挖掘新的利润增长点,来实现企业的商业变现目标。目前,爱奇艺已经开始尝试会员提价和依靠超前点播等模式来提高用户的付费率。但是,由于目前国内的视频网站用户尚未养成稳定的会员内容消费习惯,贸然提价有可能会带来存量用户的流失。持续不断地产出高质量的内容是提升用户和会员忠诚度的核心,也是在线视频企业应对风险的主要手段。对爱奇艺来说,应该持续在优质内容上发力,继续坚持技术赋能内容制造,提升爱奇艺低成本制造爆款内容的概率,从而创造出更大的商业价值。在商务运营上继续稳步推进多赢的生态系统,提升企业持续盈利的能力。

## 9.4 案例3——哔哩哔哩："Z+世代"的视频家园

### 9.4.1 基本情况

哔哩哔哩(英文名称:bilibili,简称B站)现为中国年轻世代高度聚集的文化社区和视频平台。哔哩哔哩的前身Mikufans成立于2009年6月,当时被称为A站后花园,于2010年1月正式更名为哔哩哔哩。早期哔哩哔哩是一个ACG(Animation、Comics、Games,动画、漫画、游戏的总称)内容创作与分享的视频网站,只具备基础的评论、弹幕、视频等功能。经过十多年的发展,哔哩哔哩已经从二次元聚集地发展成为一家覆盖视频、游戏、直播、电商等服务,涵盖ACGN、音乐、舞蹈、科技、数码、生活、鬼畜、时尚、娱乐、纪录片等多元化内容的年轻人聚集的泛娱乐社区,现已涵盖7000多个兴趣圈层、200多万个文化标签。纵观哔哩哔哩的发展,这是一个从小众亚文化视频网站向多元文化主流视频网站发展的过程。

围绕用户、创作者和内容,哔哩哔哩已经构建了一个不断产生优质内容的生态系统,该生态系统涉及普通用户、内容创作者、广告商、游戏服务商、OGV(Occupationally Generated Video,专业生产内容)厂商等,其价值网络如图9.3所示。

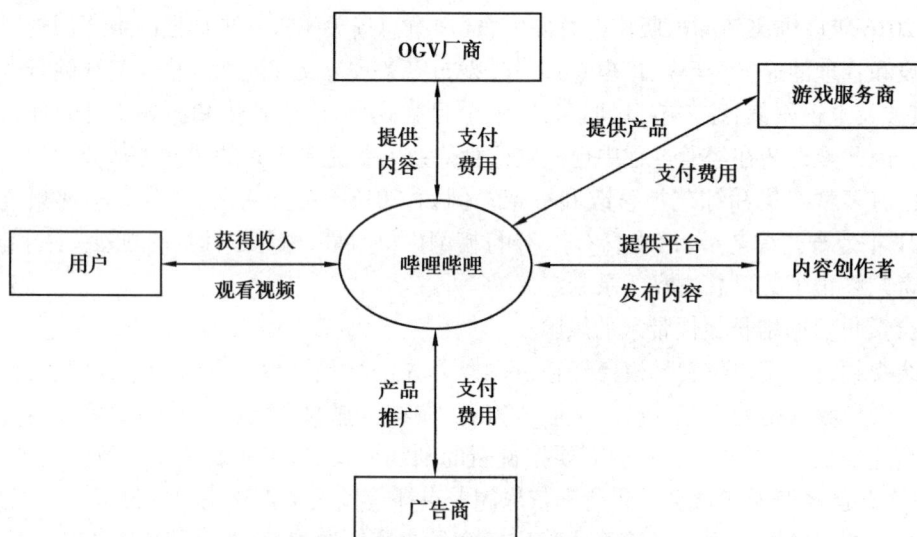

图9.3 哔哩哔哩的价值网络

### 9.4.2 商业模式

**(1)使命与愿景**

哔哩哔哩的使命是丰富中国年轻人的日常生活。哔哩哔哩的品牌主张是"你感兴趣的视频都在哔哩哔哩"。哔哩哔哩旨在为中国年轻群体提供一个主打二次元亚文化的综合性文化交流娱乐社区,为中国自媒体创作者提供一个高质量视频及文字作品发布和流量变现的平台,弘扬特色"宅萌"文化,以二次元这一利基市场为基础,延伸辐射多元用户市场,构建良好 PUGV(Professional User Generated Video,专业用户生成视频)生态网络。哔哩哔哩致力于满足用户多元且不断扩大的兴趣爱好,以高质量的内容吸引用户,以充满活力的社区留住用户,并提供合适的内容来满足他们的文化消费需求。

（2）**目标市场**

哔哩哔哩的目标用户包括内容用户、内容创作者和广告商。

1）内容用户

哔哩哔哩创立初期的主要目标用户是喜爱 ACG 的用户,为他们提供交流和分享的弹幕视频平台,随着哔哩哔哩的快速发展,其目标用户群也在不断进行扩展。凭借充满活力的社区及高质量的内容,哔哩哔哩已成为中国年轻一代的首选视频社区。

2）内容创作者

由内容创作者创作的 PUGV 一直是哔哩哔哩吸引用户流量的主要来源,也是其用户群和社区增长的关键驱动力。哔哩哔哩为内容创作者通过一系列产品和服务,让其能够在平台上轻松上传内容、与用户互动、积累粉丝群。为吸引优质创造者、扩大创作者群体,哔哩哔哩推出一系列措施来鼓励和促进内容创作者创作 PUGV,其中包括各种用以释放其商业化潜力的激励机制。

哔哩哔哩的内容用户和内容创作者都以"Z+世代"人群为主,他们主要指的是 90 后和 00 后的年轻人,通常接受过良好教育、对高质量内容以及自我表达有着强烈需求。作为中国各类消费的增长驱动力及潮流引领者,Z 世代日益成为中国消费的驱动力,亦带动着视频化潮流的发展。

3）广告商

结合网站的用户属性,哔哩哔哩将游戏行业、教育培训行业、电商行业、美容护肤行业和写真摄影行业的从业企业作为其主要的目标广告客户。

（3）**产品与服务**

哔哩哔哩用户可从哔哩哔哩移动端 App、PC 网站、智能电视等终端登录哔哩哔哩进行平台访问,同时向用户和内容创作者提供各种相关功能、工具及服务。

哔哩哔哩社区建立在富有创意的内容以及用户之间充满活力的互动基础之上。用户在哔哩哔哩上的互动围绕着内容展开,通过哔哩哔哩的社交和互动功能找到相同兴趣者,与他们相互交流并建立起共同的纽带。为此,哔哩哔哩的产品和服务从三个方面展开:

1）视频内容及服务

哔哩哔哩提供的内容涵盖丰富多元的内容品类,成为多元兴趣爱好者的家园。以PUGV 为基石,并以直播和 OGV 的内容生态为主要吸引点。

①PUGV。PUGV(Professional User Generated Video)是指专业用户自制内容,是哔哩哔哩内容生态的基石,也是推动其业务增长的主要引擎。哔哩哔哩拥有深度多元的 PUGV 内容库。PUGV 通常展示了内容创作者在相关领域的知识及专长,这些内容为观众提供了充实的体验,并在用户中建立起良好口碑。PUGV 以其原创性、创造性及互动性受到用户的欢

迎。自 2011 年成立以来,哔哩哔哩的 PUGV 活跃内容创作者数量、视频投稿量及内容品类都经历了强劲增长。从 2020 年的视频播放量来看,哔哩哔哩最受欢迎的 PUGV 内容品类是生活、游戏、娱乐、动漫以及科技知识。在强化领先内容品类的同时,哔哩哔哩也在积极拓展内容范围,从而满足用户不断变化的消费需求。

②OGV。OGV(Occupationally Generated Video)是指由专业生产内容。哔哩哔哩的 OGV 产品包括由哔哩哔哩出品或联合出品的内容,以及向第三方制作公司购买的版权内容,涵盖中国及海外动画、纪录片、综艺、精选电视剧及电影。哔哩哔哩通过丰富的 OGV 产品积累 IP 资源,吸引更多用户并将其转化为付费用户。这些内容也激发 PUGV 内容创作者创作更多元的内容,不断丰富着 PUGV 的内容品类。哔哩哔哩对 OGV 内容的投入促进了用户群及付费用户的增长,而随着哔哩哔哩推出更多高质量的 OGV 内容,预期这一势头将会在未来延续。

③直播。哔哩哔哩认为直播是视频服务的自然延伸,在这种模式下,用户能够进行实时交流互动,并与各种内容品类及用户兴趣相结合,带来互动式体验。内容创作者通过 PUGV 积累了大量的粉丝,并可以通过直播互动进一步巩固与粉丝的关系。许多主播就是哔哩哔哩上的原生 PUGV 内容创作者。哔哩哔哩的直播类别有游戏直播、娱乐直播(包括音频相关直播、主播唱歌或就各种主题与观众聊天)、虚拟主播直播及其他直播。

④移动游戏。哔哩哔哩的用户群体中有大量的网络游戏爱好者,他们在移动游戏上有着强烈的消费倾向。因此哔哩哔哩开始引入能够与社区及用户产生共鸣的 ACG 主题移动游戏,并根据平台上相关视频内容的受欢迎程度来引入部分游戏。基于此,移动游戏成为视频内容的自然延伸,并得以实现高效商业化。现在游戏不仅是哔哩哔哩 PUGV 的第二大热门品类,也是 2020 年直播内容中最受欢迎的品类。同时,哔哩哔哩也将游戏产品扩展到其他类型,如主机游戏以及广受欢迎的多人在线角色扮演游戏等。

⑤猫耳及哔哩哔哩漫画。凭借庞大的 ACG 爱好者用户群,哔哩哔哩将产品扩展至与 ACG 相关的漫画及音频内容,有效地将众多现有 ACG 爱好者用户转化为新产品的受众。此外哔哩哔哩还推出移动端应用《哔哩哔哩漫画》,以提供动画及漫画内容。作为哔哩哔哩核心 ACG 内容产品的自然延伸,哔哩哔哩的主平台与哔哩哔哩漫画及猫耳平台之间的有着巨大协同效应及增长潜力。

2)为用户提供的社交和互动功能

①弹幕。弹幕是由哔哩哔哩引领的一种互动功能,其与视频内容即时共生,观看相同内容的观众可以同时看到其他人发送的弹幕,也因此促进了观众之间的互动。弹幕功能让用户可以与其他同一视频爱好者分享看法、共情共鸣,将视频观看体验从单向内容展示转变为全新的互动体验。弹幕真正让哔哩哔哩从一个单向的视频播放平台,变成了双向的情感连接平台。

②点赞及关注。用户可以通过各种方式表示赞赏来鼓励内容创作者,例如点赞、投票、收藏及投币。用户也可以选择关注内容创作者,以便在上线时立即看到内容创作者新发布的动态。此外,哔哩哔哩发明了一种独特的互动功能"一键三连",用户仅需长按一次,便可一次性完成点赞、投币及收藏。

③与他人互动。用户可以通过哔哩哔哩动态使用文字、图片及视频等多媒体内容来表达和分享自己的兴趣和故事。此外,用户还可以通过加入粉丝群或直播与内容创作者进行互动。通过互动视频功能,用户可以参与视频角色的选择,并随着故事的发展改变剧情。

④礼物及奖励。用户可以向主播及内容创作者赠送免费或付费的虚拟礼物,以示支持和感谢。

⑤分享及交流。用户可以分享及转发其他用户上传的内容、添加评论、发送实时消息以及查看他们与其他用户的互动记录。

3)为内容创作者提供的功能和服务

①教程。对于新加入的内容创作者及业余内容创作者,哔哩哔哩提供在线及线下教程,来提高他们的视频质量,并提供视频编辑工具,以降低创作难度及创作门槛。内容创作者学园每个季度都会邀请不同领域的资深内容创作者制作各类教学视频,分享内容创作的方方面面,以及成为专业内容创作者的小窍门。他们分享的内容包括视频拍摄技巧、软件、营销及品牌推广策略等众多主题。

②分析工具。哔哩哔哩还为内容创作者提供了众多的分析工具,让内容创作者可以查看一系列后台数据,包括关注者和观众数量的统计数据,以及用户行为数据,如关注／取消关注、查看、评论及弹幕等等。这些数据可以帮助内容创作者更好地洞察当前的创作趋势及用户偏好,以提高他们的创作质量及内容相关性。

### (4)盈利模式

凭借积极互动的用户群体、不断扩大的内容生态及充满活力的社区,以及随着对用户兴趣及行为的深入洞察,哔哩哔哩提供符合用户需求的优质内容及服务,实现高效率、以用户为中心的商业化。哔哩哔哩的商业化工作围绕以下综合目标进行:提供满足用户喜好的优质内容来吸引用户,建立充满活力的小区来留住用户,以及刺激内容消费来实现商业化。目前,哔哩哔哩的收入主要来自移动游戏、增值服务、广告、电商及其他视频、音频和漫画内容。

1)游戏运营收入

哔哩哔哩是国内重要的二次元游戏分发渠道,随着平台的发展哔哩哔哩也开始自主研发手游。游戏业务收入自哔哩哔哩尝试商业化开始就是哔哩哔哩的主要业务收入,但是受市场竞争加剧和公司盈利来源多样化等因素的影响,增速逐渐放缓,在企业营业收入中所占比重呈下降趋势。

2)增值服务收入

哔哩哔哩会根据其向用户提供的大会员服务、直播及其他(如哔哩哔哩漫画及猫儿视频)增值服务收取相应费用。

3)广告收入

哔哩哔哩的广告收入来自各种形式的广告服务,包括出现在移动端应用启动页面或顶部的广告、网站主页顶部的横幅品牌广告,以及主要以线上视频推送旁边的自然推送形式出现的效果广告等。

4)电商及其他收入

哔哩哔哩在该方面的收入主要来自线上销售 ACG 相关产品和线下表演及活动票务的

收入。

**（5）核心能力**

哔哩哔哩以高质量的内容吸引用户，以充满活力的社区留住用户，并通过满足他们的需求来实现商业化，构筑企业的差异化竞争优势。因此，与其他视频平台相比，哔哩哔哩最具特色和优势的是其独特的内容生态系统和特有的社区文化。

1）PUGV+OGV 的内容生态系统

充满活力的内容生态是哔哩哔哩业务的基石和增长驱动力。在内容构成上，哔哩哔哩视频主要由专业用户的原创视频（PUGV）和专业机构生产内容（OGV）组成。PUGV 内容是二次创作的一个典型表现，也是哔哩哔哩创造性的起点。为了不断产生创意 PUGV 内容，哔哩哔哩建立了强有力的机制来吸引内容创作者，包括鼓励性的社区氛围、有效的流量分配及系统化的创作者支持机制。创作者通过优质内容吸引粉丝，粉丝能进一步激励好的内容创作，从而鼓励更多的内容创作者加入平台，在此基础上形成正反馈效应，保证内容生态的持续增长。同时，为了满足用户多样化的兴趣和需求，哔哩哔哩在庞大的 PUGV 内容池的基础上策划出品了一系列各式各样、高质量的直播及 OGV 内容。众多种类的视频内容产生了巨大的协同效应，进一步加强了哔哩哔哩内容生态的良性循环。

2）特有的社区文化

哔哩哔哩优质的社区氛围一直是哔哩哔哩最具价值的根本核心竞争力之一。期初二次元的精准小众定位，加上入站考试打造的"圈地自萌"的用户门槛，再加上独特"宅萌""抖机灵"特色的高互动性弹幕、评论，创造了哔哩哔哩团结友好、自由开放、兼容并包的年轻社区氛围，用户黏性高，UP 主投稿意愿强，创新动力旺盛，形成了良性生态循环。哔哩哔哩通过基于用户兴趣和内容质量的人工智能内容分发机制，打造了众多子小区，使用户总能在社区里找到他们感兴趣的视频并与自己志趣相投的人交流。在 2020 年，单个活跃用户平均每天花在哔哩哔哩的移动端应用上的时间保持在 80 分钟以上。哔哩哔哩引领了标志性互动功能弹幕，在播放界面同时展示观看同一视频的用户的评论和感想，革新了观看体验并激发了用户间的共鸣。哔哩哔哩还推出了一系列精心设计的互动功能，如点赞、关注、投币、虚拟送礼等。这些功能嵌入了有效的社交元素，打造愉悦的用户体验，培育了高度活跃的社区，并提高用户在平台上的使用时长。

3）独特的内容产品

依靠其独特的内容产品机制，哔哩哔哩不仅吸引了大量具有共同兴趣的内容用户，同样吸引了大量依赖于这片创作土壤的内容创作者。哔哩哔哩的内容产品的完全体是视频+弹幕，它具有区别于其他视频网站内容的几个特点。首先，哔哩哔哩的内容绝大多数是二次创作内容，也就是 PUGV，即基于专业素材来进行的二次加工，这也是 B 站创造性的起点。哔哩哔哩初创时吸引的是二次元爱好者，他们最热衷的事情就是动漫视频的搬运或者二次创作，随着内容品类的扩展，UP 主的二次创作也逐渐扩张到了其他领域。其次，哔哩哔哩的内容产品是连续的和开放的，任何用户都可以通过写弹幕的方式参与共创，让内容产品的情绪层次变得丰富，甚至可能通过弹幕改变产品原来的内核理念，给其赋予新的价值。且这种创作是持续进行的，UP 主和弹幕玩家形成视频产品的共创团队，给内容产品增加了弹幕这一信息维度,共同塑造内容产品基于共同价值观的良好氛围与反馈,使其形成新的活力和吸引力。另外,弹幕玩家不仅为单个视频内容贡献了弹幕,他们还承载着整个社区的共同文化记忆,在辅佐 UP 主共创视频内容的同时,又帮忙在不同视频之间打通共识和体验。

### 9.4.3　技术模式

#### (1)DASH 技术

哔哩哔哩作为一个大型弹幕视频网站,目前采用的 DASH 技术。基于 HTTP 的动态自适应流(Dynamic Adaptive Streaming over HTTP,缩写 DASH,也称 MPEG-DASH)是一种自适应比特率流技术,使高质量流媒体可以通过传统的 HTTP 网络服务器以互联网传递。DASH类似苹果公司的 HTTP Live Streaming(HLS)方案,MPEG-DASH 会将内容分解成一系列小型的基于 HTTP 的文件片段,每个片段包含很短长度的可播放内容,而内容总长度可能长达数小时(例如电影或体育赛事直播)。内容将被制成多种比特率的备选片段,以提供多种比特率的版本供选用。当内容被 MPEG-DASH 客户端回放时,客户端将根据当前网络条件自动选择下载和播放哪一个备选方案。客户端将选择可及时下载的最高比特率片段进行播放,从而避免播放卡顿或重新缓冲事件。也因如此,MPEG-DASH 客户端可以无缝适应不断变化的网络条件并提供高质量的播放体验,拥有更少的卡顿与重新缓冲发生率。采用 DASH技术后,普通用户观看视频更流畅,根据网速切换视频的清晰度,切换过程对用户无感。很容易支持音频模式,后台只拉取音频,播放流畅,支持新的多音轨、多视频轨、多字幕轨等。对于 UP 主来说,采用 DASH 后,除了将 1080P+/1080P60/720P60 以外的清晰度,进行全二压处理,根据情况输出 1080P+/1080P60/720P60/720P/480P/360P 等 6 种 ing 视频规格,音频输出为 320kbps/64kbps 两种规格,上传文件从最大 4GB 增加到 8GB。

#### (2)人工智能及大数据分析技术

随着内容及用户互动的种类和数量不断增加,人工智能功能对于哔哩哔哩控制运营成本及增强用户体验至关重要。哔哩哔哩利用大数据分析,根据用户的行为(如发帖、弹幕、评论、点赞及关注)以及人口统计资料(如年龄、性别及地理位置)为每个用户账户创建兴趣档案。在人工智能的辅助下,哔哩哔哩根据用户的兴趣档案显示个性化的用户界面以及推送给他们更有可能感兴趣和相关的内容。哔哩哔哩在内容管理及审核过程中运用人工智能科技,监测上传至平台的内容,以发现不恰当或不合法的内容,并实时移除任何盗版内容。哔哩哔哩独有的人工智能筛选系统,通过将内容与有版权或内部"黑名单"数据库里的争议性视频进行对比,找到象征相似者(即视频内容中的关键词),自动标记及筛去具有隐私问题或包含不合法或不恰当的内容。哔哩哔哩的"黑名单"数据库储存视频内容中超过一百万个关键词,利用内部或根据监管要求收集的各种技术模型及样本,哔哩哔哩建立、维护及持续更新数据库,以满足不断变化的监管要求。

内容经人工智能筛选系统处理后,系统会从内容抽取痕迹(用以识别及区分视频的技术功能),并将之送到内容筛选团队作第二级审查。其他内容(主要指用户所发出的弹幕)哔哩哔哩的筛选系统自动过滤,应用人工智能筛选系统对弹幕进行语意分析,以分析、找到及筛去不恰当的弹幕。运用哔哩哔哩的独有科技,当用户发出指示封锁弹幕中的若干关键词时,平台可在该视频仍在播放时实时执行该指示而无须重载整条视频。由于弹幕空间有限,哔哩哔哩利用自己的专有技术对用户的收藏、先前曾作出的封锁及评论等行为进行语义分析,以了解每个用户的独特偏好及他们过滤弹幕的习惯,进而实现用户个性化的弹幕观看体验。

### (3)弹幕技术

哔哩哔哩的弹幕系统极有特色。该系统允许会员管理自己视频中的弹幕,并且有一定权限的用户还可以发布逆向弹幕,可精准定位于任何位置的弹幕,甚至包括渐隐、变色、斜向弹幕。不同的弹幕也可以由视频发布者分布在不同的弹幕池中,用来保护字幕和神弹幕。弹幕系统支持用户不仅可以屏蔽关键词、还可以屏蔽其他用户的发言,以及有一定技术门槛的但屏蔽更精准的正则表达。除此之外,哔哩哔哩推出一系列名为"弹幕阳光计划"的措施。用户对弹幕可以进行举报、撤回、申请保护等操作。除了系统的自动识别之外,哔哩哔哩还发明了一套完备的举报体系。用户举报弹幕后,由风纪委员会投票判决举报案例是否违规,违规者将按照小黑屋处罚条例被实施封禁或封停。风纪委员的等级要求并不高,会员等级大于等于4,并且90天内无违规就可以申请成为风纪委员,申请通过后有效期为30天。

### (4)内容分发网络

哔哩哔哩利用网络服务器技术减少带宽的使用,同时通过内容分发网络(CDN)系统增强用户体验。哔哩哔哩将CDN组件部署在用户集中的城市,用户能够访问距离最近的内容副本,令内容加载时间最小化。CDN系统通过实时优化及分发来管理和优化服务器的工作负载,同时提高网络效率。这项技术令用户能够无须压缩便可上传内容,并能够以更高的清晰度查看内容。

## 9.4.4 经营模式

### (1)蕴含特有文化的内容营销

哔哩哔哩用户群体以二次元为主,其内容营销也广泛融入"二次元"文化元素,通过周边产品、互动、产品植入引起主要用户群体的注意力,使他们自觉投入品牌宣传,激发用户价值。同时,哔哩哔哩打造了与受众社交网络输出互动的营销模式,建立起一个由用户生成内容形式的特色功能——弹幕。网站用户通过弹幕将对视频的见解发布出来,并且可以一边观看一边加入讨论,让不同用户在公有的语境中体验产品,同时满足了用户彰显自我、表达自我的参与感。简短有力、形象鲜明且独具特色的评价内容给很多用户留下深刻印象,衍生了许多网络流行语,成为用户暗号或社团身份文化的标志,品牌信息也通过弹幕得到了裂变式的传播。

### (2)重视社区氛围的维护

哔哩哔哩吸引了一大批具有某种相同文化基因的"90后"客户,这些用户对二次元等文化具有认同感,与此同时也具有自我表达的需求,这类用户聚集在一起,能够产生情感的共鸣,为了这种共鸣,哔哩哔哩建立了用户筛选机制,通过社区准入考试制度提高会员准入门槛。晋级考试限定时间为 60 分钟,总共 100 题,60 分及格,通过考试的用户才能成为哔哩哔哩的正式会员,使用弹幕和评论功能。这些会员之间通过弹幕等产生的高度互动性使得哔哩哔哩具有很强的聚合度和活跃度。另外,哔哩哔哩通过社区自净机制和团队主动出击两种方式加强对社区氛围的维护。首先,哔哩哔哩鼓励社区用户充分发挥主人翁意识,主动举报违规和不良弹幕,点赞优质弹幕。哔哩哔哩还开发了基于人工智能的弹幕和评论自净系统"阿瓦隆系统",基于社区用户对弹幕的点赞、举报数据,训练 AI 模型,筛选出优质弹幕、评论,自动识别违规和不良弹幕;其次,通过团队主动出击打击营销号、引战账号、低创号来实现对社区氛围的维护。建立专门的回查小组,处理"引战""挂人""锤人"稿件,审核引战内容、挂人内容是否有真凭实据,再来决定是否暴露给用户观看,弘扬正向价值观。

### (3)重视对 UP 主的服务

好的内容是让用户长期留在社区的根本原因,而好的内容一定源于好的创作者,所以服务 UP 主一直是哔哩哔哩最重要的工作。B 站有超过 25% 的员工专职服务 UP 主,持续发现和扶持中小 UP 主及新人 UP 主,并给予 70% 的流量分配,这也是哔哩哔哩生态能够百花齐放、生生不息的原因。为了更好地帮助 UP 主创作,哔哩哔哩推出一系列举措,包括 UP 主创作激励计划(通过 UP 主视频的点赞数、受众欢迎程度,给 UP 主发放相应的激励金)、专门制作创作工具(帮助 UP 主提高创作效率,降低创作成本)和举行 UP 主交流日、训练营等一系列创作培训体系。

### (4)举办线上线下活动,提高用户参与度

哔哩哔哩同时设有多项战略型业务延伸至用户的多个兴趣领域,通过举办大型线上活动、大型线下活动和电子竞技,促进普通用户与核心用户(UP 主)的活跃,同时也给哔哩哔哩带来了广告的营收。在大型线上活动方面,哔哩哔哩已建立起知名度较高的线上互动品牌"拜年纪",它是属于 B 站用户自己的除夕夜线上盛会,体现着 B 站 UP 主在创作上的不懈追求与 PUGV 作品的质量高峰。在大型线下活动方面,哔哩哔哩同样建立起属于自己的线下演出活动品牌"BML"(Bilibili Macro Link)和线下展会活动品牌"BW"(Bilibili World)。BML 是目前中国规模最大的 ACGN 线下演唱会之一,其以 B 站核心内容为主题,集聚了一线动画歌手、人气 UP 主、网络年轻文化代表人物。BW 是哔哩哔哩每年举办的娱乐嘉年华,集演出、展览、互动游戏和周边售卖于一身,为喜爱 B 站内容的用户展现一个实体化的世界。在电子竞技方面,哔哩哔哩旗下拥有两个电竞品牌:杭州闪电队和哔哩哔哩电竞俱乐部,分别拥有 LPL 及 OWL 两大世界级电竞联赛席位。

## 9.4.5 管理模式

### (1)经验丰富且充满热忱的管理团队

哔哩哔哩发展受益于高管团队的远见卓识和丰富经验。哔哩哔哩的董事长兼首席执行官陈睿是一名有着丰富创业经验的管理者,拥有二十余年的中国互联网和科技相关行业经验。在领导哔哩哔哩公司开拓创新之前,他曾联合创立猎豹移动,还曾在金山软件担任高管职位。哔哩哔哩高管团队的其他成员均为行业专家,之前任职于中国各领先的互联网公司,

拥有科技、产品设计、运营和财务管理领域的广泛专业知识与经验。哔哩哔哩的管理团队成员本身就是文化爱好者和文化传播的倡导者,十分了解年轻人的兴趣爱好。他们对年轻人需求的深刻见解引导哔哩哔哩在快速变化的互联网行业实现业务拓展。他们打造了哔哩哔哩以用户为中心、社区优先的企业文化,这增强了哔哩哔哩的市场领先地位以及在用户中的品牌认可度。

**(2)完善的员工福利制度**

为了吸引更多优秀的人才,哔哩哔哩不断完善岗位薪酬制度,将员工的能力、岗位和绩效紧密结合,创建长效激励,提升员工薪酬的公平性和竞争性。公司完善福利保障体系,在足额缴纳各项法定社会保险,为全体员工保证基本福利的前提下,还为员工提供更多的员工关爱项目,如五险一金,为全体提供养老、医疗、失业、工伤、生育及法定社会保障住房公积金等社会福利;向员工授予并计划在未来继续向员工授予股份奖励,以激励他们为公司的增长及发展作出贡献。哔哩哔哩共实行过两次股权激励计划,第一次在 2014 年,第二次在 2018 年赴美上市之际。根据两次股权激励计划,哔哩哔哩股份激励的授予形式包括期权、限制性股票、限制性股份单位。

### 9.4.6　资本模式

哔哩哔哩自建立以来到现在,基本采取了 3 种资本模式:融资、收购和合作。

**(1)融资**

哔哩哔哩的资本主要来源于风险投资。哔哩哔哩的资本运作模式是对企业成立初期的资产进行重组,把企业改制成上市股份控股公司,在资本市场进行融资。2009 年 6 月,徐逸创立了 Mikufans 网站,即哔哩哔哩的前身。2011 年,猎豹移动(Cheetah Mobile Inc.)联合创始人陈睿作为天使投资人加入哔哩哔哩,哔哩哔哩获得了建站以来的第一笔价值 100 万元的天使轮投资。2013 年 10 月,哔哩哔哩获得 IDG 资本的首轮风险投资。此后,2014 年 10 月获得了 B 轮风险投资。2015 年 8 月,获得掌趣 1 222 万元的 C 轮风险投资。2018 年 3 月 28 日,哔哩哔哩在美国纳斯达克上市成功,融资 4.83 亿美金。同年 4 月,哔哩哔哩在香港上市成功。2018 年 10 月,哔哩哔哩和腾讯控股联合宣布,双方已达成协议,腾讯控股对哔哩哔哩进行共 3.176 亿美元现金的投资。2019 年 2 月,阿里巴巴通过全资子公司淘宝中国入股哔哩哔哩约 2 400 万股,持股比例占哔哩哔哩总股本约 8%。2020 年 4 月 9 日,哔哩哔哩宣布获得索尼 4 亿美元的战略投资。2021 年 3 月,哔哩哔哩香港二次上市成功,成为中概股回归港股的第一家公司。

**(2)收购**

收购对于发展中的互联网公司来说是一种非常好的快速扩展自己业务、占领市场的方式。2018 年 9 月 12 日,哔哩哔哩宣布收购日本公司 Fun-Media 部分股权,不断培植平台原创动画能力。2018 年 9 月 21 日,哔哩哔哩宣布增持虚拟偶像"洛天依"所属母公司香港泽立仕控股有限公司的部分股份,成为控股股东,虚拟偶像成为哔哩哔哩又一十分重要的内容来源。2018 年 11 月,哔哩哔哩全资收购音频社区猫耳 FM,将内容产品扩展到音频领域。

2018 年 12 月 12 日,哔哩哔哩宣布已与网易签署收购协议,对其旗下网易漫画的主要资产进行收购,其中包括 App、网站、部分漫画版权及其相关使用权益,进一步丰富了哔哩哔哩提供的内容品类。

### (3)合作

为了更好地为用户提供多元化的视频内容,构建丰富多彩的社区生态,哔哩哔哩也不断与相关企业进行合作,丰富平台内容。

2018 年 9 月,哔哩哔哩与美国 Discovery 达成了深度合作,上线 Discovery 专区,包括引入 145 部纪录片以及内容共制方面的计划。

2018 年 10 月,哔哩哔哩与腾讯联合宣布达成战略级合作,合作内容包括动画、游戏等 ACG 生态链条的上下游。

2018 年 12 月,哔哩哔哩与阿里巴巴集团在内容创作及商业化方面展开业务合作。哔哩哔哩上的内容创作者将以创新而互动的方式制作内容推广商品。淘宝亦与哔哩哔哩合作,利用两个平台对消费者洞察,宣传及商品化哔哩哔哩的 IP 资产。

2020 年 1 月,哔哩哔哩与 QQ 音乐联合宣布达成深度战略合作,双方将共同扶持优质音乐人及音乐作品。

2020 年 4 月,哔哩哔哩与索尼音乐达成战略合作,用户可以在哔哩哔哩观看索尼音乐旗下曲库 MV。

## 9.4.7  结论与建议

### (1)成功经验

目前,哔哩哔哩的用户已经从二次元群体逐渐蔓延覆盖至中国年轻群体,其 PUGC 内容生产模式以及相关视频业务也逐渐涉及更多品类,探索出的商业模式也初现成果。分析其成功的原因,主要体现在以下两方面:

1)聚焦 ACG,分享原创视频

哔哩哔哩从创立之初即聚焦 ACG 原创视频,发展到今天,尽管其内容品类已经多元化,但核心内容的优势仍然没有变。在哔哩哔哩内容库中,主要以 PUGV 内容为主,PUGV 内容占到其视频总观看量的 90% 以上。哔哩哔哩也鼓励用户生产制作高质量和实用性强的原创视频,并且源源不断地为以 PUGV 为主的创意视频内容提供支持,通过有效的流量分配、全面的创作者支持机制来吸引并回馈内容创作者,鼓励他们制作并分享优质原创视频。近几年,哔哩哔哩也在加大版权购买和内容自制的力度,但其这一策略不仅仅是为了通过播放版权来变现,另一重要目的是给社区内广大的 PUGV 创作者提供版权内容创作素材。哔哩哔哩的这一内容策略使其在内容方面构成了自己区别于其他视频网站的特色。

2)针对新生代年轻人,深耕社区文化

哔哩哔哩最有价值的依然是社区,弹幕是哔哩哔哩社区文化中最具特色和社区感聚集强烈的一个重要组成部分。弹幕构建出一种奇妙的共时性的关系,形成一种虚拟的部落式观影氛围,让哔哩哔哩成为极具互动分享和二次创造的文化社区。随着多年的发展,哔哩哔哩慢慢从二次元社区发展成为综合性的文化视频社区。随着哔哩哔哩逐渐向多元化发展，加上良好的社区氛围和粉丝活跃度对专业的内容生产者吸引力极高，更多领域的内容生产者逐渐入驻哔哩哔哩，从而使得哔哩哔哩的内容更为多元化；通过社区氛围的营造，哔哩哔哩成功培养出一个高活跃、高互动、高黏性及具有过度用户归属感的社区，并且吸引了大量与社区调性相吻合的年轻群体，为其大规模商业化奠定了基础。

**（2）面临的风险**

1）社区氛围维护问题

随着用户规模的逐渐增加，用户受教育水平、社会背景的差异化会不可避免地导致对社区氛围的冲击。现如今哔哩哔哩某些品类内容中钓鱼、引战类弹幕层出不穷，如何在用户增长的同时维护社区氛围，是哔哩哔哩面临的一个重要的问题，社区氛围对于哔哩哔哩来讲不单单意味着品牌声誉，更影响着核心用户的黏性和活跃度，如果在社区氛围的维护上没有能够使用户满意，在竞争对手的冲击下，哔哩哔哩很有可能面临核心用户的流失。

2）内容审核问题

内容行业一直是互联网内容监管的主要受力点，而 UGC 的内容由于内容生产者本身并非专业从业者，不管是版权意识或者是法律意识相对来讲都更加淡薄，容易出现不合规的内容；此外，本身哔哩哔哩的核心内容以 ACG 为主，而 ACG 又是部分低俗内容的重灾区；再加上哔哩哔哩目前主要的受众人群是 Z 世代群体，年龄更小，对一些问题的理解比较单纯，作为"祖国的下一代"也是比较受官方关注的群体，因此，哔哩哔哩受到的监管压力相较于其他内容平台会更大。哔哩哔哩目前采取的是人工审核机制，随着视频投稿数量的增加，有 UP 主反映审核时间较长，这也影响了 UP 主的产品体验。因此，在创作者不断增多的当下，提高审核效率成了哔哩哔哩生态维稳的必然举措，其中伴随着一系列的人力运营与技术方面的挑战。

□ 基于互联网和团队的练习

**（1）抖音与快手经营模式比较分析**

登录抖音、快手，了解这两家短视频平台所提供的产品与服务，并查阅其他相关资料，比较抖音与快手的经营模式的异同，并分析其原因。

小组内同学分工合作撰写一篇分析报告，在各小组间交流。

**（2）爱奇艺与腾讯视频盈利模式比较分析**

查阅相关资料比较爱奇艺与腾讯视频盈利模式的异同，并分析其原因。

小组内同学分工合作形成一份总结报告，在各小组间交流。

**（3）直播电商新零售企业经营模式分析**

随着直播电商的发展出现了直播电商新型零售企业，根据你的观察有目的地选取一家直播电商型企业，对企业的经营模式进行分析，在此基础上形成一篇总结报告并在各小组间交流。

□ 基于网上创业的学习

了解和学习直播平台功能及其商业价值,收集企业、个人利用直播平台进行直播营销及直播电商的典型案例,分析其运营模式和特点。借鉴典型案例中利用直播进行的直播营销、直播电商和创业实践启示,结合个人和团队特点、兴趣、资源,选定目标客户群体,针对市场需求特点及变化,创新产品与服务内容、利用直播平台开展创业实践。

## 本章参考文献：

[1] 亿欧智库."带货"的逻辑:直播电商产业链研究报告[R].亿欧 EqualOcean,2020.

[2] 訾猛.全民直播时代,国货加速崛起[R].国安证券,2020.

[3] 马笑.算法驱动的互联网科技巨头,流量为基多元变现[R].新时代证券,2020.

[4] 项雯倩.快手、抖音、微信视频号春节亮点梳理及探讨[R].东方证券,2021.

[5] 王冠然.快手、抖音、视频号对比:竞争趋紧,运营体系成关键[R].中信证券,2021.

[6] 项雯倩.产品与算法:抖音、快手的生态成因[R].东方证券,2020.

[7] 陈梦竹.抖音 vs 快手深度复盘与前瞻[R].方正证券,2020.

[8] 韩智华.抖音运营实战一本通[M].北京:人民邮电出版社,2020.

[9] 字节跳动.2020 企业社会责任报告[R].北京字节跳动科技有限公司,2020.

[10] 爱奇艺.招股说明书[R].北京爱奇艺科技有限公司,2018.

[11] 爱奇艺.2020 公司年度业绩报告[R].北京爱奇艺科技有限公司,2021.

[12] 朱可夫.长视频提价的逻辑基础及 UE 模型下的商业化演进[R].广发证券,2021.

[13] 徐磊.爱奇艺:中国视频付费领军者[R].东兴证券,2019.

[14] 陈萌.爱奇艺:差异化竞争下的在线视频龙头[R].中信建投,2019.

[15] 杨仁文.爱奇艺深度研究报告:中国在线视频创新领导者[R].方正证券,2019.

[16] 陈萌.爱奇艺:内容构筑壁垒,科技赋能娱乐[R].东吴证券,2019.

[17] 哔哩哔哩.香港二次上市招股说明书[R].哔哩哔哩股份有限公司,2021.

[18] 韩文秀.哔哩哔哩弹幕网的发展模式研究[J].现代营销(经营版),2019(03):99.

[19] 朱萌.哔哩哔哩弹幕网站的商业模式分析[J].发展改革理论与实践,2018(05):28-31+39.

[20] 蔡钰.B 站产品内核:弹幕即共创[EB].商业参考,2020.12.21.